浙江省、宁波市、宁波大学行政管理重点专业建设资助项目

市　政　学

陈炳水　编著

中国环境出版社・北京

图书在版编目（CIP）数据

市政学/陈炳水编著. —北京：中国环境出版社，2010（2015.1 重印）

ISBN 978-7-5111-0353-6

Ⅰ. ①市… Ⅱ. ①陈… Ⅲ. ①市政学—高等学校—教材 Ⅳ. ①D035.5

中国版本图书馆 CIP 数据核字（2010）第 161314 号

出 版 人 王新程
责任编辑 葛 莉 沈 建
责任校对 尹 芳
封面设计 陈 莹

出版发行 中国环境出版社
（100062 北京东城区广渠门内大街 16 号）
网 址：http://www.cesp.com.cn
电子邮箱：bjgl@cesp.com.cn
联系电话：010-67112765（总编室）
010-67113412（教材图书出版中心）
发行热线：010-67125803，010-67113405（传真）

印 刷 北京市联华印刷厂
经 销 各地新华书店
版 次 2010 年 9 月第 1 版
印 次 2015 年 1 月第 2 次印刷
开 本 787×960 1/16
印 张 20.5
字 数 370 千字
定 价 30.00 元

目　录

第一章
城市与市政管理

观点提示：

城市是一定地域的政治、经济、科学文化和教育的中心，也是人类的文明之花。没有城市，就不可能有现代文明。因此，人类进入 21 世纪后，城市已成为世界关注的焦点。正如联合国在《生境议程》中指出的："人类可持续发展的战斗，其成功与失败将在城市内见分晓"。然而，城市本身又是一个复杂的矛盾综合体。中国自进入体制转轨、社会转型以来，生产要素流动性逐步提高，农村人口大规模流向城市，城市化的水平目前已经达到47%，中国城市的发展将在未来的几十年内达到一个新的高峰。但伴随着中国城市建设规模的扩大与速度的加快，西方国家城市发展过程中曾经出现过的一系列严重的社会、经济和环境问题，在中国也不断出现，并且已影响到城市的发展。在城市化进程不断推进的今天，中国城市政府的主要职能就是要把城市规划好、建设好、管理好，以实现城市的可持续发展。要做到这一点，就必须从理论上对城市，中国城市的发展过程，中国城市体系的形成，以及市政管理的本质、内容体系等有关问题，作一个比较系统的阐述。

第一节　城　市

一、城市的内涵

城市是相对于乡村而言的，因此，从城市本身的内涵上分析，它既具有地理属性，同时又具有社会属性。从城市的地理属性来看，它是指聚集一定规模的非农业人口、社会物质财富、精神财富及人们社会活动高度集中的地区，是由人、物、空间三要素构成的高级形式的人工环境；从城市的社会属性来看，它是指国家依据统治阶级的法律规定的条件和程序，在一定规模的城镇地区设置的地方行政建制，是与县及县以下农村政权体系相对而言的城市政权体系，通称为"市"

或“市政”。城市是人类文明的结晶，也是人类进步的标志和继续发展的火车头。城市地理和社会的双重属性，决定了它区别于乡村的特征是人口密集、工业密集、交通便利、信息密集、技术密集、智力密集、活动密集、金融力量雄厚和随之而来的高度效益。这些特征就具体而言，主要体现为：

（一）人口的高度密集

城市的地域一般比较窄小，人口的密度比较高，大部分居民从事工商业劳动。如 1993 年我国城市市区人口密度为 297 人/千米^2，是全国人口密度 123 人/千米^{2}的 2.4 倍。若按城市建成区面积与城市非农业人口的比例来算，城市人口密度大大高于乡村人口密度，如 1990 年全国城市建成区的非农业人口密度为 11 437 人/千米^2，约是乡村人口的 100 倍。其中有 90%以上的城镇劳动人口从事工商业劳动。

（二）物资和各类设施的高度集中

城市集中了人类生产的大部分物质财富，主要是各类物资和各类设施。其中，各类物资主要指生产工具和生产出来的各类工业产品和各类生产材料；各类设施主要指各类生产、生活设施。如工矿企业的生产设施，党、政、军等机关及其他社会事业单位的办公设施、文化教育设施、医疗体育设施等。由此构成城市的物质实体和市民生产、生活活动的载体，是城市存在和发展的基本条件。

（三）社会经济文化发展水平的领先

由于城市具有人、财、物高度集中的优越条件以及由此产生的高度效益，使城市经济、文化在整个社会经济、文化发展中居于领先地位。如我国在 2001 年，全部地级市（不包括辖县）实现国内生产总值 54 452 亿元，比上年增长 17.5%；占全国国内生产总值的 56.8%。同时，城市还聚集了全国 93%以上的高等院校学生和绝大多数科研机构，对农村的经济、文化的发展起着重要的指导和推动作用。

（四）文化构成的异质

城市与乡村相比，其人口的种族和民族构成、风俗与心理构成、语言与交往的构成，以及宗教信仰、道德观念和政治意识的构成，都具有很强的异质性。城市是不同文化交汇、融合的区域，它不仅成为一个国家或民族接触、吸纳外来人口的窗口，而且是一个国家或民族向对方扩散自身文化的发散源。城市的上述特征，是其区别于乡村的几个主要方面，是市政管理研究的出发点。把握这些特征，可以为我们进一步探讨城市的功能、性质、类型以及市政管理的本质奠定基础。然而，随着我国城市化进程的不断推进和整个社会经济的不断向前发展，在城市不断向花园化、田园化方向发展的同时，广大乡村也会不断地向城镇化方向发展。因此，城市相对于乡村而言的上述特征，也必将同城乡差别一道日渐消失。

二、城市的功能

城市功能是指由城市的内涵和特征确定的，在国家经济文化建设和人们社会生活中应该发挥的作用。它包括共同功能和特殊功能两个方面的内容。共同功能是指各类城市均具有的功能。它包括一定地区社会发展中心的功能，如政治、经济、文化中心的功能；还包括人类社会活动基地的功能，如自然物质承载体（水、土等）和人工承载体（基础设施）功能，人们社会活动的依托体功能等。特殊功能是指不同类型、不同规模的城市所具有的独特的功能。如旅游城市的独特功能是供人们参观游览；矿业城市是为社会生产和人们生活提供原材料和燃料；汽车城市是为社会提供各种类型的汽车。又如，在一定范围内，城市大的辐射能力就大，功能就大，城市小的辐射范围就小，功能就小。为了能更好地从理论上认识城市在我国现代化建设中的地位和作用，需要我们进一步探讨城市的中心功能问题。概括地讲，城市的中心功能主要表现为：

（一）城市是一定地区的政治中心

城市集中了国家各级各类政权机关、政治组织和社团组织；特别是县级和县级以上的各类组织机构，绝大部分集中在城市。某级党、政机关设在某一城市，这一城市就成为这级政府辖区里的政治中心。这样，就可以充分利用现代城市交通方便、信息传播快等各种条件，集中进行管理。

（二）城市是一定地区资金积累的重要基地，是向社会提供技术装备的主要场所

国家资金的积累和社会各方面需要的技术、设备，主要靠全国大、中、小企业提供。城市聚集了全国大部分的工业企业，这些企业的设备比较完善、门类比较齐全、技术比较先进、管理比较科学，具有很强的生产能力和较高的工作效率。它既能为国家积累大量资金，又能为社会提供技术和先进设备。

（三）城市是组织商品流通与交通网络的中心

城市一般处于较为广阔的经济腹地，商品生产集中，商情信息灵通，具有多种商业流通渠道。它是沟通广大村镇的桥梁，促进城乡经济发展的动力。不仅如此，城市一般都有较大的火车站、飞机场、长途汽车站、优良的港口和大部分运输工具，是客货流通网络系统中的枢纽，在一定范围内，每一座城市都是与其相

应的一个地区的交通中心。

（四）城市是精神文明建设的中心

城市集中了全国绝大部分的高等院校、科研机构、报社、电台、电视台、图书馆、博物馆、文化宫、体育馆、剧场、现代化医院等科教文卫的机构和设施，人才荟萃，具有长期的技术积累。它既是创造科技和精神文化产品的重要基地，也是集中开发智力、培养人才、传播先进科学技术、交流管理经验的重要基地。在社会主义精神文明建设中，城市起着示范和带头作用。

上述是城市中心功能的几个主要方面。随着城市现代化水平的逐渐提高，其功能也会不断地向综合性的、多样化的方向发展，以更好地发挥城市在现代化生产和生活中的作用。

三、城市的性质与类型

所谓城市的性质，是指城市在全国或一定区域中所担负主要功能和应起的主要作用。它体现一个城市的基本特征，对城市的发展方向具有质的规定性，对城市的规模具有量的规定性。正确确定城市的性质，对于区别城市的类型、确定城市的发展目标、制订城市的发展规划，并依据目标和规划对城市进行建设和管理，有着特别重要的意义。为此，需要从城市形成和发展的主导因素及其特点、自然条件、资源分布、生产力布局和在国民经济建设中的主要作用等方面进行综合考虑，并要注意抓住城市主要功能这个主要矛盾，使确定城市性质的工作建立在科学分析的基础之上。就一般而言，城市的功能都具有多样性和综合性的特点，像古代那样单一功能的城镇已经不多见了。在城市的众多功能中，绝大多数都是辅助功能，仅有一两个是中心功能或主要功能。这一两个中心功能正是确定城市性质的主要依据和区别城市类型的主要标志。如北京以政治、文化为其主要功能，上海以经济、国际港口为其主要功能，桂林以旅游为其主要功能，则分别为全国政治文化中心、经济中心和旅游胜地，分别属于政治文化型城市、经济港口型城市和旅游型城市。城市的类型是由城市的共同特征（标志）所区分的城市类别。选取的标志不同，城市类别的划分也就有所不同。区分现代城市的类型，对合理协调城市人口的构成、用地组成、规划布局、公共建筑的内容与标准以及市政设施的建设与管理等，是颇有益处的。综合目前我国城市科学研究的情况，从不同的角度，一般认为有以下几种类型：

（一）按照城市的性质或功能分类

综合性城市，它集多种功能于一身，既是政治中心，又是工业生产、交通运输、商品流通、科学技术、文化教育、金融、信息中心，对全国或地区的社会经济发展有着比较大的影响和作用。工业城市，它以工业生产为主，工业部门的产值和就业人口在整个城市的国内生产总值和总就业人口中占有较大的比重。工业城市根据其主导产业的不同又可以具体分为钢铁工业城市、轻纺工业城市、机械制造工业城市，如鞍山、南通、十堰。矿业城市，它以开采挖掘某种地下矿产资源为主，并围绕采矿业加工生产一系列相关产品，如大庆、玉门、茂名、淮南、大同等。交通港口城市，它的交通地理位置优越，随对外交通运输的发展而发展。根据交通运输条件的不同，其中又可分为铁路枢纽城市，如徐州、郑州、鹰潭、襄樊；海港城市，如大连、塘沽、湛江；内河港埠城市，如九江。商业金融城市，它一般依托优越的交通运输条件和其他有利条件，成为商品的集散地和资金流通中心，如武汉。风景旅游城市，它以优美奇特的自然风光、宜人的气候、罕见的名胜古迹而闻名于世，旅游业是城市的主导产业，带动着城市其他产业的发展，如桂林、黄山、曲阜、杭州、敦煌。科学文化城，它是以科学研究和文化教育为主要职能的城市。

（二）按照城市的行政地位分类

直辖市，是与省同级的行政单位，受中央人民政府的直接领导和管辖。目前，中国的直辖市有北京、上海、天津、重庆 4 个。副省级城市。它相当于准直辖市，在不改变现有行政隶属关系的前提下，具有省级计划决策权和经济管理权。目前，中国的副省级市有哈尔滨、长春、沈阳、大连、成都、西安、武汉、济南、青岛、南京、杭州、宁波、厦门、深圳、广州。地级市，它受省、自治区政府的直接领导和管辖，一般均为设区的市，如苏州、无锡、常州、嘉兴、绍兴。县级市，是不设区的市，具有与县相平行的行政地位，如余姚市、慈溪市。

（三）按照城市的人口规模分类

特大城市，是指市区非农业人口超过 100 万以上的城市。大城市，是指市区非农业人口在 50 万～100 万的大城市。中等城市，是指市区非农业人口在 20 万～50 万的城市。小城市，是指市区非农业人口在 10 万～20 万的城市。镇，非农业人口在 2 000 以上、10 万以下。

（四）按照城市的地理位置分类

沿海城市，是指沿海岸线建立并发展起来的城市，一般以港口为依托，如烟台、连云港、宁波。内地城市，是指既不靠海又不靠近边境线的城市，如宜昌、九江。边境城市，是指靠近国境线的城市，如凭祥、满洲里、二连浩特。

（五）按照城市的结构分类

单中心城市和多中心城市，这是按市中心的规划结构类型划分的。如果城市的主要功能多集中于一处，形成中心性很强的市中心，则为单中心城市；如果城市的主要功能分散于几处，则为多中心城市。

（六）按城市建成区内部与郊区农业用地间的结构关系分类

封闭式城市和敞开式城市，封闭式城市是指建成区与郊区截然分野，几乎没有穿插，形成封闭式的城市自然生活环境。敞开式城市一般采取风煽式规划结构，构建城市和郊区的通道，将城市人造环境和郊区自然环境密切结合起来。还有按照城市各功能用地，特别是生活居住用地和生产用地的相对位置划分的有：集中式城市和分散式城市。按照城市辐射范围的广度和辐射力的强度划分有：国际性城市、全国性城市和地区性城市。按照城市发展历史的长短可分为：新兴城市、古老城市。按照城市外观形态的不同可分为：团状、带状、环状、放射状、组团状、星座状城市；按照一定城市的标志可分为：计划单列城市、经济特区城市、开放城市、花城、冰城、江城、不夜城等。

第二节　中国城市的发展过程与城市体系的形成

一、中国城市的发展过程

城市的形成和发展，经历了漫长的历史岁月。从词义本身来看，城市是由“城”和“市”两个单概念构成的复合概念；从历史进程来看，城市是由乡村孕育，在集市的基础上发展起来的。众所周知，原始意义上的“市”，是第二次社会大分工，即商业同农业、畜牧业分工的产物；是人们定期或不定期地进行以物易物的场所，即所谓“日中为市，交易而退，罢市后各归其里”。后出现专门从事买卖交易的商人和营业店铺，“市”才逐渐发展成为一个地区的集贸和手工业中心。“城”最早出现于原始社会末期和奴隶社会初期。如我国在郑州附近考古发现的商城以及后来的殷墟，均已初具规模，建成时间都在 3 000 年以前。这种“城”开始是统治者的居住地，是统治者挥霍享乐的地方。如周朝就有“开子九里，公七里，侯五里”的城郭等级规定，足见当时的“城”只有政治功能和军事功能。一般说来，“城”是适应统治阶级的需要，由政权力量自上而下形成的。后随着社会生产力不断向前发展，在一些交通要冲或繁华的“市”上，因军事、政治等原因，围“城郭沟池以为固”，出现“市”、“城”合一情况；同时为使统治者挥霍享受更为便利，就在“城”的城厢设“市”贸易，逐渐形成“前朝后市”的格局。通过这样两条主要途径，使“城”和“市”逐渐融合为城市。

城市的发展与整个社会政治经济的发展基本上是同步的。以此为线索，一般可将中国城市的发展概括为以下几个阶段：

（一）初建阶段

初建阶段是指秦汉以前的草创时期。最早的是夏朝的开国统治者夏禹，在嵩山南面建造阳城为夏都。到春秋战国时期，割据称雄的封建军阀为了巩固自己的统治和扩充地盘，在交通要冲和市镇大力兴建城池，如赵国的都城邯郸，楚国的郢都和秦国的咸阳等，都是具有一定规模的早期古代城市。

（二）发展阶段

秦统一全国以后，经两汉到隋、唐数百年间，随着社会生产力不断提高和农村经济的不断发展，城市的商业职能有所加强，如两汉时期就出现了西都长安、东都洛阳等 18 个区域性商业、手工业规模较大的城市。而后虽经过东汉末年三国军阀割据和魏晋南北朝的战争动乱，广大人民流离失所，造成赤地千里的惨境，极大地阻碍了城市的发展。但到了唐代特别是盛唐时期，古代城市有了较大的恢复和发展。在东南沿海一带发展了大批新兴城市，当时的扬州、福州、广州等已成为国际性大商埠。

（三）停滞阶段

从晚唐到宋元时期，由于军阀混战，女真族入侵和元朝的野蛮统治，社会生产力遭到了很大的破坏，造成长达 500 年的积贫积弱的局面。城市发展缓慢，基本上没有出现什么新兴城市，特别是北宋末年和南宋前期，除江南的苏、杭一带以外，大部分城镇都不同程度地遭到战争的破坏，一片萧条的景象。

（四）兴盛阶段

明清时期，资本主义经济开始萌芽，在手工业和商业发展的促进下，江南地区和沿海的工商业城镇大量涌现，我国古代城市发展到了它的鼎盛时期。如著名的中国四大名镇（景德镇、汉口镇、朱仙镇、佛山镇），就是这一时期驰名中外的名镇。

（五）衰落和畸形发展阶段

鸦片战争以后，由于欧美帝国主义的掠夺和日寇的入侵，给中国人民带来深重的灾难，引起农村经济的严重衰退，百业萧条。一方面，使很多城市遭到毁灭性破坏，如八国联军烧毁北京城的建筑物和日寇对南京的血腥大屠杀，就是残酷毁坏中国城市的铁证；另一方面，也在沿海和东北地区出现了一些带殖民地色彩的港口城市，如青岛、大连等，兴建了一些为帝国主义掠夺中国资源服务的工矿城市，如大冶、玉门、唐山等。其中旧上海滩上的十里洋场，是典型的帝国主义冒险家的乐园。

（六）新生阶段

新中国成立后，随着中国人民政治上的翻身，社会生产力的解放，旧城市的性质发生了深刻的变化：由半封建半殖民地性质的城市变为社会主义新型城市；许多单纯的消费城市，发展成工商业、运输服务业和文教卫生事业同步发展的多功能城市。新中国成立以来，我国城市虽然在“大跃进”后的三年困难时期和十年内乱中走过弯路，但总的发展趋势是好的，成绩是伟大的。特别是在党的十一届三中全会以后，在改革、开放政策的指引下，社会主义市场经济迅猛发展，城市数量有了较大的增长，城市规模不断扩大，城市规划、建设、管理的水平也不断提高。根据 2005 年的统计，全国城市共有 661 座，其中百万以上人口的就有 49 个，与 1949 年的 136 个相比，增长了近 5 倍，我国城市真正步入繁荣发展的阶段。

由于世界性的城市人口比重持续上升，城市数量特别是中小城市数量急剧增多，大中城市的规模日益扩大，因此，城市的发展越来越明显地表现出如下三个方面的趋势。

1. 城市功能日趋完备，并不断地向综合性方向发展

古代城市一般只具有政治、军事功能或商业农副产品集散的功能，是为少数统治者服务的单纯消费性城市。现代城市聚集着丰富的物资、先进的设施、发达的交通，市民生活丰富多彩，各类生产部门和服务部门日益增多，城市功能比较齐全，并不断地向多种功能互补的综合性方向发展。

2. 城市内部功能区分日益明显，建筑结构不断地向立体化方向发展

早期工业城市由于自发发展的因素比较多，城市建设的计划性不强，居民居住的地点与厂房、作坊、商店、机关等混杂在一起，功能区分不明显。随着现代

社会经济的发展，城市市政建设、经济建设、精神文明建设及市民生活供应的计划性日益加强，可以按照科学规划对旧城进行改造和建设新城，由以前“杂居”的情况逐渐变为不同功能的区间结构。如住宅区（包括城区住宅区和市郊住宅区）、风景区、工业区、学院区、商业区、党政机关区等。城市的建筑结构也由单纯的地面建筑不断地向地下、海底、空间的立体建筑方向发展；市内建筑，特别是市民住宅，不断地向郊区化（逆城化）方向发展；中心城区周围不断地增建卫星城镇，以减少大城市的压力。

3．城市社会结构日益复杂，社会管理的要求越来越高

随着科学技术的发展和市民素质的不断提高，市民的职业结构、工作体制、社会组织结构在一定时期内将会日趋复杂，城市社会的各种利益集团之间的相互作用也会不断地加强，人们社会活动的内容将日益丰富。各种现代文明的副产品——城市社会问题，如环境污染、青少年犯罪、交通拥挤、住宅紧张等问题将日益突出。为此，对城市领导者和管理者的素质和工作作风、领导方法和艺术的要求越来越高；对城市社会管理的科学性、服务性、有效性和开放性的要求也越来越高。城市发展的上述三大趋势，是世界各国城市化过程中的必然现象。把握这些发展趋势，弄清市政管理的昨天、今天和明天，有利于认识和掌握市政管理规律，以不断提高市政管理的理论研究水平。

二、中国城市体系的形成

要把握中国城市的体系，必须以正确认识城市体系与城镇体系所包含的内涵为前提。应该说，城市体系与城镇体系是既有相互联系而又有明显区别的两个概念，即城镇体系是一个自然历史概念，它是指一个国家或地区的大中小城市、县城、农村建制镇、非建制镇、集市等构成的有机体系；城市体系是一个社会政治概念，它是建立在城镇体系基础之上的。就我国现阶段的情况来看，城市体系是指国家在 10 万人口以上的城镇设立的建制市的分布和构成状况，即在一个相对完整的区域或国家中，由不同职能分工、不同等级规模、联系密切、互相依存的城镇的集合，具有整体性、动态性、开放性、重叠性的特征。它是以一个区域内的城镇群体为研究对象，而不是把一座城市当做一个区域系统来研究，即研究由 10 万人口以上的城市构成的类型、层次、结构的体系以及与国家在农村设立的建制乡、镇系统相对而言的建制市系统。

城市体系的形成和发展，是现代大工业、区域社会经济发展到一定阶段的产物，是城市带动区域的最有效的组织形式。城市体系的产生，既反映了社会分工的扩大、生产社会化程度的提高和市场经济的进一步发展，又是城市自身建设和

发展的客观要求。在自给自足的古代农业社会，城市处于小农经济的汪洋大海的包围之中，自身没有什么生产能力，功能不全，辐射能力很差，除统治者组织下乡抓壮丁、派捐、收税、拘役之外，与乡村联系不多，乡村对城市的依赖性很小；加之古代城市数量不多、发展缓慢、分布极不均衡，难以自成体系。现代城市因其生产力水平大幅度提高，经济实力大大增强，科学、教育、文化、卫生事业飞速发展，功能日益完备，有很强的辐射能力，一个城市就是一个地区的中心；加之各类型各层次的城市数量较多，有可能在一定区域甚至在全国范围内形成一个相互联系、相互制约的城市体系，共同在国家政治、经济、文化的发展中起主导作用。这种作用，也就是城市间的空间及相互作用。这是因为地面上的任何一个城市都不可能孤立地存在，为了能保障生产、生活的正常进行，城市之间、城市和区域之间总是要不断地进行物质、能量、人员和信息的交换，我们把这种交换称之为空间的相互作用。正是这种相互的作用，才把空间上彼此分离的城市结合为具有一定结构和功能的有机整体，即城市体系。

然而，城市空间相互作用的产生不是无条件的，而是有条件的，即城市之间必须具有互补性。从实际情况看，并不是相邻的城市就一定会发生相互作用，也不是距离相近者作用力就一定强，城市空间的相互作用必须建立在经济互补的基础上，也就是既有需求又有供给，这样的城市空间才会发生相互作用，而且只有供需关系旺盛，作用力才会强；城市之间必须具有中介性。产生空间相互作用的城市并不是毗邻的，它们往往要经过第三者予以中转和传递；城市之间必须具有可输性。城市空间作用实现的途径是交通和通讯的联结，只有在此基础上才会有物流、人流、商流和信息流。因此，只有具备了上述三方面的条件，城市空间的相互作用才能得到充分的发挥。总之，由于社会分工的存在，城市与城市之间、城市与乡村之间总是存在着物质、能量、人员、信息的频繁交换，这种交换就是城市空间的相互作用。可以说，城市体系是城市空间相互作用的结果，凡是城市空间相互作用十分频繁的地区，就会形成一个有机的网络；网络的结点是规模不等的城市。

从上面的分析我们可以看出，相邻城市之间存在着空间的相互作用。那么，它们又是依据什么原则形成一个完整的城市体系呢？对此经济地理学中的中心地理论作了系统的分析。中心地理论是德国经济地理学家克里斯·泰勒在 1933 年出版的《德国南部的中心地》一书中提出来的。他在杜能的农业区位论和韦伯的工业区位论的启发下，创造性地把经济学中的价值观点与地理学中的空间观点结合起来，用抽象演绎的方法揭示了一定区域内中心地等级、规模、职能之间的关系及其空间结构的规律性。克里斯·泰勒认为，不同等级的中心地按照一定的功能控制关系和数量关系构成一个等级体系，它们在空间分布上必须遵循以下三条原则：

①市场原则。根据这一原则，每一个高级中心地均为三个低级中心地所分享，这样每个高级中心地实际上辖有其自身及其他二个完整的低级中心地，故称为 K=3 原则，即补充区的面积按等级由上而下 3 倍递增。②交通原则。根据这一原则，居民点尽可能布置在大城镇间的交通线上，这样，每一个低级中心地位于两个高级中心地连线的中点，即一个低级中心地从属于两个高级中心地，因此一个高级中心地辖有包括其自身在内的四个完整的低级中心地，故称为 K=4 原则，即补充区面积按等级自下而上 4 倍递增。③行政原则。根据这一原则，不同等级的中心地的分布受制于行政管理和政治控制的需要，低级中心地及其补充区完全被包含在高一级中心地的控制范围内，这样，补充区和行政区实际上趋于一致。行政原则要求一个高级中心地辖有包括其自身在内的七个完整的低级中心地，故称为 K=7 原则，即补充区面积按等级自上而下 7 倍递增。克里斯泰勒认为，上述三条原则，对城市体系的形成起综合的、交叉的作用，但又有侧重。一般来说，在经济和交通发达的开放地区，市场原则最占有优势；在与外界联系不便的偏僻和较封闭地区，行政原则是最主要的；在新开发地区，交通原则最为重要。因此，城市体系的形成有赖于以市场范围为代表的经济力量、以行政区划为代表的社会力量、以交通条件为代表的自然力量三股力量的综合作用。

中国的城市体系，自新中国成立 60 多年来，在大、中、小城市的配套建设方面，我们取得了很大的成绩，在全国范围内初步形成了一个现代城市网络。为使其能进一步向门类齐全、层次多样、结构合理、功能完备的现代城市体系发展，在 1982 年召开的“城市规划工作会议”上，第一次明确提出了“控制大城市规模，合理发展中等城市，积极发展小城市”这一我国城市发展的方针，这一方针于同年 12 月经国务院正式批准而公布，并作为全国城市发展的指导思想和基本要求而付诸实践。这一方针所体现的基本精神，就是要重视发展小城镇，重视中心城市的作用，注重以经济发达的城市为轴心，带动周围农村；由不同类型、层次的城市协同组织生产和流通，逐步形成以城市为依托的各种规模的经济区和各种类型的经济网络，从而推动城乡经济文化的发展。我国城市发展的过程和趋向表明，在现代社会，要使城市在国家各项建设中更好地发挥带头作用，并取得最大的综合效益，必须建设现代化城市体系；而现代化城市体系的最根本的要求，就是要使城市体系科学化。所谓城市体系的科学化，是指在全国或一定区域内的各种类型、层次的城市结构要优化，功能要优化，生产生活要现代化，管理体系要科学化。

（一）优化城市结构，控制大城市规模，合理发展中等城市，积极发展小城市，使大、中、小城市比例协调和互补

为此，需要加强城市规划、建设、管理和发展的研究，并采取以下有效措施：要合理布局重点建设项目，并坚持重点项目与城市设施同步建设，同步发展；通过法制手段，控制大城市、特大城市的规模和人口，有计划、有步骤地把设在大城市的一些工业企业和有关院校疏散到大城市周围的卫星城市，为发展卫星城市创造条件；调整中等城市的产业结构，完善中等城市的城市功能；鼓励农民进城务工经商，大力发展小城镇，促进一些小城镇不断地发展为小城市。这样，就可以使一些中小城市围绕一个大城市或特大城市，构成城市群落，或在几个大城市周围形成“城市带”，自成体系；同时还可以在全省、全国范围内形成有机结合的城市体系。

在这里应该值得指出的是，与此要求相对照，我国现阶段的城市结构是不尽合理的。据统计，在我国现有的城市人口中，特大城市占 29.42%；大城市占 13.94%；中等城市占 15.36%；20 万人口以下的小城市占 9.22%；建制镇占 32.06%。形成了“头重脚轻、中间瘦小”的城市规模结构，这是很不合理的。因此，要使城市结构合理化，必须严格控制大城市、特大城市的规模，加快小城市的建设步伐，把县级市的城市建设搞上去，使全国各类城市形成梯形的规模结构。一些专家认为，我国各层次的城市人口比例应该逐步形成 2∶1∶3∶4 的比例结构。即在全国城市总人口中，特大城市的人口占 20%，大城市的人口占 10%，中小城市的人口占 30%，小城镇的人口占 40%。

（二）优化各类城市的功能，提高城市群体的综合效益

我国的传统城市，由于工业生产和交通、通讯非常落后，本身的功能不齐全，辐射范围有限，自顾不暇，谈不上城市群体功能的优化和整体交通的发挥。但是，现代城市相互之间的联系越来越密切，相互间的作用也越来越大。因此，为提高一个国家、一个地区的整体效益，必须考虑各级各类城市间的整体功能的优化问题。譬如能源生产城市、轻工业城市、重工业城市、文化城市等如何互补，以更好地发挥整体效能，就越来越重要地摆在人们面前。

（三）城市生产和生活现代化

包括城市基础设施现代化、生产技术手段现代化、通讯联络方式现代化、市民生活方式现代化和生活服务社会化等内容。其中，城市基础设施现代化，包括街道、车辆、桥梁、上下水道等公用基础设施的现代化，旅馆、商店、饭店、医院等生活服务设施的现代化，影剧院、博物馆、科技馆、学校等文教设施的现代化；生产技术手段现代化是指城市工厂中的生产设备现代化、生产过程现代化、操作技术现代化；通讯联络现代化是指运用现代科学技术，如电子计算机、传真机、电视电话、光导纤维、电缆通讯、通讯卫星等现代通讯工具和联络手段进行通讯联络工作；市民生活方式的现代化，是指市民家务劳动现代化、人的现代化、物质生活方式（如收看电视、电影、业余深造、游乐等）现代化；生活服务社会化，是指打破各单位、各部门的“大而全”、“小而全”的自然经济状态，打破家务劳动中的“个体作业”方式，把各方面的生活服务职能最大限度地转向社会，让城市社会的各类组织承担，以更好地发挥城市的职能作用。

（四）市政管理体系科学化

市政管理体系，主要指各级各类市政管理组织、种类、市政管理法规、各项市政管理程序，要形成层次、结构、功能优化的管理系统工程，以保障城市的社会肌体健康地发展。

第三节　市政管理的本质及其内容体系

一、市政管理的本质

考察人类城市的发展史，可以说，自从有了城市便开始了市政管理的实践。当代社会生活的一个显著事实乃是城市人口的迅速增加，城市政府管辖事务的日益繁重，城市政府组织的日益庞大。就是未在城市中居住的人，也广受城市生活的影响，因此使城市本身的管理起了很大的变化。在今天，现代化的市政管理已成为文明都市生存和发展的必要条件。在中国，传统意义上的广义的市政管理，是指城市政府以城市为对象的、为实现特定目标对城市运转和发展所进行的控制行为和活动的总和。在计划经济体制下，就是对城市所有单位、部门、产业的综合管理和公共管理，它贯穿于城市规划、计划、指挥、监督和协调的全过程之中。狭义的市政管理，主要是指政府部门对城市的公用事业、公共设施等方面的规划和建设的控制、指导。随着社会经济的发展，城市本身的发展和增长已带来了城市新的形态，同时经济体制变革使得市政管理和政府职责更加复杂化，市政管理的内涵也在不断变化之中。但是，在一定的历史阶段，市政管理有其相对稳定的内涵。就目前而言，中国仍处于由计划经济体制向市场经济体制转轨的过渡时期，两种不同的经济体制，必然导致市政管理内涵的不同。导致这种不同的原因是市政管理实体的变化和市政管理主体的变化。就市政管理实体的变化而言，城市是市政管理的空间实体，是一个随着社会生产力发展而不断发展变化的社会经济有机体。从古代城市发展到近代城市，进而发展为现代城市，城市表现出经济繁荣、人口密集等许多外在的特征，而其内在的特征常常被人们所忽略。现代城市的内在特征主要是城市功能日趋多样化、城市生产活动日趋智能化、城市活动日趋社会化、城市系统日趋开放化，这些变化必然带来现代市政管理内涵的变化。

就市政管理主体的变化而言，市政管理者是市政管理的主体，在我国传统的计划经济体制下，以实行中央集权的计划经济为大背景，市政管理的主体是单一的，就是城市政府。在长期的社会管理过程中，我国形成了“大政府、小社会”的模式，政府是全能政府、无限政府。随着社会的发展、政治的变革、体制的转轨，市政管理的主体开始向多元化发展，城市政府依然是市政管理者，但不是唯一的管理者。随着城市第三部门和市民社会的发展，社会中介组织、非营利部门、社团组织、社区组织等都将成为积极的市政管理者。这是在市场经济条件下，市政管理主体发展的必然趋势。概括而言，市政管理是指多元的市政管理主体依法管理或参与管理城市地区公共事务的有效活动，属于公共管理范畴。从市政管理主体的主角——城市政府角度出发，市政管理主要是指以城市的长期稳定协调发展和良性运行为目标，以人、财、物、信息等各种资源为对象，对城市运行系统作出的综合性协调、规划、控制和建设、管理等活动。市政管理是城市发展的客观要求，作为企业管理和国家宏观管理的中间环节，市场经济条件下的市政管理既包含了以城市政府为主体的市政管理者依据国家法规体系、通过国家计划和发展规划对城市运转和发展所进行的控制行为和活动。另外，最重要的是市政管理还包含着城市政府管理职能与非政府机构、非营利组织、社会团体、市民等参与市政管理的行为之间的相互协调和配合。我国台湾市政管理学家董树藩在论及都市管理的重要性时曾强调：“都市为人类的重要生活环境，必须管理得当，人类才能过着幸福快乐的生活。都市为文化发源地与传播中心，必须妥善管理，人类文化才能不断发展滋长。都市为各种制度的发展地方，必须管理适当，才能使都市中所存在的各种制度健全发展。都市乃国家兴衰所系，都市管理健全与否关系国运之昌隆与否。”这一阐述概括出市政管理的主要目的就是为了协调、强化城市功能，保证城市发展计划的实施，促进城市社会与人类的健康发展，同时也揭示了市政管理的本质。

（一）它是一种综合性的管理

城市是高度复杂的社会综合体，社会、经济、环境资源等系统，具有各自的运行规律和特征，既自成体系，又相互影响，相互制约，并同外界环境有着密切的联系，从而决定了市政管理具有综合性的本质。城市的综合管理任务首先是要保证城市正常运转，而不能仅限于构成城市的某一因素的运转管理上，还应协调、控制城市构成各因素之间的相互联系，如政府对社会因素、经济因素、市政因素进行协调管理，对城市进行宏观控制，搞活企业以及组织和协调好城市功能的发挥等。不管是局部管理还是整体管理，都应从总体的规划和战略协调上进行综合性的管理。

（二）它是一种开放性的管理

城市是一个开放的大系统，它对自然资源的依赖及产品对市场的依赖迫使城市对外部区域开放。因此，只有开放式的管理，才能增强城市的开放性功能。城市的开放性表现在：对农村的开放，对国内市场的开放，对国外的开放，技术、文化、人流、物流、信息流、资金流的大规模输入和输出。

（三）它是一种动态性的管理

城市作为一个有机整体，各个局部的运转都会影响到整体的运行，因此，要掌握城市运转的规律，应从长远的、动态的角度来管理实施城市发展的战略目标，进行整体动态规划，而不能静止地、独立地管理现代城市的各构成要素，不仅要管好局部，还要协调好总体的运行。

（四）它是一种复杂性的管理

这里所指的复杂性，主要是指管理结构的复杂性。所谓管理结构，是指管理者与管理对象（各要素）结合的形式，它反映管理活动中人、事、物之间相互关系及其构成形态。市政管理结构复杂的主要表现是管理者与管理对象结合的整体性、广延性、层次性和智能性。从市政管理的总体上看，城市多种要素密集，互为一体，在管理体系上必然形成决策、执行、监督、反馈四个系统。这些系统是在空间上并存、时间上继起的四个连锁环节，它们一个都不能缺少，一刻也不能中断。城市所有的经济、政治、文化、人口等要素，都不是城市系统之外的游离分子，必须进入这四个系统，经过科学处理，使之有序地组合起来，连成更有机的整体。现代市政管理体系，是整合整个城市的体系，其中的系统或环节，是以其不同的功能整合城市的系统和环节。以城市为整体对象的有序管理形式，显示了市政管理总体结构的极端复杂性；在管理范围上，现代市政管理的行政范围虽然只限于城市地域，但由于城市是一个与外界进行物质与能量广泛交换的开放系统，它的管理的涵盖面又大大超出了城市行政范围，城市的经济、政治、文化、人口、资源与基础设施等管理结构，不仅反映城市内部的需要，还要反映城市外部的需要，从而使市政管理主体作用的管理对象比农村要广泛得多；在管理层次上，既有纵向的结构，如包括政治管理、文化管理和环境管理在内的行政管理，也有横向的结构，如经济管理结构。前者是管理主体与管理对象的直接结合，以直接管理为特征，传导系统呈线性状态。后者都是管理主体与管理客体的间接结合，以间接管理为特征，传导系统是网络状态。因此，市政管理结构具有线网交织、条块结合的复杂构成；在管理结构素质上，市政管理结构是优质的智力型结构，不论是总体结构还是分支结构，都是智力的密集体。相形之下，农村管理结构要单纯得多。

（五）它是一种组织严密性的管理

城市是社会生产和社会生活高度社会化的社区，同时也是高度组织化社区，因此其管理组织比农村要更为严密。具体表现为：

1. 具有较强的内控机制

一方面它是指城市中枢管理组织具有高度的综合性能，即对分支组织和整个城市的社会经济运行拥有决策、监督、调节和控制的权威和能力，这一权威和能力既来自它的行政指令计划和经济杠杆以及将它们付诸实施的职能管理部门，也来自它拥有较完善社会经济监督系统和反馈系统。现代市政管理活动的任何一个环节失调，都可以通过各个系统反映出来，并迅速地进行调节和控制；另一方面是反映城市的分支管理组织也具有综合性能，它们既是被充分职能化的相对独立的管理单位，又是本系统的综合管理单位，与整个管理系统在职能（而不是在机构）上呈对应状态，它们对中枢管理组织是“综合”的“分解”，对所辖单位是“分解”的“综合”。现代市政管理中枢及其工作机构的综合职能，把城市的纵向和横向管理系统结成为严密的整体。

2. 城市经济实体有较强的自我组织能力

城市政府运用经济杠杆对企业实行计划与市场相结合的调节和控制，调动了企业的自主经营活力，从而使微观经济与宏观经济在组织管理上保持同等关系，使经济肌体的细胞与城市经济管理系统的职能部位相对应（如都在经济数据处理系统、劳动生产率系统、效率、盈利系统和金融、价格系统有对应关系），形成城市经济管理的严密体系。再次表现为市政管理规范化。市政管理相对农村来说组织种类较多，对社会生活覆盖面较大，管理规范上也比农村更严格、更广泛。如在生产方面，城市的物化劳动和活劳动的配置、劳动方式、操作程序和劳动态度上都有严格的规定，这些规定贯穿于生产全过程并与人们的物质利益紧密相连；

在生活方面，市政管理规范延伸到许多方面，如居住中的住宅管理规范、公共生活中的公共卫生规范、行路中的交通规范等。城市居民正是在严密的规范中享有比农村更多的文明与自由。

（六）它是采用先进方式的管理

城市流量大、容量大、运转快，必须采用先进方式及现代化技术手段进行管理。其主要内容有：城市空间结构及未来发展进行合理布局和科学预测的现代化规划设计方面的技术，传递和输送城市物质和能量的先进的交通运输设施，汇集、反馈和交流城市各类信息的先进的邮电、通讯和电子计算机装置，对城市生态环境进行防护和治理的现代化工程技术和生态技术以及对上述技术及手段进行科学管理的方式等；随着城市科学技术的发展，还将包括运用网络技术建立城市立体化的管理模式。

（七）它是一种具有鲜明时空性的管理

城市空间狭小，单位空间物资密集，是现代市政管理活动的重要出发点之一。城市的狭小空间界定了市政管理系统和系统进行活动的区域，反映了一切管理活动的现象和过程的整体性能，也反映了通过管理以调整人与空间的关系，合理利用空间的紧迫性；所有构成管理对象的要素的组合结构都是立体交错的空间格局，而不是像农村那样的平面构造；城市通过管理活动所发挥的缩紧和扩散功能，反映了城市地域空间与社会经济空间、内部空间和外部空间的辩证关系；城市借管理对各要素空间布局的调整，不单是生态调整，而且是社会经济的调整，反过来说，如果不进行这一调整或调整不合理，对城市造成的空间破坏，就不是哪一方面的破坏，而是全面的破坏；管理效益最终体现为空间效益，空间效益是经济、社会、生态三者效益的综合。在市政管理中，强烈的空间观念与强烈的时间观念是紧密相连的。合理地最大限度地利用空间必然同时表现为合理地最大限度地利用时间，空间集约实质上到处显现为时间集约。市政管理的时间观念，动态地反映着市政管理的全过程；有效地节约时间，决定着市政管理要素的组合结构；城市生产与生活的高速运转，决定着管理过程的急促而有序的节奏；城市运行的非间断性（四季和昼夜不息）决定着管理活动的连续性。对于城市来说，积累效益就是时间效益。总之，如果说，农村管理在时间和空间的概念上偏重于它们的自然形态，市政管理则更多地使它们带有社会经济形态的性质。

二、市政管理的内容体系

中国市政管理是多元的市政管理主体依法管理或参与管理城市地区公共事务

的有效活动，城市公共事务是指城市广泛的经济、文化、教育、基础设施、社会福利、公共安全、交通、环境与卫生、房地产、公用事业、游玩设施等。因此，它的内容极其丰富，其对象涉及城市社区的各种组织要素。但总起来讲，市政管理的内容大致可分为4种类型，即城市的社会管理、经济管理、社区的生态环境管理和基础设施管理。

（一）城市的社会市政管理

主要是指对城市居民的生活管理。城市中的人按一定的社会关系和生产关系，在共同的环境里生活、生产。为了使城市居民生存在一个有序的、良好的社会环境里，必须对城市进行有效的组织，作整体、动态、综合、最佳效果的全面控制和管理。管理内容包括以生育、人口迁移为主的人口管理；以社会秩序、社会治安为主的社会秩序与社会治安管理；以网点设置、服务、信息为主的社会生活服务管理；以思想道德建设、教育科学文化建设为主的城市文化管理。以上4个部分构成了城市社会管理的主要内容，其中人口管理又是比较重要的一环。根据我国人口过多的国情，进行城市人口管理尤其要控制城市人口的数量，提高人口素质，稳步提高人口城市化水平。社会治安与维护秩序的管理是为居民提供良好生活环境的重要保障。城市人口流动量大，社会关系复杂，如果没有一个健全的法制机构体系来有效地监督和维护社会的安宁与稳定，居民的人身安全也无法保障。城市社会管理的再一重要方面就是对城市人民的物质文化生活进行管理，并提供各种服务。城市公共服务设施，大体可分为两大类，即：为城市居民物质生活服务的公共设施，主要包括第三产业服务网点的配置与管理，如商业网点、公交设施、医疗卫生等；居民精神生活设施，如电影院、图书馆、游乐园、学校等设施。除此以外，信息时代的城市社会管理还应对信息的传递和沟通进行管理和建设，电话、报纸杂志、电视机、电脑等在城市居民的生活中所占地位日益突出，要积极引导居民接受健康信息，对内容不健康的信息要加以控制。另外的管理就是城市居民的思想道德和科学文化建设。在建设高度物质文明、政治文明的同时，一定要努力建设高度的精神文明，用共产主义的思想体系，教育帮助市民树立正确的理想和人生观，加强科教文化建设，培育有文化、有知识的人才，这两方面要相互配合，渗透在整个市政管理和现代化建设之中。

（二）城市的经济市政管理

经济的运行和增长是市政管理的传统中心内容，它直接关系到该地区城乡社会的进步和繁荣。正如马克思在一个半世纪前所揭示的：“……大工业造成一种绝对必需的局面，那就是建立一个全新的社会组织，在这个新的社会组织里，工业生产将不是由相互竞争的厂主来领导，而是由整个社会按照确定的计划和社会全体成员的需要来领导”。[①] 现代城市，特别是省会城市和大城市，它们在国民经济发展中处于中心地位，是中央纵向管理和省、地区横向管理和社区经济微观调节的汇合点。因此，城市经济管理既不同于企业的管理，也区别于中央政府的经济管理。可以这样认为，城市经济管理是整个国民经济活动赖以正常进行和健康发展的基本手段之一，是一种中观经济的调控方式。城市经济管理的内容十分丰富复杂，它要求城市政府要在国家的宏观计划指导下，遵循客观规律，正确发挥政府机构管理经济的职能，运用法律和经济杠杆手段对城市的各种经济活动进行科学、有效的综合控制、指导和协调，促进城市整体功能的正常发挥，并取得良好的经济效益和社会效益。归纳起来，城市的经济管理主要有以下几方面内容：首先是对城市区域产业进行宏观规划与管理，各级市政府的重要工作是从本市的实际条件出发，统筹制订城市产业发展的长远规划，把全国的国民经济计划与本城市的建设规划合理衔接，引导城市产业合理发展。其次是对城市经济结构的合理调节，城市经济结构的合理化对现代城市的发展至关重要，特别是那些经济中心城市以及具有特殊经济职能的城市，更要求加强对其内部经济结构的优化。必须不断地进行城乡经济结构的调整，其中包括产业结构、投资结构、就业结构、生产力布局等的调整。只有产业结构的更新、优化，扶持战略主导产业、新兴产业，才能带动整个经济的发展，这将是现代市政管理中的一个战略要点。最后是实现国民经济管理和发展的条块结合，促进城乡一体化进程。城市是国民经济管理中条条和块块管理的结合部。城市经济管理具有上传下达、承上启下的任务，在城市经济发展中，通过条块管理相结合，既促进城市间、产业间的联合配套，又使城市功能得以扩散，带动农村经济起飞，促进城乡一体化进程。

（三）城市的生态环境与基础设施的建设与市政管理

城市生态系统是以人的集聚为中心，在开发和利用各类型的自然和人文景观资源的基础上形成的社会文化、经济活动相对集中的次生态型生态系统。城市生态管理内容主要指对人类生存、生活及社交的环境，一方面要防治污染，不让自然环境变坏；另一方面要通过绿化和美化，力求自然环境更好，创造一个健康、优美的高质量环境。经济的发展与环境保护在各自的发展中会发生矛盾，但环境的恶化会带来人类的健康下降以致最终经济效益下降的后果，我国城市环境现状已证明了这一点。因此，我国城市环境管理应本着“全面规划、合理布局、综合

[①]《马克思恩格斯选集》第1卷第217页。

利用、化害为利、全民发动、保护环境、造福人民”的总方针，端正指导思想，普及环境教育，从政策和法制上确保城市可持续发展的战略地位。城市基础设施是城市生产和人民生活必不可少的物质基础，它包括的范围很广，实际上也渗透于或融合在上述的城市社会、经济与生态发展领域之内，具体而言可细分为 7 个方面：能源生产和供应设施；给、排水设施；航空、铁路、汽车运输等对外交通设施；城市道路、城市客货运输和城市交通管理等市内交通设施；邮电通讯设施；环卫、环保、园林、绿化等设施；防火、防洪、防震等城市防灾设施；城市战备设施。随着生产力的发展和社会生活需求的提高，城市基础设施内容将不断增加。当前要进一步发挥中心城市的辐射功能和吸引力，没有与高速经济发展相协调的现代化基础设施，就无法进行高效率的社会化大生产和现代化的生活。因此，对城市基础设施的建设与管理首先要在思想上充分重视制订长远的有效的规划，并将城市基础设施的改建与产业技术改造相结合，加速基础设施落后面貌的改变。其次在政策上给予支持，改革投资制度及增加重点基建投资，使这部分资金来源得到保证。最后要加强设施管理，实行经济责任制，提高城市公共设施的综合效益。

三、市政管理的目标定位与手段选择

规模经济和集聚经济是城市发展的核心动力。与之相呼应，城市在空间上高度密集，人口高度集聚，物质资源高度集聚，经济成分高度集聚，科技要素高度集聚，交通网络高度集聚。集聚是工业经济的必然要求和结果，它创造了繁荣的城市经济，促进了人类的物质拥有。但是，高度集聚使得城市中人口和环境的平衡受到影响，造成了一系列城市问题，城市的发展急需有力的城市空间布局调控，合理的人口密度和疏导，有效的资源配置和使用，灵活的产业结构调整，持续的交通状况改善，不断促进环境质量的改善与提高。因此，市政管理要达到的目标就是实现城市整体的协调运转。市政管理作为过程，包括调研、决策、计划实施、协调、反馈等环节，在城市社会中，为达到一定的目标，其管理手段应该是综合的，也就是要建立“以法制为规范、以行政为主导、以社会自治为基础”的市政管理的手段体系。

（一）以法制为规范

市政管理必须立法，同时要做到有法必依，执法必严，违法必究，这是国外的成功做法，也是我国的经验总结。除了《宪法》、《刑法》、《刑事诉讼法》、《民法》、《民事诉讼法》等国家大法外，各个城市还需依据自己的实际和需要，制定市政管理的各种法规。如《规划管理法》、《人口管理法》、《交通管理条例》等，使市政管理有一个能体现城市整体利益和居民根本利益的、有权威性的行为规范，否则，现代城市这样复杂的大系统将无法进行管理。实践表明，法规的制定要配套，法规的执行也要互相配合，这样才能加强法制的整体作用，减少由于互相冲突而带来的干扰和障碍。而要做到这一点，在推行依法治市的今天，必须解决长官个人意志和以言代法的问题。这个问题不彻底解决，立法也会形同虚设，甚至可能破坏城市建设的整体性，从而影响城市的协调运转。因此，在城市的管理中要真正运用法制手段，还需要作艰苦的努力。

（二）以行政为主导

城市的各级政府及基层组织等行政机构，是市政管理的承担者和执行者，这是市政管理的性质和特点所决定的，从这个意义上说，市政管理就是城市政府对城市的行政管理。但是，城市政府执行管理任务所使用的手段，不一定、也不应该是单纯的指令性的行政干预手段，而是多层次、多类型手段的互相配合。如可以运用法律、经济、教育、社会舆论等手段。这些手段，在各个层次的管理过程中，可以针对实际情况的变化和需要，灵活配合使用，不过，最后要以行政手段来做决策，并以行政手段（如政府发文件）贯彻决策意图，付诸实施，这就是以行政为主导的意思。在诸多手段中，过去最不常用的是经济手段，在当前从旧体制向新体制转变的过程中，学会运用这种手段是十分必要的。因为市政管理中，很大一部分工作是调整人与人之间、单位与单位之间的经济利益关系。很多影响城市协调运转问题的产生、矛盾的激化重要原因之一，就是经济利益没有得到合理的分配。调整经济利益关系的最好手段就是使用经济手段，如信贷、价格、税收、技术有偿转让、有偿咨询等。当然，伴随经济手段的使用，还应辅之以思想教育、政策的宣传，以扩大经济杠杆的成效。

（三）以社会自治为基础

就是要培养、提高社会的自治能力，发挥社会的自我管理功能，科学界定政府、市场、社会在市政管理中所担负的职责，这是我国改革开放进程中的必然趋势，是我国政府职能改革中实行“政企分开、政社分开”的必然结果。在中国市民社会的发育、发展过程中，启发市民的觉悟，提高市民参政议政的意识和能力，培育民间组织（包括非营利组织、非政府机构），提高其参与市政管理的能力，让全社会都能自觉地同城市政府一道来维护城市的协调运转，这是无论哪个层次的市政管理都应具有的基础。

在社会转型期的中国，政府与社会（民间组织）的关系正在发生转折性的变化：管理与被管理的关系正在为彼此合作和良性互动的伙伴关系所取代。随着市民社会民间组织独立和自治进程的加快和自身实力的发展壮大，它将逐步获得了与政府之间伙伴关系的资格和能力。与市民社会的民间组织建立合作伙伴关系，我们认为，联合国和一些西方国家的做法值得我们借鉴。在西方多数国家，政府同民间组织之间正在形成较为稳定的制度化的合作伙伴关系，共同致力于社会经济发展活动。制度化伙伴关系有各种形式和机制，它涉及各方对目标与前景的认同，对资源、经验与信息的分享等。根据不同的角度，制度化伙伴关系有不同的类型，如咨询性伙伴关系、协调性伙伴关系和合作性伙伴关系、决策性伙伴关系等。在联合国多数国家，都设有专门的机构来处理同民间组织的关系，已经具有制度化管理的形态。近 10 多年来，各国政府愈益重视民间组织在社会经济各领域里的作用，通过各种手段支持和鼓励民间非营利组织的活动。发达国家的民间组织不仅从政府处获得相当数量的资助，而且还越来越多地参与政府的政策和计划的制订过程，同政府展开对话，在各类社会经济发展项目中进行协作。从发展中国家的情况来看，民间组织同政府之间的关系在不同的地区、不同的国家之间差异很大。但越来越多的发展中国家的政府认识到建立一个强大的、独立的非政府组织部门对社会经济发展是有利的。

就世界总的情况看，各国政府大都承认民间组织在社会经济发展中的积极作用及其存在的正当性，已经或者正在着手同民间非营利组织建立某种程度的伙伴关系。国际社会也普遍鼓励各国政府与市民社会民间组织进行合作与对话，建立起伙伴关系。1992 年联合国里约环境与发展大会通过的《21 世纪议程》第 21 章要求，各国政府与民间组织要建立起有效的对话机制，以便在可持续发展过程中充分发挥各自的独特作用。国外的这些做法值得我们借鉴。鉴于政府在社会中所处的领导地位，政府与市民社会民间组织之间在建立伙伴关系上，政府处于主导和开创者的地位。

关于市政管理的手段，还有一个现代化的问题，也是科学管理发展的问题。从手段来说，就是计算机、网络技术在市政管理中的应用是必然的趋势。市政管理要摆脱传统的落后状态，一个重要的标志就是要充分利用信息技术、加快城市基础数据库的建设、加强定量的分析和研究，提高市政管理水平和管理效率。目前，在我国市政管理中，计算机、网络技术还是辅助系统，数字城市和电子政务正在发展，但还没有发展到可操作的阶段。但从发展来看，在将来的信息化社会中，计算机和网络技术将要深入到市政管理的各个环节中去。如数字通讯网、医疗、教育信息体系、无人交通体系等，使城市成为“数字城市”，能充分运用电子计算机技术、网络技术，拥有高级信息机能。届时城市的运转，通过应用计算机、网络技术进行管理，将会及时调整得更加协调。

【复习思考题】

1. 城市的主要特征、中心功能有哪些？
2. 如何理解城市发展的趋势？
3. 城市体系与城镇体系的相互联系与区别表现在哪里？
4. 什么是市政管理？如何理解市政管理的本质？
5. 市政管理主要包括哪些内容？
6. 你认为市政管理应建立什么样的体系？

第二章

市政管理思想的产生与演进

观点提示：

市政管理，是理论与实践的产物。作为城市生活和城市运行中最为重要的一项公共行为，市政管理必须要有理性的操作、科学的指导；作为城市科学和管理科学成果的交叉结晶——市政管理理论必须进行应用，并在实践中验证其科学价值。近百年来，中国的城市化步伐在世界范围内明显滞后，同样，市政管理的理论发展也相对显得薄弱。在城市化不断推进的今天，我们必须加快探讨建立有中国特色的市政管理理论。要做到这一点，首先必须对世界范围内市政管理思想的历史渊源，市政管理理论的产生、发展与综合运用及马克思主义的城市发展观做些介绍与分析。

第一节　西方城市科学与市政管理思想的产生

一、市政管理思想的历史渊源

从历史的角度而言，城市科学及市政管理的思想，首先产生于西方，即它是自文艺复兴以后到现代化萌发时一些哲人、智者对人类理想居所的创造性想象与理性设计。对此，美国学者 L. 芒福德在其所著的《乌托邦系谱》一书中，从柏拉图的《理想国》到托马斯·莫尔的《乌托邦》以至于 20 世纪初的乌托邦文学，搜寻出 24 个乌托邦的系谱，考察了人类近几百年来对“理想的城市是什么样子的思考”，发现不论是科学家还是文学家，他们对未来理想的城市设想都有着共同的理念——“把田园的宽裕带给城市，把城市的活力带给田园”，目标是城市和农村协调，融合为一体。

进入近代以后，西方城市科学又以对城市社区形态、结构的重新规划与设计为发端。城市科学的发展之所以会完全不同于古典市政管理经验的总结，也正是因为自文艺复兴以后的工业化、城市化的进程，重新建构了近代城市社区的产业特质，也重组了近代城市的空间布局，重塑了城市发展的功能与目标。就近代城市科学体系自身衍化来看，城市规划与空间形态设计，确实构成了自工业革命至20世纪上半叶西方城市理论的主体，也是城市科学中最为发达的一部分。英国学者E. 霍华德是现代城市科学史上一位划时代的人物，他于19世纪末发表的《明天的花园城》一文，从探索城市最佳规模入手，创造性地提出了花园城镇体系的设想，这一构思已不限于对城市形态设计和人口规模的简单测算，而是经过较精确的经济分析和图解，将20世纪的城市构造设计和建设理论推向科学化的新高度。在以E. 霍华德、马什·盖迪斯、克里斯·泰勒、艾伯克龙比为代表的综合规划派中，倡导者大都不是学建筑的，所以就容易从他们不同的视角和方法来“综合”关照城市建设。例如马什·盖迪斯是社会生物学家，首先想到的是土地和社会特性，而克里斯·泰勒是地理学家，伯吉斯等又是社会学家，他们的努力探索不仅使人们对城市建设和生存发展的内在机制的认识前进了一大步，而且使人们越来越清楚地认识到，城市规划必须通过跨学科的分工合作，包括经济学、社会学、历史学、地理学、政治学、人口学等方面的研究，才能科学地论证并取得良好的实际效果。在研究客体上，他们则认为必须把城市看成“不仅是市区本身，而且还是城市近郊和远郊在进化过程中人口的聚集”。这种承认城市社会问题的存在和跨学科合作有效性的思想，在城市建设上尚属首次提出。在城市形体设计与管理方面，西特、艾纳尔、柯布西埃、伊·沙里宁等代表人物则用建筑师的眼光看待城市建设问题（包括建设中的经济和社会问题），他们采取的是“把砖瓦沙石和钢铁水泥在地上作一定组合的那种物质和空间环境的解决方法”，其最终目标是实现物质环境开发，并常常有一个准确的三度设计方案，甚至连一般原则也赋予具体的图解，正如挪威著名建筑论家诺·舒尔茨所指出，他们对城市的兴趣“在于人造形式方面，而不是抽象组织”。尽管如此，上述两条发展路线仍有着最根本的同质性，即都信奉“物质形态决定论”的指导思想和价值理想，只不过综合规划偏于二度的城市客体，形体规划偏于三度实体形态。而且两者都注重乌托邦式的“最终境界。”

到了20世纪中叶，城市研究领域又有了进一步扩大。同时社会学、生态学、地理学、交通工程等均形成自身独立的城市发展理论，内容也更为具体化、系统化。英国的区域规划思想不久传播到美国，由盖迪斯的追随者芒福德推波助澜，使这一思想影响更为广泛。芒福德于1938年出版的《城市文化》一书，被誉为现代城市规划运动的“圣经”，并为政府官员和规划家所信任。在英国本土，则推出了区域研究的重要成果——“巴罗报告”，它直接干预影响了英国社会经济发展的战略决策计划，并导致了1945—1952年英国战后一系列城市研究决策机构的建立。自此，城市科学便更多地与国家和各级政府决策机构相结合，而结合的程度又取决于它们的意志和社会的目标取向。当然，这首先应归因于城市科学本身的综合性、社会性、战略性和系统性的日益加强。

第二次世界大战后，其所要解决的问题更加远离了物质形态而日益趋向人口、交通、环境污染、社会动乱、经济发展等复合性社会问题。这就是说，城市理论的重点已经从物质环境转向了公共政策和社会经济等根本性问题，学科也因此逐渐趋向社会科学，成为一项名副其实的社会工程。规划工程和程序也有了很大改变，日益受控制论的影响而趋向系统规划。由上述综合规划的发展最终导致了现代城市分支学科的创立，正如第 18 版《不列颠百科全书》所指出，现代城市规划和管理的目的“在于满足城市的社会和经济发展的要求，其意义远超过城市外观的形式和环境中的建筑物、街道、公园、公共设施等布局问题，它是政府部门的职责之一，也是一项专门科学”。[①] 以上只是对早期城市科学发展主线的大致勾勒，在这条线上我们虽然尚难看到市政管理理论的身影，但却看到了市政管理思想的渊源。相对于比较发达的城市规划科学而言，现代管理科学发育较晚，而管理科学和城市科学的结合而结晶出的市政管理学说更是在 20 世纪中叶才形成。因此，要探讨其理论的产生，我们还必须把学术视野聚焦于 20 世纪 30 年代。因为在这一时期，现代城市科学和管理科学各自都有一项划时代意义的成果出现。

二、市政管理理论的产生与发展

城市科学在 20 世纪初的城市建筑学、地理学、规划学的发展基础上逐步壮大，国际交流也日渐频繁。其中一个最有影响的国际性学术团体——1928 年成立的现代建筑协会，它是以欧洲的德国、意大利、比利时、荷兰、奥地利、西班牙、瑞士等著名城市建筑和规划专家发起的学术性组织，该协会最大的成就就是于 1933 年（第 4 次会议）宣布的都市计划宪章，又称为《雅典宪章》。其内容分为：总论，现代都市现状、危机及对策，结论三章，共 95 条。《雅典宪章》的重要立论在于都市是市民的生活空间，所以都市计划要以市民为主体，也就是说要以“人”为计划的主体。都市是数万人以上集聚的生活活动空间，要使市民的所有生活活动有秩序的话，就得对其生活活动的空间与设施做综合的规划。应该说《雅典宪章》为我们展现了工业文明发展以来的都市综合规划的原理、原则，《雅典宪章》的制定是以市民的日常生活为都市计划的基础，也就是以“人”为都市计划的主体。同时，依照都市内的每个市民是在平等的立场，不因贫富、阶级之差别而共同平等地讨论都市计划。概括而言，《雅典宪章》95 条文的基本精神突

[①] 王建国．现代城市设计理论和方法．南京：东南大学出版社，1997：49-50.

出表现为以下三点：站在市民的都市生活活动的立场来论都市计划的原理原则，故主张满足市民心理的、生理的需求，与社会、经济、政治条件一样的重要；同时，雅典宪章中主张个人的利益必须与集团（社会）的利益调和，无法调和时，个人要从属于集团，因此，都市计划必须是服从全体利益，不要因个人利益、欲求而损害全体；文明的发展，改变了人类生活活动的形态，同时，都市计划者亦以工业文明的尺度来做都市计划的尺度。但事实上，人类无法摒弃人类本身所具有的尺度（面积、距离、时间等的尺度）以致两者之间产生了矛盾，导致混乱。今日，都市的混乱是由于工业化的尺度为主而来；对都市计划的出发点，主张以居住为原点，以此来考察居住环境与其设施、居住与工作、居住与休闲之间的区位及联络的尺度。

由此可看出《雅典宪章》对市民基本生活行为和居住功能的高度重视，也可以说《雅典宪章》是从生活方式、质量改善等更广阔的社会学角度来促进城市综合发展规划的。显然，《雅典宪章》已超越了当时一般建筑、规划以及空间形态为建设主体的城市理论，开始从多学科的结合上考虑到城市住宅、娱乐、交通、工业生产、文物保护等多方面的规划建设与管理，它的以人为本原则和社会系统观念一直影响到今天的城市规划乃至都市圈的发展战略设计，我们将《雅典宪章》评价为由近代城市单一规划、设计理念向现代综合管理建设理论过渡的重要里程碑似不为过。

几乎在欧洲城市学者忙于组建国际现代建筑协会的同时，以 G. 梅奥为首的一批管理学先驱来到位于芝加哥的西方电气公司霍桑工厂，开始了著名的“霍桑实验”。他们运用社会学、经济学和管理学的理论与方法，对企业职工在生产中的行为及其原因进行了综合的、相对精密的分析，于 20 世纪 30 年代向世人呈现了以《工业社会中的人的问题》为代表的一系列成果，得出了众多与传统管理理论不同的新观点、新理念，从而创立了具有现代管理科学意义上的行为科学。因此，被后人评价为“这是管理历史中一次至关重要的航程的开端”。[①] 以此为新的起点标志，20 世纪的管理科学开始了科学化、系统化的进程，而市政管理理论也正是以此为基础而得以形成与发展。

20 世纪 30—50 年代，是现代管理科学迅速成长并趋向实际应用的重要阶段，这一时期，诸多工业化国家的管理学者都开始了理论探索和理论创新，涌现出行为学、人际关系学、管理运筹学、组织结构理论、系统论、控制论等一大批科学理论。其中梅奥等人的“霍桑实验”带来了现代管理学的重要转折，他们强调：更加关心人而不是关心生产；告诫人们削弱管理机构的僵化程度，以便更好地满

① [美]D. A. 雷恩：《管理思想的演变》，北京：中国社会科学出版社，1988：306-307.

足人们的需要；减少对工资和效率的强调而更多地关心人际关系和激励因素；更多地关心情感的非逻辑而不是效率的逻辑。人际关系运动以及随后的研究反映了作为文化环境产物的几个基本观点：号召社会的、人群的技能而不是技术的技能；强调通过团体和社会团结来重建人们的归属感，以便克服"灵魂的混乱"；注意通过工会、参与领导以及把工厂中的正式组织和社会组织结合起来使权力平均化。"霍桑实验"以后的管理科学采取了两种分离而类似的方法："微观的"研究者建立了对团体中的人们进行研究的概念结构，提出了人类需要的等级层次，并把领导方式看成是团体相互作用——情境的现象。在"宏观的"另一分支，W. F. 怀特、乔治·霍曼斯和 E. W. 巴基都在试图理解正式管理组织系统和情感、动作和相互作用的非正式系统，并把这两者结合起来。同人际关系运动的这些发展在时期上相平行，科学管理的后继者对大萧条的恼人问题提出了另一种解决办法。他们提出了组织结构作为走出文化死胡同的一条出路，如穆尼和赖莱敦促"工业，前进"！而切斯特·巴纳德则对正式组织提出了一种社会学的研究，并试图通过他的"效率—效力"的两分法把这些"正规主义者"同人际关系者结合起来。在用组织方法解决管理问题方面，在 R. C. 戴维斯的著作中，在《经营管理论文集》中法约尔有关管理过程的译文中以及在林戴尔·厄威克把管理原则综合起来的努力中，开始出现高层管理观点的因素。在第二次世界大战期间，科学管理的方法和分析因素日益受到承认，并在以后发展成为当代的运筹学和管理科学。总体来说，科学管理的后继者们为当代的组织理论、管理过程理论以及在管理中对数量化和系统的探求打下了基础。正是由于上述城市科学的综合化、系统化和日益注重管理职能的强化以及现代管理科学的日益成熟与学科分化，才使现代市政管理在 20 世纪 50—60 年代得以孕育、诞生。

三、市政管理理论的综合与运用

20 世纪 50 年代以来，不论是工业化较发达的国家还是发展中国家，研究市政管理的专家学者越来越多。城市学者们纷纷将 20 世纪以来的城市规划、设计以及经济学理论与新兴的行为理论和管理科学相结合，深入研究现代城市发展中的各类具体问题，在市政管理理论领域发表的研究成果及论著的数量与日俱增，质量不断提高。纵观国外有关文献，市政管理理论研究相对较早的还是要数美国。美国现在有一些大学专门开设了市政管理专业，并设立了市政管理学位，美国现在已拥有一大批获得学位的专业市政管理人员；还成立了公共管理学会、国际市政管理协会这样的专业机构，以此广泛联系城市和国家的管理专业人员。他们办讲座、发刊物、赠送宣传品，不断扩大宣传和影响。根据统计资料，美国现已有 4%的高级官员拥有市政管理的学位，他们都担负着很重要的市政管理职责。正是由于美国市政管理理论发展最为迅速，所以其学者、论著也多于各国，并由此而涌现出各个不相同的学术观点和理论学派，美国加州大学的城市社会学教授H. 孔兹在《城市社会学理论和方法》一书中曾将之归纳为六大学派：

管理方法学派——认为市政管理是靠各种科学管理的方法，作为管理的工具，而发挥管理的效能。管理经验学派——认为市政管理是借着管理者经验的累积，经验愈多，管理愈好。行为学派——认为市政管理应着重人性的因素，如何激励管理人员和市民自动自发地发挥潜力，乃是成功的要素。社会学派——认为城市是社会体系的一环，亦即城市社区，是整个人类社会组织的重要部分，其管理制度与社会制度不可分，故管理应考虑城市与社会的关系。决策学派——认为市政管理的关键，在于管理者所作的决策，决策做得好管理就好；决策做得坏，市政管理就坏。数量学派——认为市政管理可以用数学的方法，将管理资料作最佳的处理。以上各学派的看法，都各自倾向于一个管理的重点，而没有将市政管理的全貌，作综合的考虑，因此，都带有一定的局限性。这是因为，欲求对城市作有效的管理，必须按照管理的整个过程，综合运用各种做法才能发挥效果。但尽管如此，以上这些市政管理研究的学术成果，毕竟为市政管理理论的产生提供了思路与基础，对推动市政管理理论的产生和发展起了较大作用。我们在研究市政管理时，既要运用有中国特色的城市发展理论，也应借鉴西方较成熟的市政管理理论。而要做到这一点，还必须对市政管理的理论研究以及城市现代化的趋势有一个比较明晰的把握。

众所周知，国外较早的管理理论认为：市政管理的对象是人、财、物、生态四大要素。后来有人加上了信息和时间，现在有学者又加上了新的要素，包括城市文化和管理方法。近几年来有些城市学者又认为，要解决越来越复杂的市政管理问题，还要靠现代化的综合计划和控制方法、手段，这反映了市政管理理论研究的内容更加丰富和更加科学化。他们还认为，市政管理科学还包括三个重要的科学方法，即运筹学、系统分析和决策科学化。接着在20世纪70年代后一些发达的国家在管理中就率先把数学方法、电子计算技术和通讯技术，以及系统论、控制论、信息论等广泛运用于管理。20世纪80年代以来，随着上述这些现代市政管理理论逐步走向应用，有效促进了国际范围内城市现代化的步伐。但随着城市现代化进程的推进，制约城市发展的因素也随之增多，决策难度也越来越大。在这种情况下，要求市政管理的科学化，既成为一种大的趋势，也成为一个大的难题，它要求市政管理者和研究者密切关注社会和科技的急剧变化，积极探索和引进科学管理方式，以适应现代化城市的发展需要。同时，我们还发现，一些大城市市政管理中呈现的信息化、法制化、系统化的特征趋势，既成了市政管理现代化的重要标志，也成了推动城市科学管理水平提高的重要动力。正是在市政管理理论的科学性和实践性不断增强的基础上，国际范围内的市政管理几乎都呈现出以下四方面的现代化趋势：

（一）科学化

用科学思维、科学方法管理城市，是市政管理现代化的基本要求，同时也是市政管理的必然趋势。市政管理从确立目标开始，每个环节都离不开科学决策，它贯穿于整个市政管理活动的始终。市政管理的科学与否直接影响整个城市及各系统的正常协调发展。因此，市政管理学以及多种城市科学直接指导于市政管理的实践，已成为21世纪的市政管理科学化的重要标志。

（二）信息化

城市是信息的中心，“信息爆炸”是城市发展中的突出特征。信息在物质、能源、资金以至人员管理中起着非常大的作用，特别是在企业的经营生产活动中，信息的指导作用尤为明显。电子计算机的诞生使现代城市逐步发展为信息化社会。信息技术的发展，大大缩短了各城市间的空间距离。大量的市场信息、经济信息、技术信息、文化信息，利用电子计算机快速、准确地收集、贮存、传递、加工分析和利用，科学制订发展目标和管理措施，为政府部门决策提供咨询和参考。全面系统的情报信息，是领导制订战略决策、进行系统工程建设的重要依据。发达的现代化信息技术及信息网络，改变了过去收集信息的传统办法和渠道；高效率的信息分析及选择决策方案的科学手段，提高了管理的科学性，这些都为市政管理理论的丰富提供了重要条件；信息化同时带来了城市各方面管理的科学化。

（三）系统化

城市是一个复杂的大系统。随着城市化和现代化的发展，城市作为运动的综合社区，其活动频率增加，诸系统要素错综复杂。它要求社会系统、经济系统、空间环境系统以及工业、商业、金融、交通、邮电通讯等各部门子系统按照一定方式联系起来，协调运转，在对城市各系统的管理中，只有运用系统原理进行管理，才能做到有针对性、优化性，系统化的管理正是现代化市政管理区别于传统市政管理的重要特征之一。对城市进行有序运行的系统市政管理，必须要通过一定的科学系统分析，越是重大的决策，越要求严密而完整，并经过可行性研究和科学论证，对城市的大量信息，只有经过系统的分析、归纳，才能促使管理有序化、决策科学化。

（四）法制化

依法治城是市政管理科学化的又一重要标志。由于法制有强制性、规范性和稳定性作用，因此，市政管理的法制化是不可缺少的一环。20世纪90年代以来，随着市政管理体制改革的深化，法制建设正日益受到重视，现代市民的法制观念也在不断加强，一个具有高度法制文明的城市社会将随着法制化时代的到来而实现。

第二节 马克思主义的城市与市政管理理论

现代意义上的市政管理理论直接脱胎于现代城市科学和管理科学的结合，但应该指出的是，在马克思主义的学说中，也有大量关于城市发展和市政管理的理论。如城市化的本质、城市在社会进步中的地位与作用，资本主义社会中的城市问题及其治理，如何消灭城乡对立、促进城乡一体化进步等，所有这些，马克思主义的经典作家们都为我们作出了奠基性的探讨，并发表了不少精辟的见解，正如前苏联城市学家杰米坚科所说："马克思列宁主义经典作家创立了完整的论述城市和农村的学说，揭示了历史发展对城市的制约作用，从而奠定了都市化科学理论的基础。"[①] 因此，为了能系统学习、阐述并发展马克思主义关于城市发展和市政管理的理论，使我国的城市化和市政管理实践能在马克思主义理论的指导下健康发展，就有必要对马克思主义城市理论中的一些重要观点，如城市发展理论、市政管理目标、微观管理层面上的城市问题治理以及宏观管理层面上的城乡融合理论，作些归纳与分析。

一、城市与市政管理是发展变化的

充分了解城市的过去与未来，是揭示市政管理规律的理论基础。马克思和恩格斯在其长期的理论探索中，对城市的发生、发展以及未来的城乡融合趋势一直是极为关注的，他们提出了共产主义者的奋斗口号，就是要消灭资本主义制度的恶果之一——城乡对立。到了列宁时代，随着社会历史的发展，城市化的特征趋势更加突出地呈现在世人面前，因而列宁的城市理论贡献便集中表现为更系统地阐述了近代城市化的原因和本质，更进一步地分析了工业化时代城市的中心地位及其作用的发挥，并在社会主义市政管理理论方面丰富了马克思主义的城市理论

---

① 陈一筠，等. 城市化与城市社会学. 北京：光明日报出版社，1986：2.

宝库。马克思主义对城市及市政管理的理论贡献之一，就是为我们理清了城市社区的来龙去脉，为我们阐明了人类最初城市的出现是在野蛮时代的高级阶段。而城市发生、发展的必然性就在于社会的分工和社会生产力的发展。这就是城市是在原始社会向奴隶社会过渡中产生的。恩格斯在《家庭、私有制和国家的起源》一书中，在分析奴隶社会形成的特征时曾经指出："以前进行战争，只是为了对侵犯进行报复，或者是为了扩大已经感到不够的领土；现在进行战争，则纯粹是为了掠夺，战争成为经常的职业了。在新的设防城市的周围屹立着高峻的墙壁并非无故：它们的壕沟深陷为民族制度的墓穴，而它们的城楼已经耸入文明时代了。"这一城楼耸入的时代也正是恩格斯揭示的由人类野蛮时代高级阶段向文明时代的转换期。"……作为艺术的建筑术的萌芽由设雉堞和炮楼的城墙围绕起来的城市，荷马史诗以及全部神话——这就是希腊人由野蛮时代带入文明时代的主要遗产。"产生城市的决定性因素无疑是社会大分工和生产力的发展，马克思、恩格斯等人早在一个半世纪之前便明确地指出："某一民族内部的分工，首先引起工商业劳动和农业劳动的分离，从而也引起城乡的分离和城乡利益的对立。"[①] 换句话说："物质劳动和精神劳动的最大一次分工，就是城市与乡村的分离。"[②] 事实上，社会分工的出现也是生产力发展和生产关系调整的结果。在人类野蛮时代的高级阶段中，作为生产力主要标志的铁已在为人类服务，生产关系中氏族公有制已在瓦解，私有制和财产差异已成为可能，从而阶级对立的基础等新的社会成分也日益发展壮大，加上这时期萌发的手工业和农业的第二次大分工，从多方面促成了城乡的分离和城市的出现。因此，用历史唯物主义的基本观点来看，我们应该得出的一个重要结论是：从归根结底的意义上讲，城市是人类生产力、生产关系互动发展的必然产物。然而，生产力的发展和社会分工的意义远不止于促成了城市的出现。在城市发展壮大每一阶段进程中无不打上社会分工的烙印。如马克思、恩格斯所分析指出的："分工的进一步扩大表现为商业和生产的分离，这种分离是从历史上保存下来的城市里继承下来的，并很快就在新兴的城市中出现了。……生产和商业间的分工随即引起了各城市间在生产上的分工，在每一个城市都有自己的特殊的工业部门占着优势。最初的地域局限性开始逐渐消失。"[③] 进一步分析马克思、列宁等人的城市发展理论，我们发现他们对各个历史时期的城市发展都有所论述，具体可分为三个历史阶段，即前资本主义社会的城市，资本主义生产方式确立中的城市、社会主义时期的城市以及未来共产主义社会城乡一体化的趋势。

---

① 《马克思恩格斯全集》第3卷第24-25页。

② 《马克思恩格斯全集》第3卷第56-57页。

③ 《马克思恩格斯全集》第3卷第59-60页。

马克思和恩格斯曾对第一阶段中东西方奴隶制和封建制度下的城市特征作过宏观性的比较分析。他们在谈到亚洲城市出现时说道："在亚洲各社会中，君主是国内剩余产品的唯一所有者，他用他的收入同自由人互相交换，结果出现了一批城市，这些城市实际上不过是一些流动的营房。"① 在论及西方封建社会中的城市特征时，他们指出："在封建制度繁荣时代，分工不太发达。每一个国家都存在着城乡之间的对立；虽然等级结构表现得非常鲜明，但是除了在乡村里有王公、贵族、僧侣和农民的划分，在城市里有师傅、帮工、学徒以及后来的平民——短工的划分之外，就再没有什么大的分工了。在比较老的城市中工业和商业早就分工了，而在新的城市中，只有后来这些城市彼此发生了关系的时候，这样的分工才日益显著。"② 城市发展的第二阶段，即资本主义时代的工业化和城市化交织并起的时期。这一阶段源于 18 世纪英国的产业革命，它造就了现代工业和现代城市，这一阶段中社会分工日益加快，越分越细，城市发展速度空前，遍及全球。与此同时，城市问题也越来越加突出。在 1844 年，恩格斯便发现并指出："18 世纪在英国所引起的最重要的结果就是：由于产业革命而形成了无产阶级。新的工业总是需要大批常备的工人来供给无数新的劳动部门……工业把劳动力集中到工厂和城市里，工业活动和农业活动不可能结合在一起了……城市人口增加了两倍，这些增加的人口几乎全是工人。"③ 工业革命不仅给城市带来了全新的面貌，而且使城乡关系发生了逆转，如同马克思所揭示的："大工业通过普遍的竞争迫使所有人的全部精力极度紧张起来，因为它消灭了以往自然形成的各国孤立状态，它使分工丧失了自然性质的最后一点痕迹，它建立了现代化大工业城市来代替从前自然成长起来的城市。凡是它所渗入的地方，它就破坏了手工业和工业的一切旧阶段。它使商业城市最终战胜了乡村。"④ 城市发展的第三阶段，即社会主义时期，它是在列宁时代曙光初现的。马克思主义的创始人虽然没有目睹到这一现实，但他们早在创建共产主义理论的初期，便已预见了人类历史必然超越资本主义的工业化和城乡对立阶段，并在《共产主义原理》和《共产党宣言》等经典著作中一再提出无产阶级建设未来社会时的奋斗目标是"将结合城市和乡村生活方式的优点而避免两者的偏颇和缺点"；"把农业和工业结合起来，促使城乡之间的对立逐步消灭"。⑤ 列宁在 20 世纪的社会主义城市建设初期，继承并发展了马克思主义的城市发展理论，他指出："鉴于城乡对立是农村经济

① 《马克思恩格斯全集》第 46 卷第 466 页。
② 《马克思恩格斯全集》第 3 卷第 27-28 页。
③ 《马克思恩格斯全集》第 1 卷第 676-677 页。
④ 《马克思恩格斯全集》第 1 卷第 67 页。
⑤ 《马克思恩格斯全集》第 1 卷第 220 页，第 273 页。

和文化落后的深厚的根源之一，这种对立已使城市和乡村面临着衰退和灭亡的直接威胁，俄共认为消灭这种对立是共产主义建设的根本任务之一”。[①] 基于唯物史观的立场，列宁也看到社会主义初期，由于生产力不发达和生产关系的不完善，城乡间的差距仍然不可避免地存在着，这种城乡间的不平等“是一般在从资本主义向共产主义过渡的时代不可避免的事实。城市不可能和农村平等，在这个时代的历史条件下，农村也不可能和城市平等”。[②] 这一分析对于我们今天正确认识我国社会主义初级阶段的城乡关系和城市发展方向仍具有重要的指导意义。

马克思、恩格斯对于人类城市化发展及其和社会经济形态变迁关系的理论分析，揭示了近代城市化的根本原因和本质特征，是对唯物史观的成功运用。马克思主义认为，近代城市化是一种工业革命出现后，“人口、生产工具、资本、享乐和需求”等各种社会要素向城市集中的综合变迁过程，它的根本原因和动力在于社会分工和近代大工业生产的出现。在《资本论》中，马克思写道：“一切发达的、以商品交换为媒介的分工的基础，都是城乡的分离。可以说，社会的全部经济史，都概括为这种对立的运动。”[③] 至于近代社会中出现的城市化特征，他又进一步阐述为：“古典古代的历史是城市的历史，不过这是以土地财产和农业为基础的城市；亚细亚的历史是城市和乡村无差别的统一（真正的大城市在这里只能干脆看做王公的营垒，看做真正经济结构上的赘疣）；中世纪是从乡村这个历史的舞台出发的，然后，它的进一步发展是在城市和乡村的对立中进行的，现代的历史是乡村城市化，而不像古代那样，是城市乡村化。”[④] 近代城市化的本质特征在于它的变迁反映了资本主义经济规律的运行作用。马克思指出：“城市和乡村的分离还可以看做是资本不依赖于地产而存在和发展的开始，也就是仅仅以劳动和交换为基础的所有制的开始。”[⑤] 由于城乡分离和城市化的进步，“同工业比较起来的农业的比重已经降低，农村已让位于城市，”[⑥] 城市化反过来又促进了工业化，列宁在分析资本主义城市本质特征时明确指出：“城市的发展……是资本主义发展的必要组成部分。”[⑦] 在《俄国资本主义的发展》中论述城市化特征时写道：“我们所考察的这一过程最明显的表现，就是城市的增加”，“大工业中心的巨大增长以及许多新中心的形成，是改革时代的最显著特点之一。”在分析近代城市化的条件、特征和资本主义发展规律的基础上，马克思主义也正确

---

① 《列宁全集》第 29 卷第 114 页。
② 《列宁全集》第 30 卷第 255 页。
③ 《马克思恩格斯全集》第 23 卷第 390 页。
④ 《马克思恩格斯全集》第 46 卷第 480 页。
⑤ 《马克思恩格斯全集》第 3 卷第 57 页。
⑥ 《马克思恩格斯全集》第 4 卷第 520 页。
⑦ 《列宁全集》第 3 卷第 532 页。

预见了人类城市化的趋势和未来社会中城乡融合的本质性趋势。他们指出资本主义社会“乡村农业人口的分散和大城市工业人口的集中只是工农业发展水平还不够高的表现，它是进一步发展的阻碍。这种阻碍在目前已深深地感到了”。同时，“那些将要消灭旧的分工以及城市和乡村的分离并且将使全部生产发生变革的革命因素已经在现代大工业的生产条件中处于萌芽状态。”①

二、市政管理必须正视城市微观的社会问题

在马克思主义的城市理论中，不仅有对城市发展的深刻认识，而且也有大量对城市发展战略方向的宏观管理的思考和对具体社会经济问题的微观剖析，从而构成了适应时代的相对完整的市政管理理论。从微观管理层面而言，我们注意到马克思主义经典作家们在关注、研究资本主义城市中的各种社会问题，早在无产阶级革命学说创立初期，他们便观察到并剖析了当时大城市给贫苦的工人带来的各种灾难，例如 1845 年恩格斯在做了大量的英国工人阶级状况的考察后指出：“在这里（大城市）我们除了要注意贫困到处引起的通常后果，还将注意人口如此集中对劳动阶级的身体情况、智力和道德情况的影响，……揭露我们大小城市中那些多半被掩盖起来的‘贫民’窟的各种事实，都将受到欢迎。”② 在科学分析的基础上，马克思、恩格斯更进一步揭示出各种城市问题的病根在于资本主义的生产方式和社会制度本身，而不是其他。他们曾以城市住宅问题为例，指出：“我们现代大城市的工人和一部分小资产阶级所遭遇的住宅缺乏现象，只是从现代资本主义生产方式中产生出来的无数比较小的、次要的祸害之一。”③ 马克思主义的经典作家并没有停留在对城市问题原因的抽象议论上，而是通过大量的深入观察和文献研究，以其关注劳苦大众的情感和敏锐深刻的笔触剖析了资本主义城市的众多社会问题，并提出了根治城市问题的战略设想，为后人研究城市问题、进行市政管理调控留下了大量的宝贵材料和精辟见解。

如关于城市失业人口和童工问题的社会治理。资本主义城市中存在的大量工人失业也正是由资本主义生产方式所决定的，“工人数量的自然增长不能满足资本积累的需要，但同时又超过这种需要，这是资本运动本身的矛盾。”④“工人人口相对过剩的可能性随着资本主义生产的发展而同样地发展起来”。其根本原因在于“对劳动的资本主义剥削所引起的不协调，即资本的不断增加和它对不断

① 《马克思恩格斯全集》第 20 卷第 322 页。

② 《马克思恩格斯全集》第 42 卷第 414 页。

③ 《马克思恩格斯全集》第 18 卷第 238 页。

④ 《马克思恩格斯全集》第 23 卷第 703 页。

增加的人口的需要的相对减少之间的不协调”。[①] 因此，无产阶级导师发现城市失业作为一个社会问题是资本主义工业生产方式的必然产物。所以他们说：“英国工业在任何时候，除短促的最繁荣的时期外，都一定要有失业的工人后备军，……在一切大城市中都可以遇到许多这样人的”。[②] 在发现城市失业现象的同时，马克思和恩格斯还发现资本主义工业生产中的另一个相关联的“畸形现象”，即“工厂一出现就发现出一回非慈善的行为。儿童在皮鞭下面工作，他们成了买卖的对象，有人为弄到儿童同孤儿院订立了合同。”[③] 这种“把未成年人变成单纯制造剩余价值的机器”的行径，是非人道的，它扼杀工人阶级下一代的健康成长，“这一切明显地暴露出资本主义生产的本性。”[④] 因此，无产阶级革命导师曾大声疾呼：“儿童和少年的权利应当得到保护。他们没有能力保护自己，因此社会有责任保护他们。……如果不把儿童和少年的劳动和教育结合起来，那无论如何也不能允许父母和企业主使用这种劳动。……法律应当严格禁止 9～17 岁的人在夜间和在一切有害健康的生产部门劳动。”[⑤] 这对我们处在经济尚不发达阶段，研究城市社会保障体系建设，仍有其指导价值。

再如关于城市中卖淫和犯罪问题的出现。卖淫和犯罪是资本主义工业城市中的又一突出问题，它的直接诱因在于资本剥削下的工人贫困的加剧，即“赤贫现象以加速度产生着赤贫现象，犯罪行为也随着赤贫现象的增长而增长，人民生命的源泉——青年日益堕落”。[⑥] 然而各种犯罪行为最深刻的原因还是导源于资本主义的剥削制度和资产阶级非人道的压榨。正如恩格斯在论及城市卖淫问题时所抨击的：“卖淫是资产阶级对无产阶级的最明显的直接肉体剥削。它燃起了复仇的火焰，激起了阶级仇恨。”[⑦] 在这里我们看到了资本主义生产体系结出的恶果，也看到他们贪婪的双手正在挖掘自己的坟墓，正像无产阶级革命导师指出的那样：“蔑视社会秩序的最明显、最极端的表现就是犯罪，只是那些使工人道德堕落的原因起了比平常更强烈、更集中的影响，工人就必须会成为罪犯。”[⑧] 因此有必要“使每个人，甚至使资产者来思考一下这种情况所引起的后果，如果堕落和犯罪再以同样的比例增长 20 年，那结果会怎样呢？在城市发展的同时，工人阶级反对资产阶级的‘社会战争’也是一年比一年激烈、残

[①]《马克思恩格斯全集》第 25 卷第 247 页。

[②]《马克思恩格斯全集》第 2 卷第 369-370 页。

[③]《马克思恩格斯全集》第 4 卷第 169 页。

[④]《马克思恩格斯全集》第 23 卷第 439 页。

[⑤]《马克思恩格斯全集》第 16 卷第 216-218 页。

[⑥]《马克思恩格斯全集》第 5 卷第 367-368 页。

[⑦]《马克思恩格斯全集》第 3 卷第 664 页。

[⑧]《马克思恩格斯全集》第 2 卷第 416 页。

酷和不可和解了。”[①]

又如关于城市住宅和生存环境的治理。城市住宅的拥挤和生态环境的被破坏，导致城市人生活质量的下降，已为今天越来越多的学者和市政管理者们所关注。解决好这两个问题，既是管理好现代城市必须完成的任务，也是现代城市文明进步的重要标志。对于上述两个问题，马克思主义的经典作家早在一个半世纪以前就进行了大量开拓性的研究，并揭示了资本主义制度下城市环境问题的病因和无产阶级的改造世界、改造生存环境的使命。关于城市住宅问题，他们最为关心的是工人的居住生活，指出：“我们从各方面都可以证明，位于城市中最糟的区域里的工人住宅，和这个阶级的一般生活条件结合起来，就成为百病丛生的根源。”[②] 马克思在《资本论》的第一卷中说过：“由于资本和劳动的大量流动，一个工业城市的居住状况今天还勉强过得去，明天就可变得恶劣不堪。”恩格斯则在著名的《论住宅问题》中深刻地指出：“住宅缺乏现象究竟是从哪里来的呢？这种现象是资产阶级社会形成的必然产物。在这种社会中，工人大批地拥塞在大城市里，而且拥挤的速度比当时条件下给他们修房的速度更快，这种现象连同它的一切影响健康等的后果，只有在产生这些后果的整个社会制度都已经根本改变的时候才能消除。”[③]

还有关于城市环境问题，马克思和恩格斯也较早地发现了现代工业生产给大城市带来的环境污染问题。他们指出：“人口向大城市集中这件事本身就引起了极端不利的后果。伦敦空间永远不会像乡间那样清新而充满氧气。……如果说大城市里的生活本身已经对健康有不好的影响，那么工人区里污染空气的危害又该多么大了。……在这种情况下，这个最贫穷的阶级怎么能够健康而长寿呢？”[④] 基于此，他们得出的唯一结论是工人阶级必须团结起来，反抗资本主义剥削制度，用自己的行动改造生存的环境和外部世界。因此他们呼吁工人阶级起来反抗，“尽一切力量捍卫自己的人类尊严，而这只有在反抗资产阶级斗争中才能做到”。[⑤]

三、市政管理必须从根本上解决宏观的城市社会问题

马克思和恩格斯对城市问题的理论阐述极为丰富，但归结到一点，就是认为，资本主义社会中的各种城市问题其总病根在于资本主义的私有制及其资本主义经济的固有矛盾。因此，真正解决这些城市问题的唯一出路也就在于从宏观和社会

[①]《马克思恩格斯全集》第 2 卷第 419 页。
[②]《马克思恩格斯全集》第 2 卷第 382 页。
[③]《马克思恩格斯全集》第 18 卷第 263-264 页。
[④]《马克思恩格斯全集》第 2 卷第 380-382 页。
[⑤]《马克思恩格斯全集》第 2 卷第 406 页。

整体上消灭资本主义生产方式，消灭人剥削人的社会现象，消灭城乡分离对立的社会病根，走城乡融合之路。城乡融合，是马克思主义创始人在创建其科学社会主义理论伊始便向广大无产阶级提出的社会奋斗口号，并将它视为一种“共产主义原理”，纳入《共产党宣言》的伟大目标之中。在以后的共产主义运动岁月中，马克思主义的经典作家及其马克思主义的继承者又不断地阐述了消灭城乡差别，实现城乡融合的必要性、可能性以及各种方式途径，形成了较为系统完整的城市发展宏观管理理论，这些理论至今仍在指导着我们认识世界、改造世界、进行城市社区建设和管理的实践。列宁和斯大林继承和发展了马克思主义创始人关于城市长远发展战略的观点，他们在亲手创建了世界上第一个社会主义国家以后，在社会主义建设初期便及时确定和阐明了社会主义条件下应有的新型城乡关系，并努力付诸实施。他们结合自己的国情，着眼于马克思主义的社会发展观，提出了“党和国家的实践的基本问题”是“建立城乡间的结合”。① 消灭城乡对立是“共产主义建设的根本任务之一”②。

马克思、恩格斯、列宁等人在提出城乡融合的社会发展目标基础上，都曾就如何实现这一管理目标的具体途径和任务作出过许多论述，这对指导我们今天的市政管理研究具有重要的理论和实践价值。

（一）消灭私有制和剥削阶级，确立生产资料的公有制，是消灭城乡对立的出发点和根本方针

近代的城市化运动、城乡对立的形成及城市社会问题恶化的总根源是资本主义的社会制度和固有生产方式的矛盾，因此，城市问题的彻底解决和城乡融合的最终实现也必须挖根寻源，这一点恩格斯早在《共产主义原理》中便做了透彻的分析：“彻底消灭阶级和阶级对立，通过消除旧的分工，进行生产教育、变换工种，共同享受大家创造出来的福利以及城乡的融合，使社会全体成员的才能得到全面的发展，这一切都将是废除私有制的最主要结果”。③

（二）使工业生产和农业生产有机地联系起来，是实现城乡融合的经济基础和重要条件

马克思主义的创始人曾多次重复和深化过这个重要观点，他们在《共产党宣言》中便提出：“在先进的国家里可以采取的方法是：把农业和工业结合起来，促使城乡之间的差别逐步消灭。”后来他们又写道：“大工业在全国尽可能平衡地

① 《斯大林全集》第 6 卷第 226 页。
② 《列宁全集》第 29 卷第 114 页。
③ 《马克思恩格斯全集》第 4 卷第 371 页。

分布，是消灭城市和乡村分离的条件，”[①] 这种分离对立的消灭不仅是可能的，“它已经成为工业生产本身的直接需求”，“只有通过城市和乡村的融合，现在的空气、水和土地的污毒才能排除……”列宁接受并发展了这一观点。他指出：“只有农业人口和非农业人口混合融合起来，才能提高乡村居民，使其摆脱孤立无援的地位，正是农业人口和非农业人口的生活条件接近才创造了消灭城乡对立的条件”。[②]

（三）在社会主义革命胜利后，巩固城市工人阶级与农村劳动人民的社会政治联盟，是消除城乡隔阂、促进城乡融合的重要社会基础

这是列宁为我们提供的社会主义条件下市政宏观管理的宝贵经验。列宁曾多次强调：“在城市工人与农村劳动者中间建立相互的联系，确定一种可以很容易建立起来的友好互助形式，这是我们的责任，这是执政的工人阶级的基本任务之一。”[③] 他还指出，要促进城乡的结合，“只有一条道路，就是城市工人阶级和农业工人结成联盟”。[④] 积极发挥城市在现时代的中心作用，带动城乡协调发展。马克思主义是从辩证唯物主义的立场看待城乡发展的，他们注意到在资本主义向共产主义过渡时期，城市不仅不会消灭，“并且还要出现新的大城市”；而且“肯定资本主义社会大城市的进步性，丝毫不妨碍我们把消灭城乡对立当做我们的理想”。[⑤] 在现时代城市特别是大城市对社会经济和整体进步仍具有决定的作用，为了联合和顺利地推动无产阶级的阶级运动，“大工业应当首先创造出必要的手段，即大工业城市和廉价便利的交通”。[⑥] 所以列宁进一步强调：在社会主义建设时期“城市必然要领导农村，农村必然要跟城市走。问题仅仅在于，城市阶级中的哪个阶级能够领导农村，能够完成这个任务，以及这个城市的领导采取什么形式”。[⑦] 列宁等人对社会主义时期中心城市功能的强化和发挥的观点，有助于我们对马克思、恩格斯城乡融合理论作出更加全面深入的了解。我们不能简单地把城乡“融合”理解为，在共产主义社会不存在社会经济活动在地理空间上的相对集中，事实上在生产更社会化、私有制消失后，社会再生产仍然需要依托经济中心形成合理的经济网络。只有在科学的宏观管理方案实施中，建立合理的城镇布局、社区分工，使未来的生存聚落体系能兼有城市和乡村两种居民点分布形式

---

① 《马克思恩格斯全集》第 20 卷第 321 页。
② 《列宁全集》第 2 卷第 192 页。
③ 《列宁全集》第 33 卷第 420 页。
④ 《列宁全集》第 29 卷第 22 页。
⑤ 《列宁全集》第 5 卷第 132 页。
⑥ 《马克思恩格斯全集》第 3 卷第 69 页。
⑦ 《列宁全集》第 30 卷第 225 页。

的优点，才能克服原先各自的缺陷，最终形成共产主义的生活方式。

第三节　创立具有中国特色的市政管理理论

马克思主义的市政管理理论内容十分丰富、深刻，在当前，我们应该系统地学习和领会革命导师为我们留下的这些宝贵的理论财富，并结合我国城市化发展的具体实践加以运用和发展；同时积极吸收西方较先进的市政管理理论，从而创立合乎国情的中国市政管理科学理论，在努力掌握和不断完善的基础上，将马克思主义的市政管理理论付诸于中国城市化和市政管理的实践之中。所谓有中国特色的市政管理理论，就是其理论构建和应用取向都必须和中国社会主义初级阶段的城市化进程相吻合，并可以指导符合中国国情的城市现代化实践。鉴于 21 世纪的中国正处于由农业社会向工业社会、传统农村文明向现代都市文明转型这一实际，我们认为应首先从理论层次上来探索市政管理的价值目标、具体原则和实践方式这些问题。

一、市政管理的价值

在召开于 20 世纪 70 年代末的党的十一届三中全会上，党中央作出了把工作重点转移到社会主义现代化建设上来的战略决策。在工业、农业、国防和农业四个现代化中，前三个主要集中在城市，它们将使城市生产力发生质的飞跃，使城市经济大大改观；而农业现代化也要依靠城市提供的农业机械、农用化肥和农药。四个现代化必然带来城市化和城市现代化，所以，工作重心转移到现代化建设上来以后，意味着必须重新认识城市的地位和作用，城市是载体，“四化”建设离不开城市现代化的条件。在实现四个现代化的过程中，城市具有中心动力的作用，肩负着推进“四化”和带动农村的历史重任，我们要建设社会主义现代化强国，不能设想没有现代化的城市。而现代化的城市必须要有高效科学的市政管理，才能充分发挥现代化龙头和中心的巨大功能，因此，市政管理的价值必须放在国家现代化的整体进程中加以确立。

（一）它是城市现代化的根本动力

城市是社会生产力发展的产物，它好比一部大的机器，按照规划蓝图建设生产出来以后，重要的是进行科学的启动和运转。城市这架大机器只有运转正常才能产生良好的效益，才能显示出蓬勃的生命力。而城市现代化运转的根本动力在于市政管理。通过管理，充分调动城市主体——人的积极性和自觉性，把最活跃的人的因素同其他各种物的因素有机地结合起来，从而推动城市各个系统实施现代化的有效运行：随着城市的现代化推进，城市发展中会出现一系列问题，如城市人口规模控制、居民住房、交通、供水供电供气、通讯、就业、治安、生态环境保护、污水垃圾处理以及市民多方面的生活需求的满足等，这都需要加强城市的综合治理来解决。单纯依靠某一部门都是难以解决的。市政管理的完整概念是城市的综合管理，一切管理制度和管理方法都要注意运转的协调性和协同有序性。不能强调这一面而忽视另一面，或调动一方面积极性又压抑了另一方面的积极性。要处理好专业管理与综合管理的关系，城市既要有按照各行各业、各自活动规律而建立完善的专业管理，又要有能够反映城市整体利益和长远利益的综合管理，它们之间既是相互促进，又是相互制约的。

（二）它是对城市发展的全过程管理，因而可以说它本身便是城市现代化的核心组成

在城市规划、建设和管理三者之中，管理是贯穿始终的。规划建设的全过程和各个环节，都离不开管理。城市规划付诸实施和建设完成之后，仍然需要更长期的管理。规划和计划是市政管理的首要职能。城市规划是研究城市未来发展，探索城市发展方向和适度规模，合理布局，综合安排城市各项工程建设。它是一定时期内城市发展的蓝图，对城市建设和发展有着指导、控制和调节作用。而这种作用是通过城市的规划管理来实现的。从这个意义上讲，城市规划管理比制订规划更为重要，否则，规划就会变成一纸空文。城市建设也是如此，没有严格的管理，建设质量本身也得不到保证。当前一些建筑工程质量下降，有的楼还没有盖起来就倒塌了；桥还没有通车就出现断裂；高速公路刚准备通车，隔离带的建筑物已被破坏。至于居民住宅建筑偷工减料、质量低劣，更是屡见不鲜。这些问题产生的主要根源在于对承包商、建筑队伍缺乏严格的监督管理，制度不健全、不完善、主管人员不尽职，甚至有法不依，合伙作弊。

（三）它是城市这一庞大系统工程的必要条件和组织保障

建设一个城市不容易，管理好一个城市更难，即所谓“三分建设，七分管理”。因为市政管理是一项复杂的系统工程，涉及的方面很广。它是领导艺术、决策艺术和管理艺术的综合反映，是建设现代文明城市不可缺少的保障。特别是小城市原有的管理基础薄弱，与农村联系紧密，管理人才缺乏，并且受传统的习惯势力和工作方法的影响，在市政管理中，具有更大的难度。由于市政管理跟不上，城市的建设和方法往往是事倍功半，效果不佳。因此，不但大中城市要重视市政管理，小城市更要注重管理。实践证明，管理出效率，管理出效益，管理出财富。

市政管理搞得好，可以少花钱，甚至不花钱多办事。相反，只抓建设，不顾管理，就会浪费财富和资源。有的城市的公共设施项目刚建成不久，由于管理不善，很快就遭到破坏。有人埋怨城市居民素质不高，但归根结底，还是市政管理，包括教育没有跟上。城市发展要走出“越建设、越发展、越赔钱”的怪圈，根本问题在于加强管理。[①] 西方发达国家有的城市道路并不比我们宽，而车辆比我们多得多，交通堵塞现象却不比我们有的城市严重。原因在于严格的现代化交通管理和居民遵守交通规则的自觉性，这是现代市政管理实践中应予深思的问题。

二、市政管理的原则

中国市政的管理，要求科学化、合理化。而管理科学化、合理化的实现，必须制定相应的市政管理原则和方法，以确保社会主义城市各种功能的充分发挥，从而满足人民生产、生活的多种需要。市政管理原则，就是管理者在进行管理时所必须遵守的行为准则与规范。尽管每个城市的条件、实现的目标不一，所遵守的原则也各不一致，但其中必然有一些带有共性的值得遵循的基本原则。

（一）最大限度地满足人民的需要

这是社会主义城市建设的根本目的。这里所谓的最大目的，就是指在当前经济条件尤其是当前生产力条件下能够满足人民需要的最大限度。为城市居民创造合理、美好的生活和工作环境，是每个城市发展中应追求的目标。统筹兼顾居民生活与城市建设，在逐步满足市民物质与精神需要的基础上，加快城市建设。保证为全体城市人民提供必要的住宅、娱乐场所以及公交、邮电等生活设施。在遵循这一原则的过程中，一定要立足我国现代化进程中的国情和国力，即既要注意市民生活质量的提高，又不诱导居民超前消费、盲目消费。

（二）统一规划、统一投资、统一建设、统一管理

城市是个完整的系统，各子系统只有在城市政府的统一规划指导下，各行各业之间才能合理布局，合理投资建设。历史已经证明，计划经济时期那种条块分割的管理体制，割断了城市各部门之间的有机联系，造成各自为政，重复建设。那种只考虑局部合理，而违背“城市的本质就是社会化”原理的思维定式，阻碍了城市和城市现代化的发展。起始于 20 世纪的现代化步伐，虽然使我国市政管理的体制发生了变化，但它至今还处于新、旧两种体制的转换期。因此，为适应城市发展的需要，市政管理体制必须要从过去的分割局面转到统一规划、统一投

---

① 朱铁臻．论城市管理．城乡建设，1997（2）．

资、统一建设及统一管理的轨道上来。

（三）追求综合效益，即经济效益、社会效益和环境效益三者统一相互促进

坚持追求综合效益原则就是要从城市总体战略目标出发，对经济活动、社会活动、环境条件作全面的综合的规划管理，以使城市社会效益、经济效益、环境效益得到协调发展。高度的社会化生产没有相互配套的基础设施不行，高效能的基础设施没有高质量的空间环境也不行。在城市建设与管理中，一定要兼顾三方的利益，取得最佳综合效益。考核城市效益的指标也不应是单纯从经济上作投入产出分析，而应是深层次、系统化、多向度的目标体系，促使城市的经济建设、城市建设、环境保护协调发展。

（四）实行因市制宜

不同的城市自然条件与发展方向不同，发挥的功能也不一样。如首都北京，是全国的政治、文化活动中心；上海，是综合性经济中心；深圳，是经济开发特区；而中国香港、澳门又是一国两制的社会经济发展特区。这些城市的性质不同，在城市规划、建设及管理中都应区别对待，而不能脱离实际，否则，就会出现教条主义或盲目管理。

（五）保护生态平衡，合理利用资源

各国现代化进程中都曾面临一个共同的问题，即建设和管理城市没有从生态平衡角度来考虑协调发展，尤其是对水、地等自然资源的任意使用，对排放毒物、污染环境问题的不应有的忽视，使得当前许多城市出现了能源紧张、水源不足、人口膨胀、环境污染等社会问题。因此，中国城市现代化必须牢记前车之鉴，清醒地认识城市生态平衡的重要性。防治污染，调整物质循环，限制滥用国土资源，节水节地，控制人口规模等，真正建设一个美好的人类居住地——生态城市。

三、市政管理的方式

中国市政管理的方式，是指根据现代化变迁的大背景及其发展需要，努力实现市政管理职能、管理重点、管理行为、管理特征以及管理方法等方面的现代化转换。

（一）市政管理职能的转换

现代化浪潮推动着社会主义市场经济和民主政治的发展，我国城市政府的职能也正在发生变革和改革，传统的无所不包的政府，承担了太多不该管的社会职

能，而该管的公共职能又未能管好。这一方面造成了政府机构的臃肿庞大，窒息了社会的活力；另一方面，又因未能履行公共职能而影响了城市社会的发展，现在已经到了非改不可的地步。职能转换就是要从不合理的职能配置转向能促进城市发展，顺应形势需要的职能配置。城市政府其他的一些社会职能则逐步淡化和返还给社会，如直接管理经济的职能等。但市政管理的职能必须凸显，因为从本来意义上，市政管理就是典型的城市政府行为。再从城市经济体制改革的意义上说，目前城市政府管理职能转换最重要的内容就是经济管理职能的转变，即在管理手段上从对企业采取行政命令式的直接干预转向以经济调节手段为主的间接管理；在管理权限上要从直接参与微观企业具体经营活动转向以宏观管理平衡为主，搞好统筹规划、协调服务工作，为企业创造外部条件；在管理机构方面，要加强宏观经济规划管理部门的组织建设与体制完善。

（二）市政管理重点的转换

长期以来，我国城市建设和管理遵守着“先生产后生活”的思路，由此造成并强化了城市经济功能的片面发展，其结果一方面使人成为经济的单面人，城市成为不堪入住的地方；另一方面也使经济的发展失去文化的支撑，最终影响城市的长远健康发展。如新中国成立后一段时期，不顾各个城市的具体情况和条件，片面强调变消费城市为生产城市，忽视城市的其他功能和特点，已给许多城市造成严重后果：如城市基础设施不足，全国约有 40%的建成区没有排水设施，45%的地区水源受污染，三分之二的城市缺水，文化设施短缺。为此，现代化市政管理的重点必须从工业化初期城市经济扩张式的发展，转为强调城市发展的内涵和质量，更为注重人文与文化的建设，注重城市的经济与社会的全面协调发展。随着知识经济时代的来临，知识本身已成为经济增长的重要资源，城市的人文和文化建设，对提高城市的格调和品位，对营造一个宜人的生存和发展空间，对保护城市的可持续发展，都是不可或缺的。

（三）市政管理行为的转换

由于旧体制的影响，以往对城市的发展缺乏整体、宏观、长远的规划和布局，往往表现出头痛医头、脚痛医脚、急功近利的特点。市政管理和规划的水平太低，眼光太短浅，各个部门之间的协调性很差，以至于城市建设混乱不堪，重复改造、重复开挖的例子不计其数，劳民伤财，浪费资源。由此可见，要使城市顺畅地发展，就要提高市政管理的现代化水平，要从分散、局部、短期的管理行为过渡到注重整体、宏观、长远的管理，从低层次到高标准、高水平、高起点，要不断提高市政管理行为的科学性和系统性。

（四）现代市政管理体制的转换

要提高市政管理和建设的科学性和合理性，就需要有一套有效的体制和程序来保证它。市政管理体制是一种由管理机构的设置、管理权限的划分、管理方式的确定和管理机制的运行综合起来的一种比较稳定的体系。

我国正处在一个变革时期，城市经济体制正在深化过程中，而且涉及我国社会主义经济模式的变革。市政管理是整个国家管理经济和社会活动的一个部分，因此，市政管理必须伴随我国当前经济管理体制的变革而发生变革。为了根除传统体制产生的弊病，现代化的市政管理体制改革的重点措施应包括三方面的内容：简政放权，政企分开；打破条块分割格局，切实做到条块结合，对城市进行统一规划、统一建设、统一投资、统一管理；权力下放，充分发挥社区管理机构和企事业单位自身的主动性和积极性。在市政管理体制的改革和发展中，要理顺各方面的关系，使企业经营有自主权，城区街道有管理权，各社区、各单元的发展走责权利相结合的道路，从而促使城市各系统运行达到最优化，使城市的中心功能、辐射功能得到充分发挥。

【复习思考题】

1. 《雅典宪章》95 条文的基本精神有哪些？

2. 国际范围内市政管理现代化的趋势主要体现在哪些方面？

3. 马克思、恩格斯、列宁等人提出的城乡融合社会发展目标及实现这一市政管理目标的具体途径和任务，对指导我们今天的市政管理研究有哪些重要的理论和实践意义？

4. 市政管理的价值体现在哪些方面？

5. 如何实现市政管理职能、管理重点、管理行为以及管理方法的现代化转换？

第三章
中国市政管理的组织体制

观点提示：

从古代、近代到现代，任何一个国家对城市的市政管理，总是在一定的组织体制内进行的，而应该构建一个什么样的市政管理组织体制，既受国体与政体的影响，又受人们对“市政管理”这一范畴内涵认识的制约。就后者而言，从国际国内的传统习惯来看，所谓“市政管理”，并不包括城市地方国家行政管理的全部内涵，而是指城市所特有的城市规划以及城市基础设施、公用设施、市政建设、环境保护等方面的管理。这种传统的、狭义的“市政管理”范畴所确定的组织体制，只包括城市政府工作部门中与之相应的机构，例如城市建设局、城市规划局等以及隶属这类机构的各种专业公司。反之，广义的“市政管理”范畴所确定的组织体制，则是包括城市这种地域范围内党政群团及企事业单位的一切组织。本章所述兼蓄广义和狭义两方面的含义，即从城市国家行政管理出发，着重分析实行市政管理的几个必不可少的组织系统及其活动。

第一节　中国城市行政建制的历史沿革

一、中国城市行政建制的形成

城市与城市地方国家行政管理的组织具有前因后果的关系，前者是社会经济现象，后者是社会政治现象，在历史进程中两者往往呈现出非一致的情形。我国城市的形成与发展虽有 4 000 年之久的漫长历史，但古代封建国家的市政管理组织却一直是“城乡合治”的附属品。如北齐县政组织中的“市长”和隋唐县政组织中的“市令”设置，即是这种情况的反映。真正从法律上确定市镇是一种单立的地方国家行政管理组织，则是 20 世纪初以后的事情，且还是近代西方国家市制的舶来品。

1905 年，穷途末路的清王朝为挽救危亡，派员到西欧、日本诸国学习近代资产阶级国家的民主宪政和地方行政制度。在 1909 年年初玩弄预备立宪和地方自治的骗局中，草拟了一个《城镇乡地方自治章程》，以示改革古老的“城乡合治”的地方行政制度。该章程在中国历史上第一次将城镇区域的区划及管理组织以法律的形式区别开来，确认城镇和乡同为县领导下的基层行政建制，并规定府、州、县为“城”，城乡以外的市政村庄，人口满 5 万以上的为“镇”，不满 5 万的为“乡”。同时对于自治含义、城镇议事会、城镇董事会和自治监督等问题也作了规定，从法律上奠定了城乡不同的管理组织系统。

辛亥革命爆发后，江苏省临时参政会制定了《江苏暂行市乡制》，实行城乡分治。这类法规，主要是沿袭清末《城镇乡地方自治章程》的内容。“市乡制”中的所谓市，就是“章程”中的“城”与“镇”的通称。市的组织有行政机关与立法机关。前者为市董事会，后者为市议事会。董事会设总董事一人、董事 1～3 人。总董事相当于市长，综合管理全市一切事务，对外代表市董事会；董事分别担任各项工作。市议事会议员以 20 人为定额，至多以 60 人为限，设议长、副议长各一人，由议员互选。市议事会主要议决市自治范围内的应兴应革事项，市自治职员办事过失惩戒等。至此，从法律上标志了我国近现代市政管理组织的产生。

但从实践上来看，我国近、现代城市行政管理组织正式形成和发展是在民国时代。在这历史阶段，先有“中华民国军政府”和“北京政府”的城市组织制度，后有国民党政府和革命根据地的城镇组织制度。1918 年隶属于南方军政府的广州市设立“市政公所”，继而改为“市政厅”。按照《广州市暂行条例》规定，市政厅的行政组织，以市长和市行政委员会为执行机关，设市长一人，总理全市行政。市政厅下设财政、工务、公安、卫生、公用、教育等局，各置局长一人。市长和各局局长组成市行政委员会。同时，设市参事会，为“代表市民辅助市行政之代议机关”（实为审议机关），由省长指派、市民选举及工、商、教各界选举之参事员组成。

1921 年北京政府相继公布《市自治制》和《市自治制施行细则》，给城市行政管理组织勾画了一种模式：市为自治团体，分为特别市与普通市两种；京都以外的特别市的监督为地方最高行政长官，普通市的直接监督为县知事。特别市分区。市的管理组织，设市“自治公所”为执行机关，设市“自治会”为议决机关。特别市另设参事会为执行辅助机关。1928 年后，国民党政府加强城市控制，不断公布和修正《市组织法》。按照 1947 年后的《市组织法》规定，市分为“院辖市”和“省辖市”两种。市的行政管理组织设市政府市长一人，市府下设局或科。省辖市政府设秘书一人，院辖市政府设参事一人或两人。市政府设市政会议。市议决组织设市参议会。市行政组织体系改为“市以下设区，区之内编为保甲”。

在 1928—1949 年期间，同国民党政府城市组织相对立而存在的有苏区、边区、解放区三个不同时期的革命根据地市镇组织。以解放区为例，按照 1946 年 4 月晋察冀边区行政委员会颁布的《张家口市政府组织条例》规定，该市政府由市参议会选举委员七人组成市政府委员会，并由参议会在委员中选举市长、副市长各一人。市政府设秘书处及社会、教育、财政、建设、卫生、公安等局，在必要时得设置各种专门管理机关及专门委员会。

二、新中国成立后城市政权组织的演变

革命根据地的市政权组织——特别是在第三次国内革命战争前，限于小城镇。新中国的城市政权组织，以 1946 年以后解放的大中小城市为基础，建立起了直辖市、省辖市和县级市，构成了中国历史上空前完备的崭新城市行政管理组织体系。至 20 世纪 90 年代中期，它的发展经过了如下六个阶段：

（一）1950—1954 年，设议决机关“市人民代表会议”（市人民代表大会）和行政机关市人民政府委员会

市人民政府委员会由市长、副市长和委员若干人组成，所设工作部门有民政、财政、建设、文教、卫生等局、处、科及财经委员会；市人民监察委员会；市人民法院及市人民检察署。

（二）首届全国人民代表大会后，根据 1954 年地方组织法的规定，设立市人民代表大会和市人民委员会，前者为城市地方国家权力机关，后者为前者的执行机关和地方国家行政机关

市人民委员会由市长、副市长和委员若干人组成，按需要设立工作部门。设区的市可以设立民政、公安、司法、监察、计划、财政、粮食、工业、商业、税务、建设、劳动、文化、教育、卫生、体育、市政建设等局、处或委员会，并可以设立办公厅（室）；不设区的市，所设工作部门略少一些，例如一般不设监察局。

（三）“文革”时期“三结合”的市革命委员会

由主任、副主任、委员若干人组成。起初实行“市革委会领导下的政工、生产指挥、政法、办事四大组的组织体制，以后陆续恢复办、委、局建制。1975 年第四届全国人民代表大会后，基本恢复了市人民委员会时期的工作部门。

（四）20世纪80年代初的市人民代表大会和市人民政府

全面恢复和发展了新中国成立以来创造的新型国家城市行政管理组织体系，即真正普选产生的市人民代表大会，增设市人大常委会及其工作机构，建立由市人民代表大会选举产生的市政府。除直辖市和特大城市以外，市政府的工作部门一般保持在七类计30～40个工作部门，同时全面恢复了党群组织和各种经济文化实体。

（五）20世纪80年代中期的市人民代表大会和市人民政府

1986年12月，第六届全国人大常委会第十八次会议再次修改了《地方组织法》，对地方各级人大和人民政府的组织、职权、运行等作了更明确的规定。该法赋予省、自治区人民政府所在地的市和经国务院批准的较大的市的人大及其常委会（在本级人大闭会期间）拥有制定地方性法规的权力，即省、自治区的人民政府所在地的市和经国务院批准的较大的市的人民代表大会及其常务委员会（在本级人大闭会期间）根据本市的具体情况和实际需要，在不同宪法、法律、行政法规和本省、自治区的地方性法规相抵触的前提下，可以制定地方性法规，报省、自治区的人民代表大会常务委员会和国务院备案。直辖市和设区的市的人大根据需要，可以设法制、财经、教育科学文化卫生等专门委员会。同时还规定，直辖市以及省、自治区的人民政府所在地的市和经国务院批准的较大的市的人民政府，可以根据法律和国务院的行政法规，制定规章。市人民政府会议分为全体会议和常务会议，由市长召集和主持。市政府工作中的重大问题，必须经政府常务会议或全体会议讨论决定。

（六）20世纪90年代中期的市人民代表大会和市人民政府

1995年2月，第八届全国人大常委会第十二次会议又一次对《地方组织法》作了修改，将不设区的市和市辖区的人民政府的任期每届由三年改为五年。根据我国现行《宪法》、《地方组织法》和有关法律的规定，我国的城市政权由市人民代表大会、市人民政府、市人民法院、市人民检察院组成，市人民代表大会是市的国家权力机关，其代表由下一级人民代表大会选举产生（直辖市和设区的市）或由选民直接选举产生（不设区的市）市人民代表大会选举产生人大常设委员会，在人大闭会期间，依据宪法和法律的规定，行使权力机关的职权。市人民政府既是市人民代表大会的执行机关，又是市的国家行政机关，它对市人大和上一级国家行政机关负责并报告工作。同时，作为国务院统一领导下的国家行政机关，必须服从国务院。市人民政府由市长、副市长、秘书长和各行政部门首长组成，市长、副市长由人大选举产生。市人民法院是国家的审判机关。市人民法院的院长由市人民代表大会选举和罢免，副院长、庭长、副庭长和审判员由市人大常委会任免。市人民检察院是市的国家法律监督机关。市人民检察院的检察长由市人民代表大会选举，但须经上一级人民检察院检察长提请该级人大常委会批准任命。副检察长、检察委员会委员和检察员由市人民检察院检察长提请市人大常委会批准。

三、中国市政管理体制的基本特征

中国的市以城市为依托建制，因此，中国的市政管理体制具有一般市政管理体制的共同特点。但是，在其漫长的发展过程中，形成了许多自身的特点，尤其是在 20 世纪 80 年代以来推行的市领导县、地市合并、整县改市以后，更对中国的市政管理体制产生了巨大的影响，使其性质、职能、层级结构、管理方式发生了相应的变化，形成了目前城乡合治型的市政管理体制。中国市政管理的体制，具有明显的自身特征：

（一）建制的双重性

我国的市既具有一般地域型行政建制的性质，又具有专门市镇型行政建制的性质。一般说来，市是设置在城市地区的专门类型的地方行政建制，不管辖大片的农村地区。而我国由于推行市领导县的体制，特别是整县改市，使得市的行政区域也包括了大片的农村地区，管辖人口也包括了相当数量的农村人口。这样，就改变了市是纯粹城市地区地方行政建制的性质。市政府不仅要对辖区内的城市地区实施专门的管理，而且还要按地域对辖区进行一般管理。

（二）结构的同一性

我国宪法、地方组织法和有关法律对市的政权组织形式作了统一规定，市政权由市人民代表大会、市人民政府、市人民法院、市人民检察院组成。我国所有的市的政权组织基本都是按这一模式设置的，具有高度的同一性。此外，市辖区的基层政权也是按这一模式设置的，由区人大、区人民政府、区法院、区检察院组成。

（三）法律地位的非自治性（民族自治地区的市除外）

我国宪法和地方组织法规定，“地方各级人民代表大会是地方国家权力机关”。“地方各级人民政府是地方国家权力机关的执行机关，是地方国家行政机关”，“对本级人民代表大会和上一级国家行政机关负责并报告工作”。“全国地方各级人民政府都是国务院统一领导下的国家行政机关，都服从国务院”。宪法同时还规定，民族自治地方的自治机关，除行使宪法规定的地方国家机关的职权外，还“依照宪法、民族区域自治法和其他法律规定的权限行使自治权”。这些规定明确地表明，除民族自治地区的市以外，我国的市都不是独立自治的政治实体，而是享有一定的自主权的地方行政单位。

（四）行政地位的等级性

由于我国不实行地方自治体制（民族自治地区除外），因此，各级行政机关之间存在着行政隶属关系。一级人民政府既是本级权力机关的执行机关，又是上一级国家行政机关的下级机关，必须对其负责，接受其领导，服从其指挥。同时，它还必须领导下级人民政府的工作。市人民政府也一样，它在整个国家行政系统中处于某一等级，行使相应的职权。我国的市按其行政地位来划分，可分为直辖市、副省级市、地级市、县级市，不同等级的市享有不同的职权，如直辖市隶属于中央政府，行政地位相当于省和自治区一级，有权制定地方性法规，而县级市则不拥有这一权限。

（五）职能的广泛性

在我国，市政管理的内容十分广泛复杂，它集工业、商业、农业、财税、金融、卫生、教育、科技、文化、体育、环保、城建、民政、公安、司法行政于一体，具有很强的综合性。市政府不仅要管理城区的各行各业，而且还要管理郊县的农业；不仅要管理常住的非农业人口，而且还要管理常住的农业人口和大量外来的流动人口；不仅要承担繁重的城市规划和建设任务，以保证城市协调有序发展，而且还要抓好农村地区的基础设施建设，以加快农村的城市化发展；不仅要推动城市经济、社会、科技、文化、教育的发展，而且还要发挥城市的辐射和集聚作用，带动郊县经济和社会各项事业的发展；不仅要解决城市发展带来的人口膨胀、能源短缺、污染严重、交通拥挤、住房紧张、就业困难等问题，而且还要做好农村保护耕地、科学种植、保护生态平衡、治污防污等工作。

（六）内设层级的混合性

我国市的内部层级大都是混合设置的。在设区的市为二级（城区）和三级（郊区和县）混合设置，即为市—区和市—区、县—乡、镇。在不设区的市为一级（城区）和二级（郊区）混合设置，即为市和市—乡、镇。通常市辖区域内城市地区的层级设置少于农村地区。为了管理的需要，市辖区、不设区的市的人民政府，经上一级人民政府批准，还可设立若干街道办事处，作为它的派出机关。

第二节 中国市政管理组织体制的结构

一、城市的中国共产党组织是市政管理的核心组织系统

城市各项社会主义事业的领导核心是中国共产党。根据中国共产党的党章规定，省、地、县三级城市党的组织设置情况，党的组织系统框架，由如下四大部分组成。

（一）在纵向上按层级编制的城市地方党的领导机构和基层党组织，即市委、市辖区委、街道党委及居（村）民委员会设置的党支部委员会或党总支委员会

它们按党章规定的民主程序选举和换届，在本辖区和“社会基层组织”中起领导与战斗堡垒的作用。市委和区委一般设常务委员会和书记、副书记，它们的工作机构一般设纪律检查委员会、办公室（厅）、组织部、宣传部、统战部、农工部、经工部、政法委员会，以及政研室、机关党委；街道委员会一般设书记、副书记，以及组织委员、宣传委员、统战委员、纪检委员等职务，不设区的省辖市，有的设郊区党委，县改市的小城市有的设城区党委；党支部或总支设书记、副书记及组织委员、宣传委员。

（二）横向上在地方国家机关、人民团体、经济组织、文化组织和其他非党组织的领导机关中成立党组

例如，在市人大常委、政府及其职能部门设立党组，负责实现党的方针政策，团结非党干部和群众，完成党和国家交给的任务，指导机关党组织的工作。

（三）在企事业单位建立党的基层委员会或总支委员会和支部委员会

领导本单位的工作，对重大原则问题进行讨论和作出决定，同时保证行政负责人行使自己的职权。

（四）在市内各级党政机关、群团组织和设立基层委员会的较大企事业单位建立党的基层组织

包括机关党委、总支和支部，对本单位的工作起监督、保证作用。城市党的组织系统对市政管理起领导与宏观指导及监督、保证作用。我国的各类城市都设有党的委员会，但它的决策和主张，一般不直接对社会发生拘束力，而是要通过

某种法定程序转化为国家机关的意志后，才产生法律的拘束力。它实际上执掌着城市的“公共权力”，成为现代中国市政管理的核心组织系统。

二、城市的人大及其常委会是市政管理的议决组织系统

根据宪法和地方组织法的规定，省、地、县三级城市均设立人民代表大会及其常务委员会。它们按照法律规定的民主程序召开和进行换届选举。它们的产生与组成的民主程序基本一致，市人大代表、市人大常委会及其办事机构和专门委员会基本结构也大体一致，只是由于城市的地位与规模不同，代表名额及常设机构的级别、规格和人员编制等方面有所区别。现以省辖市人大、人大常委会及其工作机构为例。该级市人大在会议期间，选举主席团和秘书长。主席团主持会议，常务主席、执行主席和秘书长具体负责处理大会各项重大事项和具体事务；设立代表资格审查委员会、议案审查委员会、预算审查委员会，负责各有关方面的工作。常务委员会由本级人大在代表中选举主任一人、副主任若干人和委员若干人组成。一般为13～35人，人口特别多的市不超过45人。一般都设有办公室（厅）和专门委员会两种类型的机构。办公室是市人大常委会的综合办事机构，设主任一人、副主任若干人，内设各科（处），一般有秘书科、政务科，联络科和行政科。专门委员会一般设立法制委员会、财经委员会、城乡建设委员会、教科文卫委员会。各委员会由主任、副主任、委员若干人组成，其人选一般为市人大常委会成员及专家学者；各委员会成员多为兼职，委员会日常事务工作由1～2 名专职秘书办理。由于省辖市具有计划单列市、省会市、大量辖县市及规模较小的市等种种区别，所以在机构规模上也有所不同。除人大常委会组成人员的名额、副主任设置不等以外，有的市人大常委会设秘书长，有的则不设，有的市设农村委员会和华侨民族宗教委员会，有的则不设，办公室（厅）主任、副主任及各科（处）工作人员一般在 30 名左右，而较大的市则更多一些，计划单列市和大的省会市多达百人左右。市辖区人大常委会的工作机构与市人大常委会类似，所不同的是办公室和各专门委员会的设置比较简单。市人大组织系统对市政管理重大事项起宏观决策与监督实施的作用。虽然，人大在国家政权机关体系中法律地位最高，但它并不是一个主动的管理者或设计者，而是一个确认者或批准者。它的许多作为，都必须基于市政府的建议、议案。它可以否决市人民政府、市人民法院以及市人民检察院提出的建议、议案，但却不能由它自己提出替代议案。它可以撤销市人民政府不适当的决定或命令，却不能直接改变市人民政府的决定和命令。

三、城市的人民政府是市政管理的行政组织系统

根据地方组织法的规定，城市人民政府由同级人民代表大会选举产生，并且可以“根据工作需要和精干的原则，设立必要的工作部门”。直辖市及计划单列市政府可设立厅、局、委员会等工作部门，一般市和市辖区人民政府可设办、局、委、科等工作部门。厅、局、委、科分别设厅长、局长、主任、科长，在必要的时候可以设副职。办公厅、办公室设主任，在必要的时候可以设副主任。直辖市和设区的市人民政府设秘书长一人，副秘书长若干人。由于大、中、小城市在地方行政制度上所处的层级或地位不同，市政府的工作部门或职能机构设置也有所区别，直辖市和特大城市的政府机构比一般省辖市周全，省辖市的政府机构又比县级市政府机构周全，但是无论直辖市、省辖市和县级市，其政府机构的基本模式大体一致。现以一个 80 万人口，同时又辖有周围三县的省辖市政府机构设置为例，1984 年，该市政府机构体系分为两大部分：

（一）三个紧密相连的市人民政府机构系列

即市长、副市长—秘书长—各工作部门：政府办公室、计划委员会、经济委员会、科学技术委员会、计划生育委员会、体育运动委员会、城乡管理委员会、对外经济委员会、人民防空办公室、外事侨务办公室、人事局、编制办公室、劳动局、统计局、物价局、物资局、交通局、环保局、房地产管理局、旅游局、财政局、税务局、审计局、商业局、粮食局、工商行政管理局、文化局、教育局、卫生局、广播电视局、公安局、民政局、司法局、农业局、农机水利局、多种经营管理局、乡镇企业局、市国家安全局。

（二）三种不同性质的市人民政府直属机构序列

第一序列是“二级局”，即园林管理局、标准计量局、档案局、机关事务管理处、民族宗教事务管理处、高教办公室六个单位；第二序列是直属事业单位，即有市经济研究中心、经济技术协作办公室、规划管理处等三个单位；第三序列是省市双重领导机构，即供电局、邮电局、中国人民银行市支行、中国银行市支行、中国建设银行市支行、中国农业银行市支行六个单位。该市政府机构数量与规模介于计划单列市和一般省辖市之间，能够体现管县市与非管县市、城乡管理和工农管理、大市政管理和中小市政管理等各方面的特点。市辖区人民政府的办事机构与工作部门类似于市人民政府，所不同的是部门、领导职务设置与人员编制相对少一些。区以下设街道办事处，其机构的框架是主任、副主任之下设办公室及财务、居民、市政管理等科以及司法助理和劳动综合服务公司。从市政府到

街办三个层级的机构构成了国家行政管理组织的主干，在市政管理各层次中起执行决策与贯彻落实的作用。

四、城市的居民委员会是市政管理的基层群众自治组织系统

根据《中华人民共和国宪法》第一百一十一条的规定，城市按居民居住地区设立的居民委员会，是“基层群众性自治组织”。这是城市社会中既不同于政党、群团，也不同于国家、企事业单位的区域性团体的特殊组织系统，它是按地域的户口或人口规模组织的，是党和国家联系广大城市人民群众的桥梁和纽带。从一些大城市居委会设置的情况来看，大多保持 300～800 户之间，大中城市以 500 户左右为较适宜的人口幅度。居委会依法设置民选的主任、副主任若干人、委员若干人，并且根据工作需要设立各种常设的或临时性的委员会。除了宪法规定设置的人民调解、治安保卫、公共卫生三个委员会之外，一些人口较多的居委会还设有社会福利、计划生育、妇女、青少年教育等委员会。委员会一般与居委会委员对口设置，分管有关方面的工作。例如，公共卫生委员会掌管爱国卫生、环境美化、给水排水等事项。居委会下设居民小组。按照居民委员会组织条例规定，小组一般以 15～40 户组成。每一居委会所设居民小组最多不得超过十七个。居民小组长担任居委会委员。居委会办理本地区居民的公共事务和公益事业、调解民间纠纷、协助维护社会治安及办理其他有关市政管理工作的事务。居委会处在城市社会的最基层，是对市政管理事项起某种贯彻落实保证作用的组织系统。

五、城市建设和管理部门是市政管理的组织系统

根据国外城市政府的法规和国内习惯的看法，市政管理组织从城市自身而言，应是市政府序列机构中负责城市建设和市政管理的有关部门。“中国的城市建设采用市政府管理为主的体制”。[①] 如果从城市群体的范畴上讲，我国的市政管理组织系统是：国家级国务院住房及城乡建设部—省级（自治区、直辖市）城乡建设委员会、环境保护局、城市规划局—市级（较大城市）城市规划局、环境卫生管理局、市政工程局、公用事业局、公共交通局、园林绿化局、房地产管理局、环境保护局、城市文明建设委员会、市容办公室、人防办公室以及市政府城管部门直接领导的公用事业总公司、城市综合开发公司等机构—市辖区级的类似市政府的对口机构系统—街道办事处的市政管理科—居委会的相应的职务设置及委员会的设置。这是一个从中央到各大、中、小城市的网络系统，特点是市级“粗”

① 马洪．现代中国经济事典．北京：中国社会科学出版社，2006，10：427.

（繁），上下两端“细”（简），而上层的管理事项多，基层的建制（单位）多，多方面的主要管理事项主要在市、区两级。省辖市和市辖区以上的主管部门，均有内部机构设置。例如，省辖市的住房及城乡建设委员会设办公室、科技科、治理计划科、基本建设管理科、市政管理科、财务科等机构。市公共交通局设办公室、交通管理科、企业管理科、科技教育科、统计科、财务科。市房产管理局设办公室、秘书科、房管科、拆迁科、修建科、经营销售科、生产计划科、科技教育科、设计室等机构。市城市文明建设委员会，设委办公室、爱卫会办公室、市容办公室、食品卫生办公室等机构。我国市政管理的总任务及各项分管事项，就是通过这种上下相连，内部分工管理的组织系统完成的。

第三节　中国市政管理的决策施政体系

一、市政管理决策施政的主要内容

市政管理的决策施政体系，是其管理组织的灵魂与核心。它的活动内容有如下十个方面：城市的中长期发展规划，包括城市在各个发展阶段上的占地规模、人口规模、产业结构与规模、教育、科技与文化设施规模、卫星城镇的建设以及城市性质与发展方向等；城市的基础设施与公用设施的建设、改造与维修，包括供电、供热、给水排水、煤气、燃料、道路、桥梁与公共交通等各方面的服务设施；城市公共建筑、住宅建设与市容建设，包括定址、投资、招标、速度等方面；城市环境保护规划与设施，包括垃圾、污水、空气、噪声等方面清除规划与设施；城市园林绿化，包括市区、市郊的植被与绿化面积，以及绿化标准、绿化管理等方面；城市建设与管理的专用机械设备的生产与分配；发展城市建设的科学研究与教学工作；城市建设开发、引进与交流；城市市场管理与治安管理；城市建设与管理的法规制定。为了使市政管理决策施政有法可依，有章可循，全国人大、国务院及有关部门陆续颁布了一些有关市政管理的法规。如《中华人民共和国环境保护法（试行）》、《国家建设征用土地条例》、《城市规划编制审批暂行办法》、《城市规划定额指标暂行规定》、《关于加强城市公共交通工作的若干规定》、《城市供水工作暂行规定》、《市政工程设计工作技术管理制度》等均是。同时，大、中、小城市的人大常委会和市政府也遵照中央有关法规的精神，结合本地方实际，制定了一些管理本城市的法规。例如上海市人大在 2003 年就制定了《上海市房地产登记条例实施若干规定》、《上海市市容环境卫生管理条例》、《上海市货运出租汽车运输管理暂行规定》以及由上海市人民政府发出的《上海市人民政府关于进一步加强传染性非典型肺炎防治工作的通告》等法规性文件；广西桂林市颁布的《城市规划管理条例》、《城市建设管理条例》、《城市交通管理条例》、《市场管理条例》、《城市卫生管理条例》、《环境保护管理条例》以及《桂林市人民公约》等，都是加强市政管理、搞好城市市容建设和精神文明建设的规范性文件，为市政管理的决策施政提供法律依据。

二、城市中共市委的领导性决策施政体系

根据《中国共产党党章》和《中华人民共和国宪法》的规定，我国城乡各项社会主义建设事业都在中国共产党的领导之下进行。有关市政管理的全国性决策施政要在党中央的领导下进行，地域性决策施政要在省委或自治区党委的领导下进行，各城市自身的管理要在城市地方党的各级领导机关的领导下进行。市政管理决策，从狭义上讲是部门性决策。各大、中、小城市自身的宏观决策在市委或市委常委的领导下进行。市委对“城管”系统的决策，同其他系统一样，要根据决策的对象、性质、重要性程度，分层次进行。

例如城市发展的中长期规划问题、城市的性质及发展方向与城市规模等问题，这就需要经市委常委会议、市委全体会议以至市党代表大会的讨论决定；城市建设与管理中经常性、一般性重大事项，由市委常委讨论决定；一般事项和贯彻实施过程中的重大措施，需要报请市委决策的，由分管“城管”系统工作的副书记或常委决定。这三个层次的决策方案及参考依据一般都是由政府或市人大常委会或市委的有关部门或调研机构提供。市委的宏观决策具有多种性质：或为审批性决策，即由市政府提出处理某种重大事项的方案，报请市委审查决定；或为建议性决策，即由市委提出处理某种重大事项的方案，提请市人大或市人大常委会讨论通过，作出决议；或为终端决策，即市人大常委会、市政府拟定某种重大事项时最终要请市委讨论决定。但总的说来，市委的宏观决策一般属领导性决策，同时也不仅限于纯粹的决策过程，市委常委主持“城管”工作的成员或市委的有关工作部门，要会同市政府主管副市长及有关部门指导和督促贯彻落实。加之，市政府及“城管”系统各部门党组、市人大常委会党组在市委决策施政过程中的辅助作用，这就构成了中共市委对市政管理领导性决策施政的体系。

三、城市人大及人大常委会的权力性决策施政体系

根根《中华人民共和国宪法》关于“中华人民共和国的一切权力属于人民”和“人民行使权力的机关是全国人民代表大会和地方各级人民代表大会”的规定，市政管理的决策施政权由市人大、市人大常委会及市人大选举产生的市政府行使。市人大及市人大常委会对市政管理重大事项行使议决权，同样是分层次进行

的。例如，有关城市发展的中长期规划、城市建设中的重大项目、市政管理中需要全市人民共同遵守的规章制度以及市政府报请市人大常委议决的有关市政管理规章制度，需要经过市人大常委会讨论决定；市委、市政府及市人大代表在市人大开会期间提出的有关城市建设与管理方面的重要议案以及其他有关“城管”方面的特别重要事项，要经市人民代表大会讨论通过；日常工作中市政府或市府“城管”系统有关部门需要报请市人大常委审议的事项，则由市人大常委会主任办公会议讨论解决。执行“人民城市人民建，人民城市人民管”的原则，市政管理决策是市人大常委会决策活动中的重要组成部分，它在市人大常委会全部决策施政中所占的比例，远远大于市委和市政府。市人大及市人大常委的决策，往往需要以地方性法规的形式规范，比市委从路线、方针、政策角度所作的领导性决策具体一些，但仍然属宏观决策。这种决策虽然属于法律规定的程序性决策，但作为权力性决策，具有法律的规范性与强制性。

四、城市人民政府的执行性决策施政体系

城市人民政府是本级人民代表大会的执行机关。按照《宪法》第一百零七条的规定，它依法领导本行政区域内“城乡建设事业”。近几年来各地城市人民政府制定的本政府工作制度和职责范围一类的文件，都将管理“城市建设事业”作为自己的主要任务之一。市政管理决策施政具体的、大量的和实质性的工作，主要在市人民政府及其主管“城管”工作的职能部门，它们要对城市建设规划、公共事业、居民住宅、园林绿化、环境保护、道路桥梁建设、市容整顿与管理等各方面事项，拟定规划草案，作出工作计划，进行具体领导和指挥，解决实施过程中人、财、物各方面的具体问题。市政府及其职能部门完成这些工作所需要的决策，从其层级与范围上讲，既有中观决策，也有微观决策，但主要是微观决策。从决策的性质上讲，有领导性决策与权力性决策的成分，但主要属于执行性决策。市政府完成这种决策任务的形式，主要是通过市政府三个层次的会议。

（一）市政府常务会议

由市长、副市长和秘书长组成，由市长或常务副市长召集，必要时请有关办、委、局主要负责人列席。此会主要讨论决定准备提请市委审定的有关市政管理的重要事项，讨论决定准备提请市人大常委审定的有关市政管理的议案，讨论决定市政府准备发布或报请市人大常委审议的有关市政管理的重要规定、条例、办法等规章制度；讨论决定“城管”职能部门报送市政府的请示；讨论决定城建、城管方面的其他重要安排。

（二）市政府全体会议

由市长、副市长、秘书长和各办、委、局主要负责人组成，由市长或常务副市长召集。此会讨论决定市政府有关市政管理方面的重要部署和安排；讨论决定市政管理方面其他需要市政府全体会议作出决定的事项。

（三）市长办公会议

由市长或常务副市长或分管城管系统工作的副市长召集，按研究问题的范围，由担负“城管”工作的有关部门负责人参加。此会主要讨论解决城市建设与管理方面决策贯彻落实中需要市政府出面的具体事项，或各部门间需要市政府协调的事项。这三种会议，反映了市政府领导在市政管理的决策施政过程中的基本面貌，也反映市政府决策施政的基本程序。

五、市政管理决策实施的具体途径

（一）由市城乡建设委员会归总贯彻执行“人民城市人民建，人民城市人民管”的总方针

围绕城市规划、建设和管理，联络有关部门，搞好情况综合、组织协调、调查研究、检查督促，为市区和市郊创造良好的生产、工作与生活环境。

（二）由城市建设规划局根据党和国家的有关方针政策，结合本市的社会经济发展计划，编制城市建设总体规划、专业规划和详细规划

负责市政设施建设、维修与管理；负责城市基础设施建设的开发，并对城郊周围小城镇的规划、建设与管理业务进行指导；负责城市道路、桥梁、防洪、排水及污水处理等市政设施建设、维修和管理，并管理专项建设、维修资金；负责城市规划、城市建设、市容和环境卫生、清理违章建筑；负责对市政、环卫、建筑设计等企事业单位进行指导等。

（三）由市公用事业局贯彻执行党和国家有关方针、政策和法规，结合本市实际情况，拟定各方面的规划并实施

包括全市人民生活用水、用电、用气和公共汽车、电车、轮船、码头、港口的开发与建设，以及维修、保护、管理等方面的规划、实施细则与办法，并具体领导与监督有关单位执行。同时，由该局会同市交通局、工商行政管理局拟定城市交通规划，统筹安排城市交通网、站、点、停车场（库）等设施，并组织建设

与管理。

（四）由市环境保护局负责检查、督促全市各部门、各单位执行党和国家有关环境保护的方针、政策和法律、法令

同时包括组织治理由于生产与生活所引起的环境污染；管理有重要价值的环境目标，包括对自然风景区、名胜古迹、重大建设工程、珍稀动植物的环境保护等；治理由于经济活动和其他方面的原因引起的海洋、江河、湖泊以及农田、道路、园林的污染，保持生态平衡，搞好城市的环境保护等。

（五）由市房地产管理局贯彻执行党和国家有关房地产管理的方针、政策和法律、法规

组织房产的经营与维修，主持全市住宅建设和商品房经营，开发房产事业，有计划地努力改善城市人民居住条件，对城市房产实行政府行政管理，保护公民合法的房产所有权，维护合法的租赁关系，调解因房产问题所引起的纠纷；主管住宅建造及庭院内各种永久性与临时性建筑审批，清理这些方面违章建筑，对市内各单位自管房产、中小学校舍、办公用房等通用房屋管理工作进行监督和业务指导等。

（六）由市园林局根据党和国家的有关方针、政策和法律、法规，管理全市园林绿化工作

如公共绿化地、专用绿化地、园林绿化生产地、风景区的绿化建设与管理；搞好城郊荒山、空地、荒地绿化和市内园林绿化；做好经常性的城市绿地保养与维护工作；搞好苗圃建设，发展苗木生产；搞好风景旅游点的建设，保护和管理名胜古迹；开展园林科技研究活动，提高园林建设与管理的水平；不断开拓园林绿化事业，提高全市园林绿化水平。除了上述六大方面主要贯彻落实的途径外，还有市公安局、市交通局、市工商局、市人民防空办公室和城市文明建设委员会等单位，都在某些方面、某种程度上对“市政管理”决策的贯彻执行起重要作用。

第四节　中国市政管理组织的反馈与监督系统

一、市政管理组织反馈与监督的意义

城市同其他地域比较，其特点是社会生产高度密集：反映一个国家、一个时

代生产力水平的工商产业聚集在城市；反映一个国家、一个时代物质文明、政治文明与精神文明水平的科学文化聚集在城市；社会的大量人口——从十几万、几十万以至几百万聚集于城市区的狭小范围之内；无论大中小城市都是本地方、本区域社会生产、生活以及经济、政治、文化的神经中枢，牵涉方方面面；城市社会消息传播迅速，影响深广。这种特点，不仅决定市政管理的决策施政贯彻迅速，影响波及面广，而且使得它的及时、科学、正确的决策，具有特别重要的意义。不言而喻，这种决策特别需要有相应的信息反馈和检查监督系统。例如，城市的交通网络管理，包括马路、桥梁和车辆等方面的管理，供水、供电、供气、供热等方面的管理，防洪、防火、防疫、排涝、去污方面的管理，一旦失去控制，造成大的阻隔或瘫痪，将使各行各业的广大人民群众的生产与生活脱离正常的轨道，进而给生产、科研、教学等各个领域带来严重的后果。因而，灵敏而迅速的信息反馈、持续而严格的检查监督和健全而卓有成效的反馈与监督的组织系统，在市政管理中具有特殊的意义。这三者是互相联系的，后者则是前两者的依据与集中表现。市政管理的决策施政如若失去了这三方面的保障，它就一定达不到应有的目标，甚至会使城市从文明生活的标志，变成为混乱的渊薮。

二、市政管理组织的信息反馈系统

先有信息后有决策，这是一切管理活动的必然规律。市政管理及时而正确的决策，必须以能够获取全面而准确的信息反馈的组织系统为保障，这已成为市政管理的基本常识。从最近几年来的实践看，我国的市政管理已经形成了党、政、社、群等主要的反馈系统或渠道。

（一）市委的反馈系统

按照党章的规定，工作和生活在“城管”系统和其他系统的广大党员和党员干部，有向党的各级领导机关，揭露和纠正自己工作中的缺点和错误的义务，也有权利揭发、检举党的任何组织和任何党员违法乱纪的事实，党的基层组织作为社会基层组织中的战斗堡垒，要经常了解、研究、解决和反映本单位、本部门包括市政管理工作在内的各种问题，“城管”部门党的领导机构和市委的调研机构要及时将管理工作中的问题通过会议、报告、文件、电话等各种形式反馈到市委决策机关。

（二）市人大的反馈系统

按照有关法律的规定，市、区两级人大代表要对自己的选举单位和选民负责，他们通过代表专用信笺、代表小组、代表中心联络组、市人大常委组织的代表视察活动，以及代表质询等途径经常将信息反馈到市人大、市人大常委和市政府及“城管’系统的有关部门。

（三）市政府的反馈系统

这主要是市政府行政系统在贯彻落实决策过程中获得信息反馈，同时，还包括市政府从市内外、省内外以致国内外获得有关城市建设与管理的信息，只有这两者兼备，才能反映时代的要求和本地方的实际需要，有力地推动本城市的发展。市政府及其市政管理的各职能部门的办公室和调研机构，以各种形式和途径从城市社会信息源觅取信息，同时还要通过市政府领导的专业机构系统，如科技情报研究所、人民银行以及其他有关部门的信息机构，搜集与筛选大量的信息资料，以《政府快报》、《市政研究》、《经济信息》、《科技情报与资料》，以及各有关单位的简报，统计表等形式将信息反馈到市政府、市人大、市委决策中心。

（四）社会舆论的反馈系统

这主要是各城市所办的报刊、电台等新闻机构，经常反映市政管理方面的情况。即人民群众向新闻机关投信，反映情况，记者通过采访，发掘较高层次的信息，形成信息反馈的一个重要渠道。

（五）人民群众的反馈渠道

这包括城市人民直接向市政府信访办公室反映意见与要求，直接投书市长，通过“市长电话”直接与市长对话等形式，使市政府决策中心获得信息。市政管理中的信息反馈，无论是何种系统，特别是上述前四种系统，都是由两个以上环节所构成的渠道。这些渠道通过横向联系，形成了一个“决策—反馈、再决策—再反馈”的整体性循环往复的反馈系统，达到迅速处理各种问题的目的。

三、市政管理组织的检查监督系统

信息反馈系统，从某种意义上讲，同时也就是监督系统，即决策施政体系之内的自我监督系统。本过程中由于认识上的或非人为的原因所引起的偏离决策施政目标的负向反馈，要成为决策者调整和改变决策的依据，但是信息反馈又不等于监督，决策施政系统不等于监督系统。市政管理同其他管理一样，其有效与成功，不能离开专门的监督系统。这种监督系统，是专门对决策者与执行者人为的和有意隐蔽的偏离决策施政目标的负反馈实行监督。例如，出于某种不良动机有意作出违背广大城市人民利益的错误决策，以及玩忽职守、贻误时机、严重的官僚主义、决策者与执行者个人行为违反法规等，没有专门的监督组织，不采取专门的监督措施不足以制止错误的发展。目前，我国市政管理中这种监督系统，主要是由党、人大、政府、新闻舆论、群团组织以及人民群众的直接监督所构成。详而论之，有五个方面：

（一）党的监督

城市地方各级党委、大中型骨干企业单位的基层党委、国家机关和人民团体中党组织要按照党章的规定，建立纪律检查委员会、纪检小组或纪检员。这个组织系统，要担负对党员、党员干部在市政管理中所担负的工作实行监督。

（二）市人大及市人大常委会的监督

城市地方人大及人大常委会，按照宪法和地方组织法的规定，对市政府、市政府的职能部门及其工作人员的行政行为实行监督。

（三）市政府的监督

市政府行政系统监察机构，对政府机关“城管”职能部门和厂矿企业所发生的违法失职案件和事故进行检查和处理；职工代表大会的监督。这就是市政管理部门所属企事业单位的职代会要对本系统、本单位行政领导人员实行民主监督。

（四）社会舆论监督

主要是报纸、广播电视对市政管理中的问题进行揭露和批评；人民政协及群众团体监督；各界人民群众通过来信来访、揭发批评实行监督。

（五）自我监督

这就是在为人民服务思想的指导下，城管系统的工作人员根据自己的岗位责任对自身行为的内省、检查和控制。在我国市政管理监督中，此种监督是一切监督赖以立足的基础。

以上所分五个监督系统，既包括事前监督，也包括事后监督；既包括自我监督、内部监督，也包括外部监督；既包括党的监督、国家监督，也包括群众监督和社会监督；既包括经常性监督，也包括阶段性监督，结合起来是一个完整的监察网络整体。只有健全这个组织体系，并加以正确运用，才能保证市政管理的健康发展。

第五节 中国市政管理组织体制的改革

一、当前中国市政管理组织体制中存在的主要问题

近几年来，中国城市的发展已取得了历史性的突破，与此同时，市政管理组织体制的改革也日趋深入。但我们也应该清醒地看到，随着社会主义市场经济体制的建立和完善，我国的市政管理及其组织体制仍明显滞后。目前在有些城市，市政管理工作还没有作为城市政府的最主要职责而摆上主要的议事日程和办事日程，并进行综合治理，市政管理体制在不少方面已影响和制约着城市经济社会的协调发展。具体表现在以下几点：

（一）传统的多头、分散的市政管理模式制约着市政管理规范、有序进行

现行城市的管理体制与运行机制，在计划经济的体制下曾发挥了重要作用。但随着城市建设的逐步市场化，这种旧体制越来越显示出其固有的历史局限性。突出表现在：行政执法机构过多，行政执法职能交叉和行政处罚权的分散。这种政府统包、统管、多头执法的体制弊多利少。一些有市政管理职责的执法主体从本部门的利益出发，有利的事争着管、无利可图的事互相推诿；一些部门想管的事但无权去管，待问题成堆，群众反映强烈时，迫使政府领导出面组织集中突击整治，但突击整治后，又因缺乏长效机制而无法巩固整治成果，形成了整治—回潮—再整治—再回潮的恶性循环。

（二）管理法制建设不配套

近几年来，国家有关市政管理的《规划法》、《土地法》、《房地产法》等相继出台，各地城市也制定了一些相应的规定。但有些亟须操作的法规和地方规定尚不配套，使相应的执法及执法体系的建设与管理存在死角和盲点。具体执行中的工作人员有时甚至找不到行政司法的依据，如流浪乞讨露宿街头的盲流人员（特别是低龄儿童）的收容遣送没有明确的法律规定。还有一个较突出的管理弊端是，市政管理执法主体多元化，其编制性质多属于自收自支的事业单位，其经费包括工资来源主要靠收费和罚没收入。这样就带来了一个严重的弊端，即为了养活自己千方百计开拓收费源，有的只管收费不管秩序，有的只罚款不制止，一些违章行为者只要交了罚款，拿到罚款的收据就变成合法了，理直气壮了。违章行为得不到根治，这种状况难免挫伤市政管理工作者的积极性，有时甚至助长了违章、违法势头，出现法不责众的现象。

（三）城市功能扩张而市政管理投入体制滞后

在城市现代化建设中，市民生活水平不断提高，对社区生活服务需求更趋多元化，城市作为多功能的载体的负担骤然加剧，由于管理措施一时难以跟上，造成城市环境上的不尽如人意，这是城市发展缺乏宏观调控的客观反映。城市生活中心的转移、扩大，使城市功能的发挥很不均衡，新老市区相差悬殊，城乡结合部地区问题突出，交通不畅、行路难等问题都司空见惯，根源是缺乏科学规范、眼光短浅，导致功能不完善，管理不配套。与此同时，市政管理财力的投入适应不了需要，制约了市政管理效率的提高也是一个突出的问题。近几年来，政府在城市建设上的投入力度较大，但在市政管理上的投入却相对较少，造成市政管理工作跟不上，建设好的设施得不到很好的维护，有的甚至损失较重。由于投入不足，与市民生活密切相关的公用设施少且水平低下。前英国皇家规划师学会会员帕金森曾经说过："现代化不在于富有，而在于生活质量的提高。"所以这位市政管理学家强调：市长们要着眼于城市未来，要为子孙后代的需要和利益着想。

（四）城区区街管理职能和体制与市场经济的发展和城市建设的要求极不协调

在管理职能上，区街政府承担着市政管理职能和微观经济组织职能。当上级要求抓管理、搞创建时，区街政府发挥市政管理职能，拆违章建筑、清理摊点、整顿市容、打扫卫生。而当上级要求完成各项经济指标时，区街政府便发挥微观经济组织职能，搭违章建筑、分布摊点、抓产值、搞创收。显而易见，这两种职能经常把区街政府置于两个互相打架、互相对立的尴尬境地。在管理体制上，城区区街政府实际处于严重的条块分割的管理体制中。由于区街中的单位隶属于不同行业或系统，基本属于条条管理，区街行政管理的范围仅局限于区街所属单位以及居委会，而对于占本地区面积、人口绝大多数的部、省、市属单位则没有管理权。对于区域城市建设也没有规划权、实施权，从这个意义上说，区街的职能权限并不具有完整性，因而区街又可称为准政府或不完全政府。随着市场经济的发展，城市建设步伐的加快，城区发展与管理的矛盾也越来越突出，区街的管理权限和管理任务的冲突日显突出。

二、中国市政管理组织体制改革的内容与对策

（一）进行管理区划和层次的调整与改革

设市标准、城市行政层次结构都与市政管理及其组织体制密切相关。按照

1982 年《中华人民共和国宪法》关于“直辖市和较大的市分为区、县”的规定，这些城市行政管理层次就是市、区两级加上某些分治区域设立的派出机关街道办事处。这种层次结构，沿袭了 1954 年《中华人民共和国宪法》确立的基本构架。但我国城市的数量、区域规模、产业规模与人口规模已成倍扩大，截至 1997 年年底，全国共设 669 个大、中、小城市（其中：直辖市 4 个，副省级市 15 个，地级市 208 个，县级市 442 个；设市辖区 717 个）。而在 442 个县级市中，基本上都不设区。尤其是在市管县、县改市“城乡合治”体制的推行，以及设市的标准放宽之后，市政管理组织层次结构出现了复杂的情况：如像上海、北京、天津、重庆等城区的人口分别都在近千万与千万以上，而有些城市却在 1 万以下；有的市辖区在 10 个以上，而有的市仅辖一个城区和一个郊区；许多特大城市的市辖区人口超过 50 万，多者近 100 万，相当于一个大县或一个中县的人口规模，而有的市辖区人口在 5 万以下，相当于一个大乡；有的 20 万左右人口的城市设区，有的则不设；有的一个街道办事处，辖近 10 万人口，有的不到 10 万人口的市分设几个街道办事处；有的市政府辖区明显地分成了少量城区和广大乡区，有的则仅辖城区及少量郊区。这种复杂情况，对我国现代城市的管理带来了以下几个应该注意或值得思考的问题：城市规模过大，从多方面给市政管理带来困难，因此，应加以控制；市辖区的过大、过小，使城市的管理层次与管理幅度不能合理设置，对于市辖区的大、小极限应有所规定；市辖区、街办的地位、大小、规模参差不齐，市政管理事项与工作量相差悬殊，需要根据大、中、小不同类型的城市，定出不同的管理权限；市区、郊区及农村区域在市政管理的组织系统与管理职权上应当作出明确的划分。

（二）实现市、区、街及居委会关系的调整

市、区、街的上下隶属关系，宪法和地方组织法作了原则规定，但是由于城市地方行政管理的特殊性，现代城市规模的不断扩大以及“城乡合治”体制的实行，城市行政管理层次之间的关系在实践上表现得很复杂，要搞好现代市政管理，就必须对这种复杂的关系因地制宜地加以调整。为此：要调整大、中城市的市、区关系。按照法律规定，市辖区属县以上一级地方政府，它应该全面行使地方组织法所规定的职权。但由于城市行政管理特别需要强调“集中统一”，许多 20 万、30 万乃至 50 万以上人口的市辖区，并没有全面行使一级政府的职权，特别是在市政管理方面，成为了市政府的附属，这种体制，虽然包含有适应现代市政管理的合理因素，但强调过分会扼杀市辖区的独立性与创造性的发挥，尤其是在城市人口、产业、市政管理事项日益扩大（包括区本身的扩大）的条件下，不让其行使一级政府的完备职权，或者实际上把它作为市政府的派出机构，会对城市各项

管理工作产生不良影响；应提高街道的地位，调整区街的关系。由于百万以上人口的特大城市在我国经济建设中的地位日益突出，直辖市和计划单列市的行政地位或经济管理权限相当于省级。这类城市的区、街，规模都很大，特别是在经济改革中一部分企事业管理权限依次下放，区在实际上已经不是大城市的基层政权，而是起着中层政权的作用。同时，这种区所属街道，有的已成为管辖 10 万或 10 万以上人口的行政单位。这种情况，要求人们根据大、中、小城市区、街的实际规模和行政管理上的需要，赋予街道不同的地位与权力。例如，将管辖人口在 3 万以上者定为基层政权，以下者仍为派出机关；应尊重居民委员会的“自治”地位，调整街、居关系。城市基层管理面临的主要问题之一，是居委会的自治地位得不到保障，它的十分有限的人员编制以至兼职人员或义务尽职人员，陷入政府部门指派的事务之中，有的居委会所办理的这种日常行政事务达几十项之多，宪法所规定的自治事项根本无法落实，“基层群众性自治”徒有虚名。这种现状，主要是由以下三方面的原因造成的：即上级政府行政部门在认识上不尊重居委会自治性质，对它的事项少有指导与支持，实际上把它当做单纯完成自己行政事务的派出机构或辅助机构；街办的任务重、人员少，客观形势迫使它的行政任务依赖于居委会去完成；大多数居委会本身组织编制不健全，仅有的少数工作人员除了应付上级压下来的行政事务外，无暇他顾。居委会与街办在管理工作中存在的矛盾以及解决的途径，一方面在于上级政府部门要保护居委会的“自治”地位，另一方面在于精简市、区的庞大机构，适当充实街道与居委会的机构与人员编制，让街道有能力自理，居委会也有能力完成必办的行政事务和进行自治管理。

（三）完成政府职能的调整与转变

关于城市政府的职能，早在党的十二届三中全会通过的《中共中央关于经济体制改革的决定》中就作了规定：“城市政府应该集中力量做好城市的规划、建设和管理，加强各种公用设施的建设，进行环境的综合整治，指导和促进企业的专业化协作、改组联合、技术改造和经营管理现代化，指导和促进物资和商品的合理流通，搞好文教、卫生、社会福利事业和各项服务事业，促进精神文明的建设和创造良好的社会风气，搞好社会治安。”这个决定给城市地方政府概括了八项工作任务，全面地阐述了社会主义新时期城市政府应有的职能，其中摆在首要地位和前列的，就是城市建设和市政管理。城市政府职能的这种调整和转变，是新中国成立以来正反两方面经验的总结，应该在调整与改革市政管理的区划层次和市、区、街及居委会关系的同时，遵照中央决议精神，切实转变城市地方政府的职能。这首先需要在思想上认识城市在我国经济、政治、科学技术、文化教育上的中心地位，认识城市是社会生产力的凝聚点和城市的基础设施是城市经济发展和人民赖以生活的基础条件，以清除把加强城市建设与管理同其他工作对立起来的错误观念。其次要在端正认识的基础上，把城市本身的建设与管理——包括制订城市发展规划、加强城市基础设施和公用设施建设、治理空气水源的污染、搞好社会治安、创造良好的市风和社会风气等各项工作放在市政府工作首位，由市长亲自抓，分管副市长全面抓，并根据需要与可能进行目标管理，即每年围绕城市道路、给水、排水、公共交通、住宅建设、煤气工程、市场供应、污染治理等方面办几件使人民看得见、用得着的实事、大事。

（四）实行市政管理机构的改革

"城管"系统的机构序列，长期以来在市政府机构体系中处于次要地位或辅助地位，同时，内部头绪多，层次多，其表现是"城市基本建设委员会"一类机构大多没有实际权力，只能起某种协调与综合作用，市府有关局（处、科）分头领导本部门的公司、站、所，直接向市政府负责，名义上有进行综合、协调与管理的层次，但实际上没有形成强有力的综合管理部门。这种机构设置，造成市政管理部门各自为政，缺乏全局观念，权力分散，工作矛盾多，而市政府鞭长莫及、指挥失灵。最近几年来，一些城市的党政领导机关，针对这种弊端，从管理机构体制上进行改革，成立城市建设环境保护局，将全市城建、城管单位统一划归城建局领导，逐步做到规划、测量、施工、建材等方面统一设计，"一条龙"地贯彻落实；同时，由城建局对人、财、物实行集中统一管理。实践证明，这种体制能够做到统筹兼顾、信息灵通、决策准确、政令畅达、实施迅速。他们在改革市政府"城管"机构的同时，还按行政层次适当下放权力，充分发挥区、街在市政管理中的重要作用。例如，有的市政府将马路清扫、垃圾清运、巷里改造、部分市政设施维修、马路林木、公共绿地、庭园和近郊荒地绿化、房产管理和维修等多项管理下放到区。为此，市政府一方面要赋予或扩大区在市政管理上的财权、人权和某些临时建筑的审批权，另一方面要同时下放机构、人员、经费及设备。区政府有了人权、财权与物权，自己的城建、城管机构得到了加强，即可积极主动地统一筹划本辖区的市政管理事项，加强街道一级的城管机构建设，使城管工作除了市政府专业部门之外，还能够同时依靠基层，依靠广大人民群众贯彻落实。

在市政管理机构的改革中，建立适应现代化城市发展的新体制也是必需的。即要在遵循政企分开、政事公开、建管分开、行业管理与市场运作分离这一原则的前提下，政府部门要强化行业管理，弱化企业管理，行政管理要与经济利益脱钩。目前各地区的市政管理机构比较乱。在名称上，有的市叫市容管理委员会，还有的叫城管办；在管理上，各职能部门有自己的执法人员，城管系统也有自己的监察队伍，大家画地为牢，在各自的势力范围内各行其是，管理的合力无法形成。因此，应建立由政府主要领导挂帅、各有关部门参加的城市综合委员会作为市政管理的综合协调机构，在区（街道）设立城市综合管理分局，统一以“城市综合管理局”的名义履行执法职责，同时将分散的若干支市政管理监察队伍统一起来，组成城市综合管理监察大队，其内部可根据职责不同设若干监察中队。城市综合管理监察大队与城市综合管理局合署办公，这样做的好处是能确保行政管理和执法机构的权威性，既精简了机构和人员，也便于管理。

（五）建立管理责任制与管理制度

要建立办事高效、运转协调、行为规范的市政管理体制，就必须建立起从市长到一般工作人员的工作责任制，明确每个市政管理人员的职务、责任、权限范围、工作标准和程序、应有的权利和义务，以及考核、奖惩等，使各类工作人员严格按照规定的要求来处理自己职权范围内的事情，做到各司其职、各负其责。建立和实行工作责任制，一方面有利于促进机关工作作风的转变，提高工作效率；另一方面也有利于调动每个工作人员的积极性和主动性，充分发挥其潜能，满足其在工作中实现自我价值的需要。另外，还要加强市政管理的制度化建设，实现市政管理的制度化、规范化，这是提高市政管理效率的重要保证。加强市政管理的制度化建设，首先必须建立和健全各项规章制度，用规章来规范市政管理的行为。各类规章制度主要包括：工作规则、审批制度、会议制度、办公制度、公文制发管理制度等。加强市政管理的制度化建设，有利于提高市政管理的效率，防止某些权力的滥用和行政失职渎职行为的发生，为市政管理的规范化提供制度上的保证。在此基础上，还要继续推进政治与经济体制改革。

为了尽快确立统一领导、分级负责、以块为主、条条保证、社会监督、依法治市的现代市政管理体制，我们必须进一步推进城市的政治和经济体制改革。即要在加强硬件建设的同时，着力抓好市政管理的软件建设。这种建设，主要表现在政府的管理职能上。就是要做到市场管理与政府管理并重；管理机构实行小政府、大社会；管理体制采取以块为主，条块结合；管理方式也要从单一行政管理向依法综合性管理转变。过去各地曾经探索建立的“两级政府、三级管理”的体制，是针对大、中城市地广人多、管理内涵日益延伸这一现状的。目前，要依据城市政府服务、管理的基本职能和行政管理的基本原则，运用职能管理理论，对过去“两级政府、一级统管”的格局进行调整。在这方面，北京、上海、广州以及江苏省的部分城市曾先后做过尝试，并取得了较好的效果，应在各地城市中予以推广。还有，要对市区街三级的行政职责、权力、利益进行相应的调整和划分。市政府及有关部门应认真清理行政权的属范围，在掌握人员关系不变、事业经费不变、业务领导不变、固定资产权属不变的前提下，除了城市规划管理权必须集中在市、县政府外，对城建、市容、环卫、房产等方面的管理权，能下放的尽量下放给区街，使区街的责、权、利统一起来。放权后，市一级应腾出精力在更高层次上研究制订城市的发展目标、思路和相关的政策法规，并加强对全市情况的调查研究、宏观指导，充分发挥领导、监督和协调作用。通过简政放权、理顺关系，调动市、区、街及各方面的积极性和能动性，以构成市政管理的梯次和网络。

【复习思考题】

1．中国市政管理体制有哪些基本特征？
2．中国市政管理组织体制的结构由哪些系统构成？
3．市政管理决策施政的主要内容有哪些？
4．市政府完成决策任务的形式有哪些？
5．市政管理决策实施有哪些具体途径？
6．当前我国市政管理组织体制中存在的主要问题是什么？
7．我国市政管理组织体制改革包括哪些内容？应采取哪些对策？

第四章
中国市政管理的原则与法规

观点提示：

市政管理要求科学化、合理化。而管理科学化、合理化的实现，不但要有完善的市政管理的组织体制，而且还必须确立市政管理的总体原则，制定相应的具体原则以及借以贯彻具体管理原则的规范体系，以确保城市功能的充分发挥，满足人民生产、生活的多种需要，这一规范体系就是市政管理的法规。阐述市政管理具体原则和管理法规，将从理论和实践上为我们实际的市政管理提供基本的准绳，同时也能帮助我们更好地把握依法治市的重要性和必要性。

第一节　中国市政管理的具体原则

市政管理原则，是指人们依据对市政管理的规律认识所确立的有关管理城市的一般的科学的准则。说它是一般的准则，是指这一原则广泛适用于规模不等、性质各异、发展程度不同的城市；说它是科学的准则，是指这一原则揭示出中国市政管理机制的内在联系，符合于中国城市发展的趋势。依据马克思主义关于市政管理的理论，总结中国市政管理正反两方面的经验教训，中国市政管理的具体原则是：党政、政企分开的原则，全面、系统管理的原则，人民参与管理的原则，规范管理的原则与合理控制城市规模的原则。

一、党政、政企分开是市政管理必须遵循的根本原则

党政分开、政企分开一直是中国政治体制改革和经济体制改革的重大课题，也是市政管理体制改革的关键。长期以来，由于我们把社会主义制度和计划制度的优越性误认为必须对经济、政治、文化和社会实行高度集权的管理体制，使领导制度和管理制度产生了权力过分集中的弊端，主要表现为党政不分、以党代政和政企不分、以政代企。结果，削弱了党的领导和政府的职能，压抑了企业应有的活力，阻碍了社会生产力的发展。实践证明，改变这一状况的正确途径是实行

党政、政企分开。

（一）党组织与国家政权组织的区别

1. 性质不同

党是工人阶级先进分子的组织，而国家政权按马克思的论述是“组织成为统治阶级的无产阶级”，[①] 是“人民群众获得社会解放的政治形式”。[②] 前者是一种政治力量，后者是这一政治力量实现自己目标的政治形式；前者是工人阶级和其他劳动阶级整体中的先进部分，而后者则是这一整体本身并同时包括有其他阶级、阶层。

2. 地位不同

党是我国社会主义事业的领导核心，国家政权是在党领导下实施社会主义建设的管理机构。在这一方面，党是领导者，政权机关是执行者。职能不同，党对国家政权的领导是政治领导，不是对政权机关的组织领导，不是对国家事务的具体领导，领导和管理国家事务乃是政权机关的职责。因此，在管理国家事务上，政权机关是领导者，党是监督者。组织形式和权限不同。党组织是依照党纲、党章和党的职责需要，在民主集中制原则基础上建立的，党的各级组织，只向它们的上级组织负责并领导其所属组织的工作。它们都不是执法机关和权力机关，不需要有与政府对口的职能机构，党的活动和对下级组织的领导，以党的路线和纪律约束为保证，不具有法律效力。而政权组织是依照宪法、法律和管理国家的需要，在民主集中制原则基础上建立的，政权组织及其工作机构，是具体实施宪法、法律的执法机构，是具有由宪法和法律赋予的管理国家的职责的权力机构，它的活动和对下级组织的领导具有法律效力。

3. 工作对象和工作重点不同

党的工作对象从根本上讲是党的组织及其成员，这就决定了“党要管党”，以党的思想建设和组织建设为工作重点。而政权组织的工作对象是全社会即全体人民，这就决定了它的工作重点是全社会的公共事务。

4. 工作方式不同

党组织的工作方式是：使党的主张经过法定程序变成国家意志，通过党组织

---

① 《马克思恩格斯选集》第1卷第272页。

② 《马克思恩格斯选集》第2卷第413页。

的活动和党员的模范作用，带动广大人民群众实现党的路线、方针、政策。同时，在领导方式上，各级党委实行集体领导和分工负责相结合的制度。而政权组织的工作方式是：政权机构由权力机关和执行机关所组成，它通过职能机构的活动实施对国家政治、经济、文化和社会事务的管理，并以此贯彻党的路线、方针、政策。在领导方式上，各级地方政府实行政府首长负责制。党政职能分开，是实施市政管理的首要前提和指导方针。管理城市，首先必须解决由谁管理的问题，即是党组织的职责还是政府的职责？党政分开，划清了党组织和政府的职能，明确了管理城市、负责城市公共事务，是城市政府的职责。同时进一步加强和改善了党组织对城市工作的政治领导，提高了党的领导地位。还理顺了党政关系，便于推动政府内部的机构改革，并为理顺城市各类组织之间的关系铺平了道路，使党组织、人民代表大会、政府、司法机关、群众团体、企事业单位和其他各种社会组织都能各司其职，密切配合。

（二）城市政府组织与企业组织的区别

政企分开，就是政企职能分开，这是由政权机构与企业这两种组织的质的规定性决定的。政权组织是政治形态即国家形态的组织，属上层建筑范畴；企业是生产形态的组织，属经济基础范畴。任何国家形态的组织，都与直接生产相分离，不直接从事生产活动，生产活动的直接承担者只能是生产形态的组织。社会主义制度也不例外。由于它们各自的性质所决定，政府机构的职能是为经济基础服务，企业的职能才是组合并形成生产力。虽然它们都以发展社会生产力为共同目标，但在所起的作用上则有间接与直接之别。政企在职能上的区分，不仅具有其客观的必然性，而且有着实现的可能条件，这一条件就是所有权可以与经营权适当分离。所有权与经营权“合二为一”，是不发达的自然经济的产物，在商品化、社会化生产的条件下，两者实际上是分开的。经营权正是在与所有权相分离的独立形态上，体现了两者的统一和所有制的性质。社会主义制度下的全民所有制经济，同样是以经营者相对独立的经营形式来具体体现的。实行政企职能分开，既是政府对经济职能的重大转变，也是整个市政管理职能的重大转变，这当然会对其管理方式、管理手段及整个市政管理体制产生重大的影响。

1. 政企职能分开改变了政府机构与企事业单位的关系

政企职能分开，要求政府按照自主经营、自主管理的原则，将经济管理权下放给企业事业单位，从而改变了以往城市政府机构权力过分集中的现象。政府放权给企事业单位，对于城市来说是代表全民利益的国家还权给属于自己所有的全民企业，而不同于农村是国家还权给集体所有的承包者。因此使市政管理放权具有比农村管理放权更为深刻的民主性质。

2. 政企职能分开改变了政府机构经济管理的职能、方式和手段

政企职能分开，使政府从过去定指标、批项目、拨资金、分物资转到指导、协调、调节、控制和监督上来，管理方式由直接控制转向间接控制，管理手段由以行政手段为主转向以经济手段、法律手段为主并辅之以必要的行政手段，管理组织由多层次、多部门的纵向的专业管理为主的管理结构转变以综合监督机构为主的管理结构。城市是一个比农村更开放的市场，政府经济职能的这一转变，就使国家调节手段在这里起着比农村更大的作用，使政府更好地对微观经济与宏观经济进行协调。

3. 政企职能分开改变了政府在市政管理中的“单打一”偏向

政企职能分开，便于集中精力做好城市的规划、建设、管理和城市生产、生活的服务性工作，加强对城市的全局领导和管理，使政府由过去的“企业政府”转变为“城市政府”，也使“企业办社会”转变为“政府和社会组织办社会”。由于城市是经济、政治、文化和人口高度集中的区域，政府必须在放权给企业的同时，在城市社区的公共事务上实行必要的集中统一的管理，特别是城市建设和环境整治方面的集中统一管理，这在农村可以分散做到，可以通过群众性自治组织村、居民委员会做到，而在城市则不行。政企分开突出了城市政府这一职能，也为实施这一职能提供了可能。

二、全面、系统是市政管理必须体现的基本原则

所谓系统管理，是指系统结构的内部联系对系统的诸要素及其运动过程进行统一的计划、组织、指挥、协调、监督和控制，以获得综合效益。市政管理之所以要实行这一原则，是由以下原因决定的：

（一）适应城市经济系统全方位开放的需要

城市经济系统与乡镇经济系统的重大区别之一，就是它的市场化、社会化程度较高，与市场有十分紧密的联系，具有横向发展、全方位开放的性能。现代城市经济系统的全方位开放，就是城市在物质、资金、技术、劳务、人才和信息诸要素上与周围的农村、城镇及它所联系的经济区和国际市场进行广泛的交流。这是搞活城市经济、发挥城市在区域经济联系中的骨干作用的重大战略措施。要做到这一点，就要对城市这样一个区域型的经济系统进行综合管理，运用经济调节手段，对城市社会再生产过程的生产、分配、流通和消费各个环节和对经济领域

各部门、各产业进行衔接、平衡和协调，对宏观经济与微观经济、条条与块块进行协调，真正把城市经济的各种关系、各个环节理顺，把经济搞活，发挥它在全方位中的潜力和作用。

（二）城市的经济、社会协调发展的需要

城市不仅有区域型经济系统，而且有十分复杂的社会系统，这一系统所包含的人口、劳力、文化、教育、科技、卫生、治安和社会保障等因素，对于推动经济发展、保障经济活动具有极大的制约作用。它突出地反映为，发展城市经济要受到人口的制约，特别是人口过分密集的制约，智力水平的制约，基础设施和公共服务性设施的制约，婚姻家庭问题的制约以及城市所必然要产生的诸种社会问题（就业、救济、犯罪）的制约。尽管任何社会经济系统（如农村）内部都有经济、社会二重因素的相互制约，但其广度、深度和强度都远不及城市。协调城市经济、社会的共同发展，以经济发展推动社会进步，以社会进步引导经济发展，必须综合考虑各种社会制约因素，进行系统管理。

（三）合理调控城市生态系统的需要

任何社会经济系统都离不开一定的生态系统，它们共处于一个大系统之中，但同农村相比，城市社会经济系统所依托的生态系统比较狭小，地域空间极其有限。而且大部分被人工所改变，自然生态只占极小的一部分。巨大的社会经济系统与脆弱的生态系统共处于一体，对生态系统调节的人工的力量，远大于自然力。但是，另外，以空间的高度集约利用为典型特征的城市，又形成对生态系统的强烈依附，社会经济系统越强大，就越是受到生态系统的制约；调节环境的人工力量越突出，它的回旋余地就越小，城市生态失调的隐患就越是有可能增大。这样，运用系统化的原则，对城市系统进行合理调控，协调社会经济系统和生态系统的关系，处理好当前与长远的关系，就必然成为市政管理的一项极为重要的指导原则。市政管理贯彻系统原则，有着现实的指导作用。在管理机构上，它体现为加强综合监督机构，撤销、合并专业管理机构；在管理权限上，体现为经济管理放权与某些社会管理收权（如城市规划建设、管理）相结合；在管理目标上体现为追求经济效益、社会效益和生态效益相统一的综合效益；以及这一效益的最终体现者不是某个部门，而是城市，城市的综合效益是以城市为单位，在物质和能量上“投入”与“产出”的整体性比较。

三、市民参与是市政管理必须确立的主要原则

（一）市民参与市政管理的内涵

所谓市民参与市政管理，就是人民群众参与政府和社会的管理活动，当家做主管理城市公共事务。市政管理奉行这一原则，是由生产资料公有制及在此基础上产生的人民民主专政的国家制度决定的，它体现了以社会主义公有制经济为主体的城市的性质，反映了城市民主政权的本质要求。这一原则包括两个基本内容，一方面是城市政府是人民的政府，应代表广大人民的利益，以为人民服务为根本宗旨和职能；另一方面是人民群众是城市的主人，应履行当家做主的民主权利，参与对城市的经济事务、政治事务、文化事务和社会性事务的管理和监督。这一点充分体现了市政管理客体与管理主体的统一，城市人民群众作为被管理者是主体的对象化，作为管理者又同时是对象的主体化；也体现了市政管理手段与管理目标的统一，即市政管理造福于民这一根本宗旨，必须经由市民管理国家即“还政于民”这一途径才能实现。

（二）市民参与市政管理的原因

市政管理对象庞大复杂，涉及面广，情况变化多端，关系错综繁复，而且管理要求较高，单靠政府领导人和领导机构的努力，是难以使管理有成效的。这就要求集中人民群众的智慧，采取市民参与管理的形式，由市民当家做主地讨论、决定政府的重大决策并监督其执行。

由于城市生产、生活高度集中，为之服务的市政设施（如市政公用设施、基础设施、住宅、环境保护设施及社会福利设施等）都具有强烈的公共性，与城市居民的切身利益息息相关，对此进行建设和管理就成为城市政府一项首要的职能。但是，无论是建设和管理，城市政府都不可能统统包揽下来，必须实行“人民城市人民建，人民城市人民管”的方针。由市政设施的公共性所决定的公共管理形式，不仅是市民对设施本身的管理，而且是对政府建设和管理职能的监督。

城市有比较先进的生产力和生产方式，良好的组织体系和比较发达的文化科学事业，各类社会群体比较集中，社会环境比较开放，市民民主意识较浓，参与国家事务管理的要求比较强烈，运用民主形式管理城市和管理自己的能力较强，这就为贯彻市民参与市政管理的原则提供了条件。市民参与市政管理的原则，规定了市政管理的根本方针政策，并体现于其全过程之中。它要求按照民主集中制的原则改革和完善市政管理的政治体制，充分发扬社会主义民主，使人民能够更好地行使管理国家、管理城市的权力，并把民主制度扩展到社会生活的各个领域。

为此：必须加强和完善城市人民代表大会制度，在决定城市的重大决策，通过政府工作报告、任免政府主要成员以及对政府日常工作的监督等方面，充分发挥其权力机关的作用；要切实简政放权，处理好市与区、街道的关系，充分发挥他们的自主经营、自主管理的作用，做到群众的事情由群众自己依法办理，区、街道的工作由区、街道依照其权限去办理；要加强政府与人民群众的直接联系。发展与群众协商对话的多种形式并使之制度化，倾听群众的呼声，接受群众的监督。此外，在政府首脑机关还应设立有各方面专家参加的咨询组织，充分发挥“智脑”在管理城市中的作用，把市民群众管理与专家管理结合起来，努力实现市政管理的科学化。

四、规范性与合理控制城市规模是市政管理必须把握的重要原则

从规范性上讲，政府对现代城市的管理是以人们对城市运行的客观规律的认识为基础的，这一管理活动就必然是有规律性的活动，即必然要考虑城市的各种因素的相互制约关系和市政管理主、客体之间的相互制约关系。市政管理规范反映了这一制约关系的基本方面，是市政管理的具体内容，也是进行市政管理和实施市政管理上述原则的重要条件。由于市政管理规范由国家权力机关所制定，并以城市公共事务为作用对象，其规范便具有法定性质。因此，市政管理的规范性原则实质上是法制原则。实施这一原则，就要求城市政府依法治城，运用各种法律、规章、命令、通知、条例等，指导政府各种机构的工作，并调整国家各行政机关之间、国家行政机关与企事业、社会团体之间，以及上述机构与城市公民之间的关系，使城市的政治生活、经济生活、文化生活各个领域走上制度化、法治化的轨道，以保障城市人民的利益和社会主义民主，维护社会主义公有制，保卫城市人民政权。

另外，从合理控制城市的规模上讲，城市规模的大小主要由城市土地、自然资源、经济发展水平等因素所决定。如果城市人口剧烈膨胀，甚至超过当地自然力的“负荷极限”，便会产生一系列城市社会问题，即被西方学术界称为的“城市病”。其普遍的症状是：环境污染、住宅紧张、交通拥挤、就业困难等。这些社会问题在我国的一些大城市尤其是特大城市已暴露得相当突出。现代市政管理要为市民提供良好的劳动条件和生活条件，其基本前提是要合理控制人口规模，它包括两方面的含义：通过对人口自然增长和机械增长幅度的合理调整，把城市人口规模控制在适度的范围内。不同人口规模的城市具有不同的特点，控制城市人口规模应当因地、因具体条件而异，防止“一刀切”。如何根据这些不同类型城市的特点，有区别地、合理地控制城市人口的规模，乃是搞好市政管理的重要条件；合理疏导、调节城市人口在各个地区的分布密度。这里需要重点研究城市

土地的管理问题。因为，虽然城市的土地规模是随城市的人口规模而发生变化的，但反过来，城市土地控制合理与否也会影响到城市的人口规模，尤其是城市的人口分布密度。我国大城市目前在这方面存在的普遍问题是：城市人口在各地区的分布很不平衡，一般表现为市中心地带人口高度集中，高度拥挤，而边缘地带人口相对稀少。

第二节　中国市政管理法规的理论阐述

一、市政管理法规的内涵

“法规”一词是法律、法令、条例、规则、章程等规范性文件的总称。由国家机关制定或批准的，规定国家政治、经济、文化等领域的某些事项，或者规定某一部门或机关的组织、职权等项的其他形式的法律性文件，如管理办法、规定、决定、通告、实施细则等也属于法规范畴。凡是由地方政权机关（省、市、县等）起草制定的法规，一般称为“地方法规”，它是国家法规的必要补充。市政管理法规，是指市政管理活动中，调整社会关系和人际关系的法律规范的总和。迄今为止，世界上虽说还没有一部系统的市政管理法规，但专门为市政管理立法或一些专门性市政管理的法律规定，还是比较普遍的。它的历史甚至还可以追溯到遥远的古代。据《韩非子·内储说上》记载：“殷之法，弃灰于公道者断其手。”这可以说是世界上最早同时也是最残酷的城市环境管理法规。在中世纪西欧的一些国家，由城市公社制定自己法律条文的，最早是意大利的一些城市公社，随后陆续出现了《瓦棱斯法》、《夫赖堡法》和《奥格斯堡法》等，在这些法律中，都具有丰富的市政管理法规内容。

市政管理法规是国家宪法、法律和行政法规的精神在市政管理规范上的具体表现形式，具有复杂性、综合性、科学性、交叉渗透性等特点。复杂性。一个城市就几乎包括了一个国家的所有方面，如新加坡就是一个城市国家，从而决定了市政管理法规调整对象的广泛性和复杂性，也决定了法规本身的广泛性和复杂性。综合性。从来源看，市政管理法规有宪法、法律、行政法、地方法等；从形式看，有规定、条例、办法、通告、决定等；从执行部门看，有政府、政法机关、各管理部门等。此外，各种法规之间还存在着法律效力大小、调整范围宽窄、生效时间长短、溯及既往与否等区别，它们以不同的表现形式为一个共同对象服务。科学性。城市是知识密集、技术密集的场所，相对其他地区来说，它的管理也更为复杂。管理对象的复杂性和科学性，对市政管理法规提出了更高的要求。为了适应这种要求，法规本身也必须有较强的科学性，其中有些单行法规（如《环境保护法》）还具有很强的技术性。交叉渗透性。每一调整对象都不是由某一个特定的法来单独进行调整的，普遍的情况是：由不同的法来调整同一对象的不同方面，有时，同一对象的同一方面也要由不同的法规来共同调整，只不过它们的出发点和角度不同而已。比如，某市领导人有重大经济犯罪行为，这时，《经济法》、《行政法》和《刑法》都同时对此人此事进行调整，它们都是作出处理决定的依据。

二、市政管理法规的功用

法规的功用，是指它对社会生活发生的影响和作用。一般说来，现代市政管理法规首先具有国家法律的一般职能。维护统治阶级的政治统治和经济利益，保护国家的根本制度，镇压敌人的反抗，执行国家的对外职能等。除此之外，我国现行的市政管理法规还有如下功用：

（一）规范城市政府行为，提高政府工作效率

通过健全的城市法规，为城市政府机关及其工作人员提供一套科学的行为规范，这样，就可以提高现代城市政府的工作效率和工作质量。具体表现为：能使城市政府的工作标准化。通过具体明确的法律规定，为城市政府进行有序的工作提供一整套处理问题的标准，不至于同样的问题，由于不同的人、不同的地区，而在处理上出现畸轻畸重、左右摇摆、宽严不一的现象。能使市政府的工作科学化。通过规定科学的管理原则、方法、标准、程序，进行科学指导，弥补市政府工作人员专业科学知识的不足，把因工作人员知识不足而造成的非科学因素降到最低程度。能使市政府的工作有序化。通过科学的系统的工作程序规定，使市政府工作按照一定程序进行；能使市政府的工作廉洁化。通过廉政立法、行政纪律、专门监督，监督制约城市政府工作人员的行为，使之为政清廉。能使市政府的工作高效化。在城市的法律规范中，除了规定科学的管理原则、方法、措施程序、标准外，还规定了办事的期限、简化办事的手续等。这样，必然会提高办事的效率。

（二）保护和改善城市的生态和生活环境

在城市社区的环境中，影响人类生存和发展的各种天然的和经过人工改造的自然因素，如大气、水体、土地、风景等，存在着一种共生平衡的关系。社区的居民若只单纯追求自身利益，而忽视与环境的共生关系，那么，其结果必然造成资源的枯竭、环境的恶化。城市规划建设和环境保护的法律，对城市人口和生产

力、建筑物和道路等的空间结构布局，都作了符合城市生态要求的明确规定，对人们追求短视的私利行为，也作了严格限制。当这些法律制度得以严格的执行和遵守，城市的生态环境就得到了保护，城市的生活环境也就得到了改善。

（三）指导个人和组织的行为，维护城市社会秩序

城市社会是个有机体，它的生存和发展，不仅取决于它与自然环境之间良好的平衡共生关系，而且还取决于社会有机体内部协调的人际关系。这就要求一个共同遵循的社会行为规范。指导和约束城市中的个体和群体的行为，使其按照符合共同利益的原则活动。城市法规就是能起到这样一种作用的规范和社会约束机制，它维护着人们正常的工作、生活、经济、交易等活动的社会秩序。

（四）调整市民与政府的关系，保护公民的合法权益

城市政府与城市法规共同执行着保护公民合法权益的职能。但在现实生活中，往往出现城市政府及其工作人员侵犯公民权利的情况。当这种情况一旦出现，城市政府自身往往难以作出公正的判断和处理，这就需要通过法规的途径来解决。与市政府发生关系的公民，不仅有本地公民，也有外地甚至国外公民，国内外市政法律中都有保护这些公民权利的条款或专门的法典。此类法规主要包括：公民权利的内容、侵权行为的标准及处理、公民诉讼程序等。如 1989 年 4 月 4 日全国人大通过的《中华人民共和国行政诉讼法》规定，公民、法人和其他组织认为国家行政机关及其工作人员的具体行政行为侵犯其合法权益，可以依法向人民法院提起诉讼。

（五）推动并保证城市市场经济体制的不断完善

推动经济的发展已成为现代城市的首要任务，而完善城市市场经济的体制则又是推动经济发展的必要举措。因此，城市市场经济的体制完善与否，将对目前及今后我国的整个经济形势产生深刻的影响。在市场经济条件下，城市与农村相比，它所面临的任务要重得多，也要复杂得多。特别是企业，作为市场经济条件下的经济实体，它有自己独立的权利和义务，千头万绪的工作光靠政府的政策和行政命令是搞不好的，只有通过法规才能确定各单位、个人或企业及其相关单位的权利和义务关系，也只有通过法规才能保证权利的享受和义务的履行。另外，完善市场经济体制所必需的、科学的管理体制和安定的生产秩序等，也都需要通过法规来实现。

（六）保证城市政治体制的稳定和城市政府正常行使职权

城市领导和管理机构的设置、职责范围、工作程序等基本内容，都只有通过法规的形式才能把它明确并固定下来，并保持其相对稳定性。此外，也只能依靠法规才能改变党政不分、职责不明、赏罚不分的现象，从而保证城市领导和管理工作的有效进行。

第三节　中国市政管理的法规与依法治市

一、市政管理法规的法源与法规体系

市政管理法规的法源，是指市政管理法律规范的来源及其外在表现形式。由于市政管理涉及范围极其广泛，而且在不断发展变化中，因此，难以制定一部统一的市政管理法。市政管理法规是由成千上万的有关法律规范组成的，是许多法规的共同“焦点”，其中，主要有宪法、法律、行政法、地方法规等。宪法是国家的根本大法，是高于其他一切法律，具有最高法律效力的法，是其他一切立法的依据，同样，宪法在市政管理法规中是占有首要地位的法源。法律是指全国人民代表大会及其常务委员会所颁布的规范性文件，它的法律效力仅次于宪法。法律分为基本法和基本法以外其他法律两类：基本法是规定国家和社会生活某一方面带根本性、全面性关系的法。如《刑法》、《民法》、《经济法》、《诉讼法》等；其他法律指基本法以下的对某一个别的方面进行调整的法律规范，也叫单项法，如民法以下的继承法、经济法以下的企业法等。基本法和单项法都是市政管理法规的来源。行政法是指国家最高行政机关——国务院及所属各部委颁布的行政法规和其他规范性文件。它是贯彻宪法和法律，实现国家基本职能的重要工具。地方性法规是指地方国家权力机关颁布的规范性文件，严格意义上说，只包括省、直辖市、自治区、省（自治区）所在市及计划单列城市的权力、行政机关制定的法规。在广义上，也包括各级人民代表大会及其常委会和人民政府颁布的具有规范性的决定、决议和命令。法律解释是指依据统治阶级的政策、立法意图和法律的精神、内容、含义等所作的说明，1981 年 6 月 10 日第五届全国人民代表大会常务委员会第十九次会议通过的《关于加强法律解释工作的决议》规定，法律解释具有同法律、法规相同的法律效力。因此，有关的解释同样是市政管理法规的来源。有法律效力的解释包括立法解释、司法解释和行政解释。党和国家行政机关联合发布的法规。有时，为了使党的政策具有更直接、更广泛的效力，由党的

机关和行政机关共同发布一些规范性文件，这些文件可视同行政性法规，也是市政管理法规的渊源。市政管理法规的渊源，决定了我国市政管理的法规体系。但由于种种原因，目前我国还没有形成统一的市政管理法规体系，这里仅从机构、人员、工作性质等方面对此进行一些归纳和探讨。

（1）以《组织法》为中心的有关城市机构的法律规定。这部分法规规定了城市机构的组织原则、城市权力机关的组成及职权、城市行政机关、审判机关和检察机关的职权等。

（2）以《行政法》为中心的有关城市行政工作人员行为规范的法律规定。行政机关在组织和管理行政事务中所进行的活动，是产生行政法律关系的基础。这部分法规规定了城市行政工作人员的任免条件和形式、行政工作人员履行职务的权利和义务、行政工作人员奖惩制度等内容。

（3）以《民法》和《劳动法》为中心的关于公民及公民与社会组织之间权利与义务的规定和保护公民基本权益的法律规定。它从不同的侧面规定了公民应有的权利和义务，保证了公民合法权益的实现。

（4）以《企业法》为中心的规定企业单位权利和义务，保护各单位合法权益的法律规定。

（5）以《合同法》为中心的调整法人之间及法人与个人之间在经济往来和经济协作中发生的权利义务关系的法律规定。

（6）以《涉外经济合同法》为中心的调整因国际经济联系而产生的权利义务关系的法律规定。

（7）以《环境保护法》为中心的有关城市规划和环境保护的法律规定。

（8）以《治安管理条例》为中心的有关城市社会秩序管理的法律规定等。

二、加强市政管理法规建设的路径

近年来，我国重视了“以法治国”、“以法治市”，相应地制定、颁布了许多有关市政管理的法规。但从整体上说，我国的市政管理法规建设还只能说是刚刚起步，还存在许多有待改进的地方。加强市政管理法规的建设，要系统考虑加强法规的制定（包含修改或废止）、执行和相应的机构及其活动等各个方面的建设工作，做到“有法可依，有法必依，执法必严，违法必究”。

（一）研究城市法规层次与整体效能

法规间有一套互相衔接的层次，它们的作用是不能互相替代的，各自的数量也要保持一个科学的比例。为此不仅要分清各种法规间的区别，还要保持其内在的衔接与外在的配套。

（二）加强对城市的专门立法

与农村相比，城市有许多特殊性，如政治中心、经济辐射等，这需要有相应的更具有针对性的法规来调整。目前，我国专门针对市政管理的法规还很少（地方性法规除外），仅有的几部如《城市规划法》等也很不完善，有关的管理法规只能在其他一般法规中寻觅，有些甚至找不到，像如何控制城市人口的膨胀，我们现在是只有政策、原则而无具体的法律规定。这种状况，虽与我国对市政管理的研究不够、水平较低有关，但无法可依也是造成这一现状的重要原因。随着对现代市政管理的进一步重视以及研究的不断深入，加强城市的专门立法的条件已逐步成熟。

（三）注重立法技术

立法技术是关于立法活动的规则、技巧和方法的总和。其主要内容包括：立法程序的规定、规范性文件的文笔及逻辑结构、法规分类组合的方法、法律规范的系统化等。掌握科学的立法技术，是法学发展的必然要求，也是准确地表述法律、更好地反映立法目的的前提条件。作为立法者，必须做到下列几点：认真进行可行性研究，这是决定法规命运的一个重大环节。其主要任务是评价制定某项法规的必要性和可行性，推断立法后带来的政治、经济、社会等各方面的影响，针对可能出现的问题，设计若干对策方案，经过认真的对比分析后，选择最佳对策；正确调整各种利益关系，向矛盾的焦点开刀。第一步工作是找到矛盾的焦点。第二步是提出解决矛盾的对策，比较而言，这是更困难的一步；要善于处理需要与可能的关系。立法一般会面临两种情况：一种情况是主观上想立法，客观上条件也已成熟，这时的立法是会很顺利的。另一种情况是主观上想立法，但客观条件不成熟，这时，就需要采取必要的过渡办法：即成熟几条、制定几条，某一部分条件成熟了，就先制定这一部分；开始可以原则一点，以后再修改或制定实施细则；先制定试行的法律规范，针对试行中的问题，修改后再颁布正式法规；利用授权立法的方式，发布等级较低的法规、章程；在改革时期，可考虑同时制定几种法规，让大家来选择，探索；依靠政策进行调整；赋予某些法规以必要的法律效力。

（四）研究立法与城市改革问题

目前，城市经济体制改革正向纵深发展；法规如何保护和促进城市改革的深入进行，是一个重要课题：法规与企业活力。企业是经济活动最广泛、最基本的细胞。城市经济体制改革的目的之一就是要焕发企业活力。要做到这一点，首先是要使企业具有充分的自主权。法规的主要作用是调整好两个关系，即确定国家和企业之间的关系，明确企业的法律地位，目前，紧迫的是所有权与经营权的分离；调整企业内部的党、政、群，企业与职工等关系。劳动工资的管理。劳动工资管理包括劳动制度的管理和工资制度的管理，其主要原则与要求是：必须有利于劳动者主人翁地位的实现和积极性的调动；有利于多渠道就业；克服干多干少一个样的弊端，有利于实现按劳分配；有利于劳动者的合理流动和人才的竞争。要实现上述目标，需要有一系列相互协调、配套的法规来保证，比如招工制度、失业救济制度等。法规与企业股份制。实行股份制的主要目的是为了更好地筹措资金，是促进企业发展和投资效益提高的有效措施。但实行股份制有一个重要的前提条件，即要有股票市场的存在。目前，我国的股票市场虽已日趋成熟，但还需要不断地完善。建立企业法律顾问制度。企业内部法律顾问与社会上的律师是各有侧重、互相配合的。其作用是：承担本企业的有关法律事务；在本企业宣传、贯彻、执行国家的有关法律、法规和规章；协助企业领导制定本企业的规章制度；给企业领导出谋划策，当好法律参谋。这些都是专职律师兼任法律顾问所顾不过来、也干不了的事情。企业法律顾问既要懂法，又要懂得企业的经营和管理。这两者的结合部，就是他的用武之地。现在，有的企业已按有关规定建立企业法律顾问制度，实践证明，其作用是巨大的。

三、严格城市执法与坚持依法治市

立法贵在执行，执法不严等于无法，甚至比无法还要有害。因此，严格执法，是进行依法治市的关键。

（一）城市执法的内容

城市执法，既包括行政执法，又包括司法执法。所谓行政执法，就是现代城市行政机关的严格执法。城市中法律的实施，尤其是国务院的行政法规和规章、省政府订立的规章及城市规章的实施，除了一些严重的违法行为需要由城市中的国家司法部门依法处理外，大量的执法、司法管理工作，都要有城市政府的相应机构来做，也就是要通过行政执法来完成。所谓城市行政执法，主要是指城市行政执行机关根据其职权实施相应的法律和行政管理法规规章的活动。任何一个法律和行政管理法规规章，要保证其执行，在立法时就应确定负责实施它们的相应执法机关。执法机关为了实施法律、法规和规章，有权制定实施细则，有权发布相应的行政命令和采取相应的行政措施，有权对管理对象进行行政处罚。如在城市中，工商行政管理机关有负责实施有关企业登记管理、市场管理、经济合同管理、商标管理、广告管理的法律、法规和规章的权利；环境保护机关有负责实施有关环境保护方面的法律、法规和规章的权利；城市规划建设机关有负责实施有关城市规划、建设的法律、法规和规章的权利等。如上所述，行政执法机关为了实施法律、法规和规章，有权制定实施细则，有权发布相应的行政命令和采取相应的行政措施，有权对管理对象进行行政处罚。但作为现代城市的各级政府及其工作部门，在具体的行政执法活动中，自身必须严格按照有关的法律、法规、规章执行任务，即依法行政。否则，严格执法就无从谈起。

应该看到，严格执法是城市法规建设的基本环节和关键工程，其中首要的就是城市政府行政机关对法律的严格执行。在我国，伴随着《中华人民共和国行政诉讼法》的施行，对国家行政机关在依法行政方面提出了更高的要求。即作为行政主体的政府行政机关的具体行政行为，如果侵犯了公民、法人或其他组织的人身权和财产权等合法权益，就可能成为被告，就会与作为原告的公民、法人或其他组织，以平等身份出庭应诉，接受司法审判，并可能承担诸如赔偿等相应的法律后果。这无疑对城市行政机关依法行政、依法治市提出了更高的要求。由此也决定了政府的行政行为必须要有法可依，行政管理手段的采用，也必须要有相应的法律依据等。为此，必须抓好以下几个方面的工作：

1. 进一步强化城市领导者的法制观念

严格城市执法与整个城市的法规建设一样，关键在领导。各级各类城市领导应该清醒地认识到，严格行政执法是改革开放和治理整顿的需要，是发展社会主义市场经济的需要，是提高政府效率和管理社会事务的需要，一言以蔽之，就是增强党政领导机关在人民群众中的威信、取信于民的需要。进一步强化城市领导者的法制观念，不仅要对各级领导进行法制教育，还要建立严格的责任制，使城市各级领导同志真正重视起来。

2. 加快、加大行政执法的速度与力度

执法疲软现象是我国城市行政执法中特有的现象。法律制定了的不严肃执行，该罚的不罚、该管的不管，当重则轻，大事化小、小事化了，在当前我国的市政管理中尤为突出。法律对一些人来说是约束，但对整个城市的发展和人民的根本利益来说则是保证。如《环境保护法》对大气的排污有具体规定，对它的贯彻执行，从总体上说，对人民的身体健康和保证法规建设大有好处。但严格按规定执行，就会使一些工厂搬迁或停工整顿或转产。因此，严格执法可能会伤害一些人，损失一些经济利益。但如果不严肃执行，人们就会误认为这是可执行可不执行的，最后就不执行了。因此，严格城市执法就必须坚决克服执法疲软现象，不断加快、加大行政执法的速度与力度。只有这样，才能维护城市法律的尊严。

3. 抓紧、抓好行政执法的跟踪监督与检查

市人大或市政府的法规、规章颁布以后，要经常进行监督检查，并及时建立日常执法检查工作制度，区、县政府主管部门对法规、规章的执行情况还要组织自查、边查边改。新法规、新规章施行半年后，主管部门也要进行一次全面检查，并向市政府报告执行情况。在监察监督中还要充分发挥市政府检察机关执法检察的职能，市检察局要定期对各职能部门贯彻执行法规、规章的情况进行检查，在向市政府报告的同时，向有关部门提出检察建议，督促其履行职责。

4. 建立科学的行政执法工作目标责任制

要把抓好执法工作作为领导者的一项责任，层层制定执法工作目标责任制，使执法工作逐步走向制度化、规范化。只有这样，才能从制度上保证法律的执行有人抓、有人管、经常抓、经常管。所谓司法执法，是指现代城市人民法院、人民检察院在国家宪法和法律规定的职权范围内，按照法定程序，具体依法对刑事案件、民事案件、经济案件和行政案件等进行的审判和处理的专门活动。现代城市司法部门的执法活动，所执行的是国家的基本法律，如《民法》、《刑法》、《经济法》、《行政诉讼法》等，它是一种被动的执法形式，只有在具体的刑事、民事案件发生后才能引起。它是城市行政执法的后盾和重要补充，两者相辅相成。严格现代城市各级司法部门的执法活动是城市法规建设的重要内容。

（二）市政管理中的依法治市

依法治市是指市政府严格依据法律的规定管理好自身并管理好城市的经济、文化、社会各项公共事务，使市政管理工作的各个领域、各个环节基本纳入法制轨道。它是依法行政在市政管理中的具体体现。从其内涵上来讲，主要包括：城市政府必须严格依照法律规定的内容管理城市。这是因为，有关市政管理的法规，规定了处理某项事务的原则、方针、标准，规定了法律关系行为主体的权利、义务、资格、条件。如法律规定从事汽车维修经营，必须具备相应的厂房、资金、专业技术人员、质量检验设备等。市汽车维修行业管理机关，在审查开业申请中的技术资格时，就必须对上述几个方面进行审查，既不能附加法律上未规定的内容，也不能减少法律规定的审查项目；城市政府的行政机关必须严格依照法律规定的程序管理城市公共事务。法定程序包括行政事务主体的职责范围、某一行政事务工作的流程和期限。

如同样以开办汽车维修业为例，其法定审批程序为：开办者持主管部门批准的文件向汽车维修行业管理机关申请技术审查，审查合格后，发技术合格证；开

办者持技术合格证向所在市区的工商行政管理机关申请登记，市（区）工商行政管理机关审核技术合格证，颁发营业执照。在这里，若缺少前面任何一道程序，工商行政管理机关就不能颁发营业执照，否则，就违反了法律规定的程序；城市政府行政机关，尤其是行政执法者自身违反法律必须承担相应的行政、法律责任。城市政府行政机关及其行政执法者如果不依照法律的规定，在内容上违背法律规定而推行公务，在主体上超越职权范围，在程序上不按规定程序进行，都应受到相应的警告、记过、记大过、降级、撤职、开除等的行政处分，或应受到警告、罚款、没收、取消某种权利、责令赔偿损失、责令恢复原状、拘留等行政处罚。从依法治市的内涵中，我们可以看出，依法治市的必要前提是要有健全的、高度法律效率的现代市政管理法规体系，从而利用法律和法律手段治理城市。其中包括：制定法律、法规、规章，以指导城市社会关系主体的行为，使城市的一切社会组织和公民共同遵行；运用法律强制力和威慑力保证现代市政管理法规的贯彻执行，并通过具体的执法活动，使守法行为得到保护，同时使违法行为受到制裁。

在现代社会中，实行依法治市，使城市的管理走上法制化的轨道，是市政管理发展的总趋势，也是城市法规建设的重要内容，因而具有十分重要的意义。这种意义，既是城市所处的地位和作用所决定，又是我国市政管理和建设的复杂性以及城市所面临的改革开放的艰巨性所要求。

众所周知，城市是一个国家或一定地区的政治、经济、文化、科技和信息的中心，有的还是交通、金融、军事中心。能否管理好一个城市，不仅关系到城市自身的兴衰，而且关系到与其所在区域、相邻城市共同作用的发挥与否，有的甚至还直接关系到整个国家发展的快慢。但要管理好关系错综复杂并瞬息万变的城市，以人治为核心的传统市政管理方式已经远远不能适应，而必须以法为本、依法治市。古人曾经说过，小智善于治事，大智善于用人，睿智善于立法。只有抓住依法治市，才会使城市政治稳定、经济稳定并促进全国的安定团结、长治久安。另外，城市的发展，使得其自身的市政建设和市政管理日趋复杂。我国的市政管理体系，按“块”分，有市、区、街三个层次；按“条”分，有财政、检察、公安、计划发展、商业等局、委、办；在市政建设过程中，既涉及人、财、物，又关系着产、供、销，还触及物质、精神等诸方面。归根结底，都触及每个市民和群体的利益关系。因此，面对这么空前复杂的关系进行市政管理和建设，只有依靠严密的法规去进行调整，才有可能取得良好的效果。还有，在我国的相当一部分城市，都处在改革和开放的前沿，对周围农村乃至全国都起着先导作用。改革对城市来说，是生机和活力的源泉。以我国目前的情况来看，改革开放无疑是强国之路、富市之本，不可逆转。但从 30 多年来的实践经验来看，要使城市改革开放能继续顺利地推进，并稳定、协调、健康地发展，避免付出无谓的代价，也只能依靠依法治市来加以保证。

【复习思考题】

1. 市政管理应遵循哪些具体原则？
2. 市政管理为什么必须体现全面、系统的基本原则？
3. 市民参与市政管理的原则包括哪些内容？
4. 如何理解市政管理法规的特点及其功用？
5. 市政管理法规的体系应包括哪些内容？
6. 如何加强我国市政管理的法规建设？
7. 城市行政机关要依法行政、依法治市必须抓好哪些工作？
8. 什么是依法治市？如何理解其内涵？

第五章

中国城市发展战略的市政管理

观点提示：

城市发展战略是市政管理的重要依据。进入21世纪以后，随着城市化进程的加快，我国城市发展已进入一个崭新的历史阶段。而市政宏观管理中的一项最突出的工作，便是制订全国性以及区域性的城市发展战略，这是市政管理中带有全局性、方向性的根本大计，它包括了城市以及它所辐射范围的区域在一个相当长时间内的发展性质、目标和对策的总体系统谋划。在我国已基本达到小康水平的目标，并开始向现代化目标迈进；城市结构与城市功能也在改革开放的大环境下发生战略性转变，从计划经济条件下封闭、孤立、偏重生产功能的状态，转向适应市场经济要求的开放、综合、突出服务功能的状态；城市的可持续发展、城市与乡村的协调发展等新观念也正在被越来越多的人所认同的态势下，需要我们充分认识和正确把握城市发展战略的市政管理问题。

第一节　城市发展战略的理论分析

一、城市发展战略的内涵、特征及价值

（一）城市发展战略的内涵

城市发展战略，既是指一座城市在一定时期内的经济、社会、科技协调发展的带有根本性和全局性的谋划，是城市发展的目标和实现目标的方针、政策、途径、措施和步骤的高度概括；同时又是指一个国家在一定历史时期内不同规模城市的发展及分布。从通常的意义上讲，城市发展战略往往与城市的长远规划与一定时期的计划有着密切的内在联系，即战略是规划、计划的指导原则，规划、计划则是战略的具体实践。一般来说，计划就是人们根据事物发展的规律，提出自己在一定时期内要达到的目的以及为达到目的所采取的方法、步骤和措施等。从

这方面来讲，无论是城市发展的战略，还是城市的长远规划和一定时期的计划，都属于计划的范畴，这是它们相同的地方。

但城市发展战略与城市的长远规划和一定时期的计划也是有区别的：发展战略属于高层次的，带有根本性的，是一个长期发展的谋划；长远规划和具体计划则是属于比较具体的、较为详细的、较短时期内的或当前实践的计划。由此也可以看出，发展战略是长远规划与具体计划的指导方针和基础；长远规划和具体计划则是发展战略的具体化和实现，长远规划和具体计划是受发展战略制约的。发展战略不但与长远规划和一定时期的具体计划相联系，而且也与决策相关联。这是因为，战略具有目标性、纲领性和指导性，而决策具有规划性、方案性以及措施的可操作性。在现代的众多城市战略设计中必然包含着支撑性的决策系统，而城市发展决策也必然以宏观战略为指针或本身便具有战略的高度和深度。因此，人们也常常将城市发展的战略与决策视为一个整体，只是它们的内涵目的各有所侧重而已。城市发展战略，作为一项系统的工程，从内涵上来分析，主要包括城市战略制定的指导思想、城市发展的社会经济背景分析与时限要求、城市发展总体目标与分阶段目标，战略实施的原则、方案以及各有关保障性政策和具体计划措施。与市政管理决策相应而言的便是实现城市战略目标的基本方略。简言之，城市决策就是一个城市的立市、兴市、富市、治市、强市之策。城市具有某些共同的发展规律，但不同的城市之间，又在区位、资源、结构、历史传统等方面存在种种差别。每个城市的发展决策既要体现共性，又要具有鲜明的个性特征，而要做到这一点，关键是要认清大势，摸清市情，一切从实际出发。事实证明，一个城市能不能在政治、经济、社会、文化等方面不断取得新的发展，关键在于能否制订出适合这个城市发展的科学合理的决策方案。

（二）城市发展战略的特征

1. 具有系统性

城市发展是一项十分复杂的社会软件系统工程，尽管城市千差万别，但是它们的战略系统具有共性。城市发展战略系统主要由经济、社会、生态、文化、科技、投资等多子系统所构成。其中，经济发展战略是基础，社会发展战略体现经济发展的目的，也是保证经济顺利发展的条件，生态环境发展战略是经济、社会发展战略在城市空间和物资实体组合上的体现。城市文化、科技发展战略和基础设施等发展战略又是城市现代化的重要内容和保证条件，两者存在着产出与投入的关系，而投入是决定产出的，各个战略，浑然一体，互相制约，缺一不可。

2. 具有科学性

城市发展战略是城市领导的最高决策或根本性决策，它的正确与否，对城市政府日常决策和日常工作关系极大。为使城市领导决策科学化，首先要使城市发展战略的制订具有科学性。城市发展战略的制订必须重视两方面的依据：理论依据与实际依据。理论依据包括三个方面：发展理论、战略理论和城市科学理论。实际依据，主要是根据城市内部和外部各方面的条件，正确权衡城市发展的需要和可能，避免长官意志和主观主义。同时，也必须将突出科学调查研究、广泛咨询、采用数学模型、运用现代计算技术定量分析等科学方法放在战略研究的突出位置上，从而实现现代市政管理的科学化。

3. 具有实用性

城市发展战略既包括各个城市或某类城市的具体战略问题，又包括全国城市总体发展蓝图，是对每个城市在制定发展战略的过程中必然遇到的一些共同性和规律性的问题进行的理论概括和总结。城市发展战略制订的首要前提是对城市性质、优势和其他各项条件的具体分析。一个城市的发展战略，一定是这个城市的发展战略，而不是那个城市的发展战略。城市之间，关于战略制订的方法和共同性内容可以互相学习，但是，具体发展目标、措施不能互相攀比、套改、雷同。否则，战略就会失去个性和实用性。

（三）城市发展战略的价值

城市是一个极其复杂的社会系统。在这个系统中，众多的因素相互作用、相互制约，呈现出十分复杂的状态。城市中各种问题的产生和解决都不是一朝一夕的事情。因此，对城市的发展进行瞻前顾后、纵观全局、审时度势的战略考虑是完全必要的。如果没有正确的发展战略，只从眼前的利益出发，为了解决城市中的一些具体问题而就事论事地安排和组织城市的建设，不仅会使许多问题得不到根本解决，而且会影响到城市的长期发展，甚至会带来一系列新的严重问题。从中外城市发展的历史来看，城市能否迅速发展，长期保持繁荣兴旺，都与能否制订与实施正确的发展战略有关。有的城市之所以发展缓慢、功能衰退、问题成堆、积重难返，很重要的原因就是在发展过程中缺乏正确的战略指导。我国过去在城市的发展战略上曾片面强调变消费城市为生产城市，把综合性工业城市作为大、中城市发展的目标，结果使城市发展单一化，很多城市原有的优势不能发挥；同时也使城市内部比例失调，许多城市的第三产业和基础设施的发展得不到应有的重视，不少大城市因而失去了多功能中心的优势；许多中等城市也出现了“骨头”

与“肉”的比例严重失调的状况，从而阻碍了我国经济和社会的发展。

随着新技术革命的兴起和生产力的迅速发展，世界各国城市的发展已进入了一个新的转折点。城市的各种内部要素（包括经济、政治、文化等）和外部环境（包括农村和其他城市的发展等）都发生了很大的变化。许多老城市，包括像伦敦、巴黎、莫斯科等世界著名的大城市，都碰到了不少问题，迫切需要解决。许多新的城市在其兴起的过程中，也迫切需要解决发展模式问题。城市的发展，如何才能适应未来世界发展的需要，已经成为各国领导人和每个城市居民十分关心的重大问题。我国随着新的经济发展战略目标的确定和经济体制改革的不断深入，整个社会的面貌正在发生着巨大的变化。在新的经济发展战略和体制中，城市的地位和作用将大大加强。同时，对城市的建设和发展也提出了更高的要求，从而使城市的发展也面临着新的战略决策。总之，无论是从城市本身的特征和中外城市发展的历史来看，还是从当前世界经济和社会的发展现状以及我国经济和社会发展的需要来看，研究和制订城市发展战略都是十分重要的。

二、城市发展战略的构成要素

城市发展战略的构成要素，是指作为一项完整的城市发展战略应包含的一些不可缺少的基本要素或成分。

（一）城市发展战略的立足层面

立足层面正确，就能保证城市发展战略的科学性与适用性，否则，就会与之相反。现代城市发展战略的立足层面，一般来说，应包括两个层面，即城市经济社会发展的基本水平、特征以及由城市内部和外部条件影响下形成的战略态势。从城市经济社会发展的基本水平和特征上分析，主要包括城市经济社会发展的基本水平：各主要产业部门所达到的基本水平、国民收入、财政收入的基本情况；整个系统内供给与需求的比例关系；生产的经济效益情况；各种自然界资源的开发、利用和探明情况等。城市产业结构的基本情况，包括：各主要产业的产值、资金占用；固定资产拥有量；税利提供情况；人员占用等方面的比例关系及各产业内部的比例情况以及产业结构的基本特征及优劣；各主要生产部门的产品产量；非生产部门的最大承担能力等。城市人口的基本情况，包括：人口总数及人口的基本构成与分布特点；人口自然增长与迁移变动的基本情况；人口文化素质与劳动大军；劳动力的后备军的基本情况等。科学技术发展水平，包括：科研单位与大、中专院校基本情况；科技人员在各方面的构成与分布情况；科学技术的发展研究水平与实际运用能力等。城市人民生活情况，包括：人均收入；人均消费水平；人均住房面积；人们的生活质量；人们的精神生活水平等。城市的生产关系与生产力的适应情况。除此以外，还要立足城市的历史与传统、城市的区位与地位、城市的自然资源与人文资源、城市的产业状况与市场状况等。从城市战略态势上分析，主要包括：根据已有的资料，对各有关方面的未来进行预测，并提出两个以上的预测方案；把城市内外情况联系起来，分析未来可能面临的问题以及自己的优、劣势；对未来的分析，重点是放在市场、资金、技术、人才的变动方面。

（二）城市发展战略的目标定位

总量的目标定位。表示经济发展水平的总量指标应包括总量和人均量指标以及经济效益指标。总量指标包括：工农业总产值；社会总产值，即工农业总产值再加上非工农业部门的商业、建筑业和交通、邮电业产值；国民生产总值，它是一个城市每年所生产的物品和投入劳务的总量，即从社会总产值中去掉重复计算的部分，再加上剩下的全部第三产业，如金融、保险、咨询、科学技术研究、教育和其他服务行业；国民收入，即从国民生产总值中扣除固定资产折旧以后的余额。在这四种指标中，国民收入标志着一个城市每年新创造的价值，所以，它是比较接近地表示实际经济生活的指标。由于国民生产总值包括了三项产业的全部，所以，为国际上普遍采用。经济效益指标，包括劳动生产率、物质消耗的产品率、固定资产产出率、资金利润率等。它们分别从不同的侧面反映着社会生产的发展水平。人民生活提高的目标定位。包括：使人民健康长寿，其中包括婴儿生存率、不发病率、平均寿命等指标；不仅要使人民健康地活下去，还要使他们更多地得到享受，其中包括衣、食、住、行等方面的人均消费量等不断增长的指标；不仅要使人民增进享受，还要使他们进一步有所发展，其中包括义务教育普及率、大学教育发达程度等指标。

总之，要不断地满足和提高人们最基本的、必需的生活需要，全面发展的需要以及享受的需要。这是城市经济社会发展战略的一个重要战略目标。社会安全保证的目标定位。城市发展的战略目标，不仅有改善人民生活的需要，而且还有人民安全的需要。所以，在发展经济、改善人民生活的同时，争取社会治安的根本好转，保持和发展安定团结的政治局面。没有这一条，人民的积极性就会受到压抑，经济发展和人民生活的改善也得不到持久可靠的保证。同时，现代科学技术和生产的发展，也会带来严重的环境污染和生态破坏的问题。如何在经济发展的同时，保证人民有一个良好的生活环境并使环境有所改善，是我们应该引起高度重视的另一个城市发展战略目标。明确城市发展的战略目标定位，并科学描绘战略目标是必需的。因为战略目标是鼓舞人民为之奋斗，并指引人民不断向前的。在现代城市发展战略的目标定位中，要力求避免单纯追求 GDP 的倾向，GDP 只是城市发展战略目标定位中的经济目标的指标。单纯追求 GDP 指标，容易给城市建设和管理带来如盲目追求经济效益，忽视社会效益和生态效益，带来城市的社会治安状况混乱、环境污染严重、城市基础设施建设不足、城市居民价值观模糊等问题。一个好的战略目标应该鲜明、具体，这样才能吸引群众。另外，城市发展的战略目标定位，还应该是立足于当前，经过努力能够实现的，否则就会成为空谈；同时还必须是符合人民心愿、能受到各级领导和广大群众的关心和重视的。而要使城市发展的战略目标定位能符合上述要求，必须要认识以下几个问题：必须尽可能地把定性的要求和定量的要求结合起来；必须把经济的增长与人民生活的改善结合起来；要把经济效益与环境效益结合起来；在确定城市发展战略目标阶段时，必须把上阶段的战略目标同下阶段的战略目标结合起来。

（三）城市发展战略的重点确定

1．在世界经济一体化背景下的城市主动追赶战略

第二次世界大战以后，在全球贸易自由化运动的推动下，世界经济一体化趋势愈加明显，目前进程还在加速。在 21 世纪，伴随着与区域经济合作的纵深发展，区域经济一体化在更大范围内推动生产要素的自由流动，加速资本相互渗透的趋势将继续扩大。同时，深加工、附加值高的技术密集型产品将成为国际贸易中规模大和发展后劲最足的支柱商品。另外，在世界经济一体化的环境下，跨国公司、金融网络和贸易集团将构建全球经济系统。根据上述的国际环境，我国城市发展战略的重点首先应放在主动追赶上。即沿海城市、国际性城市、特区城市和大城市、特大城市要率先放眼世界，充分利用自己的优势，发展高科技产业、创办出口加工区、建立区域性离岸金融中心和离岸金融市场、建设数字城市并加强我国各城市之间的横向联系，设立国内外区域经济合作组织。通过这些措施，增强各个城市自身的实力；要促进城市功能的演化，积极参与全球新的国际劳动分工与协作，以达到节约本城市社会劳动，最大限度地实现城市生产力要素配置的合理化、经济化和最优化，加速城市发展；要注意发挥优势，自然应对；大胆开放，用心防范。知己知彼，敢于竞争，并要把三者很好地结合起来。

2．在生态环境恶化状态下的城市生态再造战略

生态环境恶化的严峻形势给城市的发展战略提出了新的挑战。长期以来，城市一直以经济增长为首要目标，粗放型的经济增长方式缺乏对生态环境进行有效的保护，在经济增长的同时产生了环境的日趋恶化，大气污染、水污染、固体废弃物的污染增加，城市绿化面积减少，日益威胁着城市居民的生活质量和经济的

可持续增长。生态环境的综合整治和保护已经成为当前城市发展的当务之急。这种生态环境恶化的严峻形势，要求城市政府在发展战略的制订过程中，要特别重视城市环境质量和复合性生态平衡，树立新生态规划观，摒弃各种短视行为，走建设可持续发展城市的路子。为此，要特别关注城乡的生态环境，统筹协调好城乡经济发展与环境保护的关系。近几年来，创建生态城市、花园城市、田园城市、园林城市、森林城市、生态园林城市等提法在国内较为盛行，尽管各种提法的侧重点有所不同，但都有生态再造的理念和追求。虽然建设部的规范用语是“园林城市”，但这并不影响各个城市根据自己的需要与具体情况，选择对本城市发展最有利的、最佳的提法，以实现生态再造，即以生态再造战略遏制生态环境的恶化。

3. 在经济结构矛盾凸显情况下的城市结构调整战略

为了保证城市持续、健康的高速发展，必须扫清发展道路上的障碍和不协调因素。这正是要把城市的结构调整战略作为重点的意义之所在。这一城市发展战略的重点，其实质就是要重视与城市性质相关的三种产业结构的调整问题。它主要通过产业政策的制定和调整来实现。一般地说，就是要提高二、三产业的比重，特别是要走新型工业化道路，发展轻污染、低能耗的工业，发展文化、教育、卫生、金融、保险、房地产、信息咨询等第三产业。具体地说，就是要根据城市性质、功能的演变规律，适时调整城市主导产业和支柱产业，正确处理基础产业与配套产业、高新技术产业与传统产业相结合的关系，由适应性调整向战略性调整转变，由局部、单项的调整向全局性、系统性的调整转变。在城市产业结构的调整中，应在努力避免重复建设的前提下，力求做到：要加强信息网络的建设，力争城市间的信息协作、分工与共享，努力提高城市的信息化程度；要进一步加快城市政府管理职能和管理制度的改革，根除地方保护主义和地方本位主义的温床；要积极建立有效的经营机制和公共管理机制，引导和刺激企业走联合、协作和合并的路子。城市产业结构的调整还需要处理经济发展与城市建设配套的关系，否则，就会出现道路拥堵、住房紧张、电力负荷不足、通讯管线落后的问题，这样，必然会影响经济的发展。另外，调整产业地区分布也是城市产业结构调整中非常值得重视的一个方面。我国的各种资源，特别是水资源是非常有限的，有的地区或城市甚至存在严重的短缺。因此，调整产业结构一定要注意以节约资源为前提。要在考虑自然资源、人才资源、地理位置等方面情况的基础上，调整产业的地区分布，合理利用有利因素，化解各种不利因素，力争避免因为资源的约束而带来的产业发展的“瓶颈”。并且要把城市产业结构的调整与保护生态环境有机地结合起来。

4. 在突破行政条块分割体制中的区域联动战略

我国城市化的滞后主要表现为大城市化的滞后和城市区域发展的滞后，导致滞后的主要原因或障碍，是城市行政区域的条块分割影响了城市经济区的形成与发展，没有把企业层次的联合与合作提高到城市、地区层次的联合与合作。在这一点上，应认真学习和借鉴国外的经验，即建设兼有城市和乡村优点的亦城亦乡地区。随着现代城市化的发展，这种“城乡过渡带”越来越显得重要，它既具有城市的功能，又具有农村的特征，经常起到服务城市、示范农村的作用。同时，它也是目前盛行的“城乡一体化”模式的具体展示。在我国目前亟须加速城市化进程但又要注重农业和农村发展的情况下，建设“城乡过渡带”，无疑具有非常重要的意义。总之，我们可以通过区域联动战略来消解和突破我国行政条块分割对城市化发展的制约；通过认真总结中外的实际经验教训，学习和掌握城市区域经济一体化的规律，认识城市经济区域建设的重要性与迫切性，充分发挥中心城市的作用，推动城市经济区、城市连绵区的建设和发展，建立城市地域合治体系，成立区域协调合作机构，强化区域的协调发展。

（四）城市发展战略的发展阶段

城市战略目标要管一个较长的时期，在这个时期内，由于条件和任务的变化，会显出阶段性来。城市领导者的任务就是要根据现实情况和今后发展的客观趋势，将整个战略时期正确地划分为若干发展阶段，并且相应地规定每个阶段所应实现的具体目标，实行分阶段的战略指导。因此，城市领导者在实行战略指导时，应照顾好前后阶段之间的关系，并根据客观条件的成熟程度，及时地实现前后阶段的转变。划分城市发展战略阶段，必须遵循实事求是的原则，并要有一定的客观依据。这种客观依据，主要有：战略时期内总的战略任务以及为实现这一总任务所应完成的工作量；为实现总的战略任务需要做好哪些基础工作和准备工作；解决战略重点所要求的阶段性，需要科学地确定哪些战略重点的问题必须先解决，哪些战略重点的问题只能随后相应解决，哪些战略重点的问题是必须始终都需要注意解决的；在实现一个长期的战略目标过程中，还需要有一定调整战略任务的机动时间以及使各方面发展协调和完善的时间。

城市发展战略阶段的划分，归根结底决定于完成总战略任务过程中在不同时期所需要解决的问题。一个大的城市发展战略，从时间的先后上来讲，一般来说，要经历相互联系的三个时期，即准备时期、发展时期和完成时期。准备时期：是为实现宏伟的城市发展战略目标作准备的阶段。这时对发展速度的要求并不高，而着力于技术上的准备、经济结构的调整和人才的培养等。发展时期：是在准备时期所取得的成就的基础上努力实现城市发展战略目标的阶段。这一时期对速度的要求较高，能否实现城市发展的战略目标关键就在于这一时期的发展。完成时期：是全面完成或超额完成城市发展战略目标的最后阶段。由于前一时期的迅速发展，经济技术上会有新的突破，需要采取对策；人和环境也需要求得新的平衡。只有这些任务都解决了，才能在全面完成本阶段战略任务的同时，为下一个城市发展战略时期战略目标的实现打好基础。

（五）城市发展战略的具体实施

城市发展战略是带有原则性、纲领性的，因此，要付诸实施，就必须经过一些中间环节。否则，便无从发挥它对实际工作的指导作用。它包括：城市发展战略的实施，要通过规划、计划具体化。城市发展战略的核心是规定一定历史时期内城市的基本发展目标和实现这一目标的根本途径，为城市发展指明方向和提供指导原则。因此，要把它付诸实施，还需要具体化，在这个具体化的过程中，第一步是形成战略规划。战略规划应把目标和为实现这一目标所必须具备的主要条件进一步作量化的规定，并考虑这些条件之间的综合平衡。规划还应依据战略目标和战略途径，确定若干重大的项目与措施，并明确规定其进行的步骤与条件。战略规划还需细化为具体计划。规划是长期的，有许多不确定因素，因而只能是轮廓的、粗线条的；而计划是短期的，条件较为确定，因而内容也较为具体。正确的工作程序应该是战略—规划—计划。但我们过去在编制计划时，往往事先对战略问题并没有作什么认真的研究，心中无数，而只是靠下面层层向上面报，然后把这些上报材料汇集在一起，加加减减、拼拼凑凑而成。这种没有战略思想的拼盘式的计划，是不会有多大科学性的。

城市发展战略目标的实现，需要制订相应的政策。战略实施不能单靠行政命令，而主要是要发挥政策的引导作用。政策是方针的具体化，它是为实现战略目标服务的。政策可分为基本政策和具体政策。基本政策应具有较大的稳定性，具体政策则应具有更多的灵活性。从实现城市经济社会的发展战略目标来看，主要的政策有价格政策、投资政策、信贷政策、税收政策、分配政策、就业政策、对外贸易经济政策以及技术政策、产业政策、能源政策等。如果只规定战略目标和任务，而没有制订相应的政策去保证，目标和任务就难以实现。我国过去长期存在的一个弊病，就是在规定新的战略目标和任务或者提出新的指导方针以后，没有适时地对原有的政策进行系统的检查，以便保留符合要求的，取消或改变不符合要求的，并补充制订新的政策。城市发展战略的实现，需要有健全的体制作保证。战略决策还必须通过健全的体制去组织实施。体制是受制度制约的，不同的制度必然在体制上会产生差异。但是，体制的健全与否又反过来会影响制度的巩固及其作用的发挥。我国的社会主义制度是优越的，但高度集中的计划经济体制和高度集权的行政体制，曾经影响了从 20 世纪 50 年代中期至 70 年代末期我国社会主义制度优越性的发挥。因此，改革我国的经济体制与行政体制，继续完善社会主义的市场经济体制，在此基础上，进一步推进政治体制、行政体制的改革，是实现我国城市发展战略目标的重要保证。

第二节　城市发展战略的制订

一、城市发展战略制订的客观依据

制订城市的发展战略，必须以城市发展的客观规律为依据。城市既是一个人造系统，又是一个自然系统。它的发展与其他系统一样，也是一个自然的历史过程，也是有规律可循的。因此，要制订现代城市的发展战略，首先必须研究和认识城市发展的一般规律。

（一）必须认识城市化的一般进程

城市化是人类社会发展的一种必然趋势，它是有规律性的。世界城市化的历史证明，城市之所以不断发展，主要是因为人们活动的相对集中会产生经济和社会活动的聚集效应，从而取得较高的经济和社会效益。因此，城市人口的不断增长，城市数量的不断增多，城市地域范围和生活方式的不断扩大，即城市化，必然成为人类历史发展的一种客观现象。城市化的程度也就成为一个国家、一个地区经济和社会进步的标志之一。城市化和城市聚集效应的取得，有两种基本形式。一种是人们活动高度集中的形式，它是通过人口及其活动在空间和时间上的不断集中来提高经济和社会活动的效益。另一种是人们活动适度分散的形式，它表现为城市中心的原有人口和活动不断向周围地区扩散，愈来愈多的农村地区采取城市的生活方式，从而使一个大城市的周围发展出许多中、小城市，大大小小的城市连接在一起，形成都市区，而原有城市的人口和活动密度则逐步下降。一般来说，这后一种城市化的形式发生在城市化发展的后期。由于经过第一种城市化形式的发展，人们活动过分集中在一个空间和时间范围内，造成了居住困难、交通阻塞、环境污染、用地紧张等一系列问题；同时，又由于有了科学技术的重大进步，产生了新的交通运输工具和通讯方式以及各种高效的多样化的生产系统，使城市化的进程进入了以后一种形式为主的新的发展阶段。因此，正确认识城市化及其各种形式，是我们制订现代城市发展战略时，首先要认识的问题。

（二）必须重点考虑经济因素

影响城市发展的因素很多，但其中起主导作用的则是经济因素。历史和现实都证明，社会经济的性质和发展速度对城市的性质和发展速度起着决定性作用。众所周知，在人类社会生产力还很落后的情况下，城市是政治和军事的中心。随着商品经济的兴起，城市逐步成为贸易活动的中心。商品生产和商品交换发展的程度决定了城市的兴衰。在机器生产出现之后，人类掌握了全新的生产力。工业的发展，成为城市发展的决定性的力量。工业化使城市人口和财富成倍地增加，城市发展的速度大大加快。现在，由于科学技术，尤其是信息技术的迅速发展和广泛运用，城市作为信息中心的功能在加强，人类社会的生产方式和生活方式均在发生着新的变化，从而使城市的发展又出现了许多新的特点。经济因素不仅对城市发展起决定作用，而且经济发展的水平对城市的分布也有重大影响，就拿我国来说，1994 年，全国共有 50 万以上人口的大城市 74 个，其中东部 38 个，占 51.4%；中部 28 个，占 38.8%；西部 8 个，占 10.8%。东西部城市密度相差近 10 倍。这一差距比 1984 年拉大了 3 倍，形成了东密西疏、东高西低、由东向西递减的城市化地区布局。出现这种布局的主要原因，就是因为经济发展水平的高低。

（三）必须对城市本身及其周围地区进行系统分析和综合考虑

随着现代社会化生产的发展，各城市之间的分工、协作及其各种联系大大加强，城市的内部各组成部分之间互相依赖和相互制约逐渐明显，城市的系统发展规律比较充分地表现了出来。从当今世界各国城市的发展来看，大城市作为全国和大区范围内的政治、经济、文化、科技和信息的中心，都是以较高的能级在一个较高的层次上，多功能地向四周产生吸引和辐射的作用；中等城市作为省级政治、经济、文化、科技等活动的中心，以中等的能级在一个中等层次上以一种或几种功能向四周产生和辐射的作用；小城镇作为较小区域范围内的政治、经济、文化和技术的中心，是以较低的能级在较低的层次上向四周产生吸引和辐射的作用。大中小城市以一定的比例在一国范围内作出有规则的分布，各自在一定的范围内起作用，它们不是互相排斥、互相替代，而是互相依赖、互相影响、互相补充的，连接成一个系统，共同发挥作用。现代城市不仅互相之间紧密联系构成系统，而且一个城市内部各组成部分也是相互联系的。每一个现代城市都是一个包含着多元的目标、大量的变化因素和众多活动层次的大系统。所有这些目标因素和活动之间，必须互相协调一致，否则，城市总体的优化发展就要受到破坏，问题也就会愈来愈多。因此，我们在制订现代城市发展计划时，必须对大、中、小城市以及各种专业城市的发展进行通盘考虑，不能孤立地从一个地区和一个城市的本身来确定城市发展的战略；不应该要求所有的城市都向多功能的综合城市发展，而应从全国经济和社会协调发展的全局出发，根据各个城市的具体条件确定不同的发展方向、发展重点、发展速度和发展规模。在具体研究某一个城市的发展战略问题时，还必须系统地对该城市的各组成部分的发展加以研究，应对城市的经济、社会、环境、人口、科技、文化的发展通盘进行考虑。

（四）必须充分考虑本城市具体情况

事物的发展规律在不同的时间和空间条件下，会有不同的表现形式，它的作用范围和影响程度也总会受到特定条件的制约。由于各种自然的和社会的原因，每个城市都会有各自的实际情况，如特定的地理环境、历史发展、资源条件、现状特征，它与其他城市的关系，以及整个社会的经济、科技、文化发展对它的特殊要求等。所以，在制订现代城市的发展战略时，必须一一加以考虑。

二、城市发展战略目标的选择与制订的程序与方法

战略目标是城市未来发展的目标，是各种战略活动的总纲。有什么样的目标，就会有什么样的行动方案（政策与措施）和战略规划（资源配置和行动的组织实施计划）。因此，战略目标应该是城市未来发展远景的集中反映。由于城市是一个十分复杂的大系统，它的发展既要涉及政治、经济、科技、文化方面的问题，又要涉及人口、住房、交通、道路等方面的问题。因此，多目标的统一是城市发展战略目标的一个重要特点。除此以外，作为战略目标来说，它应是全体人员共同努力的方向，也是大家所要追求的结果。因此，它应该具有一定的可衡量性。作为战略目标，它与具体的工作目标不同，它应该具有较高的概括性和非时限性。

（一）制订城市发展战略应把握的问题

1. 城市的性质

不同性质城市的发展规律所要达到的目的是不同的。如大城市和中、小城市；综合性城市和专业性城市；沿海城市和内陆城市，它们的发展要求应该具有较大的差别。我们在具体选择一个城市发展的战略目标时，首先应该考虑各个城市的不同性质，同时要反映社会主义城市的本质特征。

2. 城市的历史和现状

城市的历史和现状对它的发展具有强烈的制约作用。因此，我们在选择城市发展战略目标时，必须全面地了解城市的历史发展过程和当前所面临的问题，了

解它的优势和短处。

3. 未来科技、经济和文化发展的需要，是决定现代城市发展的基本条件

所以，搞清楚它们的未来发展趋势和要求，对于正确地确定城市的发展战略是不可缺少的。新的技术革命正在全世界范围内掀起，它使社会的经济结构、人们的观念和思维方式发生重大变化。因此，在选择现代城市发展战略目标时，必须要加以充分考虑。

4. 环境条件

战略在很大程度上是专门为对付环境的变化而制订的。因此，环境如何，对城市战略目标的选择有着直接的影响。环境条件从范围上来说应包括国际和国内两个方面，从内容上来说，主要是政治、经济、科技和文化等方面。

5. 多方案的比较

城市发展战略目标的选择应根据最优化的原则，做好多方案的分析和比较。这种分析和比较应包括定性和定量两个方面。所谓定性，主要是指战略目标中一些带方向性的构想；所谓定量，主要是指根据现代科学原理，对城市系统所具有的非线性、随机性、模糊性和突变性等现象作出近似描述，从而使城市发展战略目标建立在科学的基础之上。

（二）制订城市发展战略的程序与方法

1. 了解情况和分析问题

就是要系统地收集和整理城市发展战略的有关资料，为确定战略发展目标服务。因此，在充分地收集资料和进行分析活动时，不仅应该收集某一城市本身的地理环境、历史发展、资源条件、现状特点方面的资料，而且还应该收集国家和所在地区的经济、科技和社会发展的长远规划和政策方面的资料。在详细掌握资料的基础上，还必须对其进行分析，分析的目的是为了揭示城市发展的各种因素的变化规律，并对城市的未来进行预测。由于影响城市发展的许多因素具有突变的性质，因此，对城市发展的预测不能简单地用历史数据进行一般推论，而应该充分发挥专家的咨询和顾问作用。

2. 战略目标的决策

主要就是要做好各种替代方案的拟定和选择。从决策程序来说，它与一般的

决策活动没有什么大的区别。从工作性质来说，由于城市问题复杂，决策中不确定的情况较多，因而它相对于一般常规决策来说，更需要有创造性。在寻求各种替代方案时，往往不能像一般决策那样，比较容易地根据各种确定的事实，引出全部或大部的可行方案；在方案优选时，也不能像一般决策那样，较多地采用一些固定的数学模式。所以，城市战略目标的决策，需要认真地分析比较各种方案，从中找出较优的战略目标。

3. 目标的分解和行动方案的制订

主要是指战略目标的实现要在空间上和时间上加以大致的划分，并为战略目标的实现制订出各项必要的政策和措施。这一活动包括制订城市诸子系统的发展战略，如城市的经济发展战略、科技发展战略、文化发展战略、人口发展战略、环境发展战略、基础设施发展战略等以及明确城市发展各个方面在不同时期的战略重点等。制订城市发展战略的方法为：应采用系统工程的方法，在这个系统工程中，包括战略决策子系统、战略研究子系统、战略管理子系统、战略信息子系统和战略编制的工作系统。这个系统的运转，应该依靠领导、专家和群众三方面的力量。城市的领导应在目标、政策和措施的选择中负主要的责任。各类专业技术人员应在战略目标、行动方案、政策措施的拟订和评价中充分发挥智囊作用。同时，要鼓励一般群众对政府确定的目标和政策大胆发表意见。只有这三方面的力量协调一致，才能制订出科学和合理的现代城市发展战略。

第三节　中国城市发展战略方针的提出及其重要性

如上所述，城市发展战略，不但是指一座城市在一定时期内的经济、社会、科技协调发展的带有根本性和全局性的谋划，是城市发展的目标和实现目标的方针、政策、途径、措施和步骤的高度概括，同时又是指一个国家在一定历史时期内不同规模城市的发展及分布。因此，我们在明确了一座城市发展战略的构成要素、城市发展战略制订等基本理论的基础上，还必须从宏观的视角，进一步研究中国现阶段不同规模城市的发展及分布，即中国城市发展的战略方针问题。

一、中国城市发展战略方针的提出过程及理论根据

中国悠久的城市发展历史是世界城市历史的重要组成部分，许多历史名城都曾雄冠世界。1949 年新中国成立以后，随着社会主义政治和经济建设以及工业化的发展，我国虽然开始了现代意义上的城市化总体布局和城镇体系的规划，但

对现代化进程中的城市总体发展战略的科学研究，则是20世纪80年代初才起步的。改革开放推动了城市化的迅速发展，同时也推动了城市发展战略研究的开展和深入。人们对城市化及中心城市在经济和社会发展中的地位和作用有了进一步的认识，扭转了过去一些不正确的观念，提出要把发展城市、科学地规划城市作为经济、社会发展战略中的重要环节，并提出要充分发挥中心城市在现代化中的作用和辐射功能，以带动城乡共同发展。

正是在这样的背景下，1980年10月，在北京召开了“城市工作规划会议”，就在这次会议上，第一次明确提出了新时期我国城市发展战略的设想，即“控制大城市规模，合理发展中等城市，积极发展小城市”。同年12月，国务院正式批准公布，作为全国城市发展的指导思想和基本要求而付诸实践。从此，中国经济、社会发展中才真正有了城市发展战略。到了1982年，国家又将社会事业发展列入国家计划，从而使城市发展战略和城市发展规划工作进一步得到保障。我国城市发展战略方针的提出与在实践中的贯彻和执行，有力地推动了城市化的发展，为了能使这一方针在城市的规划中得到充分体现，在1989年12月26日第七届全国人民代表大会常务委员会第十一次会议上通过、并于1990年4月1日起实施的《中华人民共和国城市规划法》中，对我国城市发展的战略又作了新的规定：“国家实行严格控制大城市规模、合理发展中等城市和小城市的方针，促进生产力和人口的合理布局。”从1982年的“控制大城市规模，合理发展中等城市，积极发展小城市”，发展到1989年的“国家实行严格控制大城市规模、合理发展中等城市和小城市的方针，促进生产力和人口的合理布局”，从内容上来讲，并没有发生本质的变化，如果说要有变化的话，也只不过是新的城市发展战略方针中把发展中等城市和发展小城市放在同等重要的位置而已。这一变化，已被以后中国城市化发展的历史进程所证明。其实，我国城市发展战略方针中所称的“城市”，是指国家按行政建制设立的直辖市、市、镇。因此，小城市是包括建制镇在内的。这一方针表明城市发展战略的合理性标准或目标是生产力和人口的合理布局，这一战略目标的实现，应该是不同等级城市的和谐发展。因为不同等级的城市，其对社会发展所起的作用是不同的。

（一）大城市所具有的优势，能够成为形成或推动区域发展的龙头

以市居民人数作为城市规模的衡量标准，通常将50万人口以上的城市划分为大城市，100万以上人口的城市称为特大城市。在这里有必要说明的是，中国城市发展战略中的“严格控制大城市规模”的方针，主要是控制100万人口以上城市的人口数量，并非限制大城市的发展。这种意义上的控制是充分发挥大城市优势的必要条件：大城市能够节约成本，带来较高的经济效应。在一定的地域空

间和人口聚集数量的范围内，城市规模越大，其生产要素的聚集程度越高，就越易产生聚集效益，从而有利于物资、资金、技术、信息和劳动人口（尤其是专门人才）等各种资源的有效流动和合理配置。1993 年中国社会科学院对全国 188 个大城市进行了社会经济发展水平调查，调查的综合评价表明，大城市在我国社会经济发展中占有重要地位。188 个城市以占有全国 1/6 的人口，不到 1/5 的从业人员，创造了近 1/3 的国内生产总值；城市经济发展水平与城市规模成正相关关系，国内生产总值排序的前 10 名，均为人口在 100 万以上的特大城市；大城市的发展能带来较高的经济效益和环境效益。城市文明的发展是城市化的重要内容，大城市作为教育、科技、文化的区域中心，社会现代化程度与城市内在质量都较高，它的发展有利于现代城市文明的传播。大城市单位面积上的环境污染度高于小城市，但按人均计算则低于小城市，据分析，如果将大城市按现在的小城市人与地比例分成若干小城市，其环境污染的范围会扩大，污染的作用会加强；少数特大城市向现代化国际经济中心城市的发展，有利于中国在全球竞争中获得区域优势。当今世界正处在经济格局重新组合的历史时期，全球经济一体化和区域集团化趋势加强，各国的经济繁荣愈益受其他国家经济发展的影响，分工与竞争已超过国界在世界范围内展开。国际经济中心城市是一个国家经济力量在空间上的集中表现，起着主导经济发展、连接国内外市场的重要作用，它不仅能促进国家在世界经济地位的加强，而且能推动国内经济发展。中国少数特大城市向国际经济中心城市的发展，能在国家整体经济实力不强的情况下，获得世界经济中的区域优势，成为国家经济发展的龙头。

（二）中等城市在城市体系中所具有的中介优势，能够成为推进中国城市化进程不可或缺的重要资源

在我国，中等城市是指非农业人口数量在 20 万～50 万的城市，中等城市在城市体系中处于中介地位：从行政层次看，它是中间级别的行政中心，是上下行政层级的中介。从城市网络看，中等城市是大城市与小城镇发展的中介，没有这一层次的城市，大城市的辐射作用难以有效传输。从城市发育过程来看，中等城市是小城市向大城市发展的中介环节。从城市化发展看，中等城市是农村和小城镇转移人口的中转地，是大城市承受外来人口压力的缓冲地。这就决定了要推进中国城市化的进程，必须合理发展中等城市，并使它在城市体系中的中介资源优势得到最大的发挥。因为它有利于“发展中间促两头”，推动城市体系的协调发展。中等城市的发展有利于形成大城市与小城镇之间强有力的纽带，既可为大城市发展提供支持与配合，又可为小城镇发展提供依托和动力；它有利于加强城乡联系。中等城市在我国分布较为均匀，多为地区性的社会经济中心，辐射范围包括数个到十几个县。强化中等城市功能，有利于加强对广大农村的直接带动作用，有利于密切城乡联系。我国市管县体制的普遍建立，使中等城市的中介性功能更为突出和更加重要；它有利于城市化两种方式的协调。城市化的发展有两种方式：内涵式与外延式。大城市的发展，因受土地规模和人口数量增长的限制，只能以内涵式发展为主。小城镇因聚集效益低，基础设施不完全，较适合以外延式发展为主。中等城市与大城市相比较，因具有规模扩大的空间与外部条件，所以具备比大城市高的外延扩散的可行性。与小城镇相比，中等城市又有较高的聚集效益，基础设施的规模较大且种类齐全，因而又具有内涵式发展的内在动力。

（三）小城市在农村城市化中所具有的作用，其可以成为实现由农村区域向城市区域转变的主要途径

根据我国《城市规划法》的界定，我国的小城市包括不足 20 万非农业人口的市和建制镇。小城市是城市序列的最末一位，是农村区域转变为城市区域的初始阶段，其中的建制镇，又是“乡村之首”，小城镇社区，从地域、人口、经济、环境等因素看，既有与农村社区明显相异的特点，又与周围农村保持着十分密切的联系。因此，合理发展小城市，对于推进我国的农村城市化进程具有不可忽视的作用：便于农业剩余劳动人口的转移。小城市的发展能充分发挥其劳动力的“蓄水池”作用，从而缓解大量农业剩余劳动力给社会造成的冲击。改革开放以来，乡镇尤其是建制镇的扩大及其随之而来的企业的发展，吸收了数亿的农业劳动力，这样就大大减少了农业剩余劳动人口向大中城市转移的数量，促进农村社会的转型。我国的社会正处在从传统的以农业为主的乡村社会向现代的、工业主导型的城市社会的转型过程，其中农村的产业结构、经营模式、生活方式以及社会关系等要素的转变具有极为重要的意义。这些要素的转变，关键是小城市的发展；小城市的发展是农村社会转型的最直接、最广泛的推动力，有利于地方性城市网络系统的形成。一个国家的城市体系是由不同层次的城市网络所组成的，每一个层次的城市网络都有相应规模和经济强度的城市为系统的联结点。我国的城市体系包括全国性、区域性、地方性三级城市网络，地方性城市网络的联结点就是小城市。小城市的发展有利于地方性城市网络的形成，从而构成对区域性城市网络的支持，同时，也对城乡关系的协调发展起积极作用。

二、城市发展战略方针提出的重要意义

从上面对中国城市发展战略方针的提出过程与理论根据分析中，我们可以看出，这一战略方针既符合城市发展一般规律的要求，又符合中国的基本国情，因

而，具有重要的理论与实践意义：

（一）这一战略方针的提出，为解决我国大城市发展中长期以来所存在的问题，提供了方向

如上所述，大城市由于其特有的地位与作用，对我国经济和社会的发展具有举足轻重的影响。但是，由于过去我们对大城市的发展既缺乏正确的方针，又没有科学的规划，造成了目前各大城市因人口急剧增加所带来的、普遍存在的住房紧张、交通拥挤、环境污染、基础设施不足、能源供应紧缺等问题，严重影响了城市的各项经济和社会活动的正常开展，影响了居民的生活，使大城市部分功能的正常发挥受到了影响，有的甚至导致其功能的衰退。实行“国家实行严格控制大城市规模、合理发展中等城市和小城市的方针”，就可以把人口适当地引向中小城市，并控制他们大量地向大城市集中，以此来减轻大城市的人口压力。因此，这一方针的提出，无疑为解决大城市存在的上述问题指明了方向。

（二）这一战略方针的提出，为我国农村经济的发展开辟了新的途径

随着经济体制改革的不断深入和市场经济体制的逐步完善，农村的经济结构和社会结构已经发生了巨大的变化。我国直接从事农业生产的人口正在减少，大量的农业人口要向城市人口转化。据预测，随着城市化进程的加快，在 21 世纪初，我国将有近 4 亿左右的农业人口要转化为城市人口。如果这些人口都安排到大城市工作和居住，需要新建人口在 50 万～100 万的大城市 500 多座，或者新建 200 个左右的特大城市。这样做，从财力、物力和技术上说，都是不可行的。但是，如果这些人继续留在农村，就会阻碍新的科学技术在农业中的运用，农村的小生产方式就不会改变，从而影响农村经济的发展而影响整个社会的进步。通过控制大城市规模，合理发展小城市，就能很好地解决这个问题。据统计，我国现有 2 000 多个县（市）城，1 100 多个建制镇，5 400 多个乡所在地。如果把这些小城镇都发展起来，不但能解决这 4 亿左右农业人口的转化问题，而且必将促进农村经济的发展。

（三）这一战略方针的提出，为推动我国新技术革命的深入进行，提供了现实的指导

世界范围内兴起的新技术革命，其直接结果是导致信息产业的蓬勃发展。这种信息化的产业，是以精确地消耗物质和能量，实行小规模、多样化的产品生产为特征的。传统工业则是以大规模、标准化、高耗能、高耗原材料为特征的。传统工业的特征决定了城市的发展必然要不断地扩大规模，实行物质和能量的高度集中。新产业的发展不需要城市规模不断扩大，也不需要物质和能量的高度集中。因此，继续扩大作为全国和大区范围内的经济、技术、信息中心的大城市的规模，已完全不适应新技术革命的要求。但是，由于我国生产力的发展至今还很不平衡，从总体来说水平还较低，传统工业在我国，特别在中小城市，还将有一个较大的发展。但要使这种发展能够顺利进行，很重要的一点，就是必须把合理发展中小城市与新技术革命相结合。只有这样，才能稳步向前。

（四）这一战略方针的提出，为建立我国科学的社会主义的城市系统奠定了基础

大中小城市应相互协调、系统发展，这是现代城市发展的客观要求。社会主义由于生产资料的公有制保证了全社会政治、经济、文化发展的统一性，这就使现代城市系统发展的内在要求具有了实现的可能性。因而，社会主义城市的发展可以避免西方发达国家城市发展所走过的曲折道路，不再重复那种由于只顾眼前和局部利益，造成大城市恶性膨胀、规模失控、小城镇不断衰落的历史。我国所实行的城市发展的战略方针，是对城市系统发展规律的自觉运用。实行这个方针，将使我国的城市逐步发展成为一个以大城市为中心、以中等城市为骨干、以小城镇为纽带，有效地把广大农村带动起来的多功能、多层次的城市体系，以实现城市和农村协调发展、工业化和现代化协调发展的社会主义城市系统的新格局。

三、不同类型城市发展战略的选择

我国城市是由大、中、小城市组成的一个庞大的城市体系，这就决定了我国不同类型城市发展的战略必然会有所区别或各不相同。

（一）我国大城市和特大城市的发展战略

根据城市发展的要求，我国大城市和特大城市的发展战略主要应包括以下几个方面的内容：要用新的技术改变原有结构尤其是产业结构。大城市必须甩掉旧技术的包袱，改变目前同中小城市在同一技术层次上互相竞争的局面；要大力发展与信息技术有关的各项新兴产业，并以新的技术对传统工业进行改造，使城市的发展建立在全新的技术经济基础之上；要大力发展为生产和居民生活服务的第三产业，使城市的诸项功能之间实现配套；要以新的技术来改造和建设城市的基础设施，实现城市基础设施的现代化。特别是要建立起现代化的通讯和交通等公共设施，以改善城市的生产和生活环境；要大力发展科学、文化和教育事业，加强城市的精神文明建设，加快科技进步和人才培养，使大城市真正成为全国和区域范围内科技、文化、人才和信息的中心；要尽快提高城市各级领导的组织管理

水平，改革现有的行政管理体制，采用各种新的技术手段来搞好城市的管理工作；要实行开放政策，进一步密切与中小城市和其他大城市的关系。沿海的港口大城市，应努力发展对外经济技术交流，积极介入国际市场，参加国际竞争，利用外资，吸收国外的先进技术和最新的信息；要采取正确的政策和措施，把卫星城的建设搞上去，把一部分传统工业以及人口疏散到卫星城镇去，同时把大城市的生产和生活方式扩展到周围的中小城市。

（二）我国中等城市的发展战略

中等城市作为省级范围的中心，它的发展战略应该根据自身的特点来决定。即中等城市不能像大城市那样以全国或许多地区的经济为自己的发展基础，而只能以本地区的经济为其发展的前提，因此，中等城市的经济发展带有明显的地方特征。如有的地区自然资源比较丰富，它就以这种自然资源的开发和利用为基本的经济活动。有的地区某种农副业比较发达，它就以这种农副产品的加工处理为主要的经济活动。有的地区具有特殊的自然环境或特殊的地理位置，它就以这种特殊条件的利用为主要的经济活动内容。除此以外，中等城市也不像大城市那样，集中分布在沿海、沿江、铁路、公路等交通枢纽上，而是比较分散地分布在全国各地。因此，它的发展同农村的发展具有直接和密切的联系。周围农村的经济、政治、文化等的发展状况，在很大程度上决定着城市的性质、功能和发展的方向。所以，中等城市的发展无论在城市规模、人口数量还是在经济水平上都应当保持适中，不能盲目扩大。我国中等城市存在的上述特点，决定了我国中等城市发展战略的内容：要从地区的资源特点和城市性质出发，考虑到原有的工业基础、交通运输条件和全国的生产力布局，明确经济发展的重点。在大力发展支柱产业的同时，把配套产业和分支产业搞上去，形成一业为主、兼顾他业、各业协调发展、经济优势明显的合理产业结构；要集中人财物力，把城市的基础设施搞好，为城市的全面发展打下坚实的基础；要根据本地区经济、政治、文化的发展需要，抓紧人才的培养。有条件的城市，要尽可能多办几所中等专业学校，办好一到几所高等专业学校，使城市支柱产业的科研和技术水平保持领先的地位；要根据生产和生活发展的需要，努力发展第三产业，特别要重视发展各种文化艺术事业和反映现代科学技术的娱乐业，以提高居民的科学文化素质；对于那些城市规模较大、人口数量较多的中等城市，应重点抓智力的开发和技术提高，调整经济结构，以内涵的发展来限制城市规模和人口数量的盲目发展，对于城市规模较小、人口数量较少的中等城市，应结合城市经济和文化科技活动发展的需要，适当扩大规模，增加服务人口，避免因人力不足而造成商业、服务业的经济效益低下。

（三）我国小城市的发展战略

小城市或小城镇只是较小范围（县级范围）内的经济、政治和文化等的中心，它的发展战略同样应该根据自身的特点来决定。即小城镇与农村经济的发展有着直接的联系，适应农村生产和农民生活的需要，是小城镇生存和发展的基本立足点。另外，小城镇不像大、中城市那样，具有综合的和多功能的特点，只能是“靠山吃山，靠水吃水”，因而有很强的专业性。还有，由于我国农村市场经济的发展相对来说比较滞后，目前多数小城镇的经济基础还较薄弱，因此，我国小城镇经济活动效益的提高和作用的发挥，主要还是要靠通过工商活动的集中化发展来取得。而且小城镇又地处城乡经济的结合部，连接着城乡两头，它的发展状况如何，对农村和城市的发展都具有十分重要的影响。没有小城镇的发展，城乡商品交流就要受阻，城乡的市场经济就无法发展；没有市场经济的发展，农村的单一结构和长期落后的面貌就无法改变。小城镇还具有就地吸收消化剩余劳动力和闲散资金、加速地区资源开发、缩小城乡差别和工农差别等十分重要的作用，我国的小城镇的发展必须在“多”（在数量上要多发展些）、“大”（在规模上适当扩大些）、“善”（工业和市镇设施要逐步完善些）、“美”（建筑、环境、道路等的设计和布局都要讲究艺术性，给人以美的享受）上下工夫。

我国小城镇所具有的上述特点，决定了它发展战略的内容：要大力发展商业，促进商品流通，这是小城镇第一位的功能。小城镇繁荣于商、活跃于商，这是被历史和现实一再证明了的。鼓励农民进入城镇经商，建立稳固的市场，疏通和稳定商品的供销渠道，是小城镇发展的必要前提；大力发展具有地方特色的工业。城镇工业是小城镇发展的经济支柱。城镇工业的发展将把农村的剩余劳动力和地方的经济资源结合起来，创造大量财富，进而使居民的收入提高，使城镇各项事业的发展获得可靠的资金来源。小城镇工业的发展必须以发挥地方的资源优势和满足地方的需要为出发点，特别是要注意发展同农村商品生产密切相关的饲料、食品、建筑、建材、运输和小能源工业等；要大力发展小城镇服务业。随着工商业的发展，小城镇各种服务业必须相应跟上。没有一定的仓储、运输、信贷、保险、技术咨询等服务业的发展，工商业的发展必然会受到限制。随着城镇人口的增加，住宅、饮食、理发、洗澡、医疗和娱乐业的发展也是必不可少的；要建设完善的城镇基础设施。为了满足城镇人民日益增长的物质和精神生活的需要，小城镇的建设不仅要有良好的道路、住宅和供电、供水条件，还应有方便的通讯和一定的科技、教育、文化娱乐活动设施。只有这样，才能促进小城镇的物质文明、政治文明和精神文明建设同步发展。

【复习思考题】

1．如何理解城市发展战略的内涵及其特征？

2．城市发展战略的构成要素包括哪些方面？

3．制订城市发展战略首先必须研究与认识城市发展的哪些规律？

4．制订城市的发展战略必须把握哪些问题？

5．中国城市发展的战略方针是什么？

6．我国提出城市战略方针的理论根据与意义何在？

7．我国的大、中、小城市应选择什么样的发展战略？

第六章

中国城市规划的市政管理

观点提示：

城市是一个多功能、社会化的有机综合体，是一个高度复杂的动态大系统。城市内部功能、结构的合理化迫切需要城市规划的引导。因为城市建设本身不可能自发地朝着可持续方向健康有序地发展，只有通过科学合理的城市规划，才能推动城市复杂系统的正常运转，才能创造良好的人居环境，才能保证城市的合理发展，也才能为国家与地区的建设带来巨大的综合效益。随着社会主义市场经济体制的日趋完善以及城市化速度的加快，我国的城市政府已把城市建设作为一项重要的职能，而城市规划又是城市建设的龙头。因此，进行科学、求实和法制化的城市规划，已成为推动城市快速发展的客观需要，也成为城市政府市政管理的重要职责。

第一节　城市规划市政管理的理论阐释

一、城市规划的内涵与特征

（一）城市规划的内涵

城市规划是城市各要素在一定时期内的总体发展目标和计划，是对城市建设的综合考虑，它是指导城市建设管理工作的基本依据。从整体来看，城市规划实质上是一种社会发展规划，它的工作对象是城市社区；它的手段是对城市物质环境的布局和设计；它的目的是满足全社会的现实需要和促进社会的全面进步。我国的城市规划，是由城市权力机构制订、并经上级政府批准的在一定年限内关于城市性质、规模和发展目标等的部署，以及城市用地、建筑和设施等布局的地方性法规或有法律效力的文件。

（二）城市规划的特征

1. 综合性

它包括城市的生态平衡、产业布局、基础设施、建筑风格和文化遗产等；方法的综合性，包括区位理论、增长极理论、物理模型、数学模型、系统论、控制论等。这一特征说明，在制订和执行城市规划时，必须要有全局观念，努力实现整体优化，尤其在制订城市规划时，要有各方面专家参与，集思广益、精益求精；在执行规划时，要有各部门、各单位通力合作。

2. 权威性

城市规划是多数市民的根本利益在城市空间布局上的反映，它体现了公众的意志，是一种公共事务。因此，只能由作为公共权威的国家机构来制订和监督执行城市规划；同时，为了保障城市规划的执行，必须实行城市规划法制化，使城市的每个单位和市民自觉遵守或在城市国家机构的强制下服从城市规划法。

3. 特殊性

城市规划的特殊性又称城市规划的个性，不仅指城市的主导产业在国际、国家或地区范围内要争取更大的市场份额，而且指城市的整体布局、建筑风格和公共设施的造型等要有鲜明的个性，即体现城市的自然地理条件相辉映的、民族的和历史传统的特色。重视城市规划的特殊性，坚持通过特殊性来贯彻城市规划的普遍性，避免产业结构和城市建设的雷同，有利于城市经济的繁荣，有利于市民生活质量的提高，也有利于城市旅游业的发展。

4. 动态性

城市规划具有动态性，是因为生产力布局及其对城市主导产业的要求有动态性；城市在城市体系中的地位有动态性；市民对生活水平的要求有动态性；城市规划的理论和技术有动态性；城市建设的材料和工艺有动态性等。城市规划的动态性，要求城市的代议机构和行政机构应根据上述条件的变化，及时地修订城市规划，保持城市规划的先进性。

5. 科学性

城市规划既然是指导城市建设的蓝图，就必须认识遵循城市发展和城市建设的客观规律，它们是城市规划的依据。城市规划的科学性来源于城市规划的科学依据。

二、城市规划的功能

城市规划具有指导和规范城市建设的重要功能，它担负着合理利用土地、协调城市空间布局和各项建设，发挥城市整体功能和效益的使命。促进城市土地资源的合理配置、确定城市公共物品的提供、推动城市经济的发展、降低城市土地利用的交易费用、减少城市土地管理中的寻租行为是城市规划及其管理的主要制度功能。

（一）外在显性层面的功能

1. 城市规划是经济建设与城市建设的结合体，它从城市建设上保障了经济建设的发展

这是因为，城市规划和城市建设的基础是城市性质，即城市的主要职能或主导产业。经济计划和经济建设的核心是产业结构，即确定主导产业及其与辅助产业的关系。经济计划和经济建设从质量、数量和效益等方面安排主导产业和辅助产业；城市规划和城市建设从用地、建筑和区域等方面布局主导产业和辅助产业。不仅如此，主导产业和辅助产业的生产都离不开基础设施，而基础设施的部署和建造，是城市规划和城市建设重要的组成部分。

2. 城市规划是城市发展的蓝图，它指明了城市的性质、发展目标和发展规模

城市规划根据国家的生产力布局来确定城市的主导产业，根据主导产业的需要配置辅助产业；再根据产业规模确定城市的人口规模和用地规模；进一步根据产业、人口和用地的规模，配置基础设施。科学的城市规划，有利于提高城市的综合效益，减少城市各种资源的浪费。

3. 城市规划是对用地和建筑的规范，它促进个别和城市整体的土地和建筑的效益

因为城市规划是城市政府的规划部门审批城市用地和建筑的法律依据，它处理城市整体的、区域的和个别的用地、建筑之间的效益关系，并塑造城市平面和立体的形象。

4. 城市规划是保证市民生活质量的卫士，并通过指导产业设施、基础设施和生活设施的建设，提高市民的生活水平

公共绿地、道路、居民的住房阳光权利和住宅区的其他公共服务设施，是市

民生活质量的基本保障，城市政府的规划部门有职责制止和处罚各种损害上述市民生活质量提高的行为。随着生产力和城市现代化的发展，城市规划部门还有职责规划和指导建设图书馆、公共体育场地和设施、森林公园、博物馆和美术馆等，以满足市民日益增长的物质文化生活的需求。①

（二）内在制度层面的功能

1．促进土地资源合理配置的功能

城市规划从宏观和微观两个层面来参与城市土地的配置。即在总体规划阶段对城市土地利用进行宏观层次的配置，这就确定了城市不同区域的功能和土地利用的主要方向；随后，在详细规划阶段则从微观的角度对具体地块的土地用途、容积率等做出规定，进一步明确土地配置的具体内容。城市规划促进城市土地资源的合理配置，还表现在产业发展在城市空间的合理布局。城市土地因为其能够带来巨大的经济效益，从而显得比其他地域的土地更加稀缺。在城市，不同区域、不同地段的土地也具有不同的投资收益，对应不同的投资收益存在着不同的土地价格（地租），而对应于不同的土地成本的则是不同产业分布。城市土地利用的内部结构要求城市规划按照经济利益的原则来安排产业在城市空间的布局，并按照这个原则来调整原有的城市土地利用空间结构，达到合理配置，使城市土地充分发挥其经济效益，促进城市产业的发展、经济的增长。另外，城市规划还要确定城市公共性用地和商业性用地的比例和位置，促进城市环境保护、城市功能完善和城市经济发展的协调，达到城市可持续发展的目的。在城市的各个发展阶段，由于发展目标迥异，往往对城市土地利用也有不同的方向，而土地利用开发成本大、年限长，一经开发使用就不易更改。因此预测未来城市发展方向，预留城市发展空间，保持城市发展的弹性，也是城市规划的主要任务和目的。

2．确定提供城市公共物品的功能

根据资金来源和使用中的排他性，可以将社会经济生活中的各种物品分为公共物品和私人物品两种类型。公共物品可定义为：个人消费这些物品或享受服务不会有损其他任何人的消费，不具有排他性和收费困难的物品往往就是公共物品。由于私人提供公共物品存在收费困难的问题，因而在当今世界上，公共物品多由政府提供。但在实际生活中，公共物品和私人物品的划分不是绝对的，许多物品兼具两类性，因此每一个消费者都会强调物品的公共特性，为私人消费提供

---

① 张永桃．市政学．北京：高等教育出版社，2000.

公家补贴。城市是提供公共物品最多、最集中的区域，如城市交通设施、公园、市政管网、博物馆、义务制学校等，只有在政府提供这些公共物品的前提下，城市功能才能正常发挥。但是，从财政能力以及公平性的角度出发，政府不可能提供消费者认为的所有公共物品，如何确定公共物品与私人物品的界限？如何配置公共物品成为城市政府部门的主要工作？城市规划制度的设计，在这一方面发挥了重要的作用。城市公共物品的配置最终应落实在土地使用这一层面上，城市规划部门通过对各类城市设施的服务对象和性质的分析来判断各类城市设施是属于公共物品还是私人物品，以确定投资主体，为政府投资公共物品提供依据。

3. 推动城市经济发展的功能

城市规划在制订、实施城市经济政策等方面发挥着重要的功能，从一定的意义上说，城市规划也是生产力。这是因为科学的城市规划能够准确地进行城市功能的定位，确定城市的产业发展方向，为制定行之有效的经济发展政策提供依据；城市规划在创造优良的投资环境方面有着更为突出的功能。因为评价一个城市的投资环境，主要考察软环境和硬环境两个方面。软环境主要是指政策法规、服务管理水平、人文习俗、科学文化水平等方面；硬环境则包括城市自然环境、基础设施，如交通运输系统、邮电通讯系统、能源动力系统、给水排水系统、环境保护系统以及住宅、商业网点、文化教育、医疗卫生、娱乐旅游及其他服务性设施等。可以看出对硬环境的评价实际上就是对城市规划水平和工作的评价，城市规划决定了其硬环境的方方面面。另外，科学的城市规划还在树立良好的城市形象、促进对外招商引资和文化交流的过程中，具有十分明显的功能。

4. 降低交易费用，减少寻租行为的功能

城市土地使用权的出让或获得，实质上也是一个交易行为。土地所有者和土地使用者在法律上处于平等的地位，两者通过谈判来确定土地出让的具体细节。但作为土地出让者的政府，可能会借口保护公共利益，而对土地出让附加一些条件，这些条件有一些是正确合理的，有一些也可能出于其他目的。土地使用者出于利润最大化的考虑，也会对土地使用提出一些要求。政府和土地使用者为达成共识，需要进行多次沟通和谈判，大大增加了交易费用。城市规划制度将城市规划部门设计为政府与土地使用者之间的一个技术服务机构，公正、科学地评判双方的用地条件，降低土地出让过程中的交易费用，提高社会经济运行效率。城市规划在土地管理中的另一个重要功能是减少寻租行为。土

地国有和土地有偿使用是土地出让和管理中产生寻租行为的根源，一方面由于土地的稀缺性使得土地管理者可以在选择土地使用者的时候进行寻租；另一方面土地出让的附加条件，包括用地性质、容积率等也可以成为土地管理者的寻租内容。土地管理过程中的寻租行为扰乱了正常的土地市场，侵害了公共利益。寻租可以实现的主要原因，一方面与土地管理的不规范、缺乏公正科学的监督机构和评判机构有关，另一方面也与土地出让过程中土地用途和容积率的随意确定有很大关系。随着城市规划的逐步深入，土地的用途和容积率等一些基本控制要素得以科学确定，使得土地出让的透明度增加，减少土地管理者因为土地使用控制要素的随意性而进行寻租的现象，从而可以树立城市政府机构的廉洁形象，提高办事效率。[①]

三、城市规划的理论溯源

城市规划理论的形成，经历了一个漫长的历史发展过程。城市规划，作为人们把自然环境改造为以人工环境为主体的城市环境的一种有效手段，它随着城市的产生而产生，也随着城市的发展而发展。这种产生和发展，从理论发展的过程来看，大致经历了古代、近代和现代三个时期。

（一）古代和近代的城市规划理论

古希腊和古罗马是古代西方城市发展较快的时期。古希腊的建筑师希波丹姆提出把城市分为圣地、公共活动中心和住宅区，这是世界上最早的城市功能区分思想之一。古罗马的维特鲁威在它的《建筑十书》中，论述了城市选址、地段划分和广场规模等问题，是世界上最早的城市规划著作之一。在中国的封建社会，也已出现城市规划，如明、清两代的北京城和一些地方的封建统治中心（省会、府、州、县），都是在一定的规划设计下发展起来的。唐朝的长安城，人口最多时达到 100 万左右，城市布局严谨、浑然一体，皇城居中偏北，东、南、西为居住坊里，由南北、东西向道路组成整齐的方格式道路系统。在这一时期，从建筑角度以注重城市物质形体特征的城市规划思想已经成型。城市发展进入近代以后，随着世界进入工业化时代，1859 年，美国的建筑师欧姆斯特在纽约曼哈顿区的中心设计了中央公园，打破了市区总是布满密集房屋的旧观念。从设计公园发展到用绿化带分隔市区，逐渐成为一种新的城市空间概念。西班牙的工程师索里亚于 1882 年提出的带形城市理论，为沿着交通线发展城市化地区，提供了理论依据。霍华德的“田园城市”理论对各国城市规划具有很大的影响。1902 年，

① 戴小平，陈红春．城市规划的制度作用与制度创新．规划研究，2001（2）．

英国记者霍华德修订并再版了《明日的花园城市》一书，提出了“田园城市”的理论。分别从城市人口、绿地面积、生态平衡、土地利用、城市规划、严格管理等方面作了具体的研究。这一理论，第一次打破了城市和农村在空间和形态上截然对立的旧观念，创造了一种城乡结合的新型城市。今天世界各国的城市建设，都能看到这种理论的影响。

1910 年，法国的建筑师戛纳尔在规划工业城市中，把工业区、港口、铁路和居住区在用地布局上严格地区分开来。这是城市规划史上第一次比较全面地进行城市功能区分的实践。1915 年，英国苏格兰地区的生物学家格迪斯出版了《进化中的城市》一书，第一次从区域经济出发，考察城市规划。在他的理论影响下，城市规划逐步产生了区域规划。他还首次提出制订城市规划的顺序应该是调查—分析—制订规划方案，一直为各国城市规划者所遵循。1922 年，英国伦敦规划委员会总顾问昂温提出了建设卫星城市的理论。该理论对各国解决大城市问题，产生了广泛的影响。1929 年，美国的规划师佩里提出“邻里单位”概念，主张以城市干道所包围的区域作为邻里单位，以便于小学生上学、配置居民生活服务设施、限制外部车辆穿越以及布局居住房屋最佳朝向等。“二次大战”以后，英国等西方国家广泛运用邻里单位理论，来规划新城建设。1933 年，德国地理学家克里斯·泰勒提出“中心地”理论，率先论证了城市体系对城市规划的影响。它指的是在一个城市体系中，大、中、小城市都有各自的经济中心作用，较大城市的经济中心作用包含着较小城市的经济中心作用。每个城市的规划，既要看到本市的经济中心作用，又要看到与其他城市的分工协作关系。“中心地”理论揭示了城市的主导产业对城市规划的决定性影响。《雅典宪章》是城市规划理论史上一个重要的里程碑。

1933 年，国际现代建筑协会在希腊的雅典召开会议，讨论和通过了第一个国际性的城市规划大纲，即《雅典宪章》，它综合反映了当时各国城市规划理论的最新成果。即把居住、工作、游憩和交通作为城市的四大基本活动，城市规划的目的是为了保证这四大功能的发挥；住宅区应该占用城市中最好的地区。在人口密度较高的地区，可以建造间距较远的高层住宅，留出必需的空地，以便配置公共娱乐设施和停车场所，而且使住宅得到阳光和景色；人的需要和以人为出发点的价值衡量是城市规划成功的关键；城市规划是一种基于长、宽、高三维空间而不是长宽二维空间的科学，必须注重高的要素；必须使城市规划成为法律，以保证其实现。半个多世纪过去了，《雅典宪章》所阐述的这些基本观点，仍然具有很强的指导作用。还有法国建筑师柯布西耶、芬兰建筑师沙里宁都先后提出了通过建造高层建筑、降低密度、大片绿化和立体交通，可以大大改善大城市市区的生活环境，以及应该把工业疏散到郊区去、减少市民上下班的时间和交通拥挤的看法，都在一定的程度上丰富了近代城市的规划理论。

（二）现代的城市规划理论

1955 年，法国经济学家帕鲁提出“增长极核”理论，揭示了大城市的聚集经济规律和带动中小城市以及农村经济的作用，并以此为指导，制订大城市的城市规划和区域规划。他认为，城镇体系的布局应以区域经济的发展为转移，而区域经济的发展受增长集核的带动。所以，在落后地区，要注意扶持增长集核。进入 20 世纪 60 年代以后，美国大城市市区复兴计划的实施，使人们认识到，光靠技术，不能解决现代城市规划所面临的种种难题，必须要有经济政策与社会政策相配合。在 70 年代，西方国家的城市规划理论在对功能主义进行反思的基础上，出现了所谓建设“人情味”城市的动向。即城市规划越来越重视保护原有的社区结构、保护城市的历史遗产、保护有价值的人文景观资源，还重视传统建筑形式的有机结合。在这种城市规划理论的指导下，出现了一批经过更新的城市和得到很好保护的历史古城。《马丘比丘宪章》是城市规划理论史上的又一个里程碑。

1997 年，一些国家的著名建筑师、规划师、学者和教授在秘鲁的首都利马集会，所通过的宪章签署仪式在秘鲁的古文化遗址马丘比丘进行，所以被称为《马丘比丘宪章》。它是《雅典宪章》的姐妹篇，旨在回答城市规划所面临的新问题。该宪章的主要理论观点为：城市的功能区分是相对的，同时要考虑它们之间的联系，有利于城市整体功能的发挥；城市的每一座建筑物是统一体中的一个单元，需要与其他建筑物进行对话，从而完整其自身的形象；应鼓励住房的使用者参与住房设计。只有当设计与人民的风俗习惯自然地融合在一起的时候，这个建筑才能对文化产生最大的影响；大城市的交通政策是使私人汽车从属于公共交通。到了 20 世纪 80 年代，城市规划理论中兴起了技术派。他们强调现代科学技术在城市规划中的作用，进一步提出运用系统论、控制论、信息论等科学技术，对城市规划及其理论进行变革，主要是加强对城市规划的修订以及执行中的监督。90 年代后，城市规划理论中的环境派引人注目。他们把保护和改善环境作为城市规划的首要目标；在宏观上，研究城市环境的合理容量；在微观上，追求城市设计、建筑设计和园林设计的统一。

西方城市规划尤其近现代的城市规划，是市场经济发展的产物。中国的国情虽然不同于西方，中国的城市规划模式不可能也不应该照抄西方，但处在社会主义市场经济条件下的我国城市规划，也可以从西方城市规划理论与实践发展的历程中，得到一些对我们有用的启示：

（1）在市场经济条件下，城市规划作为社会理性的代表，承担着避免和防止市场失效、促进经济发展的职责。但市场代表的是一种有效的资源分配方式，而并不意味着它是一种公平的资源分配方式。因此，市场经济条件下城市规划的核心问题，应该是围绕着空间资源分配的社会公正而展开。可以说，西方城市规划理论发展的历程就是探寻城市规划如何更合理更公平地体现社会公正（公众利益）的过程。然而，市场经济条件下城市规划的这一最重要的职能，目前尚未获得中国规划部门的共识。中国的城市规划，作为在社会主义市场经济体制下探求达成社会公正与效率的手段和方法，需要借鉴西方在这一方面的经验和教训。

（2）公众利益的界定必然涉及价值观，西方规划界已经走过了由单纯技术专家决定，到尝试引入更民主的公众参与、讨论、协商从而达成一致意见的历程。但是，在我国现阶段的多数城市规划过程中，还只停留在专家决定、领导决定的阶段，公众参与也还只限于浅层面的向公众的宣传，而对公众的意见采集、吸收至今也尚未形成系统有序的渠道和方法。需要指出的是，随着社会的转型，个体利益多元化的倾向将日趋明显，公众对空间资源分配的导向性也将会日趋重视。因此，由专家、领导负责界定公众利益的方式显然不能适应未来中国城市发展的要求。

（3）西方城市发展的历程表明，市场存在失效，政府规划干预也有失效。因此，一种辩证客观的态度是寻求一种混合体制：既能让市场发挥效率，又能保障社会公平，因为可持续发展需要效率与公平的统一。应该说中国社会主义市场经济体制的建立和完善，为效率与公平的兼顾创造了西方社会所不具备的宏观政治经济架构，但是，如何在这样的宏观政治经济架构下找到具体可行的操作方案和手段，还是目前尚未找到答案的崭新课题，需要从西方城市规划的理论中吸取对我们有用的做法。

（4）城市规划自身需要不断发展，西方的城市规划正是在回应各种社会需求、变革和挑战的背景下不断发展、成熟的。我国惊人的发展速度加上体制转轨的社会巨变，昭示着未来新的社会需求将不断出现，我们的城市规划再不能延续传统的老一套，必须适时更新，寻找合适的理论、方法来适应变化越来越快的社会。而要做到这一点，我们规划部门的专业构成急需多元化，专业规划人员的知识面也急需进一步扩大，他们需要把握市场经济运行的规律，需要了解因变革所引起的社会变化，需要掌握规划作为一种政府干预的手段以及一种有机的社会发展过程中所需要的许多知识和技能。

第二节　中国城市规划的编制

一、城市规划编制的基本要求、原则与构成

城市规划，作为城市发展战略在空间上的落实和具体化，是城市各种建设的总体部署与安排，是建设和管理城市的基本依据。科学的城市规划，对城市的经济发展，特别是对于城市合理布局及城市的经济效益、社会效益和环境效益有着极其重要的意义。

（一）城市规划编制的基本要求

1．城市规划的编制要以城市发展的战略为指导，要与城市发展战略联系起来

城市发展战略已规定了城市发展的目标、重点及措施，是编制城市规划的基本依据。只有根据城市发展战略来编制城市规划，城市规划才能结合自己的“市情”，找到自己的方向，建立起科学的城市规划体系。

2．城市规划的编制要从城市发展水平实际情况出发，尊重和顺应历史、自然、人文基础条件

任何一个城市的发展形式和发展规模，都会受到过去、现在甚至将来的诸多社会、经济因素的相互影响，在进行城市规划时，需要充分了解这些因素及其可能导致的结果。这样，才能因地制宜，提出有实际意义的规划原则、特点、重点和建议。

3．城市规划的编制应该谋求经济、社会、环境综合效益最大化

城市规划的编制是一项综合性的工作，要对城市经济、社会、环境等因素各项要素进行统筹安排，使之各得其所、协调发展。城市的经济、社会、环境各项要素之间既相互依存、又相互制约，是一种相互促进、相互制约的辩证关系。因此，在编制城市规划时，要考虑通过城市规划的编制推动城市经济的发展，在经济快速发展时期，应注重保证城市经济的有序发展；在城市经济发展较慢时，应注重新的经济增长点的培育与扶持；要重视社会发展是城市经济发展的重要目标，也是提高经济发展的动力；要为宽敞的居住民房、充分的劳动就业、安定的社会环境、良好的社会风尚，作出规划上的努力；要注重保护城市的生态系统，防止污染和公害，对城市环境进行优化、美化、绿化，使城市空气清新宜人、环

境赏心悦目。

4. 城市规划的编制要具有适度的超前意识

城市规划是一项长期性和经常性的工作，既要解决当前建设问题，又要预计今后一定时期的发展和充分估计长远的发展要求。因此，城市规划的编制既要考虑现实性，又要有超前性、预见性，促进城市的不断发展和进步。在城市建设过程中，会不断产生新情况，出现新问题，提出新要求，因此，城市规划也不可能一成不变，应当根据实践的发展和外界因素的变化，适时地加以调整与补充，不断地适应发展的需要，与时俱进，使城市规划逐步趋向于全面、正确地反映城市发展的客观需要。

（二）城市规划编制的原则

1. 与国家和地方的经济技术水平相适应

我国 1989 年 12 月七届全国人大第十一次会议审议通过，并于 1990 年 4 月 1 日起实施的《中华人民共和国城市规划法》规定：“编制城市规划必须从实际出发，科学地预测城市远景发展的需要，应当使城市的发展规模、各项建设指标、定额指标、开发程序同国家和地方的经济技术发展水平相适应。”做好城市的规划工作，首先必须了解城市形成的自然环境，弄清城市发展的历史，弄清城市自身的经济、社会、文化位置等各方面的条件以及它与周围地区的联系。同时还必须根据国家的经济和社会发展计划，把握国家对城市发展的要求，采用定性与定量相结合的方法取得城市发展所需要的各种数据，预测城市发展的趋势。然后，在充分考虑在国家和城市现阶段经济技术水平和未来发展趋势的基础上，量力而行，科学地制订城市发展规划，确定城市的性质、发展规模、各项建设标准、定额指标、开发的程序和方式。

2. 保护和改善城市生态环境

《中华人民共和国城市规划法》规定：“编制城市规划应当注意保护和改善城市生态环境，防止污染和其他公害，加强城市绿化建设和市容环境卫生建设。”我国是技术和经济比较落后的国家，工业又主要集中在城市，环境污染呈现恶化的趋势。许多城市的大气污染物和浮尘量超过国家规定的标准，每年排泄的废水总量达到 370 亿吨，城市垃圾、粪便大部分没有经过无害化处理，城市噪声也达到了令人难以忍受的地步。因此，我国目前的城市环境保护，面临着严峻的挑战。城市环境的污染，既影响了城市的生态环境，危及人民生命健康，也阻碍了经济的进一步发展。因此，在城市规划中要始终体现和贯彻环境保护原则，坚持环境、经济、社会三个效益的统一，从空间的布置上为提高城市的环境质量创造条件。

3. 保护城市的文化遗产、传统风貌和地方特色

“保护历史文化遗产、传统风貌、地方特色和自然景观”是《中华人民共和国城市规划法》中的又一规定。城市是人类文明的结晶。一座大中城市往往是长期历史发展的产物，有着悠久的历史文化传统和地方民族特色，有着宝贵的文化遗产。在城市规划编制中，保护城市的文化遗产、传统风貌和地方特色，对于各民族的文化交流、弘扬民族精神和发展旅游业等，都是很有意义的。坚持这个原则，实质是要正确处理城市建设中的现代化与民族化的关系。从世界文化发展的趋势看，越是现代化，各民族文化的特色和多样化越要得以保存，并在吸收其他民族文化、完善本民族文化的基础上得以发展，所以，在城市的现代化中，必须十分注意保护城市的文化遗产、传统风貌和地方特色，并使之与城市的现代化相结合，交相辉映。

4. 利于生产、生活，促进经济文化事业发展

《中华人民共和国城市规划法》规定：“编制城市规划应当贯彻有利生产、方便生活、促进流通、繁荣经济、促进科学文化事业的原则。”这就是说，城市规划既要把生产的发展及其布局作为首要问题加以考虑和安排，又要对生活的需要作出周密安排；既要注意物质生产组织和商品流通的布局和衔接，又要充分考虑科技文化教育事业的需要；既要为城市生产创造良好条件，又要为城市居民提供必要的住宅、较齐全的公共服务设施、相应的智力开发条件和良好的生活环境。与此同时，在城市规划编制中，还要处理好地上和地下设施的关系。在统筹安排地面上各类建筑物、构筑物和各种设施之间的关系的基础上，注意城市防火、防爆、抗震、防洪和治安、交通管理、人民防空建设等要求；在可能发生强烈地震和严重洪水灾害的地区，必须在规划编制中提出应该采取的相应抗震、防洪的措施。

5. 合理和节约用地

《中华人民共和国城市规划法》规定：“编制城市规划应当贯彻合理用地、节约用地的原则。”我国土地资源极其有限，人均土地面积和耕地面积，都只略超过世界平均数的 1/3。随着我国城市化进程的推进，城市规模的扩大不可避免，城市土地会越益紧张，人均占有的城市土地面积也会越来越少。因此，城市规划的目标之一，就是要达到城市土地的集约利用，限制城市用地规模的盲目扩张，

就是在城市土地正常的扩张中，也要尽量注意节约用地，防止多征、早征。在现有城市土地的利用中，要精打细算、合理布局，严格掌握设计定额，杜绝土地浪费。

6. 以人为本

城市规划和城市建设关系到市民的日常生活，因此，在城市规划编制中，遵循人本原则，显得尤为重要。人本原则的含义之一要一切从人的需要出发。坚持这一原则，就是一要方便生活，即无论是城市规划的总体布局，还是基础设施和生活设施的具体设计，都应处处体现群众生活的用心，特别要重视在公共设施中推广方便残疾人的无障碍设计；二要建立市民参与城市规划的机制；三要在满足市民物质生活的同时，更注重满足市民的精神生活需求。

（三）城市规划编制的构成

城市规划编制是一个内容复杂庞大且需不断修订完善的大型动态系统。根据《中华人民共和国城市规划法》和建设部的《城市规划编制办法》，遵循城市规划的原则，我国的城市规划编制主要由三方面内容构成，即城市总体规划、城市分区规划和城市详细规划。

1. 城市总体规划

这是对城市性质、规模、环境及发展方向所作的纲领性的设计，是战略性的规划方案，它需要通过详细规划才能在城市建设中体现出来，是城市分区规划和城市详细规划的基础，也是城市政府进行城市规划管理的法律依据。城市总体规划涉及国家的城市政策和城市的政治、经济、自然、技术、建筑、艺术等各个方面，因此，它是城市各项建设的战略部署。其年限一般为 20 年，建制镇一般为10～20 年。

城市总体规划的编制，一般包括以下内容：确定城市的性质、发展方向和发展目标，如是大城市还是中小城市？是工业城市还是风景游览城市？并划定城市规划区的范围；提出城市人口和用地的发展规模，包括建设用地布局、功能区分、市中心和区中心的位置、建筑空间布局、各项建设的总体部署以及主要建设标准和定额指标等；布置城市综合交通体系，包括城市对外交通系统的布局，以及车站、铁路枢纽、港口、机场等主要交通设施的规模和位置，城市主、次干道系统的走向和主要交叉口形式，主要广场、停车场的位置和容量等。综合协调并确定基础设施的发展目标和总体布局。包括供水、排水、防洪、供电、通讯、燃气、供热、消防和环卫等设施的目标和布局；制订河湖流域规划，包括确定城市河湖水系的治理目标和总体布局等；确定城市园林绿地系统的发展目标和总体布局；规定城市环境保护目标、提出防止污染的措施；安排人防建设、抗震防灾的规划目标和总体布局；提出保护城市文化遗产等的办法，包括确定需要保护的风景名胜、文物古迹、传统街区，划定保护和控制的范围；明确旧城改造的范围、要求、方法和步骤；编制城镇体系规划，包括城镇发展战略、城镇化水平、副食品基地、需要保留和控制的绿色空间等；进行经济技术论证，对规划的实施步骤和措施提出建议；编制各项专业规划，如产业布局规划等；编制近期建设规划，近期建设规划对城市近期的发展布局和主要建设项目作出安排，其年限一般为 5 年。

城市总体规划是否科学、完善、协调、切实可行，不仅关系到城市的发展命运（是繁荣昌盛还是日渐萎缩），关系到国家在一定时期内发展国民经济的方针和政策的落实（包括经济政策中的经济发展总的目标、经济建设的重点、生产发展建设和各项比例关系的平衡），而且还关系到城市能否充分统筹安排城市间的合理分工和城市内部各物质要素的合理发展与布局等。总之，科学的城市总体规划是城市建设的蓝图和依据，它能保证城市建设的每一项目、每一建筑物和城市景观具有长期性和永久性，从而使城市不断适应未来社会发展的需要。

2. 城市分区规划

主要是对城市土地、人口分布、公共设施、城市硬件等区位配置作进一步的安排。它是大、中城市为了进一步控制不同地段的土地用途、协调各项基础设施的建设，在总体规划的基础上所制订的规划，以便与详细规划更好地衔接。城市分区规划的编制，一般包括以下内容：原则规定分区内土地使用性质、建筑及用地的容量控制指标以及居住人口的分布；安排市、区居住区级公共设施的分布及其用地范围；规定城市主、次干道的红线位置等，支路的走向和宽度，主要交叉口、广场和停车场的位置；划定绿地系统、河湖水面、供电高压线走廊、对外交通设施、风景名胜的用地界线和文物古迹、传统街区的保护范围，提出空间形态的保护要求；确定工程管线的走向和服务范围以及主要工程设施的位置。

3. 城市详细规划

城市详细规划是在城市总体规划、城市分区规划的基础上，规定建设用地的各项控制指标，直接对局部地区的建设作出安排的具体规划。它一般分为控制性详细规划和修建性详细规划两种类型。控制性详细规划，就是以控制建设用地的性质、使用强度和空间环境，作为城市规划管理的依据，并指导修建性详细规划的制订。它包括以下内容：详细规定各类不同使用性质用地的界限，规定各类用地内适建、不适建或者有条件地允许建设的建筑类型，各项建设的具体用地范围、确定建设用地的性质，是编制详细规划的核心内容；安排各地块的建筑控制指标，包括建筑高度、建筑密度和容积率，建筑体量、体形和色彩，建筑后退红线距离和建筑间距等；提出各地块有关设施的要求，包括绿地率、交通出入口方位和停车泊位等；确定各级支路的红线位置、控制点坐标和标高；根据规划容量，确定工程管线的走向、管径和工程设施的用地界限；制订相应的土地使用与建筑管理的规定。修建性详细规划，就是对当前要进行建设的地区所编制的规划，用以指导各项建筑和工程设施的设计和施工。它包括以下内容：建设条件分析以及综合技术经济论证；作出建筑、道路和绿地等的空间布局和景观规划设计，拿出总平面图；道路交通规划设计；绿地系统规划设计；工程管线规划设计；竖向规划设计，即确定主要建筑物、构筑物和场地控制坐标和标高；估算工程量、拆迁量和总造价，分析投资效益。

城市规划编制的系统构成，分别体现了城市发展的宏观战略方针，城市区域结构—功能定位、综合效益实现的中观目标以及城市内各部门、各要素发展的微观任务。三类规划构成一个完整的系统和整体，它们相互联系，缺一不可，充分体现了城市系统的全方位发展和市政管理目标。

城市规划编制系统的构成以及内容重点，在不同国家其表现是不同的。如 20 世纪 60 年代以来，西方国家城市总体规划的内容，主要侧重于研究城市发展的战略性的原则问题，并对此作出长远性、轮廓性的安排，另外以分区规划指导局部的、具体的建设。英国在 1968 年颁布《城乡规划法》以后，用结构规划和局部规划代替传统的总体规划。结构规划着重于政策，是局部规划的依据；局部规划着重于实施，是结构规划的具体化，主管部门只审批结构规划，批准的结构规划具有法律效力，但不审批局部规划。这种改变的用心在于既重视政策的稳定性，又承认实施的可变性。在具体实施中，允许设计人从实际出发，作适当的调整。美国在 60 年代以后，采用综合规划，它主要是规定城市发展的目标和达到目标的方针、政策和途径，包括经济、社会、建设和环境等方面的内容，并以分区规划来指导土地的使用。法国的城市规划和开发指导方案也反映了这种变化。德国则从 1976 年起，实行战略性的城市发展规划与较为具体的建设指导规划（包括土地利用规划和分区建设规划）相结合的规划体系。

应该看到，目前在我国，由于城市规划理论研究的滞后，城市规划尤其是城市的总体规划，作为对城市性质、规模、环境及发展方向所作的纲领性的设计，与西方上述一些发达国家相比，在很大程度上还只停留于一种远景目标的勾画水平，即重结果而不重过程。总体规划与详细规划的衔接也尚未能达到理想的要求。在规划的实施过程中，由于受多种因素的影响，经常出现城市的发展过程与规划目标产生比较大的偏差。在这种情况下，只能不断地修改规划，由此导致的结果是使城市规划的严肃性和可实施性大大下降。进入20世纪90年代以后，城市经济体制向市场经济转变，城市规模的扩大，市民生活水平的提高，对生活质量的追求，使城市发展的不确定性或者说多样性增加，规划者对城市发展趋势的把握难度也更大，由于总体规划涉及的内容过多过杂，对城市的总体设计不足；城市总体规划的公开性不够，市民参与程度低，审批周期长，从而影响了城市总体规划的科学性。为解决这些问题，在城市总体规划的编制过程中，我国出现了加大方案前期规划研究力度的新倾向。随着我国社会经济体制“两个根本性转变”的实现，现有的许多规划内容、方法已不能适应新形势的需要，这些都要求我们在今后编制城市规划时，必须采用新的方法、新的模式，以提高规划设计的水平和质量，从而提高城市总体规划的可实施性。

二、中国城市规划编制的理念定位

进入21世纪以后，我国的城市发展不仅面临着国内城市之间的竞争，而且还将遇到经济实力强劲的国外城市的挑战。而要在这种竞争和挑战中取得胜利，就必须在城市规划的编制中，根据城市发展的现实要求，来确立一种全新的城市规划编制理念。只有这样，才能创造城市发展的良好条件，提高城市效益和竞争力，从而保证城市的可持续发展。为此，我国城市规划的编制，必须确立以下几种理念：

（一）城市社会经济发展的系统整合理念

城市规划的编制，必须具有战略眼光，面向未来。要根据城市未来的产业结构、产业规模、人口规模、地理位置、自然条件以及历史人文环境，对城市的基础设施以及各项社会事业的发展，作出科学的预测和规划。每个城市必须以自己的优势为依托，走发展特色经济之路，塑造城市鲜明的个性形象，以避免城市之间的重复建设，减少城市之间的无序竞争。城市规划往往要通过建筑语言来表达，为此要充分发挥人的智慧，发挥建筑师的丰富想象力和创造力，使自然、环境、建筑、文化等融为一体，形成城市的独特风格。规划城区，要适应经济社会发展的需要，分清轻重缓急。传统的城区一般分为中心区、工业区和居住区。中心区位于城市的中心地带，主要有两类实体：国家、省、市等党、政机关和经济管理部门，商业、金融业以及交通运输和邮电通讯等机构。城市的中心区是社会活动高度集中的场所，是城市的心脏；工业区是生产活动的集中地，大部分工业企业、仓库、运输以及公用设施项目都集中在这里；居住区的规划任务是为居民经济合理地创造一个满足日常物质和文化生活需要的方便、安全、卫生、优美的生活环境。城市的各城区之间应成为一个有机联系的整体。另外，还要注意对城市郊区的规划。郊区的规划是多方面的，如改善城市上空的小气候；保障市民能在郊区做短期和长期的休息和疗养；生产某些易腐烂和不易长途运输的农副产品等。加速市政公用设施和民房建设，解决城市吸纳人口难的问题。市政公用设施是城市的骨架和血脉，是城市赖以生存和发展的条件，是为城市物质生产和人民生活提供公共服务的行业。它包括公交、邮电、能源、水、文教卫生、住宅、园林、防灾等基础设施。市政公用设施不但会产生经济效益，而且更重要的会产生巨大的社会效益和环境效益。如城市园林绿化设施，不仅提高了环境质量，而且给人们创造了一个良好的休息娱乐场所，有利于人们的身心健康等。因此，必须加速市政公用设施的建设。城市住宅不仅是基本的生存资料，而且已逐步发展成为人们的发展资料和享受资料。住宅在人们生活中的重要性和它的功能多样性，使其在城市居民生活中的地位越来越重要。而城市住房短缺在世界上许多城市，特别是大城市普遍存在，我国也不例外。尤其是城市弱势群体和流动人口的住房问题，仍然是城市经济生活中的一个热点问题。随着市场经济的发展，城市流动人口将越来越多。

据有关部门统计，全国流动人口总数已达到 1.5 亿。这些流动大军对城市的经济和建设起着十分重要的作用。随着城市化进程的加快，从农村溢出的人口今后还会大幅度增加，他们对城市发展将越显重要。因此，为了增进城市稳定，应当让流动人口有归属感，这就要求在城市的规划编制和建设方面应当认真考虑他们的住房等生活问题。完善城市交通运输建设体系，努力改变城市交通堵塞问题。城市交通便利是城市兴旺发达的支撑之一，在城市经济和社会发展中发挥着重要作用。经过多年的努力，我国各城市的交通建设取得了显著成绩，但随着城市化进程的加速，城市规模不断扩大，城市交通需求剧增，城市交通堵塞日益加重。据有关部门统计，全国因城市交通运输堵塞造成的经济损失每年高达上千亿元，严重影响了城市经济和社会的发展，影响了城市可持续发展战略的实施。当务之急是完善城市交通运输建设体系，努力解决城市交通堵塞。要制订城市交通发展战略，明确适合国情的城市交通结构；要建设与城市发展相适应的现代化综合交通体系，加快城市道路和交通设施建设；要加强城市道路交通管理，提高城市道路通行能力，特别是城市公共交通，应高效低耗，使它产生良好的经济效益和社会效益。处理好老城区和新城区建设、地上建设和地下建设的综合关系。按建设条件不同，城区分为老城区和新城区。老城区一般房屋陈旧、街巷狭窄、布局混乱、市政设施落后，与城市的现代功能不相适应。对老城区的改建或重建，往往工程量大、投资多、时间长、问题复杂。新城区是按城市的现代功能和“以人为本”的理念为市民提供良好的居住环境。在城市规划编制时，应处理好两者的关系，使它们协调一致，共同成为城市景观的构成部分。在进行城市建设时，为了有效地利用城市空间，还要处理好地上建设和地下建设的关系。以往城市都很注意地上空间的利用，主要是相对集中地建设高层建筑。目前，地下空间的充分利用更需进一步挖掘，如建设地下交通设施、商业设施、体育设施和停车场等。

超大城市必须注重CBD建设。CBD商务中心区一般是城市的经济、科技、文化中心，是一个具有多功能、高度复合的区域，它不仅是一个国家或地区对外开放程度和经济实力的象征，而且是现代化国际大都市的一个重要标志。随着全球信息化、国际化程度的提高，高效、集约的都市中央商务空间已经变成了全球或区域经济一体化系统中的一个重要单元。CBD规划应具有较强的可实施性和经济合理性，这样有利于完善城市功能，使其真正成为富有活力、环境宜人、适应未来城市发展趋势及高效有序运行的商务活动区。为此，在城市规划编制时必须从长计议，保留城市自己的特色，注意现代化功能与城市传统建筑风格相结合；突出以商务办公为主的功能；重视生态环境的建设，给人们创造一个人文色彩浓厚的、舒适的工作与生活环境；塑造完美的城市形象，一般超高层建筑相对集中，并突出设置标志性建筑，形成重点突出，错落有致的空间形态；建设现代化、立体化的交通体系，强调公交设施的建设，创造便捷的交通环境；建设完善的信息网络设施，构筑统一开放的功用业务平台，为企业和社区信息化建设提供便利的条件和保障。关注社区建设。城市社区建设，是经济发展和城市化程度提高到一定阶段的必然要求，是经济与社会协调发展的载体和依托，是改革开放和社会主义现代化建设的迫切要求，是繁荣基层文化生活，加强社会主义精神文明建设的有效措施。城市社区建设应从我国基本国情出发，改革城市基本管理体制，强化社区功能。社区建设至少应当考虑到以下目标：创建一个环境优美、设施完备、服务周全、文明和谐与社会协调发展的居民生活环境；社区内净化、绿化、美化，生态环境保持良好；路、街、巷等公共场所井然有序，居民出行无障碍。

（二）坚持以人为本、服务居民的理念

就是不断满足社区居民的社会需求，提高居民生活质量和文明程度；因地制宜、循序渐进，突出地方特色，各地区在推进城市社区建设的过程中，应根据本地经济和社会发展的水平与现有工作基础，从居民迫切要求解决和热切关注的问题入手，有计划、有步骤地实现社区建设的发展目标，从基础工作做起，标准由低到高，项目由少到多，不断丰富内容，力戒形式统一单调。

（三）城市形象设计，实现园林城市目标的理念

随着城市化进程的加快，城市环境日益恶化，生态体系遭到破坏，它危及居

民的健康和城市的可持续发展。久居闹市的人们渴望亲近自然。因此，城市不仅需要有气势磅礴的高楼大厦、纵横交叉的立交桥、五彩缤纷的霓虹灯，而且还需要有碧水、蓝天、绿树、鲜花。建设园林城市，是改善城市生态环境，完善城市基础设施，提高城市整体形象的重要方面，也是现代化城市经济社会发展的重要内容。生态园林是人类的物质文明和精神文明的必然结果。工业化和城市化的推进，给人类带来了生态环境危机，这一严峻的现实，迫使人们保护自然生态环境和人工仿造自然环境，以谋求优良的生存环境。为此，建设部于 1992 年就开始在全国开展以创建园林城市作为重点的工作，并列入议事日程。这是因为："园林城市"是与城市整体形象目标设计最易于契合的提法；是中国城市建设的文化遗产瑰宝；是通向生态城市的必由之路；是促进城乡融合、协调发展的重要途径；是人类回归自然的阶梯。目前，全国已有不少城市先后获得了国家园林城市的称号。后来，建设部又于 2000 年制定了《创建国家园林城市实施方案》，重新修订出台了《国家园林城市标准》。要创建"园林城市"，必须注意和提高城市建设质量和文化含量。各城市在创建过程中，应根据自身的历史、地域、民族、政治、经济、文化等多方面因素，确立各自的文化定位，形成不同的风格和特色。目前已获得国家"园林城市"称号的城市，无不体现了这一点。他们把园林规划、建设、管理三者并驾齐驱；巧用造园造景艺术手法，以绿为主，以美取胜。要创建"园林城市"，还要继承中国传统园林的精华，做到"古为今用"，充分挖掘中国古典园林的潜力，"崇尚自然、回到大自然中去"；同时，也要吸取世界各国在风景园林建设方面的有益经验，做到"洋为中用"，结合城市发展需要，吸收国外经验，保留和发展本市特点，绿化、美化、净化城市；在扩散型城市化的进程中，要不断降低人口和建筑密度，加速信息网和航空网建设，缓解交通运输的紧张程度，提高城市用地、布局的弹性。

（四）使城乡建设融合和城、镇、村建设规划体系不断完善的理念

在进行城市规划编制时，要把城乡作为一个有机整体，制定综合的城市发展政策。农村与城市的发展，不论从空间上还是在产业上都是连续的。作为一个区域的两个共同的组成部分，两者的发展是相辅相成的。要从区域整体和长远发展的目标出发，使城乡建设不断融合，使城、镇、村建设规划体系不断完善。为此，应加强城乡环境一体化建设，搞好城市群体规划和村镇规划。

当前，我国正处于一个新的历史发展时期，工业化带动了城市化的加速。城市化应注意城市自身的可持续发展和城市周围环境的可持续发展，城市发展不能以掠夺周围资源为基础，城郊地区应是城市的花园而不是垃圾站。小城镇建设是城市体系建设的重要环节，小城镇上连城市、下接农村，是城乡之间的纽带和桥

梁。发展小城镇是加快农村工业化和城市化的重要途径，也是提高全市城市化水平的重要环节。要以中心城镇建设为重点，加快小城镇建设步伐，发挥农村地域性经济、文化中心的作用，把小城镇建设成为带动农村工业化的基地和集农村人口的重要场所，促进远郊地区工业化和城市化水平的提高。要按照科学规划、合理布局、设施配套、环境优美、增强特色的原则，科学规划小城镇，实现经济效益、社会效益、环境效益的协调统一，实现城乡经济社会和生态环境的可持续发展。在有条件的地方，如大、中城市，还应把对辖区中自然村寨的规划提上议事日程，因为这是挖掘用地潜力、改善生态环境、提高村民生活质量和现代化意识的重要一环。

（五）运用多种学科知识和新技术的理念

城市规划是一项综合的系统工程，涉及自然、社会、经济、历史、文化等各个方面。搞好现代城市规划，仅仅具有一般规划设计的理论知识是不够的，还需要其他城市科学（城市经济学、市政管理学、城市社会学等）、自然科学（环境科学、地理科学、地质科学、生物科学等）、工程技术（建筑学、系统工程学、土木工程学等）以及美学、文化学、历史学、人类学等学科的配合和融合。另外，进入 21 世纪以后，科技革命方兴未艾，各种新技术、新学科层出不穷，人类社会的发展已进入数字化的信息时代。为此，城市规划也应充分运用高科技、数字技术，学习国外先进经验，吸收人类一切优秀科技成果，追随时代潮流，开拓创新，使城市的规划提高到一个新的水平。

近几年来，新科技对城市规划、建设和管理增添了一个新的概念，即“数字城市”。“数字城市”的概念有广义和狭义两种。广义的即城市信息化，是指通过建设宽带多媒体信息网络、地理信息系统等基础设施平台，整合城市信息资源，实现城市经济信息化、建立城市电子政府、电子商务企业、电子社区；并通过发展信息家电、远程教育、网上医疗、建立信息化社区。狭义的是指利用“数字城市”理论，基于 3S（遥感、地理信息系统、全球定位系统）系统等关键技术，深入开发和运用空间信息资源，建设服务于城市规划编制、城市建设和管理，服务于政府、企业、公众，服务于人口、资源环境、经济社会的可持续发展的信息基础设施，并在此基础上深度开发和整合应用各种信息资源。目前，城市规划多学科、新技术主要是指利用 3S 技术、CAD（计算机辅助设计）等技术辅助设计、规划全过程。3S 技术在城市规划中的运用：即利用地理信息技术将城市系统中地理环境的组成要素及其相互关系影射到信息空间，建立城市现实地理环境的空间信息模型，构造一个与现实城市相对应的虚拟“数字城市”，为城市规划提供信息服务。主要是为土地使用的日常管理服务，最基本的是把批准的用地与建筑许可资料记录到图形、属性数据库里，并以数字化的地形图为背景，可随时查询、统计，给用地管理、规划部门最核心的工作带来便利。CAD 系统在城市规划中的运用：规划信息的存储和查询系统，例如，土质数据库系统、地域信息系统、地理信息系统、城市政策信息系统等，这一类系统多采用数据库系统的形式；规划的辅助表现集成系统，例如，景观表现系统、交通规划系统等。目前，景观表现系统主要是二维的图片，如果能够让用户产生一种身临其境的感觉，则景观的规划将更加科学合理、全面，而这种身临其境的感觉，正是虚拟现实技术要解决的问题。

三、城市规划编制的一般程序

《中华人民共和国城市规划法》规定了城市规划的编制权限。住建部的城市规划局和省、自治区、直辖市的政府分别组织编制全国和省、自治区、直辖市的城镇体系规划，用以指导城市规划的编制。设市城市的总体规划由市政府负责组织编制，分区规划由市政府的城市规划部门负责组织编制。县政府所在地镇的总体规划由县政府负责编制，期限一般为 20 年。其他建制镇的总体规划由镇政府负责组织编制，期限一般为 10～20 年。我国的城市编制城市规划，一般分为总体规划和详细规划两个阶段进行。

（一）编制城市总体规划的阶段

1．调查研究，掌握基础资料

调查研究阶段的主要任务是搜集、分析与整理编制总体规划的基础资料与各项参考材料，廓清城市的历史沿革和发展特点，查明城市区域范围内的自然条件、自然资源、经济地理条件、城市建设条件、现有经济基础等现状特点，明确城市发展和布局存在的主要问题和战略对策，据此初步确定城市的发展方向（包括城市总的发展方向和各部门的发展方向）和城市的性质。具体由市政府的规划部门负责。

2．编制纲要，进行技术论证

这一阶段的主要任务是确定总体规划的经济技术指标依据，包括城市性质确定的依据、规划期间主要建设项目的立项依据、城市发展规模的论证依据、城市发展用地选择的根据以及有关技术经济指标拟定的多方论证等。编制纲要并进行技术论证，是制订城市总体规划最重要的一个环节，它的结果直接左右着总体规划的确定，因此，在制订纲要和技术论证的过程中，要有城市规划、地理、经济、建筑、工程等各有关部门的配合，并组成专门的班子和领导机构，采用各种先进的技术论证工具和手段，有计划有步骤地进行工作，以保证进行各项技术经济指标和数据论证时资料完备、运算准确、方法科学和结果可靠。具体由市政府负责组织编制。

3．根据纲要，起草总体规划

市政府的城市规划部门负责起草城市总体规划。城市总体规划依次分为：指导思想；发展规划，包括城市的性质、规模和发展方向；布局规划，包括总体布局、中心城的布局、卫星城的布局以及郊县城镇布局；专业规划和工程规划，包括工业、农业、副食品基地、商业、外贸、金融、仓储业、旅游、科技、文化、卫生、体育、住宅、革命遗址和历史古迹等的规划，以及能源、对外交通、市内交通、邮电通讯、供水、排水、环境保护和园林绿化等的规划；规划的实施。

4．广泛发动群众，评议总体规划草案

对城市总体规划中比较重要而又有争议的部分，要广泛征求上级政府部门、专家学者和市民的意见，并进行反复评议。征询专家学者的意见，可以由学会组织讨论，如由市科协组织城市的土木、建筑、水利、航海、测绘、环保、地理、生态、科学学、未来学、园艺、铁道、交通工程、水产和林学等学会，进行多次讨论，使城市总体规划具有科学性。听取市民的意见，可以采取发小册子、进行问卷调查、举办展览会和开座谈会等形式。还可以举办城市总体规划设计汇报展览，组织市民参观、座谈，使城市总体规划具有较好的群众基础。征求上级政府部门的意见，对于使城市总体计划符合法律、行政法规、部门规章和上级政府的有关决定，都是很重要的。在具体方法上，可以通过提交城市总体规划草案、邀请上级政府部门工作人员前来实地查看、召开研讨会和座谈会等途径，与上级政府部门有较好的沟通，有利于编制城市总体规划。

5．政府会议讨论，人大审议通过总体规划

城市政府全体会议讨论，通过城市总体规划草案后，由市政府向市人大提交关于城市总体规划的议案，提请市人大审议和通过城市总体规划。《中华人民共和国城市规划法》规定："城市人民政府和县级人民政府在向上级人民政府报请审批城市总体规划前，须经同级人民代表大会或者其常务委员会审查同意。"这样做是为了增强城市规划的权威性、法制性和民主性。城市规划的权威性和法制性是相辅相成的。我国直辖市的人大及其常委会有权制定地方性法规，当城市总体规划作为地方性法规被通过后，就直接具有法律效力；省会城市和经国务院批

准的较大的市的人大及其常委会有权拟订地方性法规，经省级人大常委会批准后生效，当城市总体规划作为地方性法规被省级人大常委会批准后，也就具有法律的效力；我国其他城市的人大及其常委会虽然无权制定地方性法规，但是，它们通过城市总体规划后，须报国务院或省级政府审批，而国务院有权制定行政法规，省级政府有权制定地方行政规章，被报批的城市总体规划成为行政法规或地方行政规章后，同样具有法律效力。

我国城市规划的民主性有利于保障它的权威性和法制性，城市人大及其常委会在审议城市总体规划时，要充分听取选民的意见，使城市规划有较好的群众基础，有利于市民自觉服从和执行城市规划，从而保障城市规划的权威性与法制性；上级政府审查、批准总体规划。我国的城市规划实行分级审批的制度。直辖市的总体规划，由直辖市政府报请国务院审批。省、自治区政府所在地城市，城市人口在 100 万以上的城市以及国务院指定的其他城市的总体规划，由省、自治区政府审查同意后，报国务院审批。其他设市的城市和县政府所在地镇的总体规划，报省、自治区、直辖市政府审批。市管辖的县级政府所在地镇的总体规划，报市政府审批。其他建制镇的总体规划，报县级政府审批。城市分区规划由市政府审批。在报请审批时，必须提交规划范本、附件和总体规划图纸。规划文本是对规划的各项目标和内容提出规定性要求的文件。附件包括规划说明和基础资料，规划说明是对规划文本的具体解释；适应发展需要，修改总体规划。市政府可以根据城市经济和社会发展的需要，对城市总体规划进行局部调整，报同级人大常委会和原批准机关备案；但涉及城市性质、规模、发展方向和总体布局重大变更的，须经同级人大或者其常委会审查同意后，报原批准机关审批。

（二）编制城市详细规划的阶段

设市城市的详细规划由市政府的城市规划部门负责组织编制。县政府所在地镇的详细规划由县政府的城市规划部门负责组织编制。其他建制镇的详细规划，由镇政府负责组织编制。在编制城市详细规划时，可以提出多种方案，从功能、经济、环境、景观等效果和建设秩序、周期等方面进行综合的比较和论证，然后选定实施方案。城市详细规划具有作为各项工程设计依据的性质，应当遵守国家和地方政府颁布的各种法规、技术标准和规定。编制城市总体规划和编制城市详细规划并不截然分开，而往往是同时进行、相互补充的。如在编制城市总体规划阶段研究市中心、车站广场、重要街道或重要地段时，可以通过编制一些详细规划的草案来深入研究其综合功能、规模容量、空间布局等问题，以便使总体规划的有关内容较为切合实际。控制性详细规划包括规划文本、附件和规划图纸。规划文本应包含规划范围内土地使用和建筑管理规定，规划说明和基础资料收入附件。修建性详细规划包括规划设计说明书和规划图纸。

第三节　中国城市规划的实施与市政管理

城市规划市政管理是实施城市规划的重要手段。实施城市规划，是指按照法定程序编制和批准的城市规划，依据国家和各级政府颁布的城市规划管理的有关法规和具体规定，采用法律的、社会的、经济的、行政的管理手段，对城市的各项建设用地和建设活动进行统一的安排和控制，引导和调节城市的各项建设事业有计划、有秩序地协调发展的一系列管理活动。

一、实施城市规划的市政管理机构与管理体制

住宅及城乡建设部的城市规划局是国家城市规划的主管部门。其主要职责是：负责全国城市规划的管理工作，制定城市规划的政策和城市规划法规，组织指导全国城市总体规划和详细规划的编制工作，负责办理国务院交办的总体规划的审查工作，负责城市规划区内的土地规划管理，参与区域规划和重点项目选址和可行性研究等工作。各省、自治区政府的建设委员会或城乡建设厅负责本省区内各城市的城市规划管理工作，并下设城市规划处负责处理日常事务。他们的管理是间接管理，主要负责审批城市总体规划，检查执行城市规划法的情况，制定本省、自治区城市规划管理的规章等，对城市用地、建筑等直接的规划管理由各城市的政府负责。

在直辖市中，北京、上海两市的政府设置了城市规划委员会，负责城市规划管理中的决策、协调、制定地方行政规章等工作，另设城市规划管理局，负责日常管理工作。天津和重庆在市政府的城市建设委员会下设城市规划管理局，由城建委负责城市规划管理中的协调工作，而由城市规划管理局负责决策、制定地方行政规章和日常管理工作。由于直辖市的城市规划管理任务繁重，因此需要实行全市集中统一领导下的市、区分工负责制。为此，市辖区政府都设置了城市规划管理局，其职能包括遵循城市总体规划，组织力量，编制和修订详细规划，报市政府城市规划管理局审批后执行，审批一定范围或规模的工程项目的规划用地，进行建筑管理，监督检查城市规划各项法令的执行等。

省会城市、经国务院批准的较大的市和多数地级市的市政府，都设立了城市规划管理局，以加强城市规划的管理工作。一般的县级市，由市政府的城市建设局负责管理城市规划，在城市建设局设城市规划管理科，行使城市规划日常管理的职能。我国各级城市政府的城市规划管理部门与土地管理部门出现加强协调或

合署办公的趋向。这是由于对土地进行规划管理，是市政府城市规划管理部门的核心职能之一，而市政府的土地管理部门，以代表国家行使国有土地所有权和代表政府行使土地行政管理权的双重身份，也负责管理土地。至今，有些城市已经合并这两个部门，设置城市规划土地管理局，如上海、哈尔滨等；有些城市采取两块牌子、一套班子，如天津、武汉、沈阳等；有些城市虽然还是两个部门分设，但已建立起协调机制。

二、实施城市规划市政管理的内容

能否实行有效的城市规划市政管理，编制科学的城市规划是前提，而严格实施城市规划是关键。我国城市政府的规划部门对城市规划实施的市政管理有以下一些基本内容：

（一）对规划区内土地的城市规划管理

城市的发展建设离不开土地，因而，城市土地利用是城市规划的核心内容之一；要实现合理用地、保证用地，就应该充分发挥城市土地的价值和作用，按照城市规划进行科学的规划管理。就具体而言，主要有：对建设用地提出选址意见书。在城市规划区内进行建设需要申请用地，建设项目无论是使用原来已有的土地，还是申请新的用地，建设单位和个人都要向城市规划部门提出建设用地选址的书面申请，并附国家或地方批准建设项目的计划文件和有关资料。城市规划部门应在一定限期内做出选址批复和提出规划设计要求；审定建设项目的初步设计方案中的用地位置和界限。在城市规划部门提出选址意见书的同时，应向建设单位和个人提出规划设计要求。建设单位和个人委托设计单位按照规划设计要求，初步编制设计方案。城市规划部门根据各项技术规定、规划设计要求和节约用地的原则，审定初步设计方案中的用地位置和界限。审定用地位置和界限后，一方面可以据此申办用地规划许可证手续，另一方面建设单位和个人即可委托设计单位开始设计施工图；核发建设用地规划许可证。建设单位和个人在城市规划部门核定初步设计方案后，就要在一定期限内，提交用地范围图和建筑设计方案，并填写申请表，向规划部门申请核发建设用地规划许可证。城市规划部门在接到申请后，发征询单征询区、县政府规划部门的意见，主要是了解农田分界，土地上有无乡镇企业需要另行择地安置，农田水利和通讯管线是否会有阻塞或须改道等情况。

规划部门还要根据建设项目的性质，分别征询环保、消防、卫生防疫、机场净空、河港岸线和文物等管理部门的意见。城市规划部门在综合各方面意见的基础上，审查通过并签发建设用地规划许可证。建设单位和个人在取得建设用地规划许可证后，方可向县级以上地方政府土地管理部门申请用地，经县级以上政府审查批准后，由土地管理部门划拨土地；建设用地上有房屋需要拆迁的，还应按照拆迁房屋管理办法，向房产管理部门办理审批手续。

对土地的其他方面进行规划管理。包括：任何单位和个人必须服从城市政府根据城市规划做出的调整用地的决定；城市公共绿地、专用绿地，道路、广场、公共活动用地、高压用电走廊、体育运动场地和学校用地等，必须妥善保护，任何单位和任何个人不得任意占用或改变用途；在城市规划区内进行挖取沙石、土方等活动，须经城市规划等部门批准，不得影响城市规划的实施，破坏城市环境；私房的修建，不得扩大原有宅基地的面积，不得妨碍道路交通。

（二）对规划区内建设工程的规划市政管理

对一般建筑核发建设工程规划许可证。包括：在城市规划区内新建、扩建和改建建筑物、构筑物、道路、管线和其他工程设施，建设单位和个人必须填报《建设工程规划设计送审单》，并附地形图、土地使用权属证件和建设项目批准文件，向城市规划部门提出申请；城市规划部门应在一定期限内核定设计范围，并提出规划设计要求。然后，建设单位和个人在一定期限内向城市规划部门报送建筑设计方案，城市规划部门予以复核同意。最后，建设单位和个人填报《建筑工程执照申请单》，并附施工图及消防、卫生防疫等有关部门的审核意见。城市规划部门在审查施工图与批准的建筑设计方案相符合后，即可核发建筑工程执照即建设工程规划许可证；对城市基础设施中的管线铺设核发建设工程规划许可证。管线管理，是城市规划部门根据城市的工程管线规划，与城市政府的路政部门和管线铺设公司相协调，在城市基础设施的管线建设和维修中，监督处理地下管线与地上建筑、地下管线之间关系的一种城市规划管理。城市规划部门进行管线管理的内容包括：会同城市政府的道路管理部门和管线铺设公司，编制年度道路与管线修建综合计划，统一施工；审查管线平面设计图，确定管线位置、管线相互间水平距离和垂直距离以及管线交叉点；核发建设工程规划许可证。在规划区内修建城市基础设施的各类管线，除了按规定向市政府的路政部门和交通管理部门申请掘路执照和道路施工许可证外，都必须向城市规划部门申请核发建设工程许可证；对城市基础设施中的道路桥梁施工核发建设工程规划许可证。新建、改建道路桥梁，除了按照规定先申请城市建设用地规划许可证外，也需要按照规定协议设计要点，申请建设工程规划许可证。城市规划部门对道路桥梁审核建设工程规划许可证的内容有：道路的走向，道路的中心线不能改变；坐标和标高，道路桥梁的标高必须和两旁房屋建筑的标高相吻合，如果过高或过低，会造成积水；道路宽度；道路等级；交叉路口设计；道路横断面设计，须和地下管线相配合；对建筑的其他方面进行规划管理，包括：在城市规划区内进行临时建设，必须在批准的使用期限内拆除。禁止在批准临时使用的土地上建设永久性建筑物、构筑物和其他设施；私房的修建，不得妨碍道路交通和消防安全，并依法处理截水、排水、通风和采光等方面的相邻关系。

（三）对建设用地、建设工程的检查和奖惩

市政府的城市规划部门不仅要严格核发建设用地规划和建设工程的规划许可证，更重要的是要根据城市规划法和规划许可证，对建设用地和建设工程进行严格的检查，并予以相应的奖惩，这是实施城市规划的保障：对建设用地、建设工程的检查。包括：城市规划部门有权对城市规划区内的建设用地、建设工程是否符合规划要求进行检查，发现有违反的，须责令建设单位和个人切实加以纠正；沿道路建造的建筑工程，建设单位和个人应向城市规划部门申请建立道路规划红线的界桩；经检查发现有违章建筑，要坚决拆除，严肃处理；城市规划部门可以参加城市规划区内重要工程的竣工验收；城市规划区内的建设工程，建设单位和个人应当在竣工验收后半年内，向城市规划部门报送竣工材料。对建设用地、建设工程检查结果的奖惩。包括：对实施城市规划做出显著成绩，或城市规划管理人员忠于职守做出显著成绩，或检查违反城市规划的建设活动、城市规划人员以权谋私、经调查属实的，由城市政府或城市规划部门给予表彰和奖励；在城市规划区内，未取得建设用地规划许可证的，建设用地批准文件无效，占用的土地由县级以上政府责令退回；在城市规划区内，未取得建设工程规划许可证或违反规划许可证的规定进行建设，严重影响城市规划的，县级以上政府的城市规划部门责令停建，限期拆除或没收违法建筑物，影响城市规划，但可以采取改正措施的，由县级以上政府的城市规划部门责令限期改正，并处以罚款；对违反规划许可证的单位有关责任人员，由所在单位或上级主管机关给予行政处分；对违章建筑，除了罚款外，严重影响城市规划的，限期拆除，可采取措施改善的，限期改正，无不良影响的，限期补照；对逾期不拆除的临时建筑物，由城市规划部门责令搭建者限期拆除，并处以罚款；当事人对行政处罚决定不服，可以向作出处罚决定机关的上一级机关申请复议，对复议决定不服，可以向法院起诉，也可以在接到处罚通知后直接向法院起诉，当事人逾期不申请复议，也不向法院起诉，又不履行处罚决定，由作出处罚决定的机关申请法院强制执行；对阻挠城市规划部门的检察员依法执行公务，违反治安管理处罚条例的，公安机关应及时处理，情节严重构成犯罪的，依法追究刑事责任；实施城市规划日常管理工作人员以权谋私或玩忽职守，由其所在单位或上级主管机关给予行政处分，构成犯罪的，依法追究刑事责任。

（四）旧城改造与新区开发

旧城改造与新区开发，是实施城市规划的重要组成部分，但它同上述实施城市规划日常管理有一定的区别：实施城市规划的日常管理是对某方面建设或某个建设项目的管理，而对旧城改造与新区开发的管理，是全面的、综合的、区域性的城市规划管理。其内容有：统一规划，合理布局。旧城改造必须遵照城市总体规划和分区规划，编制和执行旧城改造规划。调整产业、改建住宅区、健全基础设施和改善布局景观，是旧城改造的重点。新区开发，也要遵照城市总体规划和分区规划，编制详细规划，并严格执行。制订分期实施的开发计划。城市规划部门会同有关部门，制订和监督执行开发计划。旧城改造要因地制宜，从范围看，有某一地段的重点改造，沿道路或河流的沿线改造，以及工业区或居住区的成片改造，从程度看，有拆除重建，基础设施和房屋局部的改建以及仅在房屋内部进行改建。新区开发、范围较大的，宜分期分批实施；范围较小的，也可以整体开发，一气呵成；基础设施、事业设施与生产设施、生活设施配套建设。遵循“先地下，后地上”的原则，基础设施优先于其他设施进行建设。教育、文化、卫生、体育等事业设施是居民生活必不可少的，应根据居住区规模来配置。在旧城区改建各类建筑物，应改善建筑过分密集的状况，增加绿地；综合开发，调整产业结构，形成投入产出的良性循环。成功的旧城改造与新区开发，主要靠调整产业结构，综合开发本地区资源，获得改造和开发的资金来源。综合开发是旧城改造与新区开发的核心，产业转移是旧城改造和新区开发的连环。把一部分占地面积大或有环境污染的产业从旧城迁往新区，在新区进行技术改造，安装环保设施；在旧城区建设城市型的第二、三产业，使城市经济形成新的增长点；保护有纪念意义的建筑。在新区开发，尤其是在旧城改造中，对体现传统风貌和地方特色、有重要历史和革命纪念意义或有文化艺术价值的建筑，城市规划部门应会同文化部门采取有效措施，坚决予以保护。

三、城市规划体制的改革

世界银行在 1997 年《世界发展报告》中指出：“如果没有有效的政府，经济的、社会的和可持续的发展是不可能的。有效的政府——而不是小政府——是经济和社会发展的关键，这已越来越成为人们的共识，政府的作用是补充市场，而不是替代市场。”在我国社会经济体制转型时期，各级市政府的城市规划管理也要加大改革的力度。在原有计划经济体制下计委定项目、规划定位置的传统模式及其变型模式均不能适应城市发展的需要，城市规划必须加强对城市社会、经济发展规律的研究，加强对城市发展模式的研究，引进新的方法、理论，加强对城市发展过程的研究。有必要对城市规划体制进行更深层次的改革。

改革的过程，就是利益重新调整的过程，城市规划工作在本质上就具有超越本部门利益，参与社会发展总体决策的性质。求得最佳的社会综合效益既是城市规划工作思考问题的起点，也是评价其工作质量优劣的最终标准。然而近几年来，我国城市规划工作有所放松。有时在审核规划方案时不是看它是否有利于全局的发展，而是在很大程度上看它是否符合委托者的愿望，使投资者尽快取得最大利润。因而，必须强化城市规划是重要的政府职能，是各级政府指导城市合理发展、建设和管理城市的重要依据和手段。城市规划的核心任务是以维护国家利益、公众利益为目的，调控空间资源的开发和利用，实现社会经济的协调和可持续发展。城市规划作为政府行为，包括对城市内部开发与建设的具体安排和协调管理以及对区域城市化与城市发展的宏观调控与综合协调。在深化城市规划体制改革中，我们认为要突出重视对城市主体——人的关怀，“将文化和人的价值恢复到中心的位置”[①] 为各类群体提供满足不同需要的室内外生活和游憩的空间；同时要重视科学与艺术相结合。美好的人居环境的取得，既是科学的追求，也是艺术的创造，两者殊途同归，目的都在于提高生活环境的质量，塑造“宜人环境”，给人类社会以秩序感。为此，在深化改革中还应坚持促进社会、经济、环境、文化的整体协调，促进区域、城乡发展的整体协调以及积极推进区域发展战略研究，建立区域空间协调发展的规划机制。

基于以上原则和改革理念，我们赞同中国城市规划设计研究院“中国城市规划发展趋势”课题组提出的我国城市规划体制改革的基本思路，即“合理划分中央与地方的事权，加强国家与省（自治区）城市规划行政主管部门的综合协调职能；完善管理手段，由城市规划在空间上协调各行业规划，理顺与相关政府部门职能之间的关系；增强城市规划机构设置，各级政府应设立城市规划委员会，城市规划行政主管部门应成为地方政府的必设机构，建立注册规划师制度，提高规划设计质量。”[②] 为了保障这一改革思路得以实现，就必须同步推进城市规划决策体制改革、规划管理职能机构的转变、规划设计体制改革、规划教育体制和法制化的建立、规划资金筹集渠道的改革等。当前尤为迫切的是要对涉及行政组织机制、财政分配机制和权力运作机制的有关方面进行实质性的调整和改革。为此：必须要理顺规划管理行政关系，即全国要形成国家规划局—省规划局—市（县）规划局统一的城市规划管理行政隶属建制。从整体上形成条（技术管理）块（行政管理）相结合、行政关系直接明确、名称统一规范，行政执法权力集中的较为独立的规划管理行政体制；要加大管理的投入，把规划管理提高到促进城市生产

① 联合国科教文组织．世界文化发展十年（1988—1997）．

② 1997—1998年中国城市规划发展趋势．城市规划汇刊，1998（4）．

力发展，有利于提高城市综合效益的全局来认识。城市政府除加大对国家规定的各种规费的返还比例外，政府还应将规划管理的发展基金纳入年度政府财政预算，使规划管理经费同城市经济增长保持相当比例。在此基础上，要建立起规范的规划管理执法机制，在健全规划立法体系的过程中，必须严格按照《城市规划法》，明确城市政府的城市规划执法主体，必须将规划管理权集中，加大对越权审批、违法审批、违法占地、违法建设的处罚力度，保证规划管理有一个良好的并能独立执法的社会环境。这三项重点工作，既是我国城市规划科学化、法制化的重要因素，更是积极推动中国城市现代化发展的动力与保障。随着我国城市文明和规划管理水平的提高，城市规划思想将更倾向于注重实证，强调以社会主义初级阶段的理论为指导，按照“三步走”的战略，搞好城市化的阶段目标规划。规划方法将更进一步深入实际，重点放在以经济社会协调发展的方针上，为提高城市人民生活环境质量而努力，从而理顺实践与理论的关系，使我国的城市规划管理方法提高到更新、更高、更加贴近现实的国际化水准。

【复习思考题】

1. 如何理解城市规划的含义及特征？
2. 城市规划的显性功能与制度功能表现在哪些方面？
3. 《雅典宪章》综合反映了当时各国城市规划理论的哪些最新成果？
4. 西方城市规划的理论与实践对我们有哪些启示？
5. 编制适应城市发展需要的科学城市规划必须符合哪些要求？
6. 编制城市规划应确立和遵循哪些原则？确立哪些理念？
7. 城市规划编制主要由哪些内容构成？
8. 编制城市总体规划应遵循什么样的基本程序？
9. 实施城市规划的含义及基本内容是什么？

第七章

中国城市设施的建设与市政管理

观点提示：

城市设施是城市生存和发展的基础，它制约着城市的规模，体现着城市的现代化水平。在社会主义市场经济的条件下，我国城市政府的作用之一是为企业生产和居民生活创造一个良好的外部环境。这种良好的外部环境主要体现在城市设施的建设与市政管理方面，即对城市基础设施的建设与市政管理和城市公益设施的建设与市政管理方面。近几年来，我国城市设施建设和市政管理的力度逐年加大，成绩显著。但随着我国城市人口的不断增多，现有的城市设施已不能满足城市生产和市民生活发展的需要；而且，城市设施的单位不同于一般企业，它既有经营性，又有公益性，能否正确处理好经济效益与社会效益的关系，将直接影响城市设施功能的发挥。因此，需要我们充分认识城市设施的建设、市政管理和经营的有关问题。

第一节　城市基础设施的建设与市政管理

一、城市基础设施的建设

城市基础设施，是为企业生产和居民生活提供基本条件、保障城市存在和发展的各种工程及其服务的总称。[①] 它是城市建设的物质载体，一般包含设施、产品（服务）和产业三种形态。设施一般指城市基础设施自身的物质形态，既不是产品，也不是产业。产品是指借助于城市基础设施而开展的经济活动所生产和提供的产品或服务，在这里，实体的基础设施是一种生产手段。产业是指把基础设施实体或产品（服务）作为经营对象的产业和行业，如通讯产业、自来水公司、

---

① 张永桃．市政学．北京：高等教育出版社，2001.

公共交通企业等。[1] 城市基础设施随城市生产社会化和专业化的发展而发展，先后经历了从简单到复杂、从低级到高级的发展过程。在古代社会，城市基础设施总的说来是局部的、小规模的和简陋的。进入近代社会以后，由于社会生产的中心转移到城市，人口大多数生活在城市，城市基础设施才获得全面地、大规模地和健全地发展。从1812年英国建立世界上第一个城市煤气厂，到1879年中国在旅顺建成第一个近代给水工程，再到1880年美国纽约率先利用热电厂向城市供热，都充分说明了这一点。在城市中，当水、电、煤气等基础设施已经普及，成为居民生活不可缺少的组成部分以后，环境保护、森林公园、互联网等基础设施又在成为新的目标和趋势。

（一）城市基础设施的特点

1．建设的先导性

城市基础设施既然被称为“基础”，其建设就要先于一切经济活动之前。即从建设的时间上看，指的是根据“先地下，后地上”的原则，它比生产设施、生活设施提前进行建设，从而使其与生产设施或生活设施同时交付使用；从建设的空间上看，指的是基础设施的建设应该留有余地，以适应今后产业规模和人口规模的发展。

2．使用的公共性

就是城市基础设施的使用具有“非排他性”或“非歧视性”，任何城市单位和居民一般都可不受限制地享用基础设施提供的服务，即使某一单位或个人不支付或不如期、足额地支付使用费，为不影响他人的使用，服务的经营者通常都不能随意停止服务。即它强调基础设施是企业扩大再生产和居民维持劳动力再生产的必要条件。对于居民来说，根据收入水平，其他消费是可以选择的，但对于使用基础设施的基本需求却是不可选择而又必须消费的。由于每个单位、每个居民都需要城市基础设施的服务，所以，它的公共性是其具有服务性的出发点。

3．服务的非营利性和价格的控制性

就是指城市基础设施的部门，不能像一般企业那样，主要以盈利为目标，而只能以微利、保本或亏损但有利于社会效益为目标。国家也不应该把基础设施部门作为主要的税源，基础设施部门所提供的产品和服务的价格也不宜太高。这是

[1] 王茂林．新中国城市经济50年．北京：经济管理出版社，2001.

由它所具有的服务性质决定的。因为城市基础设施与人民日常生活密切相关，其服务的价格及其变化，往往会对社会产生较大的影响，因此，城市政府对它的价格均应有所限制，这就是价格的控制性。

4．性质的生产性

就是指它是第二、三产业的组成部分，它们和第二、三产业其他的部门和企业一样，其建设和运行的性质是生产活动，即是一个投入产出的过程，据此实现资金的良性循环。基础设施的建设和运行，既有物化劳动即资产的投入，又有活劳动即人力的投入。与其他产业一样，所消耗的物化劳动和活劳动需要补偿，即投入靠产出来补偿。通过市场机制和商品买卖，它所提供的产品和劳务以相当于成本的价格出售，可以维持简单再生产；以适当高于成本即包含一定增加值的价格出售，才能扩大再生产。另外，它作为社会一、二、三产业生产的外部条件，有些本身就直接溶入生产过程，有些则又作为生产要素或保障条件而存在。因此，缺少城市基础设施中的任何一个部门的参与，实现企业生产都是难以想象的。

5．建设的适应性

就是指城市基础设施必须与城市的产业规模和人口规模相适应。城市基础设施是为城市的生产和生活服务的，而它又是由物资设备及其服务所构成的，因此，它与城市的产业规模和人口规模之间，存在着一定的比例关系。只有认识和遵循这些比例关系，它与城市的生产和生活之间，才能形成相互促进的良性循环，从而实现相互适应的目的。

6．构成的关联性

就是指城市基础设施的各部门以及一个部门内部的各方面，在为生产和生活服务时，相互之间存在着依存性，必须相互协作，才能最大限度地发挥它们的综合效能。因此，在建设时，应该保持各部门以及一个部门内部各方面之间的比例关系；在运行时，应该通过经济的、规章的和教育的手段，主动与别的部门和单位协作。

（二）城市基础设施的作用

1．城市存在和发展的物质基础

城市与农村区别的一个重要方面，是基础设施的质量和数量不同；新建或扩大一个城市，总是基础设施先行；基础设施是生产设施和生活设施发挥作用的前提。一个城市的基础设施容量大，现代化程度高，预示着它有很大的发展潜力。

2. 社会生产不可缺少的外部条件

社会的第一、二、三产业，包括属于第三产业的党政机关的产业活动，都离不开基础设施的作用。即它为各单位提供能源、水资源、交通运输条件、通讯条件等。

3. 市民生活的基本条件

城市基础设施是市民维持基本生活水平的必要条件。如果没有水、电、煤气等的供应，市民要想维持基本的生活水平是难以想象的。同时它又为市民提高生活水平创造条件。地铁、互联网和电视等，使市民享受现代生活的乐趣。生活水平越高，市民对基础设施的依赖性越强。

4. 为生产和生活提供一个减少污染的环境

今天的城市，一方面生产和生活日益现代化，另一方面却面临着环境污染的严重威胁。环境污染增加生产的成本，损害市民的健康。城市的环保设施等是环境污染的屏障、生产和生活的卫士。

5. 避免和减轻各种灾害对生产和生活的危害

我国地域辽阔，自然环境复杂，每年许多城市都遭受洪水、台风、风沙和暴风雪等自然灾害的袭击。城市的各种防灾措施在抵御和减少各种灾害给城市生产和生活带来的损失方面发挥着巨大的作用。如果没有城市基础设施的保护，让各种灾害泛滥，城市的生产和生活水平非但不会提高，反而会下降。

6. 城市现代化的前提和重要标志

所谓城市现代化，应当是最大限度地利用人类社会进步过程中的一切先进的科学技术成果，实现城市功能高效、便捷、完善与城市环境清洁、整齐、美观的统一，保证城市的可持续发展。具体地讲，现代化城市必须具备如下基本条件：具有科学合理的城市总体规划；具有先进、完善的城市基础设施；具有高效有序的市政管理。三者相辅相成，缺一不可，而先进的、完善的城市基础设施则是其他无可替代的“硬件”，是现代化城市的物质表现和承载体。城市基础设施的先进和完善，对城市现代化来说，是决定性的条件和标志。经济发达国家所走过的城市化道路，已经为我们积累了正、反两个方面的经验，其城市化和城市的现代化走的就是一条先行完善城市基础设施以此带动整个城市现代化，带动城市经济、社会全面发展和生活质量提高的道路。可以断言，没有城市基础设施的现代化，就根本谈不上城市的现代化。

7. 城市的竞争手段和竞争力的表现

经济全球化的发展，使国与国之间、城市与城市之间、企业与企业之间的竞争日益激烈，企业之间的竞争不仅取决于企业自身的技术水平、经济实力等因素，而且还取决于城市的经济环境，特别是基础设施的先进性和完善程度。企业的竞争力与城市的竞争力是联系在一起的，不能分割。[①]

二、城市基础设施建设的内容

就城市而言，不论其性质如何、规模大小，其基础设施内容的构成大同小异，一般包括以下几个方面：

（一）城市能源设施的建设

城市能源系统包括供电、供气和供热，具体指电能生产及输配系统；燃气生产、供应系统；在北方城市还包括城市供暖生产和输配系统。城市能源系统是维持城市社会、经济运转和居民生活的动力来源，与城市发展密切相关，因此，它必须具有建设的超前性、供给的安全性、连续性和稳定性。

目前，我国城市能源生产中存在的主要问题是技术落后，结构不合理，成本高、效率低、污染重。为此，必须不断加强城市能源设施新建和改扩建增容，以适应城市生产和居民生活对能源不断增长的需求。在我国市场经济体制建立之后，城市能源设施中的燃气行业建设市场已逐步放开，实行市场化的筹资、经营和管理。但电力供应由于是全国性联网输配，发电环节事实上还是由中央国有企业垄断经营。因此，加强城市能源设施建设，就要稳步推进电力体制改革，实行厂网分开，竞价上网，建立竞争有序的电力市场，加强城市电网改造建设，建成稳定、可靠的资源配送网络体系。城市的可持续发展，要求进一步提高资源利用效率，改善以燃煤为主体的能源消费结构，加强燃气、太阳能、风能、潮汐能、垃圾发电等清洁能源的开发利用。因此，我国城市能源设施建设任重而道远。

（二）城市交通运输设施的建设

城市交通运输系统是与社会经济系统、城市生态环境系统和自然资源系统密

① 吴锦良．政府改革与第三部门发展．北京：中国社会科学出版社，2001.

切联系，相互作用的复杂系统。作为社会经济系统的重要组成部分，它不仅对人类的生产、分配、交换、消费产生重大影响，同时也影响着人类赖以生存的生态环境和自然资源系统。城市交通运输系统，主要由城市对外交通和城市内部交通两大系统组成。前者因城市范围以外地区的客货运输所产生，包括航空、铁路、公路、水运、管道等运输形式。其设施包括航空港、铁路客站货站，铁路线路及配套设施；公路客货站、各等级公路；水运的客货码头及配套设施等。后者因城市范围以内的客货运输所产生，由城市道路系统、城市运输系统和城市交通管理系统所组成。城市道路系统是担负城市交通的主要设施，它既是城市生产、生活的动脉，又是城市空间布局的骨架和地下工程管线的埋设空间。城市运输系统可分为城市货运和公共交通系统，是对城市道路交通进行现代化管理的控制、指挥系统。包括指挥中心及管理信号、标志等设施。交通运输是国民经济的命脉，也是城市的命脉。城市经济的运转和居民的生活都离不开它。然而，塞车、尾气污染、噪声、管理不善、道路面积不足、辅助设施落后等交通问题，对全世界所有城市来说，都具有普遍性，成为现代社会中典型的“城市病”之一。因此，加强我国城市之间、城乡之间和城市内部的交通运输设施的建设就成为一项十分迫切的任务。

城市交通管理的现代化在很大程度上体现了市政管理的现代化。城市交通运输的系统性，必须要借助现代科技手段来维护和改善。做到：在设施上，今后要注意优先发展以地铁、公共汽车及轻轨铁路相结合的交通系统；根据实际情况严格控制机动车的数量；对公共交通所用的交通工具应严格按照环保标准进行设计；注重道路的建设，保证道路的建设先于城市，并且长期规划、分步实施；在资金使用上，必须要保持其公共性的特征。同时，为适应市场经济的发展，提高城市交通运输经营单位的效率，建立服务与收费逐步趋向合理的价格机制。普通城市道路作为纯公共物品，仍然只能由政府投资，但建设应采用公开招标的方式，以节省费用并保证质量。建成后的设施维护和保养，可实行管养分开，将维护服务通过公开招标的方式承包给公营或私营部门。对一些等级高、投资大的道路桥梁建设，政府应积极引进民间投资，通过多种市场化运营模式，保障投资者和消费者的双重利益；在发展战略上，为有效克服交通拥堵的“城市病”，要积极落实公共交通优先发展的战略，提高公共交通系统的服务水平和管理水平，使其在城市客运交通中占有较大的分担比例，达到城市土地空间资源、能源的高效使用，保证系统的安全运行，提供高品位的客运服务。同时，要加强智能交通管理系统的开发，采用先进科学技术对传统交通运输管理系统进行全面改造，以提高系统安全性和资源的使用效率，减少资源的消耗和环境污染。

（三）城市邮电设施的建设

城市的邮电通信系统是专门承担信息传递和交换的部门，它可以分为邮政和电信两大系统。其中，邮政系统承担实物和有形信息的传递，是信息传递的基本形式；而电信系统是通过电子设备对信息进行复制和再现，以求更加快速地完成信息传递，它又分为有线通信和无线通信两大部分。邮电通信作为一种极重要的信息传递手段，可以高速超越空间的障碍，缩短人们的劳动与交流的时间，给人们的经济活动带来前所未有的方便与高效。尤其是近几年来通讯技术的迅猛发展，更使城市居民对邮电通讯系统的期望和依赖逐日增加，它的发展，正在对教育、文化、人际关系、社会交往、防灾减灾等发生深刻的影响。因此可以说，邮电通讯系统是城市顺利运转的保证。邮电通信设施作为城市信息交流和部分物流的主要传输主体，是国民经济的重要基础设施，具有生产过程和消费过程相统一的特性。邮电生产和消费在时间上是重合的。邮电通信是全程全网联合作业，必须在全国范围内组成调控统一的邮电通信网，并建立统一的业务管理体制。

改革开放初期，我国邮电通信系统面临的最大问题就是缺乏统筹规划、重复建设严重；通信秩序混乱。改革开放以来，邮电与电信依据自身的运行特点，实施了独立经营，并有了自己的延伸服务功能，如邮政服务开拓了储蓄、物流和快递服务业务，电信开拓了移动通讯的多种服务。今后，城市政府还要按照市场经济体制的要求和邮电、通信行业的特点，加强邮政、电信的网点设施建设，提高运行管理效率。对快速发展的电信市场要加大改革力度，促进各类投资主体对电信设施的投入和技术升级，以适应社会发展的需要。同时，按照市场经济体制的要求和通信行业的特点，深化电信资费管理体制的改革，逐步实现资费管理法制化、程序化和透明化。

（四）城市信息网络设施的建设

城市信息化是以城市为平台，在政治、经济、文化、教育和社会生活的各个方面，通过全面应用信息技术，深入开展和广泛利用信息资源，大力促进经济发展，完善城市各项服务功能，以提高城市的管理水平和人民的生活质量，加快推进城市现代化的进程。在互联网普及和知识经济大发展的新时代，国家信息化正在从领域信息化、区域信息化、企业信息化、社会信息化等各方面、各层次展开和深化。城市的信息化是区域信息化的核心和龙头，城市的信息化建设将成为中国城市发展的新动力，成为解决城市发展中所面临诸多难题的有效手段，也是市政管理的新主题。可以说，城市现代化建设与城市信息化建设将日益交融，密不可分。城市信息工程建设包括信息网络基础设施和城市信息资源的开发和利用。信息网络是城市信息化的基础设施，是城市信息化的前提。城市信息化基础设施建设包括：电信通信网络建设、广播电视网络发展、计算机信息网络建设和应用以及接入网络建设。信息资源的开发和利用是城市信息化建设的核心内容。城市的信息资源开发利用重点表现为：政府信息资源开发；城市公共信息资源的开发和利用；市场信息资源的开发和利用；城市空间信息资源的开发和利用。信息网络化正在创造一个虚拟的城市空间，城市空间在网络上不断扩张，城市生活工作交往的时间距离正受到根本性的改变；对于市政管理，信息网络技术提供了城市发展、规划未来的可能性核心的管理模式、手段，也提供了市民参与市政管理的入口。信息网络工程建设在市政管理服务中的导入，将会引起市政管理服务网络化的革命性进步，并将使市政管理服务越来越依赖信息网络。

为此，要充分认识信息网络工程建设是城市经济发展“事关全局”的重要任务和关键举措。城市信息化工作应该突出重点，着眼于提高城市服务功能和管理功能，提高城市的运行效率，使广大市民日益感受到信息化带来的益处；要加强与市政管理相关的信息系统建设。主要包括电子政务系统，城市抗灾、救灾，检测指挥信息系统，城市规划管理系统，土地利用地理信息系统，城市资源管理系统，城市市政管理系统，社会公共安全的信息系统，城市社会治安管理信息系统，城市交通管理信息系统，城市环境监控信息系统，社会保障服务信息系统，医疗信息服务系统，科技教育信息系统，旅游娱乐信息系统，社区信息化服务系统，银企联合公共收费管理系统，城市国民经济预警系统和信息检索系统等；要加强城市信息资源库的建设，为信息系统的有效运转提供数据和应用接口支持。同时，在相关信息系统有效运行中，实施信息库的动态更新。要实现网上公布、查询、管理和综合利用，满足政府、企业和公众等对信息日益增长的需求。

（五）城市给、排水设施的建设

城市给、排水系统，包括水资源开发，自来水生产和供应，雨水、污水排放及污水处理等设施。城市给水工程系统，由取水、净水、输配工程组成。取水工程包括选择水源和取水地点，建造适宜的取水建筑物，其主要任务是保证城市取得足够的水量和质量良好的原水。净水工程包括建造给水处理的构筑物，对天然水质进行处理，符合国家生活饮用水质标准或工业生产用水标准。输配工程，是将足够水量输送和分配到各用水地点，为保证足够水压和良好水质铺设输水管道、配水管网、泵站、水塔、水池等构筑物。城市排水系统由雨水排放系统和污水排放系统组成。前者包括雨水井、管沟、泵站等设施。后者包括污水管道系统及卫生设施、污水处理厂等设施。城市给排水设施，是保证城市供水、防治城市水污染，并使城市水资源保护得以良性循环的必不可少的基础设施。这些设施通常规模大，投资高，建设周期长，在运行中要消耗大量的能源。城市水资源保证和给排水设施的正常运行是城市的生命工程，给、排水系统的技术水平如何，直接关系城市居民身心健康和生态环境质量。

我国是一个水资源极其短缺的大国，据20世纪80年代初的估计我国水资源总量，约为2.7万亿立方米/年，按人口平均占有量计算，仅为2 076立方米/(人·年)，仅及世界平均值的1/4。同时，水资源在时间和地区的分布上又极不均衡，城市的缺水现象更是极其普遍，因此，城市在工业的布局和发展上，如果稍一忽视水资源分布的特点和有限性，就会造成难以挽回的损失。而给水、排水设施的普遍不足，这不仅会影响生产，造成经济上的巨大损失，而且还会影响人民生活和社会秩序的稳定。

另外，我国的供水紧张还有人为的原因，就是管理不善、计划不周，水费计收制度不健全、不科学以及生产技术落后，由此造成工业用水和民用用水大量浪费。工业用水的复用率一般只有20%左右。目前，为不断增加的人口和发展的工业提供适量清洁的水，已成为许多国家的一个技术、经济和政治上的复杂问题。解决城市供水、排水数量和质量问题，是一个联系面很广的系统工程。为此，要“开源节流”，这是我国城市给排水设施建设要常抓不懈的一个努力方向。目前我国北方不少城市都实施跨流域调水，为保证调水工程的投资效益，必须对上游供水区域的环境和调水河道实施严格的生态保护，加强污染源头的预处理和后期治理，保证城市发展的洁净水源。同时，加强海水淡化和直接利用海水的技术研究，积极治理废水，不断提高水的复用率，这是开源节流的重大课题；城市排水设施建设应统一规划，协调发展，对城市污水处理应贯彻排渍、减污、分流、净化、回用的方针。市政排水管网的改建新建，必须做到雨污分流，便于污水集中，城市新区的排水管网要按清污分流要求与新区同步建设，旧区改造应将提高生活质量和改善环境列为重点，排水管网和污水处理设施建设要预留足够的增容空间。在污废水清污分流、市政管网雨污分流、接纳污水浓度提高的基础上，要发展高效、节能、营运成本低的污水处理工艺和装备；根据国际经验和城市经营的需要，城市给水、排水设施的建设和运营管理，完全可以多渠道形式解决建设资金来源，实施水务公司的企业化经营。政府部门的职能主要是监管水质，贯彻执行排水许可、增容许可、排污收费等制度，采用市场机制协调水价，实行企事业单位与居民差价收费、超用收费和季节性的调节收费，强化全社会的节水意识，面对高度缺水的国情，开展节水革命，最大限度地减少污水直接排放，扩大中水回用的适用范围。

（六）城市生态环境设施的建设

城市作为人类经济和社会活动最集中的场所，是典型的社会—经济—自然复合生态系统，是以人为中心的环境系统。城市生态环境系统是由大气、水质、绿化、园林、噪声控制、“三废”处理等若干支系统组成的，它对居民的生活质量和经济社会的协调发展具有重要的影响，已成为衡量该城市人居环境和投资环境的重要参数。城市生态环境系统的建立，首先是要在发展城市经济的同时，使城市生态环境指标有相应的改善，同时还要确保城市生态效益、经济效益和社会效益的统一，使城市经济建设与生态环境之间实现动态平衡和良性循环。由于城市是极其复杂的复合型生态组合系统，城市的生态平衡就是要使城市各子系统、各要素的优化组合和协调发展，这是城市发展的决定因素。而目前城市中存在的主要问题也的确是复合型生态危机，由此导致城市环境的恶化。因此，如果不从根本上解决生态环境问题，那么，就不可能实现城市的可持续发展。

加强城市生态环境设施的建设，首要的任务是各级城市政府必须从根本上转变观念，即从城市以单纯追求经济增长战略转向以城市经济、社会与生态环境协调发展的战略上来。在制订城市国民经济社会发展计划时，既要考虑经济规律，也要考虑生态规律，通过统筹安排，达到经济、社会和生态环境综合效益的统一，并把积极建设园林城市作为建设绿色城市、绿化城市、森林城市、山水城市的现实途径来抓。为此，城市政府应加强城市生态环境建设法规的制定完善，加强执法以监督保障生态城市建设。逐步调整和提高排污收费标准，实行排污费征收制度由浓度控制向总量控制的转变。利用调整产业结构的政策措施来减少环境污染的发生，改变资源消耗大的旧产业结构，向消耗资源少，附加值高的产业发展；城市政府应制定建设生态环境的经济政策，对“绿色产业”发展和生态环保事业，要在税收、信贷等方面给予必要的优惠。城市经济每个项目的发展，都应该对城市环境基础设施建设承担一定的费用。应该按照环境保护部门，包括环卫、环保、园林等部门公共性的强弱，进行市场重组，将一些有明确的服务对象、收费有保障的业务与纯公共服务分开，采用不同的服务提供方式。建立城市政府生态环境管制框架，将环境基础设施的筹资、建设、经营服务市场化，充分调动社会资源，完善城市生态设施的建设。

（七）城市防灾设施的建设

城市防灾基础设施由防火、防洪、防地震、防地面下沉以及城市“人防”设施等构成。城市灾害具有多样性、复杂性、突发性、残酷性、广延性的特征。从多样性上讲，即自然灾害、火灾、交通事故、环境污染、疫病流行均有可能发生；

从复杂性上讲，即一种灾害的出现常常表现为多种灾害原因的复杂叠加；从突发性上讲，即灾害出现的突然性，往往出乎意料、防不胜防；从残酷性上讲，灾害的发生通常危及城市居民的生命，主灾后往往伴随发生各种次生灾害；从广延性上讲，灾害影响广泛，在短期难以消除。城市防灾设施的建设，可以预防和有效降低灾害给人民生命和经济社会发展造成的损失。

提高城市防灾设施的建设水平，应做到：要形成防灾、抗灾与救灾相结合的城市综合防灾系统，建立综合减灾应急指挥中心、协调机制和处理预案，完善和发展各项灾害预报和通信系统；做好城市防灾设施的规划和建设工作，按照国家规范的不同设防等级施工和验收，杜绝“豆腐渣”工程；在搞清城市的灾害性质与背景的基础上，对城市环境治理和城市土地利用进行科学控制。通过对灾害形成机理、影响规模的分析，制订城市防灾的总体规划、灾害数据与灾害专题系统，建立灾害中长期预测模型与防灾地理信息系统（GIS）和城市防灾管理的决策支持系统（DSS），包括数据库、模型库、防灾预警系统与有关的灾害控制和治理法规。

三、城市基础设施的市政管理

在建设好城市基础设施的基础上，对现有的这些设施进行有效的市政管理，这是更好地发挥其作用的一个十分重要的环节。

（一）城市基础设施的管理机构

1．综合管理机构

市政府的城市建设委员会是城市基础设施市政管理的综合管理机构。它是市政府的工作部门，是市政府全面负责城市基础设施管理的职能机构，是城市基础设施专业管理机构的上级领导机关。之所以要设立这一机构，就是因为城市基础设施市政管理的专业机构均履行各自的职责权限，但动态中的城市基础设施市政管理必然产生大量的相互交叉和相互协调的职能，而城市政府又无力或很难直接履行这项职能，所以综合机构代表城市政府对城市基础设施进行有效的统一的宏观市政管理。由此决定了综合机构的主要职责是：执行党和国家关于城乡建设的政策法规，制定本市城乡建设的法规、规章草案和文件；制订城市建设规划和住宅建设计划，审批基础设施的立项；负责制订工程建设的规范，会同有关部门制订工程建设定额；筹集和管理城市建设资金；负责建筑业、建材业的行政管理和行业管理；指导并协调市政工程、环境保护、园林绿化、环境卫生和住宅建设等工作；指导并协调房地产管理；制定并推行村镇建设标准；组织协调基础设施的重大工程建设等。

2. 专业管理机构

根据技术性质和功能特点，城市基础设施可分为若干专门系统，如水系统、交通系统、电系统、通信系统、环境系统等。从事专门系统管理的机构就是专业管理机构。这些管理机构有：公用事业管理局、市政工程管理局、环境保护局、园林管理局、环境卫生管理局等，它们也是市政府的工作部门，是市政府负责城市基础设施某方面市政管理的职能机构，是市政府城市建设委员会的下级机关。公用事业管理局所管理的基础设施包括供水、供气、公共客运交通和出租汽车客运。市政工程管理局所管理的基础设施包括道路、公路、桥梁、地铁、隧道、市政排水设施、污水处理设施、公用防汛墙与驳岸等。协调管理机构。它是城市政府为了协调城市基础设施的市政管理和城市其他各项事业管理的关系，达到市政管理的综合效益而设置的跨部门、跨专业、跨领域的局。主要有：市政管理局、交通管理局等。市政管理局是市政府的工作部门，是市政府的负责市容市政管理的职能机构，并根据市政府的授权，协调交通管理、环境卫生管理与市容管理的关系，它也是市政府城市建设局的下级机关。它的协调职能主要表现为：在交通、市容和环境卫生工作中发挥综合管理、组织协调的作用；加强对街道市政管理和监察执法的指导；开展交通、市容管理的综合性研究和前瞻性规划，为市政府决策提供依据；充分发挥区、县、镇政府和街道办事处在社区行政管理中的作用。在一部分大城市，尤其是交通枢纽城市，市政府设有协调城市交通管理的机构，即交通管理局。就是运用各种机构的资源综合管理交通，其职能包括制订城市交通建设规划；协调交通管理有关部门在设施方面的配套和管理方面的合作；协调规划、市政、公安、工商、交通运输等有关部门的横向关系，集中治理交通管理的突出问题，并对全市交通实行统一管理。

3. 临时管理机构

城市基础设施市政管理动态因素很多，特别是我国市政管理正处于发展完善阶段，难免面临一些重要的新出现的或突击性的任务。为了能够完成上述任务，市政府就需要设置一些临时机构。如市政府或它的职能部门为了筹建重大的基础设施工程，或综合解决城市建设和管理中的重要问题，可分别设置某项工程建设指挥部和某种治理整顿领导小组。这种临时机构的特征是：由城市政府或它的职能部门授予有关权力；市政府有关的职能部门派负责人参加，具有协调有关部门工作的职能；工作人员从有关部门借调；工程完成或问题解决后，机构即被解散。

（二）城市基础设施的市政管理职能

城市基础设施的市政管理部门，属于专业管理部门，即实施行业管理的部门。在社会主义市场经济条件下，城市基础设施的行业管理，不仅是对政府出资建设的城市基础设施的经营企业的产品和服务实施管理，而且还要对在投资多元化的情况下，对各种所有制成分构成的全行业整体实施管理，同时还要对城市基础设施的产品和服务的市场进行管理，即无论是谁想进入这一市场，都应服从行业的统一管理。而要做到这一点，最主要的是必须要实行真正意义上的政企分开，包括所有权与经营权的分离，即将国有城市基础设施的经营权从政府部门中分离出来全部落实给企业，把企业推向市场，政府部门保留所有权，只行使行业管理的职能，不再直接指挥、干预企业正常的经营活动；现有的基础设施行业的事业单位（大多数以政府名义出现），也与政府脱钩，转变为具有法人资格的经营管理实体，与企业一样在行业主管部门的监督下进行业务活动。只有这样，城市政府主管部门对城市基础设施的管理，才能适应社会主义市场经济的需要。由此也决定了城市政府主管部门对城市基础设施市政管理的主要职能：

制定行业的发展方针、政策、规划、规章、强制性产品标准、服务标准、规范等，并监督其实施；实施市场管理，包括市场准入、资格认定、质量监督、服务监督等；与有关部门协同监督和实施城市基础设施产品和服务的价格和收费标准的管理；对于具有直接经济收益的设施，如城市供水、燃气、供热等行业，着重培养市场机制的形成，促进建立一种市场投入为主导的建设、经营新机制，广泛吸收多种所有制成分共同参与，形成有序竞争的局面；对没有直接经济收益或直接受益很少的设施，如城市道路、环境卫生、园林、绿地、防洪等设施，其维修、养护、保洁等业务，应采取招标等市场竞争方式选择能胜任且高效的企业来承担，并按合同办事。如近几年来国内有些大、中城市在市容保洁和绿地、树木养护中所采取的社会招标的形式，代表了城市基础设施养护和维修改革的方向，值得其他城市的借鉴和推广。

第二节　城市公益设施的建设与市政管理

城市公益设施，是城市设施的重要组成部分，包括城市教育、科学、文化、卫生和体育设施以及扶助残疾人等的设施。城市公益设施一般由政府公共财政投资建设，具有低收费、提供补贴等特征。

一、城市科教文化设施的建设与市政管理

城市发展的基本目标之一就是不断提高人民的生活质量，而文化、科学、教育设施的建设和市政管理，正是为了满足城市居民提升生活质量的需要。城市科教文化设施包括教育和科学服务设施：如大、中、小学，科研机构和科学普及场馆等；文化服务设施：如图书馆、博物馆、美术馆、纪念馆、影剧院、文化馆（站）、报社、电台、电视台等公共文化场所和机构。城市科教设施是提升城市产业结构、城市信息化水平、居民生活质量所不可或缺的公益设施；也是衡量城市核心竞争力的重要标志。由于过去我国的科研教育长期落后，因此，在我国物质文明、政治文明、精神文明协调发展的新时代，城市发展比以往任何时候都更加依赖教育发展和科技、文化进步。城市文化教育体系必须适应受教育人口密集度高，学习需求旺盛而且多样化的特点。由于存在城市需求的广泛性与资源、资本有限性的矛盾，一贯由政府提供的城市文化、教育和科技设施投资体制也在某些领域实施市场化经营，形成了“民办公助”或纯粹民办教育、文化、科技产业部门、场所和机构。随着城市物质文明建设的加速和居民文化科技消费支出的增加，必须不断加强城市公共文化设施建设。增加公共图书馆、影剧院、博物馆、科技馆等设施的数量，建设大众文化、休闲、娱乐设施，增加公共文化设施的覆盖率。

为保证对科技文化事业的基本投入，改革科教文化设施投资体制，适时引进社会资金市场运行机制，把文化设施建设成城市精品，完善城市功能，弘扬和彰显城市精神。城市科教文化设施建设与市政管理的机构由不同的职能所决定。如城市教育设施的建设与市政管理机构，是依法管理城市教育事业的行政机构。城市人民政府作为城市教育管理的领导机关，负责对教育设施的统筹规划、协调管理和目标管理。城市教育设施市政管理的主要机构是教育局及其所属的区、县教育局。它是城市政府建设与市政管理全市教育设施的职能部门。科技设施的建设与市政管理机构是城市的科学技术局，它是城市政府主管科技工作的综合职能部门，对科技设施进行建设与市政管理，是其重要的职能之一。文化设施的建设与市政管理机构是城市的文化局。文化局对文化设施的建设与市政管理，是指它依据国家和所属城市的方针、政策、法律、法规，对文化设施进行具体的规划与制定。即从资金投入、建设规模、设施种类、功能发挥、具体布局、外观造型、保养维修等方面进行全过程的负责与市政管理。

二、城市体育设施的建设与市政管理

城市体育设施主要包括公共体育设施和全民健身体育设施。城市体育设施一

方面具有公共性特征：健身是市民的基本需求，体育设施的建设直接关系着公众身体素质和健康水平，进而影响着各项建设事业的劳动力素质和生产效率，因此它是城市政府必须提供的；另一方面它也具有某些市场化特征：如竞技体育在全球范围已形成收益巨大的体育市场，如何加快我国体育产业的发展，加快城市体育设施建设的市场化改革，使官办场馆变成民办，进行多元化、多样化、自主性经营，是一个值得研究的问题。为此，要重新界定城市政府在发展全民体育运动中的职能和作用。政府的职能就是：提供体育领域中的公共物品；制定体育设施建设的标准；明确规定最低的体育设施配套标准；强化对开展全民体育健身活动的引导和扶持；同时进一步开放体育设施建设市场，除了竞技性的体育市场，还包括娱乐健身性的体育市场；大力发展社区体育组织，普及公共性体育设施的建设；要采取有力措施加强城市体育设施的建设；规划落实城市公共体育设施用地额定指标；将社会效益（体育彩票）作为引导资金，支持场地馆和设施建设；要提高市民参与体育设施建设的积极性。对重要体育设施的建设项目举行听证会，广泛征求市民的意见，把体育设施的建设置于市民的监督之下。提高全体市民参与的积极性。同时，鼓励多元化、多渠道的资金参与体育设施建设。城市体育设施建设和市政管理的主要机构是城市体育局。

三、城市公共卫生设施的建设与市政管理

城市公共卫生设施，主要是指为防治疾病、保障人民健康和满足医疗卫生需要而建立起来的机构和场所，如医院、门诊部、基层卫生中心、康复医院、疗养院、急救中心和疾病预防控制中心（防疫站）等，统称为公共卫生设施。城市公共卫生主要包括两大部分：公共卫生方面的疾病预防和控制；医疗卫生方面的疾病治疗和控制。城市公共卫生设施是人民生命健康的重要屏障，是关系民族兴衰的公共事业，是促进全民健康、保障公民劳动能力和正常生活的基本手段，也是提高人民生活水平的重要组成部分。城市医疗卫生设施建设重点是根据普遍服务的原则，形成合理的网点和布局；根据整体服务原则，以发展综合医院为主，兼顾重点专科医疗机构；根据资源共享的原则，减少重复建设投资；促进医疗资源整合，扩大医院功能，加强社区医疗服务，防止盲目新建或扩建医院；加强或新建急诊及康复服务设施，充分考虑急救设施的建设；加快社会化的医疗信息共享系统，完善疾病控制信息体系和指标体系，开放医疗市场，引进多元投资和竞争机制，变官办为社会多元协办。

同时还应该看到，城市公共卫生设施建设的重点不仅包括医疗救治，而且还包括预防控制。2002 年 11 月从广东开始爆发的“非典”疫情，因其爆发急、传播快、范围广、影响大的特点而成为全球性的公共危机。“非典”疫情突如其来，

凸显了中国医疗防疫控制体系的不完善以及医疗设施严重不足等问题，提醒政府应尽快把政府承担的抵御公共风险的职能提到日程上来，尽早完善国家公共卫生医疗防疫控制体系，完善社会保障体系，加强卫生体制改革，明确医疗卫生设施和公共卫生设施的不同管理和投资体制；确保公共卫生设施国家投资和建设资金及时到位；保障公共卫生安全和应急系统的高效运行；加强市民公共卫生意识教育，提高防疫部门人员素质，促进公共卫生事业健康发展等。城市公共卫生设施建设与市政管理的主要机构是城市的卫生局，它是各级城市政府的组成部分，是实施党和政府卫生工作方针政策，领导城市卫生工作，编制城市卫生设施建设与管理规划、制定法律和督促检查的组织系统。其他还有如对城市残疾人设施的建设与市政管理，也是城市公益设施建设与市政管理的重要内容。为残疾人服务的公益设施，主要是在城市道路和场所铺设盲道、设立各种无障碍设施和标志。对于这一类的设施，过去在城市的建设计划和投资中几乎没有涉及，但在近年来，已经开始得到政府和社会各界的关注。残疾人是社会的特殊群体，与健康人一样，同样有享受各种社会服务的权利。一个城市为残疾人服务设施建设的标准如何，同样是现代化和社会文明的标志。残疾人服务设施的投资和建设，可以从社会福利彩票基金的收入中拨付，对城市交通主干道路、商业街，各种主要商业、文化娱乐、科技教育场所的规划和设计，必须考虑残疾人以及特殊老年人的需要，真正体现以人为本的理念。目前，我国许多大城市已步入老龄化社会，因此，建设好城市的残障设施已刻不容缓。

第三节　中国市场经济条件下城市设施的经营

所谓城市设施的经营，从狭义上来讲，是指城市基础设施与城市公益设施按现代市场经济的规律进行营利性和非营利性的经营，但从“经营”这一角度而言，主要是指城市基础设施。市场经济条件下城市设施的经营，是城市发展到一定程度其自身运动的内在要求。随着城市化进程的加快，资金短缺成为各国城市设施建设中普遍面临的问题，城市设施的经营，就成了突破长期制约城市建设和发展资金“瓶颈”的必然途径。通过城市设施的经营，可以盘活它的存量资产，实现实物价值的资本化；除纯公共物品外，对于营利性的准公共物品实行以政府为主导的多元化经营，从而实现增量资本的价值多元化；政府通过城市设施使用权和经营权的资本化，促进城市社会财富有效、持续的增长，以形成“经营、建设、发展”的良性循环。城市设施经营理念的提出及其实践，意味着城市政府市政管理职能的重大转变，即由传统的以计划为中心的封闭、被动、一元化、静态的市政管理向开放、主动、多元化、动态的市政管理转变。

一、城市设施经营的理论依据

（一）城市价值理论

资本化运作原理。在我国社会主义市场经济运行过程中，资本化运动的迹象将为城市经济的发展作出重要的贡献，马克思关于“资本不是物而是人与人的关系”的经典定义也将得到进一步的发展和突破。由于市场是资本化运作的载体，盈利最大化是资本化运作的本质特征，资本通过货币引导城市设施要素的流动，因此，对城市设施进行资本化运作就是促进城市设施的实物运动向价值运动转化、城市设施的非货币化向货币化转化、城市设施的多目标驱动向以追求价值增值为目标转化，进而不断推动城市设施的资本化运作，并使它成为城市经济发展的辅助运行方式。

1. 核心竞争力原理

城市的核心竞争力概念是由企业核心竞争力和国家竞争力延伸而来，是指区别于其他城市或地区的特有的经济竞争优势。它具有独特性、价值性和持续性的特点，主要包括城市的比较优势和竞争优势两个层次。前者由城市的资源禀赋所决定，是城市独享的经济资源和有利条件，如区位优势、自然资源优势、社会资源优势等，是城市经济赖以生存和发展的重要前提。后者取决于城市资源的利用程度和城市设施的建设速度和管理水平。经济全球化的推进、市场经济的深入和科学技术的突飞猛进，竞争优势可以摆脱资源和区域位置的制约。但竞争优势并没有排斥比较优势的存在，而是包容了比较优势。

2. 成本—效益分析原理

成本—效益分析是建立在微观财务分析和宏观经济、社会、环境评价之间的桥梁。在这里，任何增加人们福利的东西，就是效益，任何减少福利的东西，就是成本。根据补偿原则，如果一项改变带来的净效益大于零，则这一改变就是对社会福利的改善，就值得实施。效益和成本是开发或决策对城市社会整体的有益贡献和不利影响。成本—效益分析是城市按照既定的经济、环境和社会发展目标，运用近似社会价值的影子价格，对城市设施投资方案的成本与效益进行度量、计算分析和比较，以便从中选择最优方案的一种科学分析方法。它是在给定有限的可用设施条件下，保证和拟建方案为达到既定目标产生最佳效益的一种有效工具，也是评价可供选择的多种设施投资方案并从中选出最优方案的科学工具，为根据城市目标和价值尺度进行方案选择提供了一个合理的程度框图，并通过运用能反映城市目标的经济参数，来评价和判断城市设施方案对整个城市经济的全面影响程度，据此作为城市设施经营管理的依据。

（二）公共物品理论

公共物品的属性理论。从经济学的角度来看，公共物品是与私人物品相对的概念，消费中的非竞争性和技术上的非排他性是公共物品的两个最基本特征。狭义的公共物品是理论上的纯公共物品，广义的公共物品既包括纯公共物品，也包括介于公共物品与私人物品之间的“准公共物品”。在现实中，大量的是在“纯公共物品”与“私人物品”之间存在着的“准公共物品”，而城市的基础设施和部分的公益设施就是这样的“准公共物品”产品。从政府发挥职能的角度出发，公共物品可以分为直接性公共物品、间接性公共物品和混合性公共物品。直接性公共物品（纯公共物品）完全由政府决定，需要多少，就生产多少，是一种政府直接控制的公共性极强的公共物品；间接性公共物品属于政府对消费行为的一种间接干预，如对公共性较弱的部门给予的补贴。政府一般通过政策介入影响生产这些产品的企业的行为，而不是直接管理和干预；混合性公共物品指政府既直接控制又间接介入。在理论上区分政府供应与政府生产的不同含义具有重要意义，因为政府生产的物品不一定是公共物品，而政府供应的物品一定是公共物品。个人对公共物品的消费取决于该公共物品向社会提供的总量。随着城市经济系统的不断扩张，个人对公共物品的消费有增加的趋势，而政府对公共物品的提供却越来越低，因此，一部分城市设施采用私人物品的经营方式将是一种必然的趋势。公共物品的动态性理论。公共物品的明确界定只是理论上的规范，在现实中公共物品与私人物品的性质和边界具有不确定性和模糊性，两者之间并没有严格的边界。

事实上，所有公共物品的“公共”程度都是相对可变的，从而决定了公共物品是一个空间的、历史的动态范畴。从空间上看，政府对公共物品的供应具有区域性特征，表现为相对性和动态性，如免费公园这种市民可以共享的准公共物品，在发生拥挤时就会产生竞争。公共物品的相对性和动态性决定了其类属划分和公共性也是相对的，如随着环保产业由“先导产业”向“支柱产业”的不断转化，其类属关系和公共性也在不断发生变化，政府的职能也必须随之发生相应的转变。在一定社会经济制度下，个体所不愿、不能和不宜涉足的公共物品领域，随着经济的发展和制度的变迁，一部分公共物品将成为个体所愿意、能够和可以进入的领域。从时间上看，公共物品是一个历史的范畴，具有阶段性的特征。在不同的社会制度、不同的经济发展阶段、不同的文化背景下，公共物品的性质也会发生演变，如技术进步使公共物品的排他性增强而竞争性减弱；公用工程特许权（BOT）的出现，使私人投资新建的城市设施可以合法地对使用者收费，从纯公共物品变成价格排他的准公共物品；随着消费者收入和购买力的提高，公共物品已趋向于成为私人物品。民间所不愿、民间所不能、民间所不宜理论。在市场机制中，由于公共物品生产具有广泛的外部性，作为反映生产者的边际成本与消费者边际价值关系的公共物品的价格，与私人产品的价格不一致，从而导致了公共物品的社会成本与某个消费者的私人成本之间的不完全一致。一般来说，公共物品的生产都具有规模大、投入高、生产周期长、必须有足够多的后续资金、生产技术水平要求高、要有一个庞大的协作网、往往不能按照成本价格组织生产和提供服务等的特点，因此，政府必须承担起这部分责任，照顾城市设施的投资者利益，这是一方面；另一方面，也不能在“鼓励”民间投资时，忽视“民间所不宜”而损害公共利益。

（三）外部经济理论

外部性问题最早是由英国福利经济学家庇古发现并提出的。根据庇古的观察分析，外部性问题是由于社会边际净产值和私人边际净产值的背离而引起的。也就是说，城市外部性问题产生的原因在于城市经济活动（包括个人、企业甚至政府）中成本与社会成本、个体收益与社会收益之间的差异，因此外部性就是经济人个体经济行为的外在影响。城市的外部性可以分为外部不经济和外部经济。当个体行为对其他个体产生无报酬的收益时，如果产生的社会收益高于个体收益就是外部经济现象，如公园打开围墙，使周围的居民享受到绿色景观和新鲜的空气；当个体行为对其他个体产生的无报酬的成本时，如果产生的个体成本低于社会成本，就是外部不经济现象，如工厂的污染问题。外部性是城市经济活动常见的现象，其严重后果是它对资源配置产生的不利影响。例如，对生产企业来说，当企业个体边际成本等于个体边际收益时，就实现了生产者均衡（利润最大化）；对城市来说，当社会边际成本等于社会边际收益时，就实现了社会均衡，即该产品的供给相对于需求达到了最佳点，有限的资源得到了最充分的利用，实现了社会福利的最大化；这时，如果个体边际成本等于社会边际成本，或者个体边际收益等于社会边际收益，那么，企业与城市同时达到均衡，企业利润最大化也就是城市社会福利的最大化。

但是，在个体生产行为存在外部不经济的情况下，企业个体边际成本小于社会边际成本，或者企业个体边际收益大于社会边际收益，这时个体生产的最优量就会大于社会最优量，该产品的供给就存在着过度的现象；同理，生产行为的外部经济会造成某些产品的供给不足，消费行为的外部不经济会造成某些产品的消费过度，消费行为的外部经济会造成某些产品的消费不足，这些现象都意味着城市设施的浪费，意味着设施配置的低效率。因此，在市场经济条件下，经济行为的外部性必然不利于设施的有效配置，不利于社会福利的最大化，在制约外部不经济的同时，也不能简单地鼓励外部经济。为了维护市场机制的正常运转，顺利实现对设施的有效建设，必须采取各种措施使外部性内在化，使之纳入市场经济的正常轨道。城市是外部经济表现明显和突出的空间区域，完备的基础设施和公益设施、发达畅通的信息传播手段，成为企业不需支付任何成本而享受的乐土，从而使城市成为企业的聚集地；同时，众多的劳动力人口和教育、医疗机构的聚集，也降低了劳动力的雇佣成本。但污染严重、交通堵塞也同样是城市的外部性表现——外部不经济。解决这些问题的途径之一就是要对城市设施进行科学的经营。

二、城市设施经营的要求、模式与形式

城市设施的建设，需要各种要素的投入，主要包括资金、人力、自然资源的投入，而产出主要是指其所产生的经济效益、社会效益和环境效益。对于一般的商品，主观意识上往往是以经济效益为主，兼顾社会效益和环境效益。正因为如此，所以，城市设施的部门和单位与一般企业相比，在经营上具有不同的要求，即城市设施的公益性特征决定了它的部门和单位不能像一般的企业那样，以盈利为主要目标，而只能以社会效益为首要的目标，在此前提下兼顾经济效益；虽然它们有生产性，受投入产出的经济规律制约，但其中多数的部门和单位是通过市场和财政的复合补偿，来实现投入产出的资金循环。

（一）城市设施经营的要求

1. 根据城市设施部门和单位的公益性在市场化程度上的区别，实行不同类型的经营模式

即少数完全靠市场投入产出循环的部门和单位，如集体所有制、个体所有制和私人所有制的出租汽车单位，实行与一般企业一样的企业化经营。少数完全靠财政补偿实现投入产出循环的部门和单位，如路灯养护部门，实行全额拨款的事业单位管理。一部分主要靠市场补偿实现投入产出循环的部门和单位，如供电、电信、公共交通等，基本上实行企业化的经营，同时财政给予适当的补贴。一部分主要靠财政补偿、次要靠市场补偿实现投入产出循环的部门和单位，如公园、消防站和广播电视等，实行差额拨款的事业单位管理。

2. 根据城市设施经营模式的不同，实行不同的定价制度

实行完全的企业化经营的部门和单位，所提供的产品和服务的价格，在市场竞争中形成，但受城市政府的物价管理部门的监督。全额拨款的事业单位所提供的产品和服务的价格，由上级部门确定，并经物价部门批准。基本上实行企业化经营的部门和单位，所提供的产品和服务的价格，主要在市场竞争中形成，但受物价部门的指导。差额拨款的事业单位所提供的产品和服务的价格，主要由上级部门在参考市场竞争行情后确定，并经物价部门批准。如果扩大再生产的任务较重，价格可含微利；如果主要是维持再生产，价格可含成本；如果公益性较强，市场化程度较低，价格可允许适当的亏损。

3. 无论实行哪一种经营的模式，城市设施的部门和单位都要努力提高经济效益

这样做，不但是适应社会主义市场经济体制、参与市场竞争的需要，而且也是减轻财政负担的需要，同时还是增加城市设施的部门和单位员工收入的需要。城市设施的部门和单位员工提高收入水平，不能靠涨价，只能靠提高产品和服务的质量，增加产品和服务的数量以及降低产品和服务的成本来实现。实行企业化经营的部门和单位，可以运用一般企业的管理制度；实行事业性管理的部门和单位，也必须运用各种形式的经济责任制，把员工的收入与提高质量、增加数量和降低成本挂钩。

（二）城市设施经营的模式

1. 公办公营式

即由政府通过直接开办、控制经营的机构或企业供给公共产品。采取这种方式供给的公共产品，一般是盈利甚微甚至无利可图而又关系民生的具有极其显著的“外部性”的项目，如机场、邮政、自来水、部分隧道等。对这类设施项目的供给实行公办公营，有利于政府根据财政能力和实际需要统筹安排。如供水是我国香港特殊的公共产品。政府对这种特殊公共产品的生产提供财政补贴，每年金额都高达十几亿港币。显而易见，这一净赔的产品供给，离开公营是不可能实现的。

2. 公办商营式

即政府拥有全部或部分股权，由法人团体以商业形式经营，自负盈亏。采用

这种方式主要是指那些盈利率不高，盈利前景不明朗，但投资庞大的设施项目，如地铁、轻轨等。经营这些设施项目的公司，其董事局成员均由政府委任，政府的运输和金融等相关单位的官员是其当然的董事。但它们既不是政府部门，也不是依据《公司条例》成立的有限公司，实际是属于半官方性质的独立法人团体或法定机构。政府对它们在经营方面的要求，总的来讲是在尽可能降低经营成本的前提下，提供高质量的服务。

3. 专利经营式

即在政府监管下由私人资本通过投标取得政府特许的专利经营权来经营某项公共物品。目前，以这种方式提供的公共设施项目包括公交、轮渡、电力、海底隧道等，则通过法制化的管制计划或专门法律对这类公共设施项目的生产经营者进行规制。政府通过这种方式供给公共物品，一方面使经营机构不断采用先进技术来改善设施，提高社会效益和降低经营成本；另一方面也确保经营者在政府允许的范围内获得合理的利润。这样，不但可以减轻政府在公共物品供给上的财政负担，而且可以充分利用社会资源，调动更多的社会力量来发展城市设施，市民因此也能够享有较高质量的公共产品消费。

4. 私商经营式

即将某些公共物品的生产和供给完全交由一些私人机构经营，如煤气供应和集装箱码头，其收费标准完全由市场供求关系和竞争调节，不必经过政府批准。[①]

（三）城市设施经营的形式

从融资、投资体制与机制这一角度而言，在我们国内，已有学者作过概括。如湖北省鄂州市的吴建华在 2002 年曾提出城市设施建设经营的 8 种运作方式：盘活土地，以土地融资搞城市建设；拍卖设施经营权，以无形资产融资搞城市建设；组建上市公司，上市融资搞城市建设；推行项目融资建设模式，以项目融资搞城市建设；实行分级投入，各级共建搞城市建设；招商投资，利用外资搞城市建设；发行建设债券，吸引社会闲散资金搞城市建设；坚持开源与节流并举，节约资金搞城市建设等。[②] 吴建华在这里提出的“城市建设”，显然指的是城市设施建设。这 8 种方式，应该说对我国正确进行城市设施的经营是有一定的启发性的。除此以外，还有国外在城市设施的经营方式上的一些成功做法，也值得我们借鉴：

---

① 丁健．现代城市经济．上海：同济大学出版社，2001：176-177.

② 吴建华．城市建设的经营手段．城市管理，2002（4）.

1. BOT 方式

意思是“建设—经营—移交”。这是利用私人资本投资于城市设施的一种融资方式。传统的 BOT 概念是指政府部门就某个设施项目与私人公司或项目公司签订特许协议，授权承担该项目的投资、融资、建设、经营、维护和一定期限后的移交。在特许期间，设施项目的业主向项目的使用者收取适当的费用，如建桥的过桥费，修路的过路费等，由此回收项目投融资、经营和维护成本，并获取合理的利润回报；政府部门对该项目具有监督权和调控权；特许期届满，项目业主须将该项目无偿移交给政府部门。浙江温州在建设垃圾焚烧发电厂过程中所采用的方式，借鉴的就是国外的这种 BOT 方式。

2. TOT 方式

即将建设好的公共工程项目，如桥梁、公路，移交给外商企业或私营企业进行一定期限的运行管理，该企业组织利用获取的经营权，在一定期限内获得收入。在合约期满之后，再交回给所建部门或单位的一种融资方式。在移交给外商或私营企业中，建设单位将取得一定的资金以再建设其他项目。这一方式在一些地方比较流行。如上海的南浦大桥和杨浦大桥。采用 BOT 方式融资转让的只是特许经营期内的经营权，不涉及产权、股权这一敏感问题，保证了政府对城市设施的控制权，易于满足我国特殊的经济及法律环境的要求。同时还有利于盘活国有资产存量，为新建城市设施筹集资金。

3. ABC 融资方式

原意为以资产支持的证券化，是指以目标项目所拥有的资产为基础，以该项目资产的未来预期收益为保证，通过在国际市场上发行高档债券来筹集资金的一种项目证券融资方式。这种方式的优点就是能使信用等级较低的项目的信用等级提高，可以进入国际高档证券市场，利用该市场信用等级高、债券利率低的特点，大幅度降低发行债券筹集资金的成本。中国第一个已获得国际融资为目的的 ABC 方案在重庆推行。中国建设银行重庆分行已选择并获准于香港豪升 ABC（中国）控股有限公司达成合作协议。ABC 在重庆首次运作将投入 2 亿美元，流动资金可达 10 亿～20 亿美元。此次运作项目仅为航空票款、汽车按揭、商业零售等。ABC 融资可以衍生出其他的金融产品，拓宽应用领域。如水电、住房、道路、桥梁、铁路等项目，它们的共同点是收入安全、持续、稳定。

三、城市设施经营中的产业化

在市场经济条件下，如何更好地经营城市设施，从国内外成功的经验来看，必须走产业化之路。这是因为，城市设施尤其是城市的基础设施，是既为物质生产、社会发展，又为人们生活提供一般条件的基础性公共设施，是城市生存与发展的基础，它包括广泛的内容和复杂的系统。随着科学技术和社会生产力的发展，城市设施中有越来越多的系统形成了独立的产业和行业。如能源产业、交通产业、运输产业、通讯产业、环保产业、文教体育产业等。这些产业的出现，还带动了其他一系列产业，如基础材料产业、房地产业、汽车产业等。因此，城市设施产业是城市经济乃至国民经济的支柱产业，是新的经济增长点。我国市场经济条件下城市设施产业的地位与作用，决定了我国城市设施经营中走产业化之路的必要性以及现实可能性。

（一）城市设施经营产业化的必要性

1. 产业化适应了城市设施建设量和投资量不断扩大的需要

社会生产力的发展，经济社会化程度的提高，城市设施内容越来越广泛，城市经济对城市设施的需求日趋扩大，从而对其的依存性也越来越大。如上所述，城市现代化在很大程度上取决于城市设施的现代化。在城市现代化的过程中，城市设施建设量迅速增加。只有不断实现产业化，才能适应城市设施投资和建设增长的需要。

2. 产业化有利于提高城市设施的使用效率

提高效率和追求公平，是社会经济发展的两大目标。城市设施是重要的经济、文化领域和管理部门，一方面由于对城市设施的投资和建设量越来越大；另一方面城市设施与每一个企业、每一个居民的关系也越来越密切，因此，这个领域的公平和效率对整个社会的公平和效率有着重大的影响。目前，中国城市中的不少企业效益不高，不能说与城市设施的落后没有关系。通过市场交换，推行产业化经营，是目前条件下维持公平和提高效率的手段，甚至是最重要的手段。所以，近几十年来，许多国家都把城市设施尤其是基础设施的建设、管理和经营，同其他生产经营领域一样交给企业，实行产业化经营。大量事实证明，有些城市设施项目由政府投资、建设和管理往往投资很大且效率低下、分配不公，而交给企业家投资、建设和管理后效率明显提高。产业化经营和管理是城市设施发展的趋势和方向。

3. 产业化有利于城市政府职能的转变和弥补财力投入的不足

随着城市的急剧发展，一方面，城市公共管理任务越来越繁重，越来越细致；另一方面，城市政府机构又受到财力的限制，不可能无限制地扩大，相反需要尽可能的精简，以减轻企业和居民的负担。城市政府要把一部分设施建设和管理交给企业去办，变成企业的经营活动，以集中精力办好由城市政府办的事。这样，可以更有力、更灵活地筹集资金，动员更多的社会资金投入城市设施建设。目前，在我国有些城市成立的城市建设投资公司，它们承担了原来由政府承担的一部分任务，事实证明，效果是好的。但我们也应该看到，这还是初步的，在城市建设投资公司整个运作的过程中，有些地方还需要进一步完善，同时还需要有其他各种类型的企业加入城市设施建设的行列。一部分城市设施实行产业化经营，政府就可以加强规划、调控、监督的职能。虽然城市的财政收入不断增长，但与城市设施建设对它的要求，仍然存在较大的距离，这是中国目前城市发展中的普遍现象。为了解决这一矛盾，城市设施产业化是一个行之有效的方法。即使由政府投资建设的项目，也可以实行产业化的建设和经营。

（二）城市设施经营产业化的现实可能性

科学技术的进步为城市设施经营的产业化提供了技术条件。一方面，城市设施领域，成为科学技术的重要领域，国家和城市致力于这个领域的研究，取得的重大成果推进了城市设施的建设，有利于它的产业化经营，提高建设和经营效益。如在城市基础设施领域，据美国新兴预测委员会和日本科技厅等有关专家的预测，在未来 30 年间，全球在能源、环境、农业、食品、信息技术、制造业、生物医学等领域，将出现“十大新兴技术”，其中有关“垃圾处理”的新兴技术被排在第二位。随着这类新兴技术的出现、成熟和产业化，在 21 世纪的头 10 年，日本生活垃圾中的 50%将被收回利用。近几年来，世界各国纷纷开发垃圾资源化技术，通过回收垃圾中的有用成分，实现垃圾的减量化和资源化。国外一些国家，如瑞士、澳大利亚、丹麦利用垃圾焚烧发电已占垃圾处理的 65%～75%，荷兰、澳大利亚等国利用垃圾进行堆肥的比例也逐年上升。国内在这一方面也取得了不少经验。如广汉市，由当地政府和私营企业共同出资建成了一座日处理量 100～150 吨的垃圾处理厂，在处理垃圾的同时，生产颗粒复合肥并回收废塑料作为再生原料。另一方面，科学技术的发展，特别是计量技术的发展，对许多城市设施的使用和消费都可以直接计量，即原来不能分割出售的，现在能正确地按单位出售，这也会产业化的经营创造了技术条件。总之，目前中国实行城市设施，尤其是城市基础设施的产业化的条件已经具备。

【复习思考题】

1. 如何理解城市基础设施的含义与特点？
2. 城市基础设施有哪些作用？
3. 城市基础设施建设的内容包括哪些方面？
4. 我国城市基础设施综合管理机构的主要职责是什么？
5. 如何理解城市设施经营的含义及理论依据？
6. 城市设施经营具有哪些要求？有哪几种供给模式？
7. 城市设施经营走产业化之路的必要性体现在哪里？

第八章 中国城市生态环境与环境卫生的市政管理

观点提示：

正确处理人与自然的关系，是人类生态环境营造和保护的成功经验。尽管我国自20世纪70年代初实施生态环境保护工作以来，基本做到了经济建设、城乡建设与生态环境建设的同步规划、同步建设和同步实施，也初步实现了由生态环境与经济不协调向协调方向的转变；污染防治由以末端治理为主向以依靠经济结构调整和全过程控制的转变；由以单个企业进行污染治理向以区域、流域生态环境综合治理、全面治理的转变；由以污染防治为主向以污染防治和生态保护并重的转变，但随着我国城市化水平的提高和可持续发展观念的深入人心以及城市环境问题的大量存在，城市中的生态环境与环境卫生管理已日益成为市政管理的重中之重，在城市经济、社会、文化、环境等系统要素的协调发展中，城市生态环境和环境卫生、市容市貌必将成为未来城市中最令人关注的协调要素。

第一节 城市环境与城市生态系统

一、城市环境的基本特征与功能

环境是由人与其周围存在的客观事物构成的。它是以人为主体的，同时它又是相对于人而言的。现代意义上的城市环境，同样也是相对于城市中的主体——居民而言的。主要是指影响城市居民生活和生产活动的各种自然的和人工的外部条件，是一种特殊的自然-人工复合的环境。它既包括城市的自然环境，也包括城市的人工环境。城市的自然环境又称城市的自然条件，包括地质、地貌、土地与土壤、水文、气候与大气、生物等自然地理要素。城市的人工环境是指由人工建造的或由人类活动形成的物质环境，主要是指人类生产和生活所依赖的各种人工设施，包括生产设施、市场设施、生活设施和基础设施等。总之，“城市环境是人类在政治、经济、文化活动中不断利用和改造自然环境而创造出来的高度人工化的生存环境，是典型的人工生态系统。它与自然生态系统有着重要的区别”。①

（一）城市环境的基本特征

1. 它是一种高度人工化的自然-人工复合环境

城市环境既不是单纯的自然环境，也不是单纯的人工环境，自然环境与人工环境的高度融合是它最显著、最基本的特征。因此，城市环境的发展和演化，既遵循自然的规律，也遵循人类社会的规律。自然环境是城市环境的基础，但人工环境是城市环境的主体。城市是人类对自然环境施加影响最强烈的地方，城市的各种自然要素都带有明显的人工痕迹，甚至已经被人工改造的面目全非。但即使如此，城市环境仍然受到自然规律的制约，城市的自然环境仍然遵循着自然演化规律。如城市的“热岛效应”是城市的“小气候”，但这种小气候仍然处在大气候的四季更替的控制之下。

2. 它是以人为主体和中心的环境

人是城市环境的主体，人不但创造了城市的人工环境，而且还不断地改变了城市的自然环境，因此，人是城市环境的创造者。人创造城市环境的目的是为了人本身，“以人为本”是城市环境的根本宗旨。但“以人为本”并不是以人类为中心，也不是追求人对自然的绝对主宰和控制，而只是强调城市环境的“人文关怀”。

3. 它是一个高度开放性的环境系统

每一个城市都在不断地与周边地区和其他城市进行着大量的物质、能量和信息交换，输入原材料、能源，输出产品和废弃物。因此，城市环境的状况，不仅仅是自身原有基础的演化，而且还深受周边地区和其他城市的影响，城市的自然环境与周边地区的自然环境本来就是一个无法分割的自然生态系统。城市环境的这种开放性，既是其显著的特征之一，也是保证城市的社会经济活动持续进行的必不可少的条件。

---

① 蔡孝箴，郭鸿懋．城市经济学．天津：南开大学出版社，1998.

4. 城市环境十分脆弱

由于城市环境是高度人工化的环境，受到人类活动的强力影响，自然调节能力弱，主要靠人工活动进行调节，而人类活动具有太多的不确定因素；而且影响城市环境的因素也很多，各因素之间还具有很强的联动性，一个因素的变动会引起其他因素的连锁反应，因此，城市环境的结构和功能表现出相当的脆弱性。这种脆弱性主要表现在城市的环境问题种类繁多，而且日益严重。城市环境污染严重。城市环境污染，一般是指由于人们的行为的因素使城市环境系统的构成或状态发生了不良变化，扰乱了城市环境的生态平衡，破坏了城市生态系统的分解与自我净化能力，从而使城市环境不断劣化。与乡村地区相比，城市是人类生产和生活活动集中之地，污染源众多，污染物数量大，污染现象严重。尤其是大气，对城市环境的污染最为突出。城市的环境污染不仅影响到城市本身，而且往往扩散到城市的周边地区。

（二）城市环境的基本功能

由城市环境的基本特征所决定。自然生态环境是城市发展的基础。“良好的市容环境，从它为城市提供优美的人居环境和良好的投资环境来说，其本身就是一种资源。”[①] 城市环境为城市人群提供便利的工作、学习、居住、游乐、出行场所和设施，为发达的第二、第三产业提供活动和发展空间，决定着城市开发、建设与经营的规模、速度、类型和特点，决定着城市经济、社会能否实现和谐运转与持续发展。就具体的功能而言，主要表现为：从城市人居环境的角度来看，优雅的市容环境和城市设施可以满足高质量生活的追求，增强城市的凝聚力，使人们安居于本城。相反，污染严重、交通拥挤、脏乱差的市容、市貌只会令人厌倦，产生迁往他处之念。而在以人为本的时代，没有人气的城市就谈不上持续发展，更不可能与其他城市的竞争；从产业的角度来看，城市环境更是经济发展的基础。城市是经济社会最发达的地区，在知识经济、全球经济兴起和发展的影响下，产业升级日益加速，对城市环境的要求也越来越高。如食品生产对清洁水源的要求极为严格，精密电子元器件的生产则非常注重清新、无污染的空气等。同时，城市环境自身的承载力也对产业的发展有着很强的约束力，它排斥用地多、耗能高、污染大的产业。“在现代经济的发展中，资金、人才、机械设备等经济要素，都可以流动，可以‘用脚投票’来选择城市，而唯有城市环境本身不可迁

[①] 郭鸿懋．市容也是资源．天津日报，1999-11-2.

移，是不可流动的要素。‘环境’正成为影响城市竞争力的决定性因素”。[①] 在开放的市场经济条件下和全球经济一体化的时代，国与国之间的竞争正演变为以城市为中心的区域性竞争，竞争态势日趋白热化。创造良好的投资环境，吸引可流动要素集聚本城，已成为各个城市竞争的焦点。可见，城市环境与城市经济正是鸟巢和鸟儿的关系；人们常说的“没有梧桐树，哪有凤凰来”，用于形容城市环境的建设、保护、管理恰如其分。正因为城市环境存在着上述功能，所以，无论规模大小、无论沿海或是内地，各地城市都在通过“筑巢引凤”这一途径，来营造自身良好的环境，以增强城市的竞争能力。

二、城市环境问题对城市生态系统的影响

城市生态良性化是城市发展的最终目标之一，它的实质是从本地的实际出发，在现有的条件下，统筹规划城市居民的活动，平衡各种生态关系，使得经济、生态、社会协调发展，获取最大的综合效益，最终求得人与自然的和谐。城市不仅是一个典型的人工生态系统，而且是一个多层次、多因素、关系复杂的自然、经济、社会复合的生物大循环系统，即城市生物圈系统。这个系统，一方面要从系统外输入所需要的大量物质和能量来维持；另一方面也向系统外输出产品和文明，即有相当数量的废弃物要排入系统内的环境，甚至要扩散到系统之外。但如果这个系统一旦失去调节，那么，整个系统就会被破坏，并涉及周围的生态经济系统。城市生态系统是以人的聚集为中心的，是在开发和利用各种类型的自然和农业生态系统资源的基础上形成的独特的生态系统。从城市生物圈的系统构成来看，它主要有五个方面的要素：社会结构要素、经济结构要素、资源结构要素、人工结构要素和环境结构要素。

社会结构要素主要是指城市中居民的人口构成，即基本人口、服务人口和被抚养人口等。经济结构要素包括生产、分配、流通和消费等结构环节，而在这四个环节中，又有若干子系统要素。资源结构要素，主要是指土地、淡水、食物、森林、能源的结构。在人口聚集的城市必须具有可使城市人口生产和生活得以进行的基本条件，如适宜的气候、充足的淡水、粮食、蔬菜以及燃料和原料等。这些自然资源不仅是城市存在和发展的基本条件，同时也是维持城市生态系统平衡不可缺少的要素。人工结构要素，主要是指城市的空间结构，一般是指人工设施、自然资源和地域环境的组合。人工设施又可分为生产服务的设施和为生活服务的设施以及既为生产服务又为生活服务的城市基础设施，如道路、供气、供热系统、地下水道等。城市人工结构是城市生态系统的重要方面。环境结构要素，即任何

---

① 仇保兴．当前经营城市的基本矛盾及对策研究．天津：天津科学技术出版社，2002：13.

主体都要有自身的存在环境，在以人为主体的城市中，也需要有一个适当的环境以维持大量人口的生存和活动。这里的环境结构主要是自然生态系统，包括大气、水体、土地、矿藏、植物、其他生物、能源和景观等要素。从上面的分析中，我们可以看出，城市生态系统是城市地区以人为主体的生物群体与城市环境、技术、资源等要素相互依赖构成的综合系统。在这个综合系统中，城市环境的好坏对城市生态的平衡有着十分密切的关系。

在一般正常的情况下，城市的生态系统是均衡而循环演进的，在人类社会的早期，由于从事规模较小的农牧业生产，生态系统受损程度很低。恩格斯曾经说过，人本身是自然界的产物，是在自然环境中并且和环境一起发展起来的。就是说，人类诞生于环境，又作用于环境。城市生态恶化成为一个大范围的环境问题，并且发展成为一个危害人类生存和经济发展的社会公害，是在近代工业诞生之后才出现的。大工业的产生和发展，一方面，促使了社会的进步和人们生活水平的提高；另一方面，也排放出大量有害物质造成环境污染，并且日趋严重。城市发展的历史证明，城市一方面是人类作用于环境最深刻、最集中的区域；另一方面也是人类社会中环境污染最严重的区域。正如日本官方部门在其工业化、城市化高度发展时期所认识到的：“由于产业活动的兴旺发达、城市化的进展，我们周围的自然环境每时每刻都在受到污染和破坏。”[①] 城市生态系统的恶化，根源于人类经济、社会发展与环境的协调关系的被破坏以及资源的不合理利用和浪费所造成。就具体而言，主要表现在：人口的增长和经济的发展超出了环境承载的能力和环境容量。

20 世纪中，工业化、城市化进程的空前加速，构成了城市环境污染加剧的物质诱因。科学家们的研究表明，在其他因素不变的条件下，环境污染与人口密度和经济开发强度成正比。这就使污染在大城市比中小城市为甚、工业城市比其他城市为甚，尤其是以重工业和化学工业为主的大城市。社会生活需求激增而技术防治能力的滞后。一方面工业化国家中过分追求豪华舒适的生活模式和铺张奢侈的消费习惯；另一方面防治和消除环境污染的技术手段还远远不能适应社会的需要。统计表明，发达国家在创造了高度的物质文明的同时，也给世界遗患无穷。用做制冷剂的氟利昂是破坏臭氧层的元凶，无所不包的家用电器使电力消耗登峰造极，普及化的家用小汽车更是城市空气污染的罪魁祸首；不尊重生态规律，不以反映城市生态规律的理论为指导组织经济、社会生活，不能合理使用土地与空间，建筑布局、工业布局混乱，从而破坏了城市的生态系统，减弱了城市生态系统的调节机能。这一点着实应该让我们汲取恩格斯于工业化早期在审视一个又一

[①] 日本经济审议会环境研究委员会．日本的环境问题．东京至诚堂，1972：15.

个经济奇迹背后潜伏的危机时，给我们发出的警告："不要过分陶醉于我们对自然界的胜利，对于每一次这样的胜利，自然界都报复了我们。"①

在发展中国家，城市生态恶化问题大体可分为三类，即环境污染、城市系统的拥挤和自然支持系统的退化。这些城市环境问题对居民的生活和生产都有着重要的影响。而在中国，城市生态环境的恶化则又主要表现为对城市自然环境的污染。这种污染，按其领域范围来划分，可分为大气、水域、土地、声环境和视觉的污染；按其物质形态来划分，可分为气体、水、固体废弃物、波、放射性的污染；按其性质和作用方式，可分为物理、化学、生物的污染；按其产生的原因，可分为生产和生活污染等。由以上这些环境污染所引发的各种问题就是生态环境问题。

中国的生态环境问题，始于20世纪70年代初期，突出表现为：水资源的缺乏和水质的污染。在中国目前的655座城市中，约有400多座城市缺水，每年缺水60多亿立方米，而且还有相当多的城市一方面淡水资源受到污染，另一方面多数城市生活污水和各种工业污水未经处理或处理不当就排入周围环境。根据建设部提供的数据，截至2005年6月底，全国31个省（自治区、直辖市）中还有297个城市没有建成污水处理厂，其中地级以上城市63个，包括人口50万以上的大城市8个。② 目前，我国工业废水处理率仅为68%，生活污水处理率不到10%，导致90%以上的城市水域严重污染，近50%的重点城镇水源不符合饮用水标准。③ 污水含有大量的有机和无机污染物，不仅破坏水域生态系统，造成水生动物的大量死亡或绝迹，而且直接威胁着人们的饮水安全和身体健康。城市的水包括地表水和地下水，地表水首当其冲受到污染，污水的长期下渗使地下水也遭到污染。另外，大气降水的污染也不可忽视，一方面有时降水（如酸雨）本身即是污水；另一方面降水会把空中和地表的污物冲刷到水体中。因此，降水实际上就把大气污染和地面污染的一部分转移到水环境中。大气的污染。城市的大气污染物主要包括生产和生活活动中排入大气中的悬浮颗粒物、含硫化合物、氮氧化物、碳氧化物等。悬浮颗粒物主要来自燃料燃烧、建筑扬尘和工业生产过程中产生的粉尘，颗粒直径小于100微米以下的所有颗粒称悬浮颗粒物，它往往含有多种金属，不仅直接污染环境，对人体构成危害，而且吸附有毒气体，使有毒气体富集并发生化学反应，从而大大增强其危害性。城市大气的气态污染物主要来自工业、生活和机动车对煤和石油的大量消耗，其中直接危害最大的是二氧化硫、一氧化氮、二氧化氮和一氧化碳。尤其是由汽车和工业排出的氮氧化物和碳化氢，

---

① 《马克思恩格斯选集》第3卷第513页。

② 引自《法制日报》2005年10月11日。

③ 傅国伟，郭京菲．面向可持续发展的水资源管理问题的探讨．城市环境与城市生态，1997（10）．

经太阳光紫外线照射后生成一种毒性很大的浅蓝色烟雾，称为光化学烟雾，对人体的危害极大，轻者眼睛红肿、呼吸道发炎，重者呼吸困难、头晕目眩，视力减弱、手足抽搐，甚至导致死亡。中国是以煤为主的能源结构，加之煤燃效率较低。据测，中国北方城市二氧化硫大气浓度平均超标 30%，南方城市平均超标 19%；西南、华南地区由于燃煤中含硫量高，造成一些地区酸雨严重。目前，中国一些大城市，如北京、广州和西安，二氧化硫和空气悬浮颗粒物平均浓度都远远超过了世界卫生组织（WHO）确定的标准，大量二氧化硫排放的后果是形成酸雨，引起土壤、水体酸化，危害植物生长和人体健康，损害建筑设施。据统计，20 世纪 90 年代中期，中国酸雨的面积已达 250 万平方千米，比 80 年代中期扩大了 100 万平方千米。固体废弃物的污染。固体废弃物是指人们在生产和生活中认为无用而丢弃的固体和泥状物质，主要包括工业固体废物、建筑废物、生活垃圾、水底和管道污泥以及废水处理渣等。

随着经济的发展和人们生活水平的提高，城市中各种废弃物的排出量迅速增加。据有关城市调查统计，全国垃圾历年堆存量目前已超过 60 亿吨，侵占土地面积多达 5 亿平方米，有 200 多座城市陷入垃圾包围之中。我国城市人均垃圾的年产量已达到 440 千克，而且城市生活垃圾清运量每年仍以 8%～10%的速度增长，截至 2000 年，我国城市生活垃圾年产量已达 1.5 亿吨，严重影响了城市环境的整洁美观。不仅如此，而且它还向郊区和农村地区转移和扩散，并占用大量的土地。如在上海市区 1 260 平方千米的范围内，50 平方米以上的垃圾堆就有近 2 000 个，占地面积达 526 公顷。长期以来绝大部分城市采用露天堆放、自然填沟和填坑的原始方式消纳城市垃圾，对土壤、地下水、大气等造成极大的影响和潜在的危害。[①] 即污染地下水及水源地，释放有毒有害气体，造成危害极大的二次污染，加剧大气、水和土壤环境的恶化。城市生活垃圾由于其发生源极其分散，成分也非常复杂，处理就更加困难。因此，生活垃圾一直是城市环境所面临的一大难题，而且目前已成为一个十分严峻的问题。噪声的污染。城市中人口和产业集中，人们的生产和生活活动会发出各种声音，其中有些声音对人群的休息、工作、学习带来妨碍，甚至影响人的身体健康，这就形成了噪声污染，它已成为污染城市环境的重要因素之一。从其发生源上来讲，城市的噪声污染主要包括交通噪声、工业噪声、建筑业噪声、商业和娱乐场所噪声、家庭生活噪声等。据有关环境监测部门提供的资料表明，在我国有近 2/3 的城市居民在超标准的噪声环境中生活和工作。中国城市噪声比西方国家约高 12 分贝，尤其是大工业、工业区更为严重。噪声常常会使受害者出现心理和生理不适症状，如焦躁不安、耳鸣

---

① 全国 200 座城市被垃圾包围．城市导报，1999-5-1.

目眩，严重者会出现听觉失灵，进而可能成为噪声性耳聋，噪声一旦引发心脏、脑血管等疾病的并发，将直接威胁受害者的生命安全。

极强的噪声能使受害者的整个机体受到严重损伤，造成脑震荡甚至死亡，还会危及建筑物、现代化生产、科研和国防建设。近 10 多年来愈来愈强烈的噪声已逐步占据了人们的生活空间，它像瘟疫一样污染着环境，常使人感到烦恼无比而又挥之不去。据报道，近年来北京、上海、天津、广州等城市在收到有关环境污染的投诉中，噪声扰民的已占到 60%以上。随着我国经济的快速发展，城乡建设日新月异，无论是大、中城市，还是县、乡集镇，建筑施工工地比比皆是。由于大都是中、高层建筑，整个施工基本实行机械化作业，打桩机、混凝土搅拌机、材料提升机（吊塔）等，无不发出强烈的噪声。不少单位为了抢时间、赶速度，大都采用换人不停机械的办法，不分昼夜地施工作业，无疑会给居民的生活、休息带来极大的影响。

电磁波的污染。近几年来，随着各种现代化的无线通讯、广播、电视、检测、遥控等技术的迅速发展，电磁波的污染已经引起城市居民的关注。但由于它无形、无声、无味，其存在不易被人察觉，其危害也不能直接显现，因此，电磁波的污染并未受到应有的重视。事实上，电磁波的危害是极大的。它不仅直接对人的神经系统构成危害，而且对精密仪器、仪表的正常工作造成影响，使之出现偏差甚至失灵，对这些仪器、仪表所承担的各项研究（医疗、教育、国防、金融等）构成威胁。由于电磁波造成的航空、交通、医疗等事故日益增多，而且电磁污染还包括电磁波之间的相互干扰，从而出现信息上的混乱，因此必须对电磁污染给予足够的警惕和重视，否则将可能对人类社会造成灾难性的后果。此外，近些年来，城市光污染也在呈增加趋势。目前，各大城市实行“让城市亮起来”工程，闪烁的霓虹灯在美化城市的同时，也给日益增多的夜间工作、娱乐的居民带来了无形的伤害。

城市生态环境的恶化，不仅给城市居民生活带来了极大的威胁，甚至给整个人类生态系统造成了严重损害。因此，它的恶化所带来的后果，必须引起现代市政管理部门的高度重视。城市环境污染的直接后果是：恶化了城市人的生存条件。许多本来就缺水的城市，由于地表水与地下水遭污染而处于雪上加霜的境遇。与此同时，我国西北的城市每年要在“沙暴”中静候沙漠的威胁；严重破坏了城市的景观，环境污染使有的城市变得花木凋零、鸟兽绝迹、文物古迹遭受腐蚀、日益憔悴、面目全非。对人类身体健康的威胁。污染物通过人体的呼吸、消化系统进入体内，或通过皮肤接触与感官刺激作用于体表，其中的有害、有毒成分对人体造成损害，引发疾病甚至夺去人的生命。据世界卫生组织 1978 年提供的资料，城市肺癌死亡率是农村的 2～5 倍，而历史上那些杀人于无形的环境公害事件也几乎总是发生在城市。因此，尽管今天的医疗卫生条件得到了很大的改善，但城市里的人们却依然成天为自己脆弱的健康而忧心忡忡；造成极大的经济损失。从全球范围内而论，仅因大气污染造成的直接经济损失，美国每年达200亿美元，德国为25亿马克，法国为30亿法郎；另据欧共体国家的调查，环境污染造成的经济损失通常占国民生产总值的3%～5%，美国与此类似，美国在1990年一年的污染损失约为2 150亿美元，正好相当于同年美国各级政府的财政总收入！就我国而言，20世纪80年代每年因污染造成的损失为800亿元，其中大气污染损失70亿元，水污染损失380亿元，固体废物污染损失80亿元。这800亿元，相当于我国1987年国民生产总值的7.7%。[①] 另外，在我国据有关部门的测算，仅城市垃圾所造成的经济损失每年至少也有250亿～300亿元，而这种可再生资源本可创造的价值竟能高达2 500亿元的财富，这是一笔多么可观的数字。

第二节　城市生态环境的市政管理与建设

一、城市生态环境市政管理的实质

从环境演变的角度看，城市的发展史就是人类不断改造城市自然环境的过程，是人工环境不断扩大、自然环境不断后退的过程。但是，无论人类文明如何发达，都无法摆脱受自然环境演变和发展规律的制约。所以，在人类进入工业社会后，随人类文明的迅速发展和财富的迅速积累，人类的生产和生活活动排放到自然环境中的有害物也呈加速增长趋势，城市生态系统的调节机能受到严重破坏，造成了城市生态系统的恶性循环，形成了日益严重的城市生态问题。这就要求人类必须高度重视城市的生态环境的市政管理、建设和保护。城市环境在特定的空间、时间，不外处于三种状态：最佳状态——城市环境的优化、理想化；中等状态——城市环境的正常化、一般化；最劣状态——城市环境的劣化、污染化。城市生态环境的市政管理、建设和保护就是要使城市环境达到优化目标。

就城市环境发展的特点而言，城市环境市政管理主要包括两大部分内容：城市环境综合治理，即防治城市环境污染；城市环境建设与日常市政管理。城市生态环境的市政管理、建设和保护工作，按决策性质可分为两大类：一类是环境工程，属技术性质；另一类是环境管理。这两类之间是相互贯通、互相联系的。世界各国和我国环保工作的经验都表明，环境问题不仅是一个技术问题，而更重要

[①] 谢文惠，等．城市经济学．北京：清华大学出版社，1990：353.

的是社会经济问题；不仅要用自然科学的方法去解决污染和生态的破坏，还要用科学的政策、方法以求维护环境质量。城市环境管理就是运用经济、法律、技术、行政、教育等手段，限制人类损害环境质量的行为，积极营造良好的城市环境，协调城市生态环境经济发展与环境系统的关系，达到既发展经济，满足人们的物质需要，又不超出环境容量极限的管理活动。城市是人类与环境结合起来的空间地域系统，在“人类-环境”系统中，人是主导的方面。所以环境市政管理的实质，是影响人的行为，使人类对环境总资源进行最佳利用，以达到全人类的一切基本需要得到满足，而又不超过生物圈的允许极限。换言之，环境管理的核心问题，是遵循生态规律和经济规律，正确处理城市发展与生态环境的关系。城市生态环境市政管理的实质，决定了对其进行科学管理的重要性和必要性。

（一）合理开发自然环境的必然要求

自然环境既是社会生产的自然资源要素，也是人类生存的环境条件，在开发利用自然环境中，始终存在着一对基本矛盾，即多数的企业和公民为了自身的长远利益要求合理地开发和利用自然环境，同个别的企业和公民为了自身的眼前利益任意地开发和利用自然环境。前者表现为有限度地开发自然资源，以利于它们的再生，经过净化处理后或在国家规定的标准内向自然界排放污染物，把垃圾扔进废物箱等；后者表现为竭泽而渔地开发自然资源，未经净化处理或超过国家规定的标准向自然界排放污染物，随地乱扔垃圾等。显然，合理地开发和利用自然环境，功在当代，利在千秋；而任意地开发和利用自然环境，损人利己，殃及子孙。如果没有政府代表公共意志，以公共权威的身份，把开发和利用自然环境作为公共事务进行管理，那么，个别的企业和公民就会陷入恶性的竞争之中，开发和利用自然环境就会在无序中进行，这对多数的企业和公民都是灾难。这就决定了政府只有凭借国家的强制力，强化生态环境市政管理，才能保障有序地开发和利用自然环境。

（二）降低企业成本，提高企业效益的必然要求

自然生态环境的各种因素是企业生产中的自然资源要素，如果这些要素发生污染，那么企业在生产中就必须根据产品的要求，首先要净化和处理这些要素中的污染成分，这样就会提高生产成本，降低经济效益。如许多行业的生产工艺都离不开水，尤其是电子、医药、食品等行业，对水质有很高的要求，需要对水作进一步的处理。土壤的污染则加重了那些以农作物为原料的企业处理污染成分的负担。各行各业生产所需要的原材料都直接或间接地来自于自然环境，对这些原材料的污染成分，企业需要作不同程度的处理后才能使用。至于因水土流失等造

成的洪涝灾害，导致工厂停产、机器设备被破坏，更是扩大成本，严重影响企业经济效益的重要原因。而城市环境管理正是要减少自然环境中各种要素的污染，为企业降低成本、提高经济效益提供客观的外部条件。

（三）保护市民身体健康，提高生活水平和生活质量的必然要求

自然生态环境的各种要素同时也是人类生存的环境条件，城市居民的生活与大气、水、土壤、植物和气候等息息相关。一方面，带着有害气体和粉尘的空气、含有杂质的饮水、带有农药残余和其他有害化学成分的农作物、面积有限并受到污染侵袭的植被、洪涝或干旱的气候等，正在威胁着市民的健康；另一方面，随着市民生活水平的提高，对城市生态自然环境的质量和数量也提出了更高的要求。城市政府只有通过监测和控制大气污染，防止水域污染，提高自来水的处理标准，逐步推广绿色食品，扩大城市的绿地面积以及兴修水利等，才能减少生态环境污染对市民身体的损害，从而努力提高市民的生活水平和生活质量。

（四）维护生态平衡的必然要求

城市政府进行生态环境管理，不仅要组织和监督各单位和市民防治环境污染，而且要保护和发展自然生态环境，维护生态平衡。如组织市民开展义务植树活动；建立不同层次的森林公园、动物园和植物园等。通过加强城市环境管理，维护生态平衡，不仅为当代人谋利，而且为子孙后代造福。

（五）缩小城乡差别的必然要求

城乡差别一方面表现在物质生活上城市优于农村；另一方面却表现在环境生活上农村优于城市。因此，缩小城乡差别，一方面要实现农村的物质生活城市化；另一方面要实现城市环境生活的农村化。城市生态环境管理在后一方面担负着艰巨的历史使命。诚然，实现城市环境生活农村化，主要得靠城市人口向农村分散，稀释城市人口的密度，实现人口在国土上的相对均质分布；但是，逐步做到城市市区环境生活的农村化，确实有赖于城市政府对城市生态环境管理的不懈努力。事实上，今天城市生态环境管理中所实施的各项政策，如防治各方面的污染、扩大绿地面积、建设森林公园以及美化居住环境等，都是朝着这个目标前进所做的努力。

城市生态环境市政管理的重要性和必要性，要求我们在对其进行管理的过程中，必须立足城市可持续发展的这一战略理念。可持续发展思想最早见于 1987 年由挪威首相布伦特兰夫人为首的国际环境与发展委员会撰写的《我们共同的未来》报告中，该报告系统地阐述了可持续发展战略，并为国际社会和各国政府所

认同和接受。可持续发展是“既满足当代人的需要，又不对后代人满足其需要的能力构成危害的发展”。[①] 这个定义有两层含义：优先考虑当代人、尤其是世界上贫穷人的基本需求；在生态环境可以支持的前提下，满足人类眼前和将来的需要。它寻求的不是在几个地方或几年内的发展，而是整个地球遥远未来的持续发展。用这一新环境发展战略理念来指导当前的城市生态环境市政管理，需要在21世纪的城市现代化规划中必须补充原有的甚至重新设计生态环境规划；在新的生态环境规划中必须明确一个新的而又十分重要的城市发展目标：“建设可持续城市。”这里有必要区分“城市可持续发展”与“可持续城市”这两个既有联系又有区别的概念。虽然两者都强调要协调好城市经济、社会发展与城市环境之间的关系，但前者更侧重于城市发展的动态过程，而后者则是城市可持续发展所达到的一种状态和结果。一个城市能否称之为可持续城市，主要是看其在自然环境、经济和社会发展等方面是否具有可持续性。而维护城市的可持续性，关键是保护城市的生态环境，提高城市自然和环境的承载能力；并通过加强需求管理，采取经济、行政和法律手段，限制和防止需求的过度增长，以使供给与需求保持适度平衡。因此，在现代城市生态环境的管理中，必须确立可持续城市战略目标的这一理念。

二、中国城市生态环境市政管理的机构与内容

（一）中国城市生态环境市政管理的机构与职责

我国城市政府的环境保护局，是城市生态环境市政管理的机构，对城市的生态环境保护和管理工作实施统一的监督管理，是市人民政府生态环境保护的主管部门。它依照法规和行政法规，对全市生态环境保护工作实施统一的监督管理，承担市人民政府生态环境保护的任务，加强工业污染防治、城市环境综合整治和生态环境保护，组织实施环境管理制度和措施，促进城市经济和社会持续、协调、健康发展。各级城市人民政府的其他履行城市生态环境管理职责的有关政府机构、社会组织，是执行社会内部分工、综合管理生态环境的公共机构，如城市园林管理局、环境卫生管理局以及“绿色之家”环保协会等。它们不同于工矿企业的环境管理机构。我国城市生态环境管理机构的具体职责，根据《中华人民共和国环境保护法》等有关文件的规定，主要有：

执行国家生态环境保护的法律和标准，拟订本市的法规、规章、标准和规范性文件，制定适合本市市情的生态环境政策和措施；组织制订城市生态环境保护

---

① 世界环境与发展委员会．我们共同的未来．长春：吉林人民出版社，1997.

和管理的规划和计划以及环境统计和预测工作，参与制订城市规划、城市经济和社会发展规划；制定修订城市生态环境质量标准体系和污染物排放标准及其相应的基础方法标准，确定环境污染总量控制的区域和指标，组织落实各级环境目标责任制，协调城市环境综合整治和定量考核工作；监督检查各单位、各部门和下级政府执行国家生态环境保护与管理的方针、政策、法律法规的情况，将执行情况中存在的问题向上级人民政府报告，并提出改善城市生态环境管理的对策与建议；直接监督重大的建设项目、技术改造项目以及新建工业区的生态环境影响报告书和“三同时”（指防治污染和其他公害设施必须与主体工程同时设计、同时施工、同时投产的制度）的执行情况，参加选址和工程竣工的验收，组织实施生态环境管理的各项制度；组织环保的科技攻关，促进环保产业的发展；管理城市的生态环境监测网络，发布生态环境状况公报，协调生态环境污染纠纷；总结、交流与推广生态环境管理及污染防治的先进经验和技术，组织开展生态环境科学的教育工作、科学研究及宣传活动。

（二）中国城市生态环境市政管理的具体内容

1. 城市生态环境的规划市政管理

如上所述，组织制订城市生态环境保护和管理的规划，是作为城市生态环境管理机构主体的城市政府环保局的主要职责之一。而在现代社会中，这一规划的制订和执行，只有立足于实现可持续城市的战略目标，才能从根本上做好城市生态环境的管理工作。为此，要修订完善科学的城市生态环境规划。城市生态环境规划一般由四个方面组成，即生态规划（土地利用规划）、污染综合防治规划、自然保护规划以及环境科学技术发展规划。各项生态环境规划因其所要解决的重点问题不同，所以其侧重点也不同。如城市环境规划，侧重点包括污染综合防治和城区生态管理规划。在防治城市污染的规划中，既要列出分年度的实施要求，又要把防治污染的有关措施分别纳入基本建设、技术措施、科研计划之中，使费用、材料、设备得到充分的保证。在制订防治污染的规划时，要搞清楚污染源及可能污染城市区域的程度，要综合考虑社会经济各方面的因素，掌握污染物质对环境和生态系统的影响程度，要对各个区位、各个行业污染环境的每一个因素，进行系统分析比较，寻求最优的控制方案，以建立综合防治技术体系。对新建企业，要坚持防治污染的“三同时”建设原则；对有污染危害的老企业，特别是位于居民稠密区的企业，要分期分批加快治理污染的步伐或进行拆迁。

总之，要把治理污染、保护城市环境纳入城市协调与可持续发展的轨道，进行全面规划、科学管理；城市生态建设和环境保护也必须依法管理、依法治理，以法治化为根本保障。发达国家在保护环境中，立法起了重要作用。他们的环境管理主要是依靠环境立法。国家对环境保护的要求与做法，全部用法律的形式固定下来，强制企业执行，许多企业为了求得生存和发展，也竞相提出防治公害的口号，采取防止公害的措施。二十多年来，各国的环境保护法令日趋完善，数量有的多达一二百项，规定得非常详细。我国在 1989 年颁布了《中华人民共和国环境保护法》，其中的第一条规定，我国城市环境保护工作的方针是："保护和改善生活环境与生态环境，防治污染和其他公害，保障人体健康，促进社会主义现代化建设的发展。"

为了保证这一系列法规的执行，必须加强法制宣传，维护法律的权威性和严肃性，要制定严格的城市生态环境质量标准与"三废"排放标准，要建立健全监督、检查、执法的机构和制度，要建立健全监督网。同时还必须将法律手段、经济手段和行政手段三者结合起来，切实贯彻生态环境保护责任人制度的原则。要根据"谁污染、谁治理"原则，强调明确各地区、各部门、各企业、直至每个职工对环境保护应负的法律和经济责任。这是搞好城市生态环境管理的重要措施；根据城市功能和科学规划的要求，对城市布局作更进一步的科学综合、合理区分。合理布局是保护城市生态环境的重要前提，它有利于充分利用自然界的自净能力，促进资源的综合利用和"三废"的集中回收与治理。不合理的城市布局一方面加重城市的污染，造成环境的负荷过大。另一方面破坏环境的自净能力，使环境容量变小，从而加剧了城市生态环境的失衡。从保护城市生态环境的角度，当前需进一步做好城市的分区布局规划。这是一种城市规划措施，它是指市政当局根据城市中各类活动的特点以及这些活动对环境质量的要求和影响程度，在空间上规定这些活动的特定范围，以改善城市的生活环境质量，如分别划出工业区、商业区、生活区、娱乐区。城市布局分区的重点是把有可能损害自然环境的许多经济与社会活动，从生活区中隔离出去，或设置绿化带等屏障，积极研制和引进先进技术和工艺，为城市生态管理优质化奠定科学基础。

保护生态环境与发展经济一样，一靠政策，二靠科学。20 世纪末核能的利用、新型材料的开发，以及生物工程、计算机技术、激光技术、遥感、遥测、遥控、机器人等新兴技术，在工农业生产和生态环境防治工作中已崭露头角，前景远大。如果我们能及时地把这些新兴技术运用于工业生产，那么不仅可以较大程度地提高产品的质量，降低物质消耗，提高经济效益，同时也会大大减少废弃物的排放，使得对生态环境的污染大为减轻。在当前的城市工业生产中，必须强调尽可能采用无污染或少污染的新工艺和新技术。城市环境污染主要来源于城市工业，来源于工业排放的各种有害物质。城市可持续发展方针应该使城区经济向低公害、低消耗的方向发展。

众所周知，市区有害物质的排放量，同生产中采用的生产技术装备密切相关，先进的生产工艺和技术装备排放的有害物质量少，原材料和热能的利用率高，而落后的生产工艺则相反，我国经济不发达，而污染却相当严重，很重要的原因便是大部分工矿企业生产技术水平还很落后，设备比较简陋，资源利用率低，大量的宝贵资源没有被充分利用而当做废物污染环境。就拿能源来说，我国工业企业能源利用率不到 30%，而经济发达国家的热能利用率则达到了 60%以上，这就使排放的烟尘比发达国家多几倍。因此，应在工业生产中，积极革新并采用无污染或少污染的新工艺和技术，以减少城市生态环境污染，进而促进城市生态系统的良性循环，有效提高城市带内居民的生活环境质量；在城市生态规划管理中必须应用科学方法，认真实施城市生态环境质量的评价工作。通过科学的质量评估，既可以客观地判断城市生态环境污染现状，又可以对城市在大规模发展工业之后可能造成的环境危害程度进行超前性预测评价。整个评价工作的目的在于了解生态环境的现状及其污染变化趋势，以便更好地改善城市生态环境。同时生态环境质量评价也为国家机关和部门拟定生态环境管理的对策、法律和经济措施以及城市合理的生态环境规划提供科学依据。

目前我国的城市生态环境质量评价的基本内容和程序主要是：污染源调查，编制污染源分布图。从城市性质和污染特点出发，确定主要环境污染要素和污染因子。编制各主要污染因子浓度分布图，以表明污染物在环境中的扩散分布情况。根据国家已颁布的有关生态环境标准的规定，并参照地区实际情况，确定生态环境质量评价标准。计算单污染要素的环境质量要素。污染程度分级，编制单要素环境质量评价图。环境质量综合评价，即在单要素环境质量评价的基础上，选择几个要素作为参数，并作合理加权，以对环境质量作出综合评价。另外，“环境质量预断评价”也是生态环境质量评价工作中的一个重要组成部分，它主要是指在城市各项大型项目建设之前，预先分析，测定它给生态环境带来的有利和不利影响，从而进行多方案的比较，以选择其中技术、经济、环境影响等各方面的最佳方案。生态环境质量预断评价在我国的 20 世纪 80 年代才逐渐为人所知，但在国外，已成为预防环境污染的重要措施，而且逐渐成为环境政策或法律中的一项重要制度和环保手段。

2. 城市生态环境的综合治理

城市生态环境的综合治理，是在党和政府的领导下，强化政府环保部门的职权，依靠政府其他部门的配合，运用各种手段，组织和监督各企业、社会组织和市民，从各方面防治生态环境污染的管理过程。现代城市生态环境的综合治理主要是发挥两个作用：预防城市生态环境向坏的方向发展，治理已经被污染的环境。

这种作用的发挥主要通过实施我国城市环境管理的预防方面的基本制度来保证。这些基本制度包括环境监测制度、环境影响评价制度、“三同时”制度、许可证制度等，依法行政进行管理；通过实施我国城市环境管理的治理方面的基本制度来发挥作用。这些基本制度包括谁污染谁治理制度、惩罚与奖励制度、限期治理污染源制度、污染集中控制制度、综合整治定量考核制度等，依法行政，并运用经济手段进行管理。

就城市生态环境综合治理的“综合”而言，主要体现在领导体制的综合性。即在中共市委和市政府的领导下，由市政府全面负责。1996 年的《国务院关于环境保护若干问题的决定》中要求：“地方各级人民政府对本辖区环境质量负责，实行环境质量行政领导负责制。要将辖区环境质量作为考核政府主要领导人工作的重要内容。”从 1989 年起，我国政府在全国推行城市环境综合整治定量考核制度，并根据考核结果，公布大城市环境综合整治的名次。市政府的环保部门强化职权，对城市的生态环境保护工作，实行统一的监督管理，并对城市环保负专职管理的责任。市政府的其他部门在各自治权范围内，负有分工配合环保部门工作的责任。运用手段的综合性。即要综合运用经济、法律、行政、技术、教育等方面的手段，有效地进行城市生态环境的综合整治。依靠力量的综合性。即只有增强各单位和市民保护生态环境的自觉性，城市生态环境的综合治理才能具有坚实的社会基础。防治内容的综合性。即生态环境保护不仅自身的内容非常丰富，而且还渗透到城市经济和社会发展的各个方面。坚持生态环境防治内容的综合性，有利于实现生态环境效益、社会效益和经济效益的统一。

三、城市生态环境的建设

城市生态环境的综合治理，其实是城市环境治理中的被动应对，而城市的生态环境建设，则是城市生态环境治理所采取的积极措施。因此，为了实现城市的可持续发展，城市政府必须根据社会经济的发展需要快速地进行生态环境建设。

（一）城市生态环境建设是生态环境治理的积极举措

城市生态环境不仅是城市形象的重要表现形式，而且还是实现跨越式发展的经济增长点。这是因为，城市生态环境是城市形象的外在表现，也蕴涵着城市的历史底蕴。现代文明城市的环境，是高度人工化的生存环境，如园林绿地、道路桥梁、广场楼宇等。即使是天然的河流、海岸也经过了人工的开发改造，如填海造地、清淤河道、打造名河。因而，城市生态环境建设有赖于城市建设者对各种生态环境资源不断挖掘、提炼、组合及对环境工程的策划、设计和实施做出不懈努力。正是这些美化城市市容市貌、建设城市环境的努力，融合了物质文明、政治文明和精神文明三大成果，为城市可持续发展树立了良好的外在形象。这一外在形象能够立竿见影地起到直接激发、鼓舞民心、吸引外界“眼球”的效果，因而易于为城市建设管理者操作，是城市生态环境治理的重要支撑。建设良好的城市生态环境，还是促进城市经济社会全面发展的动力。为市民提供清洁、舒适、安宁的生活环境，能够吸引外地人才和产业的进入，如知识密集型产业就把优美的城市生态环境列为重要的投资区位评价指标之一。市容环境的美化建设也推动着城市功能和地域空间结构的演变，生态环境改善直接带动餐饮、旅游、娱乐等服务业的发展，进而引起地价上升，污染少、占地少的企业增加，传统重化工业迁至外城，产业结构得以优化，城市功能得以提升。可见，生态环境建设是城市生态环境治理的主要组成部分，起着极为重要的作用。

（二）城市生态环境建设是一项内容庞杂的系统工程

即它包含着城市街道、社区、路况、建筑物的科学设计和合理布局；建筑造型及相互辉映的艺术构思和文化含量的提升；人流、物流密度的合理规划。正是在这个意义上，人们才把城市比作凝固的音乐、立体的画和流动的风景线。从社区、道路、桥梁、给排水、体育场、剧院等民用、公用及文化娱乐设施看，城市生态环境建设就是要着眼于为人们提供完善的工作、学习、生活、休闲服务。而要真正做到这一点并非易事。仅就这些基础设施的规划设计而言，许多传统的规划建筑理论已出现与现代城市生活发展相脱节的现象。如市民在追求居住的舒适度上，越来越注重三方面的密集度：商业和文化娱乐设施的密集度，景观的密集度，以及人流、物流、信息流的密集度与通达性。[①] 尤其是在知识经济来临的时代，对信息网络的宽带传输要求越来越高，其密集度与通达性越高，人们的选择空间也越广泛，所获得的舒适感与便利效用也越多，生活质量也越高。而目前的城市规划理论和规划实施并未给予充分的关注。除了上述基本的功用外，城市生态环境建设还是城市社会文化的积淀和城市个性的具体体现。这在城市建筑上表现得最为明显。城市建筑是建设者们多年来反复遴选和抉择的结晶，是自然与历史文化的凝聚。比较典型的如扬州古城，唐、宋、元、明、清的历史古迹，宛如一条历史的长廊。正如一位学者官员所说，这种美是人文尺度上的美，是恒久的美。这与现代建筑物的美有所不同，有着整齐的马路、大片的绿地、划一的楼房、标志性的建筑物的城市所体现的是理性的美、技术的美。易于复制传播，但也极易造成千城一面，相互雷同，失却灵魂。这两种不同性质的美，并非势不两立，不可调和，例如巴黎在核心区之外，也建有纯粹现代化的商业楼群，实现规

① 仇宝兴．城市经营．天津：天津科学技术出版社，2002.

模集约型开发利用。可见，城市建设在吸收科技进步、推陈出新的同时，也应注意保持时代与历史的衔接传承，保持自己的独立特色。

（三）城市生态环境建设有着明确的目标和方向

"全面的发展观使我们认识到，仅靠高楼大厦炫耀城市的时代已经过去，单纯的山水风光也无法吸引大批投资。唯有人工绿化、美化、净化过的山光水色与工商服务业和谐一体的城市空间，即现代园林城市，才会具备人居、商贸、工业等全面的城市竞争力。"① 绿化、美化、净化城市有诸多内容，如建筑物的风格、铺面的装修、路灯的造型、环卫工人的清扫、噪声的控制等。绿化不仅有美化环境、调节气候、降低噪声、减缓污染的功用，还为城市居民提供娱乐、休闲、怡情、健身的良好所在。花草树木可以净化空气、涵养水源，促进儿童智力发育。据测定，有绿化的街区比没有绿化的街区每立方米空气中的含菌量少 85%以上。② 因而，绿化是现代化城市的一个支撑点，是城市综合环境素质的重要内容，城市现代化标准越高，绿化标准也越高。根据国际上对绿化功能的综合研究，一般认为，绿地覆盖率至少应达到30%。依照这一标准，中国许多大城市还没有达到，有些城市还相去甚远。③ 同时，一些城市污染严重，交通拥挤，这与忽视城市绿地覆盖率有很大关系。如果工厂与工厂、街道与街道、生产区与住宅区、住宅区与交通干线之间没有绿色隔离带，彼此必然出现严重的干扰。由此可见，加强公共绿地和绿化带的建设，为城市建筑物、人流、物流保持适当的独立空间，逐渐增加绿地面积，提高人均绿化水平，是现代城市生态环境建设的重大目标和努力方向。

第三节　城市的环境卫生与市容的市政管理

随着城市人口的不断增长，工业的不断发展，城市建筑对环境的改变，人类活动对大自然的影响，使生态环境遭到破坏，导致公害日益严重，时刻威胁着人类的生存与未来。人类在改造自然中不断受到自然的报复和惩罚后，越来越感到保护环境和生态平衡的重要性，同时也逐步认识到要创造一个清洁、优美、宁静、生态平衡的城市环境，除了要及时调整生态规划、加强生态市政管理之外，同时

---

① 王连生，王乐，李萍，等．对大连城市建设模式的初步认识和体会//城市经济理论前沿课题研究．大连：东北财经大学出版社，2001：296.

② 蔡孝箴，郭鸿懋．城市经济学．天津：南开大学出版社，1998.

③ 蔡孝箴，郭鸿懋．城市经济学．天津：南开大学出版社，1998.

还需全面进行环境卫生与市容的市政管理，通过绿化建设、调整道路、建筑布局的方式，使城市的生态环境得到保护和改善。

一、城市环境卫生市政管理的作用与管理体制

城市环境卫生市政管理，是指在城市政府的领导下，行政主管部门依靠专职队伍和社会力量，依法对道路、公共场所、垃圾、各单位和家庭等方面的卫生状况进行管理，为城市的生产和生活创造一个整洁、文明的环境。城市的环境卫生市政管理，始终是生态环境市政管理的重要组成部分。城市环境卫生市政管理与其他事业管理相比，具有经常性、及时性、季节性、群众性、地域性等特点。即从经常性上来讲，城市环境卫生必须经常进行。只有天天清扫马路，日日清运垃圾，才能保持城市的清洁和优美。这是由城市环境卫生的性质决定的。因为城市中的人流、物流、信息流，时刻在不断地运行着，随着它们的运行，就会不断产生污染物，因此就需要经常不断地进行清扫。从及时性上来讲，城市的废弃物往往含有大量的毒素，存放的时间越长，繁殖的病菌就越多，对市民健康的危害就越大。这种状况，就决定了环境卫生部门必须及时清运，否则，后患无穷。从季节性上来讲，气候的四季变化，与城市环境卫生工作有着十分密切的联系。如在春天，城市的越冬积雪和冻结的垃圾，需要集中清理；夏天由于水果瓜菜集中上市，市民室外活动增多，使街道污物骤增，从而导致马路保洁任务异常繁重；秋、冬季节大量树木枯黄，树叶落地，冬贮菜上市，也给城市环卫工作增添了额外的任务。这些都说明，城市环境卫生工作带有明显的季节性特点。从群众性上来讲，城市是居民密集的地区，城市环境的好坏与居民的卫生习惯以及他们直接地和间接地参与环境卫生的治理工作的程度有着密切的关系。因此，搞好城市环境卫生，不能只靠专业环卫工作人员，必须依靠广大的市民，这是搞好城市环卫管理工作的基础。从地域性上来讲，城市环境卫生具有很强的地域性。由于城市各地段及街道卫生状况不同，因此，应当充分发挥市、区、街道办事处以及居民委员会的积极性，形成治理环境卫生的网络，这对于搞好城市环境卫生是极其重要的。

（一）城市环境卫生市政管理的作用

1. 保护着市民的身体健康

城市是人口高度集中的地方，如上海市每天产生的生活垃圾达 1 万吨以上；同时，城市人口的流动性很大，不仅在市内流动，而且向国外流动。如果没有环卫管理部门组织环卫职工每天对马路进行打扫，对居住区的垃圾、粪便进行清运，那么，蚊蝇就会肆虐，细菌就会迅速传播，疾病就会流行。

2. 保障着经济建设的正常进行

各行各业的经济活动，每天都在产生着大量的生产垃圾，如果没有环卫职工的及时清运，经济建设要想正常进行，是难以想象的；况且，各单位的正常工作也还有赖于环卫管理所保护的职工健康。

3. 保持着城市整洁的面貌，有利于城市的对外交往和发展旅游业

城市的环境卫生管理，是塑造城市形象的系统工程，也是扩大对外交往和旅游业的基础。生产力和市场经济的发展，使一个城市处在更多的对外交往之中，不但与国内的来宾交往，而且还更多地与外国来宾交往；生产力的发展和人民生活水平的提高，使旅游业日益成为新兴产业。但一个城市旅游业的发展，其基本的条件是马路清洁、行人文明、生态环境的赏心悦目，否则就会给游客留下不好的印象。而这些基本条件的创造，如果离开了城市的环卫管理，也就无从谈起。因此，从一定的意义上讲，一座城市环卫状况的好坏，决定着其旅游业的能否进一步发展，同时也反映了该市市民素质的高低和城市政府的领导水平。

4. 它是城市精神文明建设的重要部分，陶冶和展示着一个城市市民的高尚情操

众所周知，我国于 20 世纪 50 年代在各类城市中开展的“爱国卫生运动”，取得了前所未有的“移风易俗，改造国家”的明显成效；于 80 年代在各城市中开展的“五讲四美”、“三热爱”的精神文明建设，也把城市环境卫生管理作为突破口。从城市环境卫生抓起，不仅净化和美化了城市的生态环境，而且也培养了市民的社会主义道德观念，促进了城市社会风气的改变。事实证明，在现代社会中，一个城市的经济越发达，城市建设越实现现代化与民族化相结合，一个城市的市民素质往往也就越高，因而城市也就越整洁。在城市形成一个人人爱护公共卫生的氛围，是城市社会主义精神文明建设工作的一个重要环节。

（二）中国城市环境卫生市政管理的体制

一个城市对环境卫生的管理，总是在一定的体制中进行的，而且有其特定的内容。否则，管理就很难到位。中国城市环境卫生市政管理的体制，主要表现为：市、区和县的政府设置环境卫生管理部门，街道办事处、乡和镇的政府设专人负责环卫管理，分别是本辖区环境卫生工作的主管机关或主管人员。城市各级政府的规划、环境保护、建筑、房产、市政、园林、公安、财政、工商行政、教育、卫生、水利和港航监督等部门，有职责协同环卫部门，做好环卫管理工作。各级

环卫部门下设环境卫生监察队伍，行使环境卫生执法监察权。区、县政府可根据实际情况，组织群众性监督队伍，在业务上受环卫部门的领导，协助环卫部门开展监督工作。各单位有义务遵守国家和城市的环卫管理法律、规章，接受政府环卫部门的业务指导和监督，负责单位内部的环境卫生，维护公共场所的环境卫生，并在一定的条件下负责单位周围的环境卫生。城市的每位公民有义务遵守公共卫生的法规，积极参与改善城市环境卫生的活动。

（三）中国城市环境卫生市政管理的内容

环境卫生管理规划的制订和实施。市、区和县的政府应制订城市环境卫生事业的发展规划，并纳入城市规划、城市经济和社会发展计划。环境卫生事业的资金管理。环境卫生事业所需经费，由政府按任务量拨付。环境卫生作业单位在受委托清运、处理垃圾粪便时，实行有偿服务。环境卫生作业单位管理。市、区和县的环卫部门领导各自的环境卫生作业单位，负责清扫道路和公共场所，清运、处理垃圾和粪便。环境卫生设施管理。城市的环境卫生设施分为环境卫生公共设施和环境卫生工程设施两类。任何单位和个人不得损害和盗窃环境卫生公共设施；带有经营性公共场所性质的单位，如火车站、影剧院、商店、宾馆和医院等，应自行设置环境卫生公共设施；建设居住区、工业区等，应配套建设环境卫生公共设施，资金由建设单位负责，环卫部门应参与这类设施的规划、设计审核和竣工验收。环境卫生监督管理。城市政府环卫部门指导和监督各单位遵守环卫法规，履行环卫义务。环卫部门的环境卫生监察队伍监督检查各单位分工责任范围内的环境卫生，有权对违反环境卫生法规的行为予以处罚。

要落实我国城市环境卫生管理的上述内容，就必须加强现代城市环境卫生设施的建设及城市垃圾的管理。因为从环卫设施而言，现代城市环境卫生设施是搞好城市环境卫生管理的物质基础，也是城市环卫保洁的基本条件。它包括生活废弃物的处理及填埋用地、环卫车辆、环卫机械修造场以及修建公共厕所等。环卫设施是否齐全，直接关系到城市环境卫生管理的效果。城市环境卫生设施的建设，主要包括：环卫事业专用车辆的建设。环卫专用车辆有清扫车、洒水车、除雪车、垃圾运输车、粪便清运车、垃圾粪便专用船舶，以及铲车、起重车等。便利群众的环卫设施建设。就是高层建筑设施的垃圾道，底层的垃圾容器存放间；公共厕所、垃圾收集站等，马路两旁的果皮箱；环卫车辆维修保养场等。进行垃圾无害化处理场所的建设与城市环卫网点的建设。而要搞好上述这些环境设施的建设，很重要的一点，就是要把它纳入城市规划及城市的建设之中，并使它和整个城市基础设施的建设以及整个国民经济发展和运行相配套。在城市环境卫生的管理中，作为对城市固体废弃物主要组成部分的城市垃圾的管理，是其最基本、最核心的内容，也是城市形象建设的最基本的任务。

所谓城市垃圾管理，也就是指城市政府的环境卫生行政主管部门依靠企业、事业单位的专业化作业和城市各单位、市民的积极支持，对生产和生活垃圾进行收集、运输和处理的管理活动。城市垃圾管理，对城市的环境管理乃至整个市政管理，具有特殊的意义。即它不仅关系到当代人的健康和城市的整洁，更重要的是关系到保护资源和人类的可持续发展。由于目前我国城市垃圾人均年产量的不断提高与处理方法相对滞后矛盾的存在，城市垃圾严重地污染着城市环境。因此，城市垃圾管理同样必须走现代化的道路，这种现代化主要表现为：城市政府与市民高度重视垃圾问题；市民自觉坚持分类倒垃圾；垃圾的收集、运输和处理科学化。为了能够体现城市垃圾管理的现代化，必须做到：要朝着分类管理倒垃圾的方向努力。在这一点上，虽然我国有些城市已进行了试点，但因受各方面因素的制约，还未能全面推行。如能全面推行，我们可借鉴日本城市市民倒垃圾中的分类。即把垃圾分为三类：第一类是可燃性的，如厨房垃圾、纸屑木块等；第二类是不可燃性的，如玻璃、塑料、金属和陶瓷器皿等；第三类是大型垃圾，如家具、电器产品、汽车和被褥等；要遵循“经济、封闭、卫生”的原则运输垃圾。“经济”指小车与大车相结合，陆运与水运相结合等；“卫生”指车离场地清；逐步实现垃圾处理的无害化、减量化和资源化。为了实现这一目标，我国城市目前要重点发展卫生填埋和堆肥技术，有条件的城市应发展焚烧技术和建造垃圾发电厂。卫生填埋就是采用人工防渗层，提高填埋场防渗水平，对渗沥液进行净化处理；对填埋气体回收利用，从而消除垃圾填埋对土壤、地下水和大气的危害。堆肥处理技术就是利用生活垃圾中的有机腐殖质生产复合肥。垃圾焚烧处理技术具有减量最有效、热量可利用、节省大量填埋用地等优点。建造垃圾发电厂，就是以垃圾作为燃料进行发电，具有较高的经济效益和十分理想的环境效益，代表了城市垃圾处理的发展方向。但巨大的前期投资，使我国目前绝大多数的城市只能望而却步。

二、城市市容市政管理的内容与管理机构的职责

城市市容的清洁亮丽是市政管理成效的最直观标志，同时也是城市生态步入良性循环的基础性环境。市容市政管理的涉及面很广，有城市建筑物管理、城市道路管理、园林绿化管理、公共场所管理、各种贸易市场管理、环境卫生管理、广告及标志管理等。这些内容可分为两类，一类可称为市容管理中的“硬件”，如城市建筑物、道路、公共设施的管理等；另一类可称为市容管理中的“软件”，如园林绿化、广告、标志管理等。“软件”管理，尤其是园林绿化管理，投资少但对市容的改观及环境污染的改善有较大影响。因此，所谓城市市容管理，也就

是指城市政府的市容行政主管部门依靠市容监察队伍和社会参与，依法对城市的建筑外貌、景观灯光、户外广告设置和生产运输等的整洁、规范进行的管理活动。市容市政管理是城市生态环境市政管理的重要组成部分，而在城市的市容市政管理中，则又离不开对城市市容的整治。其实，城市市容整治也是一种管理，但它主要强调的是在动态的城市发展中对已有的市容市貌进行重新整合治理，重点是针对部分城市、部分地区的“脏、乱、差”现象进行的治理整顿，旨在促进城市中各有形要素的更加协调有序。

20 世纪 80 年代以来，我国不断加强了城市市容市政管理的力度，其标志就是建立健全了市容环境市政管理的行政机构。目前，我国城市市容环境市政管理机构的设置大致分为三级：国家城乡建设部门主管全国城市市容环境卫生工作，负责制定城市市容环境卫生的方针、政策、法规，并检查和监督其执行；指导和组织全国城市市容环境卫生事业的建设；协调专用机械生产和科学研究工作。各省、自治区城市建设部门统一归口管理城市市容环境卫生工作。其职责是：组织和领导本地区各城市市容环境卫生事业的建设；编制长远发展规划和年度计划；检查、监督城市市容环境卫生方针、政策、法规的执行；组织检查评比，总结交流工作经验。各城市市容环境卫生管理局（处）是当地政府管理城市市容环境卫生的职能机构。不少城市在各部门协作基础上还专门成立了全市性市容管理委员会，这些管理机构的职责是：严格执行国家和地方政府颁布的城市市容环境卫生管理法规，组织市容管理队伍，行使管理职能；参与制订城市规划和环境卫生专业规划及审批公共、民用建筑中卫生设施的设计；组织领导专业队伍清扫马路、清运垃圾和粪便，修造和维护环境卫生设施；对街道民办清洁员和近郊区负责的市区环境卫生工作，实行检查、监督和指导；开展科学研究，逐步实现生活废弃物无害化处理和综合利用。[①]

从我国目前城市市容的现状来看，城市市容的环境市政管理机构需要加大对其进行整治与管理的力度。为此，重点应抓好以下几个方面的工作：

（一）统一规划，调整城市用地，不断提高城市绿化率

这就要求城市园林部门及有关单位在严禁占用城市园林绿地，保持沿街树木、绿篱、花坛、草坪的整洁和美观的基础上，控制建筑用地，拓宽城区绿化面积。城市需要绿洲，城市绿地与一座城市的总面积和总人口应有一定的比例，这是世人的共识。目前世界各国都十分重视城市绿化工作，如波兰华沙的人均绿化面积已达 90 平方米，为世界各国之首；奥地利维也纳为 70 平方米，朝鲜平壤为

---

① 许崇德．城市政治学．北京：光明日报出版社，1988：202.

47 平方米，法国巴黎为 24.7 平方米，英国伦敦为 22.8 平方米。按照联合国的规定，城市居民应占有的人均公共绿地面积为 50～60 平方米。而我国在 20 世纪末期，要求每人平均公共绿地面积为 7～11 平方米。

进入 21 世纪以后，虽然我国有些城市的实际绿地面积，随着城市化的推进而有所增加，但从总体上来讲，与国际上的其他一些城市相比，仍存在较大的差距。我国是一个人均土地资源不足的国家，城市用地人均仅为 72 平方米，除去工业用地、生活用地，绿化用地十分紧张，要达到我国人均 7 平方米的最低标准，需要 10 多万公顷土地。因此，在目前达到这一标准的主要途径只能依靠与新区的同步发展和旧城区的“见缝插绿”。就具体采取的积极措施而言，包括：结合城市建设道路拓宽初步实现绿化系统，发展触角式的小绿地、小景点，以此增加公共绿地面积；结合市容整顿，将沿街实墙改为通透花墙，也可以利用一些空地，改建成公共绿地；结合工业结构调整，营建花园式工厂；结合农业结构调整，发展果园、鱼塘生产绿地；结合修复名胜古迹，增加园林绿化面积；结合城市全民义务植树，动员社会力量，建设公共绿地。通过上述措施，来提高城市的绿化覆盖率。

（二）加大对各建筑单位协作整治的工作力度，实现城市建设、建筑的有序化管理

针对我国城市化和城市现代化加速、城市建筑工地遍布的现状，遵循对各类城市市政建设和建筑工地实行统一规划、统一投资、统一设计、统一施工、统一管理的原则。为了保持市容整洁，施工单位应当坚持文明作业，材料、机具应当堆放整齐，建筑工地应当设置护栏挡板，残土废渣应当及时清运，竣工时应当清理和平整现场。城市各主管部门，对于沿街市政、公用、供电、通讯、防空、交通等设施，应该经常保持其完好和整洁。城市沿街单位和居民，应当保持建筑物的整洁。对于影响市容美观的残墙断壁，要及时进行修砌、粉刷，以保持整洁。各有关单位和居民不得在街道两侧、阳台、窗外堆放有碍观瞻的物品。城市市容环境主管部门，对于违章建筑要坚决取缔；对于影响市容观瞻的构筑物要及时拆除。城市繁华地区和主干道，严禁堆放物料、生产加工、摆设摊点；占用其他街道需经市容环境卫生管理部门和公安部门的批准，并负责维护现场周围的环境卫生。

（三）强化对城市运行环境的全方位、全天候综合整治

在城市清扫和废弃物处理中要借鉴国际先进经验和技术，力争早日全面实现环卫作业机械化和生活废弃物的无害处理。同时城市所有的广告、标语、画廊、招牌、橱窗等，都要定期维修和油饰，经常保持整洁、美观。对于大型广告的设置，需要严格控制。非经市容环境卫生部门的批准，不得设置大型广告。一般广告也需张贴在有关部门指定的地点。针对当前大、中城市交通环境污染较严重的状况，要严格控制污染性车辆驶入市区，城市的各种交通工具应当保持整洁、美观，并分别做到：客运列车进入市区应当关闭车内厕所；公共汽车内要设置废物箱，不得沿街撒废弃物；货运车辆运输各种物资，要装载适量，捆扎盖好，封闭严密，不得沿途遗撒和扩散；畜力车进入中、小市（镇）区，应当佩戴粪兜和清洁工具，遗撒的粪便应当及时清除；航运船只不得把废弃物排入市区水域等。另外，要特别重视依法治市在市容整治管理中的前提和动力作用。只有健全有关城市生态和市容管理的法律、法规，才能保证城市市容市政管理更加系统化和法制化，从而促进城市生态环境市政管理成效的明显提高。

【复习思考题】

1. 什么是城市环境？城市环境污染的直接后果有哪些？
2. 如何理解对城市生态环境进行科学管理的重要性和必要性？
3. 我国城市生态环境市政管理机构的职责有哪些？
4. 城市生态环境市政管理包括哪些具体内容？
5. 如何理解城市市容市政管理的内涵？对其管理应抓好哪些工作？

第九章

中国城市土地与房产的市政管理

观点提示：

土地在人类生产和生活中占有重要的地位。我国古代一些思想家对此早就有过一定程度的认识：“诸侯之宝三：土地、人民、政事。”[①]“有人此有地，有土此有财。”[②] 这些思想家就把人民、土地、财富、政事连在一起，清楚地看到了它的经济意义。由现代经济学的鼻祖、17 世纪英国的经济学家威廉·配第提出，并受到马克思高度赞扬的名言“劳动是财富之父，土地是财富之母”则进一步阐明了劳动、土地和财富的辩证关系。在现代，随着经济的发展，城市土地作为城市空间和城市功能的载体，其资源属性和资产属性日益显现。而地产、房产又是各经济实体和家庭最基础的物质要素，人类的生存与发展都离不开土地和房屋。因此，城市政府代表国家行使市政管理职能，加强城市土地与住房市政管理，为城市经济和社会的可持续发展提供切实的土地保障、为城市居民安居乐业提供基本的住房保障，具有十分重要的意义。

第一节　城市的土地与土地市政管理

一、城市土地的内涵

城市的土地，从广义上看，是指城市行政区内陆地和水域及其地上、地下的空间总称。从行政区域上来划分，城市土地有三个层次：即城市建设区的用地或称建设用地；城市规划区范围内，除去城市建成区外的外延扩建区域，目前大部分仍为农副业生产和村镇占用的土地；城市行政辖区的土地，即行政区内的全部土地。从狭义上看，城市土地就是城市市区即建成区范围内的土地或称建设用地，其土地、人口、建筑密度稠密，设施比较齐全。在中国，城市土地属于国家

① 《孟子·尽心》。
② 《礼记·大学》。

所有，城郊土地除有法律规定为国家所有者外，多属于集体所有制。由于各国对城市地区的划定标准有所不同，城市土地的外延随之表现出一定的差异。而且，市区周围的郊县大多位于城市化发展最为迅速的地段，受城市化演进的影响而随时处于动态发展之中。但是，在一特定时间点上或在较短时期之内，城市区域却必定是个相对固定的静态范畴，城市土地的规模也就相对稳定地固定在一定数值上。根据 1991 年建设部批准的城市用地分类标准，我国城市土地按其使用情况可分为居住用地、公共设施用地、工业用地、仓储用地、对外交通用地、道路广场用地、市政公用设施用地、绿化用地、特殊用地等。从城市土地的基本内涵分析中，我们可以看出，它是一个与城市人口、城市经济活动相联系的地域性概念，它既是城市形成和发展的前提，也是城市经济和社会发展的依托，同时还是必要的物质资源保证。因此，有它特殊的功能和特征。

（一）城市土地的功能

1. 城市土地有着巨大的承载力，为城市人们的活动提供场所，为城市建设提供基地和空间

在一定面积的城市土地上，承载着各色各样的高耸入云的建筑或装置，承载着上百层的高楼大厦。城市土地的这种特殊功能，是城市中其他任何东西所不能替代的。正如马克思所说："没有土地，劳动过程就不能进行，或者不能完全进行。""因为它给劳动者提供立足点，给他的过程提供活动的场所。"[①] 我们搞城市建设和工业建设不是建空中楼阁或海市蜃楼，没有土地是不行的。所以，工业建设和城市建设等活动对土地的利用，主要就是利用它的承载能力。

2. 城市土地为城市建设提供生态环境

城市是人口和工业集中的地方，要求有较好的水文、植被、地貌条件；要求有较充足的空气和阳光。土地是自然界物质循环和能量转换的中心，以它特有的化学性能、物理学性能、生物学性能和气象条件，为城市提供了生态环境。我们从事城市设计的同志在设计新的城市时，很讲究自然气候依据、地区的自然地理特征以及大气候与小气候的状况。这实际上就是在考察土地的各种组成要素。如单就土地的承载能力而言，我国西北、西南许多人迹罕至的地方，并不见得比沿海人烟稠密的地方差。但那里目前不适宜大规模地建设城市，主要原因之一就是那里的生态环境差。

[①]《马克思恩格斯全集》第 23 卷第 205 页。

（二）城市土地的特征

1．自然特征

表现为城市土地位置的固定性。城市土地是一种天然形成的自然物，在一段可度量的历史时期内，它总是固定在地球的某个位置上，不可以移动。面积的有限性。地球表面土地的总面积是固定不变的，土地面积有限，迫使人们必须节约、集约利用土地资源。区域的差异性。在地质、地貌、水文等方面，世界上没有两块城市土地会是完全一致的。使用的永久性。城市土地能被人类长久利用，永远不会丧失其使用价值。

2．经济特征

表现为土地供给的稀缺性。城市土地是自然赋予的非再生物，对于不断增长的城市人口及其需求而言，它是极其有限的、稀缺的。区位的效益性。不同区位的城市土地，由于有不同的直接或间接的投入，会产出不同的效益。边际产出的递减性。又称一定条件下土地报酬递减性，即对土地的使用强度超过一定限度后，受益即开始下降，任何过度开发，既会破坏环境，又会造成经济损失。变更土地利用的困难性。一块城市土地往往是多用途的，当土地已经投入某项用途之后，其上的建筑物和其他设施使用周期很长，欲改变其利用方向，一般说是困难的，其经济损失将是巨大的。土地利用后果的社会性。城市内每一区域土地利用的后果，不仅影响本区域内的自然生态环境和经济效益，而且必然影响到邻近地区甚至整个国家和社会的生态环境和经济效益，产生巨大的社会后果。如在一块土地上建设一座有污染的工厂，就会给周围地区带来环境污染。在一个城市中心的繁华地段建设一座占地很多而单位面积效益较低的仓库、停车场等，不仅使该地段的土地效益不能充分发挥，而且还影响城市繁华地段综合效益的提高。城市土地利用后果的巨大社会性，要求任何国家都要以社会代表的身份，对全部土地的利用进行宏观的规划管理、监督和调控。[①]

二、城市土地市政管理的必要性与机构

（一）城市土地市政管理的含义

城市土地市政管理，是城市政府依据国家有关城市土地的法律法规，对城市

① 毕宝德．土地经济学．北京：中国人民大学出版社，2001.

土地占有、分配、使用而进行的规划、组织、控制和监督等系列活动。城市土地市政管理的任务是调整城市土地关系，保护和开发城市土地资源，合理利用城市土地，保护土地所有者和使用者的合法权益，促进城市社会经济的可持续发展。城市土地管理作为协调人地关系、合理组织土地利用的国家措施，从历史的角度而言，都为任何朝代的统治阶级所重视。如殷周统治阶级一上台，就宣布“普天之下莫非王土”。周朝又设“地官”、“草人”管理土地。从殷周开始直到明清以至民国，都设有地官和地政机构。新中国成立以来，土地制度虽然经过了一系列不同阶段的演变，但大体是与整个生产资料所有制相适应的，形成了两种社会主义的土地公有制，即国家土地所有制和集体所有制。城市的土地虽属于国家所有，但是，在占有、使用、开发、保护过程中，涉及国家与企业、国家与个人、国家与集体等广泛的关系。农村土地虽然一般归集体所有，但怎样利用，却不是某个集体的事情，而是涉及全局的问题。今天，我们国家所有的土地关系，都不存在剥削关系，但每一次土地占有和使用关系的变动，如征用、调拨划线或收回使用权，都深刻地影响着人们的经济利益。随着人口的增加和城市建设事业的发展，当前我国城市土地管理面临着两难境地：一方面城市化的高速发展要求城市用地不断扩张，另一方面耕地资源的匮乏和人口的增长要求限制城市用地以保护现有用地。在这种情况下，进一步加强城市的土地市政管理，对合理科学地利用城市土地、节约城市土地，使有限的城市土地资源发挥出最大的经济效益、社会效益和环境效益，就显得尤为必要。

（二）城市土地市政管理的必要性

1. 城市土地本身的特点要求加强城市土地城管理

城市土地是建筑地段，是城市范围内一切建筑物与土地互相结合的体系，对人类具有巨大的不可替代的功能。同时，城市土地是一种有限的不可再生的自然资源，位置也不能搬动，这就要求城市政府必须以经济生态效益为前提加强城市土地管理，有计划、因地制宜地安排好城市土地，以便使其得到充分合理的利用。

2. 城市土地与城市社会经济发展的密切关系要求加强城市土地城管理

一方面，城市社会经济的日益发展会对城市土地利用不断提出新的要求；另一方面，城市土地利用的合理与否，会对城市社会经济的发展产生直接的、重大的影响。因此，为了正确协调好城市土地与城市社会经济发展的关系，城市政府必须加强城市土地管理。

3. 中国城市土地的国有制要求加强城市土地城管理

城市土地城管理是国家对城市土地行使所有权的一个重要体现，能保障土地所有者的权益，维护全体劳动人民的整体利益。正因为城市土地城管理具有上述必要性，所以，建立完善的城市土地管理机构就显得更为迫切。

（三）城市土地市政管理的机构

我国现在城市土地的管理机构，是新中国成立后，在接管旧政权的城市地政局基础上建立和发展起来的。新中国成立的初期，一些城市就设立了地政处，由市人民政府直接领导；接着又将地政处改属民政局领导。1950 年又成立了地政局。1953 年又将地政局合并为市人民政府领导下的地政房产管理委员会，接着正式确定为房地产管理局。这是土地管理机构逐年变更的情况。从业务方面来看，新中国成立前的政权是只管地，不管房；新中国成立后土地与房产逐渐变为国有。由于认识上的原因，政府从既管房又管地，逐步趋于主要管房，附带管地，以至只管房而对地放松不管。1956 年的社会主义改造完成以后，我国城市土地基本上都是国有的。这样对城市用地征收地租和地产税的情况就发生了变化，征收对象越来越少，征收标准越来越低。

在 20 世纪 60 年代末至 80 年代末这一时期内，也只是象征性地对集体单位和私房占用国家土地征收少量的土地使用费，城市地政管理基本上被撤销。这样从客观条件上放松了对城市土地的管理。不少城市虽然挂着房地产管理的牌子，实际上却无人管理土地，甚至连管理土地的部门也取消了。有许多城市的土地由规划局管理，有的属农业局管，还有的城市让民政局管。其实规划局对城市土地管理，只负责确定城市土地的使用性质（如工业用地、商业用地和居民生活用地等）并给国家批准的基建项目划定允许使用土地的红线，其他业务根本不管。至于农业局和民政局，根本管不了城市的土地。以后，城市土地管理工作随着房地产及规划管理的分工，先后归属城市服务部、第二商业部、城建部国家房产管理局、国家城建总局、城乡建设环境保护部。但由于工作指导思想上重房轻地，重征用、轻管理，这些部（局）内，就没有设立负责全国城市土地的管理机构。

1979 年成立国家城市建设总局，有关市政管理，尽管大家知道是由这个局领导，但却没有列进局的业务范围之内。1982 年城乡建设环境保护部成立，也没有管理城市土地的专门机构，只在城市住宅局内设有私房地政处，而负责城市土地市政管理的只有几个人。我们国家如此之大，城市又如此之多，仅依靠几个人员负责指导全国的城市土地市政管理工作，显而易见是负荷太重，力不从心。正是由于国家放松了对城市土地市政管理的领导，所以形成了各个城市对土地似管非管，甚至陷入全不过问的状态。在国家土地管理局未成立，城市还未设土地局前，城市土地市政管理，涉及几个部门，由于分工不清，管理混乱，所以在有关征用土地等具体规定上，政出多门。有些城市的规划与房地部门之间，不相协调，该管的不管，不该管的却去管了。有的土地已被征用，而有关部门还不知道，致使“批”、“管”严重脱节，影响了行政效率的提高，阻碍了生产和建设的顺利进行。

另外，在征用、调拨应向哪个部门申请，应由哪个部门审批的问题上，在以前国家有关部门下达的文件中，提法也不一致。有少数城市甚至还出现了在城市规划区内的土地交由非城市规划主管部门管理的怪现象，所有这些都严重影响了城市土地的科学管理和高效利用。那么，我国目前的城市土地管理究竟有哪些机构？根据我国有关的法律和法规规定，主要有：城市土地管理局，它统一负责城市土地的管理和监督工作，是城市土地的最主要的行政执法部门。城市规划管理局，它统一规划管理城市建设用地和建设工程，负责核发建设用地规划许可证和建设工程规划许可证。城市房地产管理局，它主要负责已经开发使用地的管理工作。城市司法局，它主要监督城市土地管理法规的实施，受理各种城市土地违法案件。

三、城市土地市政管理的主要措施与主要内容

（一）城市土地市政管理的主要措施

1. 行政措施

就是城市政府依照宪法和相关法律，依靠行政机关的权威，发布规定、条例、规程等，按照行政系统和层次管理活动所采取的方法。具体包括管理土地的征用、调拨工作，负责征（拨）用地的审查、报批；主管土地的调查、登记、统计、分等定级和发证工作。其中土地调查应当包括土地权属、土地利用现状、土地条件三方面的内容，土地等级每 6 年调整 1 次；负责土地使用权出让的组织、协调、审查、报批和土地使用权转让、出租、抵押等权属管理工作；受理土地使用权申报登记、发放土地使用权证；制定土地使用标准，征收土地使用费；解决土地纠纷，协调各部门、各单位的土地利用；处理违法占用、出租、转让土地的案件；编制和管理地籍资料；组织城市土地的综合开发等。

2. 经济措施

就是城市政府根据客观经济规律，运用各种经济措施，调节各种不同经济利

益之间的关系，以获得最佳的经济效益和社会效益。常用的经济措施有价格、税收、罚款等。城市政府通过运用经济手段，能把投入城市土地的大量资金通过城市土地的有偿使用予以回收，并再投入城市土地的整治和开发中，从而实现城市经济建设资金的良性循环。同时，经济措施是城市政府指导城市用地的重要杠杆，能充分发挥城市土地的使用效益。

3. 法律措施

这是城市政府土地管理的根本方法。事实上，城市土地的规划管理、行政管理和经济管理，都要有法律依据和保障。国家及城市政府要建立和完善城市土地管理的法律法规体系，并根据城市土地管理的法律法规，城市土地行政主管部门在依法管理城市土地时，应采取的具体措施包括：

对不依照法律法规规定办理变更登记的，责令其限期办理，逾期不办理的，依非法转让或者非法占用土地论处；询问违法案件的当事人、嫌疑人和证人；进入被检查单位或者个人非法占用的土地现场进行拍照、摄像；责令当事人停止正在进行的土地违法行为；对涉及土地违法的单位或者个人，停止办理有关土地审批、登记手续；责令违法嫌疑人在调查期间不得变卖、转移与案件有关的财物。我国目前关于城市土地管理的法规主要有：《中华人民共和国土地管理法》、《中华人民共和国土地管理法实施条例》、《中华人民共和国城市规划法》、《中华人民共和国城市房地产管理法》、《国家建设征用土地条例》、《中华人民共和国城镇土地使用税暂行条例》、《中华人民共和国土地增值税暂行条例》、《中华人民共和国城镇国有土地使用权出让和转让暂行条例》、《基本农田保护条例》等。城市政府要严格执行国家统一制定、颁布的土地管理法规，并根据自己的具体情况制定实施细则。如果国家没有统一的法律法规，城市政府可以制定地方性的土地管理法规。

4. 技术措施

即一般的地籍管理都离不开测绘、遥感和计算机等技术手段，如地籍测量、航片调绘、面积测算、绘制地籍图、土地利用动态监测以及建立地籍信息系统等，都要依靠遥感、计算机等技术手段。现代市政管理是建立在城市土地信息数据库之上的，技术手段的运用一方面提高了管理的科学性，另一方面又极大地提高了管理的效率。随着数字城市的建设，现代化的市政管理越来越离不开计算机、网络等技术手段。在城市土地市政管理的实践中，以上各种措施应综合应用、互相补充。行政措施能自上而下地更好贯彻法律、经济技术措施；法律措施对其他措施起保障作用，更好地维护各权利人的合法权益；经济措施能促进土地合理利用和保护，取得最佳经济效益；技术措施使其他措施建立在准确、可靠的基础上。

（二）城市土地市政管理的主要内容

1. 城市土地的地籍市政管理

就是对城市土地的调查、登记和统计等，它是城市土地管理的前提，不做好这些工作，就无法进行城市土地的开发利用、规划及经济管理。搞好城市土地的地籍管理，就是弄清城市土地的家底。土地调查是以查清土地的数量、质量、分布和权属状况而进行的调查。土地登记是国家用以确认土地的所有权、使用权，依法实行土地权属的申请、审核、登记造册和核发证书的一项法律措施。土地统计是国家对土地的数量、质量、分布、利用、权属状况进行统计调查、汇总、统计分析和提供土地统计资料的制度。

2. 城市土地所有权与使用权的市政管理

城市土地归国家所有，但 1988 年的《宪法》规定“土地使用权可依照法律的规定出让”，并在《土地管理法》中作了有关土地有偿使用的一系列规定。为了改革城市国有土地使用制度，合理开发、利用、经营土地，国家制定一系列法规，来保证国有城市土地权益不受侵犯，同时也保护土地使用者的合法权益。如《土地使用管理法》、《城镇国有土地使用权出让和转让暂行条例》、《划拨土地使用权管理暂行办法》等，今后还将颁布有关法规，从立法上保证。城市土地所有权与使用权的管理，主要包括确立、变更和保护土地的产权，办理土地征用、审批土地使用、处理土地权属纠纷，制止违法用地等。

3. 城市土地的利用市政管理

城市土地利用包括土地的规划、开发、使用、效益和保护等。就规划而言，城市土地管理的一项重要任务，就是通过对土地使用权的管理，确保城市规划的实施，对任何单位和个人申请用地，土地管理部门应该根据城市总体规划的要求进行审批。在为建设用地选址、定点时，都应征询城市规划管理部门的意见；已经使用的土地，凡不符合城市规划要求的，土地管理部门要配合城市规划管理部门运用行政、立法、经济等手段，限制其使用，或结合旧城改造，另拨土地，迫使搬迁。就开发而言，有计划地利用和开发城市土地资源，应列为城市土地管理的重要项目。土地管理部门应制定政策，建立专门的土地开发公司，承包土地的综合开发。经区、县人民政府办妥征用手续的土地，所有拆迁安置、土地平整、道路、供水、排水、供电、供气、供热、通讯等，都可由开发公司承包，然后按照价值规律，有价提供给需要用地的单位进行地上建设。

就使用而言，本着合理、节约用地的原则，对单位和个人用地的情况，必须经常进行检查监督，发现浪费土地，征而不用，征多用少，私自占用及其他各种违法用地，要根据有关政策、法规及时纠正或做出适当处理，在调查研究的基础上进行调解或做出仲裁。为了更好地对城市土地利用进行管理，一方面要对实现城市土地利用的宏观目标起影响作用的用地态势加以有效的控制，另一方面还要运用经济管理的手段和方法以及运用科学的方法，如遥感监测系统、生态保护等，来保证城市土地合理有效的利用。

4. 城市土地的经济市政管理

就是城市政府运用经济手段管理城市土地，这样就能把投入城市土地的大量资金通过城市土地的有偿使用予以回收，并再投入城市土地的整治和开发，从而实现城市建设资金的良性循环，以充分发挥城市土地的使用效益。虽然城市土地本身不是劳动的产物，没有价值，但它们却有价格，并通过价格取得商品的形式。而土地资本是人们开发改造土地所投入一定量的物化劳动和活劳动，并凝结在一定载体上形成价值而具有商品属性。因此，城市政府就要根据商品属性的客观经济条件和经济规律来管好城市土地。利用经济杠杆原理来组织、协调、控制和监督城市土地的开发、流通和消费各个环节，使城市土地的开发、利用获得更好的经济效益、社会效益和生态效益。①

第二节 中国市场经济条件下城市土地市场与市政管理

一、城市土地的有偿使用

新中国成立后取消了土地私有制，从此结束了在我国几千年来统治阶级利用土地剥削人民的历史。但城市土地自从回到人民手中以后，尤其是从 20 世纪 50 年代中期开始，中国建立了社会主义计划经济的体制，城市土地属于国家所有，实行行政划拨，长期贯彻“无偿使用”和“无限期使用”的土地制度，农村土地主要属于农村集体所有制，实行集体统一使用制度。这种以行政手段配置土地资源的方式，完全否认了土地价值的存在，否认了市场对土地资源配置的有效性。由此造成了土地使用上实际存在的部门所有制，产生了土地使用上的严重浪费，

① 汪承杰．城市土地管理．南京：南京大学出版社，1994.

从而阻碍了城市经济和社会的发展。我国在城市土地的使用上之所以会出现以上所说的两个“无”这一问题，其中从理论上对城市土地缺乏一种正确的认识不能不说是重要原因之一。

如当时有些人就认为，既然城市土地为国家所有，那么国家所有的企事业单位无偿使用国家土地，岂不理所当然。还有些人认为，地租是土地私有制的产物，社会主义条件下不应存在地租，把消灭土地私有制同消灭地租等同起来。这种理论上的错误认识不仅导致了政策上的失误，而且还直接或间接地带来了不少问题。最明显的就是在征用土地时，经常发生多征少用、早征晚用、征而不用的问题，其症结就是使用国有土地是无偿的。不仅如此，甚至有些全民所有制单位，国家用很大代价征用的土地交给它们以后，这些单位自己不用或用不了，就拿去换房、换物、高价出卖、出租、转让，从而造成国家重大的财政损失。其实，社会主义国家的城市土地，也同其他生产资料一样，都是国家财产，每座城市在其历史发展的过程中，是经过无数岁月、无数劳动的积累才有今天便利的交通条件和完善的基础设施的。国家在征用、开发土地的过程中，也要投入大量的劳动、物资和资金。因此要获得城市土地的使用权，理所当然地必须支付代价，即有偿使用，而不应无偿使用。正因为如此，所以，自 20 世纪 80 年代以来，随着我国土地使用制度的改革与市场经济体制的建立和完善，城市土地的有偿使用，已成为城市经济发展的一种必然选择，具有十分重要的意义。

（一）城市土地实行有偿使用，是社会主义市场经济发展和运行的必然要求

在社会主义市场经济条件下，各企业都是独立的商品生产者和经营者，它们有各自相对独立的经济利益。企业占有的土地的数量、肥力和位置不同，对企业的经济效益有着很大的影响。占有好地或占有较多土地的企业，就可以凭借其占有的优越的自然资源取得较多的盈利，获得较多的利益。因此，只有把这部分由土地取得的超额利润交给国家，才有利于调动企业的生产积极性，使企业在同等条件下展开竞争，使企业的经济效益与企业的经营状况，使劳动者的个人物质利益与他们的劳动成果挂起钩来，才能更好地贯彻社会主义经济原则。所以，在社会主义市场经济条件下，必须对城市土地有偿使用。

（二）城市土地有偿使用是社会主义土地所有权在经济上实现的形式

在我国经济体制改革的过程中，土地经济关系发生了新的变化。这一变化，最主要的和最根本的是土地所有权和土地使用权发生了分离。在我国，消灭了土地私有制，但并没有消灭土地所有权，土地分别属于国家和集体所有。既然在我国存在着不同类型的土地所有权，而且又存在着土地所有权与使用权的分离，土

地所有权也必须有它在经济上实现的形式。否则，就等于废除土地所有权，或者说不是在法律上，而是在事实上废除了土地所有权。马克思主义经典作家在社会主义革命胜利以前，在还没有社会主义建设实践经验的情况下，基于全部土地归国家所有的认识，曾经多次指出，在社会主义条件下地租还必须存在。由于国家是土地的所有者，所以地租必须交给国家。对此，马克思、恩格斯在《共产党宣言》中就提出了“剥夺地产，把地租用于国家支出”[①] 的命题。恩格斯在《论住宅问题》一书中也指出：“消灭土地私有制并不要求消灭地租，而是要求把地租——虽然是用改变过的形式——转交给社会。所以，由劳动人民实际占有一切劳动工具，无论如何都不排除承租和出租的保存”。[②] 列宁在《社会主义民主党在俄国第一次土地革命中的土地纲领》一书中则进一步提出：“土地国有就是全部土地归国家所有。所谓归国家所有，就是说国家政权机关有获得地租的权利，并且由国家政权规定全国共同的土地占有和土地使用的规则。”[③] 马克思主义经典作家的这些思想，表明土地归国家所有，就是国家有获得地租的权利。

（三）城市土地的有偿使用费是国家一项稳定的财政收入，是市场经济条件下城市建设资金的重要来源

长期以来，我国城市基础设施落后，至今尚未从根本上得到解决。之所以如此，最根本的原因就是没有一个稳定的资金来源。因此，要提高城市建设资金投资比例，加速我国城市基础设施的建设，就必须开辟资金来源，而收取城市土地的使用费，就可以为城市建设建立一个稳定可靠的资金来源。从世界上市场经济比较发达、管理比较好的城市来看，地价都是非常昂贵的，并且它们多是利用土地价格具有上涨性的特征取得充足的资金，来营造城市，即所谓以土养城，以土建城。它作为城市建设一种很稳定的资金来源，已为世人所知晓。20 世纪 80 年代的中国香港、新加坡城市，兴建了许多高楼大厦和一些新城，它们就是在规划之前，政府把廉价的地皮买进来，再向银行抵押，进行“七通一平”，然后又以数倍高价售于厂商和个人，除了还债外，尚有盈余。它们就是这样利用土地这一“魔术”进行城市的建设。城市建成以后，工业生产随之发展，社会财富逐步增长，人民物质生活水平随之提高，城市政府就坐收房、地产税，并把它作为城市财政收入的主要来源，以此来维持城市机器的有序运转。当然，我国社会主义市场经济条件下城市土地的有偿使用，并不意味着要走它们走过的道路，因为毕竟在社会制度上存在着本质差别，而是想借此说明对城市土地实行有偿使用，城市

① 《马克思恩格斯选集》第 1 卷第 272 页。
② 《马克思恩格斯选集》第 2 卷第 545 页。
③ 《列宁全集》第 13 卷第 313-314 页。

政府获得城市土地有偿使用费，对解决城市建设资金来源的重要性和必要性。但在这里必须指出的是，在我国，凡是经城市政府批准的建设用地；国家机关用地和军事用地；城市基础设施用地和公益事业用地；国家重点扶持的能源、交通、水利等基础设施用地；法律、行政法规规定的其他用地，都可以以划拨形式取得。

实行城市土地的有偿使用，关键在于由国家向城市土地使用者收取城市土地的有偿使用费。但要收取城市土地的使用费，首先就要确定土地使用费的数量，而要做到这一点，就必须把握土地使用费的构成以及这一构成的理论依据。

从马克思的劳动价值理论上来看。土地使用费是土地所有权在经济上实现的形式，以此，城市土地使用费首先应当包括本来意义上的地租。马克思曾经指出，地租是为使用土地而支付的价值。原国家城乡部也明确规定："土地使用费即地租。"从我国市场经济现实运动的状况来看，城市土地使用费应该由土地投资的补偿及其利息、绝对地租、级差地租四个部分构成。其理论依据主要有以下几个方面：

绝对地租是真正体现土地所有权在经济上实现的形式。马克思说："不论地租有什么独特的形式，它的一切类型有一个共同点：地租的占有是土地所有权借以实现的经济形式，而地租又是以土地所有权，以某些个人对某些地块的所有权为前提。"[①] 又说："真正的地租是为了使用土地本身而支付的。"[②] 既然土地使用费是为了实现土地的所有权，所以，绝对地租当然是土地使用费的构成部分。

级差地租是土地超额利润的形式。级差地租是由土地的生产力差别引起的。决定土地生产力差别的因素，主要是土地本身的肥力和位置。土地的肥力和位置是由土地自然和社会决定的，是不依土地所有者的意志形成的。因此，哪个单位占有了肥力强、位置好的土地，哪个单位就可以获得超额级差收入。如果这种超额级差收入归土地使用单位所有，不利于社会主义市场经济的原则。因此，在社会主义市场经济条件下，在土地属于国家和集体所有的情况下，为了调节各单位经济利益，级差地租，首先是级差地租第Ⅰ形式，必须作为土地使用费的构成部分，上缴给国家和地方政府。级差地租第Ⅱ形式，是由追加投资引起的。如果这种追加投资是由国家或集体单位实行的，这部分超额利润，在一定的期限内应留在用地单位。这种期限的长短，应以在土地上投资收回为限，即在土地上的投资得到补偿以后，由级差地租Ⅱ引起的超额利润应该作为土地使用费转交给国家。这样做，一方面保护了土地使用者对土地投资的积极性；另一方面也会形成各单位之间在资源利用上的差异。由于这个问题涉及土地使用费的使用和分配，所以这里只就其是否作为土地使用费的构成部分加以说明。

---

① 《马克思恩格斯全集》第 25 卷第 714 页。

② 《马克思恩格斯全集》第 24 卷第 698 页。

土地资本及其利息是对土地投资的补偿。土地资本（资金）和土地资本的利息，是土地所有者在土地上的投资，土地投资应得到补偿。土地资本的补偿费自然应当作为土地使用费的构成部分，返还给土地所有者。土地资本不仅要得到补偿，而且还要得到利息。土地资本及它的利息也应作为土地使用费的构成部分，上缴社会主义的国家。

二、中国市场经济条件下土地有偿使用的形式

（一）土地出让金

根据《中华人民共和国城镇国有土地使用权出让和转让暂行条例》的规定，新占用土地的使用者，必须在签订土地使用权出让合同后的 60 天内，向土地所有者一次性交付使用期限内的土地使用权出让金。土地出让金实际上是土地使用权的价格，即所出让土地的地价，反映了土地所有者与使用者之间的经济关系。

（二）土地使用税

根据《中华人民共和国城镇土地使用税暂行条例》的规定，使用土地的单位和个人必须按照其实际占用的土地面积，按期向所在地税务机关缴纳土地使用税。根据土地的不同等级，土地使用税每平方米的年税额为：大城市 0.5～10 元；中等城市 0.4～8 元；小城市 0.3～6 元；县城、建制镇、工矿区 0.2～4 元。具体税额由有关地方政府根据市政建设状况、经济繁荣度等确定。土地使用税实际上是绝对地租，体现了国家政权与土地使用者之间的行政关系。

（三）土地使用费

土地使用费是外商投资企业和外商投资机构每年向土地所有者缴纳的费用，实际上也是一种地租，体现了土地所有者与土地使用者之间的经济关系。土地使用费一般是根据土地类别和用地性质分别确定的，每 3～5 年调整一次。

（四）土地增值税

根据《中华人民共和国土地增值税暂行条例》的规定，转让房地产并取得收入的单位和个人，为土地增值税的纳税义务人，具体按照纳税人转让房地产所取得的增值额和四级超率累进税率征收。土地增值税实际上是一种级差地租。

三、中国城市土地市场的建立过程与类型

（一）城市土地市场的含义与特征

从狭义上讲，是城市土地使用权流通的场所；从广义上讲，是体现在城市土地使用权流通全过程中的各种经济关系的总和。社会主义市场经济条件下的城市土地市场，与一般的商品市场相比，既有它的共同点，但它又不同于一般的商品市场。因此，有它自身的特征：一般商品的买卖，通过交换，不仅转移了商品的使用价值或使用权，而且同时也转移了商品的所有权，即商品经过换手，它的所有者即发生了变化，买者取得了所有权，而卖者则失去了所有权。而我国城市土地市场买卖的只是土地的使用权，而不是土地的所有权。土地所有权始终牢牢地掌握在国家手中；城市土地市场交换的范围受到限制。一般商品市场上买卖的商品，可以在任何单位和个人之间进行，交换范围是不受限制的。社会主义市场经济条件下城市土地的交换，只限于国家或者代表国家的城市土地管理部门和用地单位之间。在一定条件下，土地使用单位之间也可以依法进行土地使用权的转让；城市土地交换只有租赁一种形式。一般商品的交换既可以买卖，也可以租赁。但是，我国城市土地交换的只是土地的使用权，由此就决定了在我国城市土地的市场上，只能是以一定时期为限的租赁；一般商品交换可以转手买卖，但地产不能买卖，更不允许投机倒卖；我国城市土地市场上出租的土地，土地使用方向或土地使用性质，受到了严格的限制。一般市场售出商品的用途是不加限制的，其使用方向是由其使用者决定的。我国城市土地的使用则要严格按城市规划执行。如住宅小区的地皮，一般不能用来建厂房、车间等；我国的城市土地市场，是由国家垄断经营的。一般商品市场可以由任何单位和个人经营。我国城市土地市场的经营，只能由政府主管部门或它指定的数量有限的土地管理机构经营。因此，城市土地市场具有国家垄断的性质。

（二）中国城市土地市场的建立过程

建立社会主义的城市土地市场，充分利用市场机制来调节城市土地的利用，是城市土地市政管理的主要措施与主要内容。管理的一个重要任务，也是完善城市土地有偿使用制度的客观要求。然而，在我国，城市土地市场的建立，却经历了一个从无到有，从不完善到比较完善的发展过程。如上所述，1949 年新中国成立以后，城市土地收归国有，农村土地实行集体所有。至 1978 年的改革开放前，城市国有土地实行的是单一的行政划拨制度，国家将土地使用权无偿、无限期提供给用地者，并禁止土地使用权转让。在这近 30 年的历史时期内，中国城

市几乎不存在土地市场。1978 年以后，我国城市开始进行土地使用制度的改革。1980 年，中国开始向中外合资企业收取场地使用费。1987 年 11 月，国务院批准国家土地管理局等部门的报告，确定在有关城市进行土地使用制度改革试点。按照土地所有权与使用权分离的原则，国家在保留土地所有权的前提下，通过拍卖、招标、协议等方式将土地使用权以一定的价格、年限期及用途出让给使用者，出让后的土地使用权可以转让、出租、抵押。这是中国城市土地使用制度的根本性改革，打破了土地长期无偿、无限期、无流动的使用制度，引入了市场机制配置土地资源的新制度。1988 年 4 月 12 日，第七届全国人民代表大会通过了《中华人民共和国宪法（修正案）》，删除了原《宪法》第 10 条关于土地不得出租的规定，增加了“土地使用权可以依照法律的规定出让的规定”，《中华人民共和国土地管理法》也进行了相应修改，明确规定“国家依法实行国有土地的有偿使用制度”。1990 年 5 月，国务院颁布了《中华人民共和国城镇国有土地使用权出让和转让暂行条例》和《外商投资成片开发经营土地暂行管理办法》，这标志着中国土地市场的建立与发展有了法律依据。从此，土地资源的市场配置在全国推开。

1992 年，邓小平同志的南方谈话和中国共产党第十四次全国代表大会的召开，为中国的改革开放注入了新的活力。在十四届三中全会上我国经济体制改革目标的定位，社会主义市场经济体制的确立，大大加速了全国城市土地市场培育和发展的进程。在这一时期土地市场发展非常迅速，以致出现了 1992—1993 年的“房地产热”，全国各地大搞开发区建设，土地投机十分盛行，炒卖土地现象非常严重。1993 年 7 月国务院开始整顿房地产市场，实行宏观调控，紧缩银根，开征土地增值税；原国家土地管理局于同年 7 月发出了《关于加强宏观调控管好地产市场的通知》。从 1993 年 7 月开始，全国土地市场进入调整发展时期。1998 年国土资源部成立，鉴于前期各地在土地使用权出让时 95%以上采取协议方式，不利于建立公开、公平、公正的土地市场这一不足，于 1999 年 1 月 27 日下发了《关于进一步推行招标拍卖出让国有土地使用权的通知》，严格限定了行政划拨供地和协议出让土地的范围，并限定了协议出让土地使用权的最低价格。为了严禁炒卖土地，规范市场秩序，国土资源部又于 2000 年 1 月 6 日，下发了《关于建立土地有形市场　促进土地使用权规范交易的通知》，要求各地结合本地区实际，加快建立有形市场，完善土地市场功能。①

① 马彦琳，刘建平．现代城市管理学．北京：科学出版社，2003.

（三）中国城市土地市场的类型

1. 从土地使用权的流通方向上来划分

可分为一级、二级、三级市场。所谓一级市场，就是国家凭借对城市土地的所有权，把一定时期的城市土地使用权批租或出让给城市土地的经营者和使用者，使城市土地使用权在国家与城市土地经营者、使用者之间纵向流动而形成的各种经济关系的总和，它具有垄断性质；二级市场，是城市土地使用权在城市土地经营者、使用者之间的横向流动或转让过程中形成的各种经济关系的总和，具体表现为获得城市土地使用权的经营者（使用者），直接将土地投入市场流通，或通过建设商品房间接地将土地投入市场流通；三级市场是城市土地使用权在城市土地使用者之间横向流动或转让中形成的各种经济关系的总和，具体表现为城市土地的使用者通过房产交易间接地使城市土地进入市场流通。上述三级市场形成了城市土地的批发、零售、调剂三种互相联系的市场形态。其中，一级市场是二、三级市场的基础和前提，起着导向作用；二、三级市场是一级市场的延伸和扩大，能促进城市土地市场的发育和繁荣。我国建立和完善城市土地市场的基本政策是垄断一级市场，搞活二、三级市场。

2. 从土地使用权的流通目的上来划分

又可分为土地使用权的出让市场、土地使用权的转让市场、土地使用权的租赁市场和土地使用权的抵押市场。它们都有各自不同的内容规定。城市土地使用权的出让市场，属于城市土地的一级市场。城市土地使用权的出让，是通过竞争方式实现城市国有土地的使用权向城市土地经营者和使用者的转移。具体地说，就是国家以土地所有者的身份将一定年限内的土地使用权出让给土地经营者或使用者，土地经营者或使用者必须向国家支付土地使用权出让金。根据《中华人民共和国城镇国有土地使用权出让和转让暂行条例》的规定，我国城市土地使用权出让的最高年限分别为：居住用地 70 年；工业用地 50 年；教育、科技、文化、卫生、体育、用地 50 年；商业、旅游、娱乐用地 40 年；综合或者其他用地 50 年。每一幅土地的实际使用年限，在最高年限内，由出让方确定或者由出让、受让双方确定。城市土地使用期满时，使用者还可以申请续期。城市土地使用权的有偿出让从形式上讲，有协议出让、招标出让和拍卖出让。

所谓协议出让，是指城市土地的经营者或使用者直接向市政管理部门提出申请，然后双方进行一对一的磋商，达成一致后，双方签订土地权出让合同，从而实现土地使用权的有偿出让。它主要适用于市政公益事业项目用地、非营利性项目用地、高科技项目用地以及城市政府为调整经济结构、实施产业政策而需要给予扶持、优惠的项目。

所谓招标出让，是指在规定的期限内由符合规定条件的单位或个人（受让方）以书面投标形式，竞争某块土地的使用权，然后招标人（出让方）代表择优确定城市土地的使用者。它一般要经过招标、投标、开标、决标、签约五个步骤。招标出让方式一般适用于大型发展项目用地、小区成片开发用地、关键性的发展项目用地、技术难度较大的项目用地。

所谓拍卖转让，是指城市土地管理部门事先就被拍卖的位置、面积、用途、使用年限、规划参数、付款方式等发出公告，并在指定的时间和地点组织符合条件的土地经营者或使用者到场，就某块土地的使用权公开叫价竞争，由价高者获得该块土地的使用权。拍卖出让方式最富有竞争性，主要适用于竞争性强的商业、旅游业、娱乐业、房地产业、金融业等用地。对土地出让市场，政府应逐步减少过多干预，严格限制协议出让和行政划拨的范围。

土地使用权的转让市场，属于城市土地的二级市场。是指城市土地使用者将城市土地使用权再进行有偿转移的行为，也就是说，原受让方对已经获得城市土地使用权的土地按规定投入一定资金进行开发后，通过有偿的出售、交换或无偿的赠与等方式，把土地使用权连同地上的建筑物及其他附着物的所有权转让给新的受让者，包括出售、交换和赠与。市场的主体，一方是拥有中国境内土地使用权的土地使用权人，另一方是中国境内外的公司、企业、其他组织和个人；市场的客体是国有土地使用权。土地使用权转让市场是一个竞争性市场，有多个土地供给者和多个土地需求者。转让的方式和转让的价格均由市场决定，市场机制的作用较强。目前，城市土地转让市场的成交量相当大，是一个主要的城市土地市场。城市土地使用权的有偿出让从形式上讲，有出售或买卖、交换或互易、赠与三种形式。

所谓出售或买卖，是指城市土地使用者按照一定的方式将城市土地的使用权转移给买方而买方为此支付价款的行为。所谓交换或互易，是指当事人双方约定互相转移城市土地使用权的行为，或者是一方转移城市土地使用权、另一方转移金钱以外标的物的行为。使用权交换成功的前提是当事人双方都需要支配对方的物并能达成合意，其基本特征是以物易物，可以是城市土地使用权之间的互易，也可以是城市土地使用权与其他物的互易。所谓赠与，是指赠与人自愿把自己拥有的城市土地使用权无偿转移受赠人而受赠人表示接受的行为，其基本特征是无偿。

然而，在我国进入城市土地的转让市场是有条件的。这表现为：从其类型上来讲，只有通过出让方式取得的城市土地使用权才能进入转让市场。因为通过出让方式取得的城市土地使用权才是一种具有独立意义的“物权性使用权”，它包含了对城市土地占有、使用、收益和处置的权利。而通过划拨方式取得的城市土地使用权是一种“债权性使用权”，原则上不允许转让。但如果通过划拨方式取得的城市土地使用权的经济组织或个人，在与城市土地管理部门签订出让合同并补交出让金后，可以进入转让市场。从其规定性上来讲，取得使用权的城市土地不能直接进入转让市场流通，而必须按照城市土地使用权出让合同规定的期限和条件对城市土地进行投资、开发、利用后，城市土地使用权方可进入转让市场。这里的期限是指城市土地达到出让合同规定的开发利用状态所需要的时间；条件是指地块的用途、建筑物的占地面积、高度及层数、配套设施、投资额度、容积率等。从其具体手续上来讲，城市土地使用权的转让必须签订合同，并办理过户登记手续。城市土地使用权转让合同是城市土地使用权转让方与受让方确立转让中权利与义务关系的协议，能保证城市土地使用权依法、有秩序地转让。过户登记是指城市土地使用权的受让人凭有效的城市土地使用权转让合同及其他合法文件，到城市房地产管理部门办理城市土地使用权及地上附着物所有权变更登记手续，以依法确定城市土地使用权及附着物所有权的行为。过户登记分为两类：一类是城市土地使用权过户登记，由城市土地管理部门负责办理；另一类是房产过户登记，由城市房产管理部门负责办理。

土地使用权的租赁、抵押市场。前者是指土地所有者或土地使用者作为出租人将土地使用权出租给承租人使用，由承租人支付租金的行为。1999 年以前，土地使用权租赁仅指以出让方式取得土地的土地使用权人再次出租土地的行为，在 1999 年国土资源部颁发的《规范国有土地租赁若干意见》[国土资发（1999）222 号]中规定：“承租人在按规定支付土地租金并完成开发建设后，经土地行政主管部门同意或根据租赁合同约定，可将承租土地使用权转租、转让或抵押。”后者是指土地使用权人（抵押人）以其合法的土地使用权以不转移占有的方式向抵押权人提供债务履行担保的行为。土地使用者（土地使用权人）为获得资金，以自己合法取得的土地使用权向抵押权人担保，抵押权人不对设定抵押权的土地使用权直接占有使用，而是仍由土地使用者使用并取得收益。当债务人不履行债务时，抵押权人有权依法拍卖抵押的土地使用权，并从拍卖所得价款中优先受偿。原土地使用权抵押仅指以出让方式取得的土地使用权，随着 1999 年国土资源部《规范国有土地租赁若干意见》文件的发布，承租土地使用权也可以抵押。因此，土地使用权抵押市场的主体是土地抵押权人和抵押人，也即资金拥有者或银行和土地使用者；客体是以出让方取得的土地使用权和以租赁方式取得的承租土地使用权。《中华人民共和国城镇国有土地使用权出让和转让暂行条例》规定：“土地使用权抵押时，其地上建筑物、其他附着物随之抵押。地上建筑物、其他附着物抵押时，其使用范围内的土地使用权随之抵押。”

四、市场经济条件下城市土地市场的市政管理

在社会主义市场经济的条件下，我们不但要建立城市土地市场的完整体系，而且还要对已经建立的城市土地市场进行科学的市政管理。这是因为，从宏观的角度看，城市土地市场的供求状况是国家确定城市土地有偿使用税费征收标准的客观依据。从微观的角度看，城市土地市场能实现城市土地使用权在城市土地使用者之间的横向流动。因此，必须把城市土地的有偿使用与城市土地市场的建立以及市政管理有机地结合起来。事实证明，市场经济条件下城市土地市场的形成、建立与有序运作，离不开城市政府对城市土地市场的有效市政管理。这种有效的市政管理，也就是城市政府对市场的规范与调控。即政府运用经济、法律和行政等各种手段，来影响土地的供给和需求，在宏观上对土地市场进行调控，以促进土地市场正常运行，更有效地配置土地资源。但要对城市土地市场进行科学的市政管理，首先必须明确管理的基本要求。

（一）市场经济条件下城市土地市场市政管理的要求

1. 要充分发挥市场在土地资源配置中的基础性作用

我国的城市土地市场，虽然经过二十几年的发展，已经形成了比较完整的体系，但它仍处于不断发展和完善的阶段，其主要特征是市场机制有待完善，市场的作用还不能得到充分的发挥，表现为因计划经济体制惯性所带来的政府过多的行政干预仍不同程度地存在。因此，我国城市土地市场市政管理的一项基本要求，就是要尽量减少政府运用行政力量来干预城市土地市场，不断完善市场机制，真正发挥市场在土地资源配置中的基础性作用。

2. 要立足城市土地资源的优化配置

我国将市场机制引入城市土地资源配置的目的，是为了克服长期以来城市土地无偿使用、无限期使用的制度弊端，从而优化土地资源的配置，实现土地资源的最佳利用。这就决定了我国城市土地市场的一切管理，都要立足于实现这一目的，而不能仅仅为了管理而管理，或者将市场管死。

3. 要有序发展、稳步推进

城市土地市场的发展速度要根据我国城市经济社会发展的需要，即既不能太快，也不能太慢。太快了，就会出现城市土地的投机泛滥，或者因土地市场的过

热而出现“泡沫经济”，从而导致其运作过程中无序现象的出现；太慢了，就会阻碍我国城市化的进程和城市建设和改造的步伐。所有这一切，都将对整个经济社会的发展带来极为不利的影响，这在国内外土地市场的发展史上都有足以说明的经验和教训。由此决定了中国城市土地市场管理的一个基本要求，就是要阻止其盲目快速的发展和加强对其的规范，使其能有序运作，稳步推进，并与其他市场的发展相协调。

4. 要针对各种情况采取相应的最佳方式

城市土地市场的管理方式很多，就一般而言，有经济、法律和行政三种方式或三种手段。在实际的管理中，就要根据各种不同的管理对象和不同的情况，从有利于土地市场的健康发展和管理的实际效果出发，采取相应的最佳方式。在我国市场经济条件下对城市土地市场的管理，采用经济和法律的方式，与采用行政的方式其效果是有区别的，但最为有效的，因而也更有利于土地市场的长期稳定发展的，主要还是经济和法律方式，而行政方式则对一些需要迅速解决的问题更具有效性。

（二）市场经济条件下城市土地市场市政管理的手段

1. 经济手段

城市政府以经济为杠杆，管理城市土地市场，即针对土地市场不同时期出现的不同问题，政府运用各类经济杠杆调控市场，以达到土地市场正常运行的目的。经济手段主要包括税收和金融。就税收而言，它是各国政府最常用的市场调节手段。当前我国土地税收主要有：城镇土地使用税，土地增值税。针对1992—1993年房地产开发过热的状况，国家实行了宏观调控，1994年1月开征土地增值税，该税实行30%～60%的超额累进税率。就金融而言，就是运用金融措施调控城市土地市场。1993年国家实行的宏观调控，主要就是运用金融措施，如冻结金融业对土地开发和房地产开发的资金。这种措施，效果极为明显，使中国经济成功地实现了“软着陆”。又如，1996年以后，由于我国商品房积压严重，国内消费需求严重不足，经济持续低迷，政府开始放宽信贷，多次降低利率，刺激消费，特别是放宽住房信贷，鼓励贷款购买住房。这一措施激活了住宅市场，同时也带动了住宅用地的需求。

2. 法律手段

就是国家首先以立法的形式对土地市场进行规范。我国涉及土地产权和土地市场管理的主要法律法规有：《中华人民共和国宪法》、《中华人民共和国土地管理法》、《中华人民共和国城镇国有土地使用权出让和转让暂行条例》、《中华人民共和国房地产管理法》等。运用法律来管理土地市场，才能维护城市土地的国家所有权，也才能有效地制止和处理非法买卖、租赁、转让土地及违章占地等案件，从而使政府对城市土地市场的管理，真正做到有法可依。

3. 行政手段

就是城市政府的土地主管部门，根据国家关于土地市场管理的有关法律，运用行政权力，对城市土地市场的运作过程和各个环节实行全方位的行政管理。如上所述，我国城市土地市场管理的一项基本要求，就是要尽量减少政府运用行政力量来干预城市土地市场，不断完善市场机制，真正发挥市场在土地资源配置中的基础性作用。但这并不意味着城市政府在市场经济条件下的土地市场管理中无所作为。我国城市土地市场正反两个方面的经验和教训告诉我们，市场的盲目性决定了政府必要的行政干预即行政手段还是不可缺少的，它是保证城市土地市场正常运作的条件之一。这一手段主要包括：

制订全国土地利用计划。国土资源部依据《中华人民共和国土地管理法》和土地利用总体规划，在对土地总需求作认真预测的前提下，每年向各省市下达土地利用计划，规定各省市的新增非农建设用地数量必须严格限制在计划之内；划定限制供地和禁止供地的范围。国土资源部与国家经贸委于 1999 年划定了限制供地和禁止供地的范围，发布了第一批《限制供地项目目录》和《禁止供地项目目录》，限制供地项目和类别 78 个，禁止供地项目和类别 131 个；建立土地有形市场。为了形成公开、公平和公正的土地交易市场，制止土地投机，国土资源部于 2000 年 1 月 6 日发布了《关于建立土地有形市场　促进土地使用权规范交易的通知》，要求原划拨土地使用权的交易、出让土地使用权的首次交易、法律允许的集体建设用地的流转以及土地抵押权实现而引起的土地使用权转让、法院判决用于清偿债务的土地使用权转让和出让土地使用权的转让、租赁、抵押、作价出资、交换、赠与等交易应纳入有形市场交易；建立交易许可制度和交易预报制度。《关于建立土地有形市场　促进土地使用权规范交易的通知》，第一次明确提出“要实行交易许可制度和交易预报制度”；建立土地预备制度。在政府领导下建立土地储备中心，根据市场行情和土地利用规划，由这个中心适时收购储备土地。对象主要是按规划要改变用途的土地、企业改制的存量土地、依法收回的违法土地、限制土地和无主土地等。土地储备中心对这些土地进行出让前的开发整理，适时出让；建立地价等市场信息公开查询制度。让市场主体及其他参与者充分了解市场信息是市场健康发展的必要条件。国土资源部自 1999 年开始，着手在全国建立土地市场信息系统，让基准地价、确定地价、标定地价、市场交易地价、政府供地计划和市场需求等信息在网络上可以公开查询，以增加市场的透明度。从目前土地市场的运行状况来看，中国政府及其管理部门对土地市场所采取的管理手段还是比较有效的。土地投机行为大量减少，土地的供给和需求也与整个国民经济的发展相适应，土地价格水平也较能反映土地本身的价值，土地市场正在健康的发展。[①]

第三节　城市的住房与市政管理

一、城市住房在城市经济和社会发展中的作用

一方面，从城市物质形态的构成上讲，主要是房屋以及它所依托的城市土地，一个城市的文明程度，往往直观地反映在各类建筑物和构筑物的平面布局上。另一方面，城市住房作为城市各类建筑物和构筑物的重要组成部分，是城市居民的栖息之地，能否“安居”，将直接关系到千家万户的切身利益，关系到社会的稳定和城市政府在城市居民中的形象。恩格斯曾经说过：“如何满足住房的需要，是可以当做一个尺度来衡量个人其余一切需要是如何满足的。”[②] 因此，住房问题在城市社会经济发展中占有重要地位，起着重要的作用。就具体而言，这种地位和作用，主要表现在以下几个方面：

（一）城市住房是城市居民生存和发展的必要消费资料

城市居民为了生存，就必须有生存的地方。从这一点上说，城市住房是城市居民最必需的也是最基本的生存资料。随着城市经济和科学技术的发展，居民的生活水平逐步提高，城市居民住房的多种功能性也越来越明显，也就是住房已从单纯的生存资料发展为发展资料和享受资料。住房的消费水平，标志着城市社会经济发展的水平和城市居民的实际生活水平。

（二）城市住房是社会再生产所必需的物质条件

人类社会的再生产，既包括物质资料的再生产，也包括劳动者自身的再生产。所谓劳动者自身的再生产，不仅是延续后代，还要再生产劳动力自身。城市住房是劳动力再生产所必需的重要的物质条件。劳动者如果没有必要的住房，就不能维持和再生产自身的劳动力，也就根本谈不上社会物质资料的再生产。

---

① 毕宝德．土地经济学．北京：中国人民大学出版社，2001.

②《马克思恩格斯全集》第2卷第348-349页。

（三）城市住房是城市经济发展的重要因素

城市住房的建设和发展，是城市经济发展的结果，反过来，住房的建设与发展又会对城市经济的发展起促进的作用。其理由是，住房的建设会影响到投资结构，进而影响到产业结构。因为居民对住房的需求以及住房的发展，不仅影响到第二部类消费资料的生产，而且还会影响到第一部类生产资料生产。住房的建设与发展，就要求建材工业和建筑工业的发展，而建材工业和建筑工业的发展，又波及和它有关的工业的发展，从而影响到投资结构和产业结构。另外，住房的消费状况，会影响到分配结构和消费结构。如在城市职工工资收入一定的情况下，如果提高商品房的价格，就会增加城市职工住房消费的开支，从而改变城市职工的消费结构。还有，城市住房制度改革的深入进行，住房商品化的实行，会逐步形成住房市场，从而使社会商品交换关系扩大和加深。这样，城市住房的建设和发展，就必然促进城市经济的发展。

（四）城市住房是调整城市社会关系的重要物质条件

城市住房与城市政治、经济、法律、伦理道德、社会心理、人口等问题有着密切的关系，因此成为影响城市政治生活、调整人与人之间关系的重要因素。住房的数量或家庭居住的状况，成为影响家庭，甚至适龄青年婚姻的社会问题。住房条件的好坏，还直接影响家庭的关系和社会的稳定。据调查，现代城市中不少青少年的堕落和犯罪，有许多是同住房狭窄、家庭生活不正常和缺乏适宜学习、娱乐环境有关；婆媳姑嫂、兄弟姐妹以及邻里之间的摩擦纠纷，也有许多是由于住房拥挤和居住条件不好而引起的。因此，城市的住房问题不只是关系城市居民的切身利害的个人生活问题，而且是影响城市居民情绪和社会是否和谐等整个城市社会经济生活的大问题。

二、中国城市住房市政管理制度的发展变化及其改革

城市住房制度是国家解决城市居民住房问题的基本政策和方法的总和，是城市住房生产、分配、交换、消费的组织形式和管理方式，是整个国民经济体制的重要组成部分。新中国成立至改革开放前，我国城市的住房管理制度经历了由商品房向福利房转变的历史过程。在 20 世纪 50 年代的“一化三改”以前，城市住房以私房为主，私房可以买卖，可以出租。月房租符合房租的计量标准，折旧、房地产税、利息等组成部分，基本符合一定时期内住房使用权的价格。“一化三改”过程中，把出租私房看成是一种资本主义的剥削关系，实行私房的国有化，先是降低房租，继而冻结房租，从而逐步演变成与计划经济体制相配套的福利住房制

度。在“一化三改”以后，我国建立了高度集中的计划经济体制，在这种体制下，城市公房实行福利分房制度，把住房当做福利产品，由国家机关、企事业单位用财政资金或企业福利基金建造职工宿舍，分配给职工居住。城市政府对城市住房的管理范围和管理权限都很小，只有很少的产籍管理、产权管理，不存在住房交易管理，各单位房产管理部门也只起一般管理与维修作用。城市政府房管部门的房屋除极少数原属官僚资本的房产以外，主要来自“一化三改”，转归国家所有的原为私人出租的房屋，而且大多数是陈旧的砖木结构的平房。这些房屋一律采取租赁形式，按月收取房租。这是从“福利”角度出发，实行低房租政策，每平方米房租仅 0.12～0.16 元，而且多年不变，也不随物价上涨而提高。结果是房租收入无力支付房屋管理维修费用，更谈不上更新改造房屋，严重制约了住房的建设速度。

另一方面，低房租与低工资是配套的。拥有私房的居民，虽然不要缴纳房租，但工资收入也无力维修更新住房。因此，在相当长的时期里，城市传统居民住房区的面貌变化不大，有的甚至没有变化，而危房数量却不断增加，少数公寓式宿舍大楼多为国家机关和少数企业事业单位所有。如在集体企业或中小学等单位工作，由于他们无力建房，居住条件很难改善。由于房租过低，分配新房时，城市职工往往多争住房面积。此外，由于住房建造管理上的多元化，有些单位虽有钱造房，却缺乏地皮，在这种情况下，这些单位就与有地皮却无钱造房的单位进行所谓的“协作”，等造好房子后，就按一定的比例分成。其结果是城市中不少中小学的操场或原来的绿化用地被挤占，最终导致城市住房建设布局的混乱，与改造旧城市建设新城市的进程极不协调。总之，我国传统的城市住房制度，是与传统的计划经济体制相适应的一种公建、公有、低租的福利供给制，这种住房制度的主要特征是：住房建设投资由国家和企事业单位统包，职工个人一点也不承担住房建设投资的责任；住房分配采用无偿的实物分配福利制，根据一些非经济性因素如工龄、家庭人口来分配住房，同职工的劳动贡献和成果相脱离，并游离于工资分配之外；住房经营排斥市场交换和市场机制的调节，实行低租金使用，房租根本不能抵偿住房建设、维修和管理成本，只能由国家和企事业单位提供巨额补贴；住房消费被当做公共消费和公共福利，根本否认住房的商品属性和个人消费品属性；住房管理行政化，单纯用行政手段管理城市住房，不计成本，不讲经济核算和经济效益。而且城市住房实行多头管理，导致政出多门，管理机构不稳定。传统的城市住房制度，既不符合按劳分配的原则，也背离社会主义市场经济的基本规律。在这种制度下，城市住房建设投资严重不足，导致城市住房严重短缺；政府和企事业单位背上了沉重的包袱，城市住房建设陷入恶性循环；刺激了住房需求的过度膨胀，引发了住房分配不公；扭曲了居民的消费结构，阻碍了产业结构的优化。

针对我国传统城市住房制度的上述特征及弊端，十一届三中全会以来，党中央、国务院就城市住房制度改革这一问题，曾提出住房商品化改革的设想。所谓住房商品化，就是把住房的建造与分配采取商品经济的形式，住房可以买卖，既可以买住房的所有权，也可以只买住房的使用权。逐步提高房租，使房租能够符合一定时期内住房使用消耗过程中的价值补偿。在这一设想的指导下，在改革的实践中，又进一步确立了我国城市住房制度改革的根本目标和具体内容。根本目标是建立与社会主义市场经济体制相适应的新的城市住房制度，实现住房商品化、社会化，加快住房建设，改善居住条件，满足城市居民不断增长的住房需求。城市住房制度改革的根本目标，决定了城市住房制度改革的基本内容：改革城市住房建设投资由国家、单位统包的体制，实行城市住房建设投资由国家、单位、个人三者合理负担的体制，实现城市住房建设资金来源的多元化和投入产出的良性循环；改革城市住房实物福利分配的方式，实行以按劳分配为主的货币工资分配方式；改革单位建房、分房和维修、管理的体制，实行社会化、专业化运行的体制；建立以高收入家庭为对象的商品房供应体系、以中等收入为对象的经济适用房供应体系和以低收入家庭为对象的具有社会保障性质的廉价房或廉租房供应体系；根据“个人存储、单位资助、统一管理、专项使用”的原则，全面建立住房公积金制度；发展住房金融和住房保险，建立政策性和商业性并存的住房信贷体系；建立规范化的房地产交易市场和社会化的房屋维修、管理市场。根据城市住房制度改革的根本目标和主要内容，我国自20世纪90年代以后，不断把城市住房制度的改革推向新的阶段，并已初步确立了与市场经济体制相适应的城市住房制度。但城市住房制度的改革毕竟是一项复杂的社会系统工程，它需要国家财税体制、价格体制、金融体制、工资制度等方面改革的支持和配合，同时还需要有法律的保障。新的住房制度的建立，是一个长期的、艰巨的过程，因此，必须有步骤、分阶段地推进。

三、市场经济条件下城市住房市政管理的内容

在我国市场经济的条件下，为了实现和保证合理的城市住房建设规模与速度，改善市民的居住条件，伴随着城市住房制度的改革，城市政府的住房市政管理，不仅包括产籍管理、产权管理、交易管理、修缮管理，而且更主要的还要加强城市住房的规划管理，并运用法律的、经济的、行政的手段监督管理城市住房的建设、流通、分配和消费。就具体而言，主要有以下内容：

（一）城市住房的规划、建设管理

精心规划住宅区是搞好城市住房建设的首要环节，是为市民创造良好居住条

件的重要手段。城市发展规划是城市总体规划的一个有机组成部分，是对城市住宅的建设规模、速度和平面布局等作出的总体安排。它直接制约着城市住宅再生产运行的基本方向，是城市政府进行住房管理的重要依据。城市政府在制定城市住宅发展规划时，必须依据城市的性质、规模和结构，充分考虑城市住宅的自然、经济、社会条件以及技术要求。因此，要制订一个科学的城市住宅规划，必须坚持以下原则：

符合城市总体规划的要求。为此，必须把城市住宅发展规划纳入城市总体发展规划进行统一的综合平衡，以实现城市住宅发展与城市经济、社会发展的协调；符合居民的生活活动规律，充分考虑到采光、通风和防火、防震、防洪等要求，优美、安全、卫生、方便的居住环境；合理、有效地利用城市土地和空间，实现城市住宅建设的经济效益、社会效益和生态环境效益的有机统一；充分考虑城市的地方特色，如城市的性质、气候、地形、地貌、习俗等，力求城市住宅建设的个性；搞好城市住宅区的公共服务设施的规划，如交通、教育、文化、体育、医疗卫生、商业、金融、邮电等；为城市住宅生产和施工工业化以及建筑群体多样化创造条件。加强城市住房建设的管理，对于贯彻城市住宅发展规划，保证城市住宅供给的稳定增长具有十分重要的作用。

城市政府对城市住宅建设的市政管理主要包括：加强城市住宅建设标准管理。为了制止城市住宅建设中的混乱状态，降低城市住宅造价，提高城市住宅建设投资的社会经济效益，城市政府要强化城市住宅建筑标准管理。所谓城市住宅建筑标准是国家对一定时期内城市住宅建设的主要经济指标所作的统一规定，包括面积、造价、层次、层高、住户比例、民用建筑综合指标等。城市政府应监督开发商认真执行国家的有关规定；积极推行住宅的综合开发。城市住宅的建设方式有零星分散建设和综合开发两种。所谓零星分散建设，是指各自筹划、分散征地、千家备料、零星加工、各自为政、分头管理的建设方式。实践证明，零星分散建设方式不仅导致人力、物力、财力的巨大浪费，还使得市政公用设施不配套，从而不利于创造良好的居住环境，不利于城市住宅投资效益的提高，不利于城市规划的实施。城市住宅综合开发是指统一规划、合理布局、综合开发、配套建设的建设方式。综合开发既适用于新城区征地开发，也适用于老城区拆迁再开发，它能打破条条、块块的界限，相对集中使用人、财、物，并按照系统工程原理，合理配置建房资源，实现规划、设计、施工、管理的专业化协作，从而降低城市住宅建设的成本，提高城市住宅建设的整体效益。

（二）城市住宅流通、分配与消费管理

由于城市住宅具有位置的固定性、使用的长期性及价值量大等特点，城市政

府要加强对城市住宅流通的管理，以保证城市住宅流通的顺利实现。城市住宅流通管理包括城市住房的产籍管理、产权管理、交易管理等。城市政府对城市住宅流通的管理主要应做好以下工作：

加强对城市住宅市场的市政管理。城市政府要加强对城市住宅买卖和租赁的监督管理，保护合法交易，取缔非法交易，维护交易双方的正当权益。要根据城市住房的价值和市场供求关系，确定合理的城市住宅价格体系，实行多种价格形式，并根据不同的住房标准、住房需求、住房质量实行分类计租、分等定价；加强对城市住房的产权、产籍管理。

城市住宅的产权市政管理，就是根据不同所有制住宅的性质和类别，制定相应政策法规和规定，审查、确认和保障城市住宅产权，监督城市住宅产权的合法行使。城市住宅的产籍管理是城市住宅产权管理的基础，它是指通过城市房产登记和测绘，将积累的城市房产资料进行整理分析，用特定的簿册加以控制，以及时掌握城市住宅的现状和变动。建立健全涉及城市住宅流通的税收制度。城市住房的分配和消费，对城市住房的总需求和总供给有着很大的影响，城市政府根据城市住房发展规划的要求，加强对城市住房分配和消费的监督管理，能确保城市住宅总需求与总供给的均衡发展。城市政府对城市住房分配的管理主要应做好以下工作：合理确定城市住房分配的制度和方式，制定城市住房分配的定额和标准，调节城市住房的再分配，合理解决城市低收入阶层的住房问题。城市政府对城市住房消费的市政管理主要要协调好城市住宅消费与城市社会经济发展的关系，做好城市住房调整和互换工作，及时制止和纠正城市住房不合理使用的现象，强化城市住房的维护管理。

【复习思考题】

1. 如何理解城市土地的内涵？其功能有哪些？
2. 城市土地管理的含义是什么？其必要性体现在哪些方面？
3. 城市土地管理应采取哪些措施？包括哪些内容？
4. 城市土地有偿使用的意义何在？它有哪些形式？
5. 我国的城市土地市场与一般商品市场有何不同？
6. 如何理解我国城市土地的三级市场？
7. 管理城市土地市场必须符合哪些要求？应运用哪些手段？
8. 如何理解城市住房在城市经济和社会发展中的作用？
9. 城市住房管理包括哪些内容？

第十章

中国城市社会的市政管理

观点提示：

城市是一个极为复杂的运行系统。在这个系统中，社会系统是最富有活力的城市主体要素。如果没有作为构成城市社会的城市人口、各类城市的社会组织以及相对的社会稳定，也就不会有城市文明的延续；也正是由于城市政府加强了对城市人口、社会治安、社区等方面的社会市政管理，才促进了城市人口的发展、社会环境的有序和社区建设的推进，从而带动了城市经济的高效运行和空间的优化布局，促进了城市各要素的协调和可持续发展，也促进了城市的快速发展。因此，把城市的社会管理作为城市市政管理工程中的一项重要内容，就显得尤为必要。

第一节　城市人口与城市人口的市政管理

一、城市人口的理论分析

城市人口是指生活居住在城市空间范围内的人群总体。在传统的城市人口理论中，城市人口基本只限于在户籍管理中属于非农业户口的城市居民。然而，自20世纪80年代以来，随着城乡人口流动的加速和成千上万农村剩余劳动力的进城务工，增加了城市中的常年流动人口，这群人也必然成为城市人口的重要组成部分。因此，我国目前的城市人口，既包括拥有城市户籍的常住人口，也包括来自其他城市和农村的流动人口。从我国现行的对城市人口的统计口径来看，市区和郊区的农业人口也全部统计为城镇人口。可见，我国城市常住人口既包括城市非农业人口，也包括城市农业人口。我国的城市人口与农村人口相比，主要有以下几个方面的特征：

随着城市化在各地的推进，城市人口占总人口的比重在不断提高，而农村人口的比重在不断降低；城市区内部人口呈现典型的高密集性，而农村人口密度则明显低于城市，如 1990 年我国城市市区人口平均密度为每平方千米 297 人，是全国人口密度每平方公里 123 人的 2.4 倍；城市人口文化素质相对较高，1990 年江苏人口普查显示，当时江苏省人均受教育年限城市人口平均为 7.57 年，县以下农村人口平均为 4.87 年；城镇人口就业渠道多元化，职业种类差异明显，而农村产业分化较缓，职业构成相对单一化；在多元的文化熏陶下，城市居民的心理和价值观的异质性明显，而农村文化心理取向则呈现同质性。[①] 城市人口的显著特征，决定了发展与管理城市人口的意义。如上所述，城市人口作为城市大系统中最具活力的因素或城市社会的主体，它的发展，对城市经济社会的发展具有重要意义。一方面，城市人口是城市经济社会赖以发展的基本劳动力资源。城市人口作为基本的社会生产力要素是城市产生和发展的基本前提。城市人口作为生产要素发挥作用，受城市生产过程和城市经济发展水平的制约。另一方面，城市人口又是城市消费的主体，城市人口为消费市场的扩大提供了有利条件。

但是，城市人口发展对城市经济社会发展作用的发挥，离不开对城市人口的市政管理。这不但是城市人口全面发展的必要条件，而且也是城市发展的客观要求。随着我国城市化进程的加快，加强对城市人口市政管理的重要性和必要性就显得更加突出。城市政府加强对城市人口的市政管理，也是充分发挥城市功能的有力保障。如果城市人口规模超越了城市经济社会的发展状况和基础设施承受能力，就会因此引发多种“城市病”，从而影响其正常功能的发挥。另外，加强城市的人口市政管理，还是维护城市正常生产、生活秩序的必要条件，因为对城市人口的有序市政管理有利于保持安定团结的政治局面，提高城市经济效益和市民生活质量。市政管理的实践证明，一个城市究竟能容纳多少人口，主要受城市自身经济和社会发展状况的制约，有相当大的弹性。要更好地发挥城市的功能、提高城市的经济效益，城市人口必须适度，必须充分考虑城市经济和社会发展状况及城市基础设施的承受能力。控制城市人口数量，提高城市人口素质，把人口流动纳入有序状态，是城市政府人口市政管理的基本要求。总之，作为城市人口市政管理主体的城市政府，搞好城市人口的市政管理，对于维护城市健康正常的生活秩序，保持城市社会的稳定，提高城市经济效益和市民生活质量有着极为重要的意义。

---

① 叶南客，李芸．战略与目标——城市管理系统与操作新论．南京：东南大学出版社，2000.

二、城市人口市政管理的目标

（一）城市人口的合理化

就是要从不同人口规模城市的发展、城市人口与空间范围以及城市人口的规模效益等方面来考虑。从不同城市人口规模的发展来看，长期以来，我们习惯按居住人口数量规模将城市分为特大城市、大城市、中等城市和小城市（镇）。新中国成立以来，这几种不同人口规模的城市发展的基本态势是“两头快、中间慢”，尤其是改革开放以来，大中城市和小城镇有较大发展，都呈上升趋势。在城镇规模结构上，1980—1992 年，特大城市（100 万人以上）增加了 17 座，人口数增加了 85.6%；中等城市（20 万～50 万人）增加 71 座，人口数量增加了 104.3%；小城市增加 206 座，人口数增长了 190%；小城镇增加了 1 000 多座，人口数增加了 113%。在单个城市的实际增长率上，虽然单个城市的人口实际增长率与城市规模成反比，50 万以上城市人口实际增长率仍低于全国平均水平，但与 20 世纪 60—70 年代相比，100 万以上城市人口增长率的指数却是最高的。[①]

从城市人口与空间范围来看，城市是一个空间地域概念，建成区面积事实上也是衡量城市规模的一个重要尺度。我们过去在研究城市问题时，一般都用人口数量来表示城市规模，而不用占地面积来表示城市的大小。其实，城市不仅应当是个人口规模的概念，而且应当是一定数量的人口在一定面积的建成区内聚居地概念。因此，人均建成区面积（平方米/人）或人口密度（人/平方千米）以及城市建成区的总面积也应是城市规模结构的重要指标。假定每平方千米容纳的人口大城市为 12 000 人，中型城市为 11 000 人，小型城市为 10 000 人，那么，我们可以说，城市建成区面积在 60 平方千米以上的为大城市，在 60 平方千米以下，22 平方千米以上的为中型城市，在 22 平方千米以下的为小型城市。这样，城市规模就有了两个衡量尺度。在特定的情况下，这两个尺度可能会产生些矛盾。如建成区在 60 平方千米以上，人口在 50 万以下，是算做大城市，还是中型城市？同样，人口在 20 万以上，而建成区则在 22 平方千米以下，算是中型城市，还是小型城市？尽管这样的矛盾或许对大中型城市的具体界定会带来一些麻烦，但这一划分标准对城市人口管理和调控却有着极为重要的意义。美国城市计划学者 F. 恰宾也指出，影响城市规模和空间系统特征有三大因素——土地活动、开发与环境系统。其中土地活动指城市人口活动与土地利用的相互关系，这是考虑城市规模与发展效益的最重要的依据。恰宾将城市的人口活动分为企业、社区组织

[①] 周一星．80 年代中国城市化的若干新动向．香港中文大学编印，108.

和居民个人，它们的各类活动与土地的利用存在着不可分割的内在的联系。

从一定的意义上讲，城市是人口活动所形成的空间分配，而人口活动选择位置的结果，必然要通过土地的形态表现出来，土地使用的形态则又改变或影响着人口活动区位的调整。人口活动空间虽然可经由市场力量调节土地使用供需，但有时仍需仰赖城市发展计划的诱导与控制，这样才能确保城市空间环境的安全、便利、舒适，以达到合理的发展。由此可能会出现人口总量与城市建成区面积的尺度不统一这一矛盾。但我们可以去作这样的人口或土地使用的管理思考：即用人均占用建成区面积或人口密度来提供一个新的判断。假若建成区面积超过 60 平方千米，人口在 50 万以下的城市，人口密度低于每平方千米 12 000 人，说明这个城市的人口规模还可以适当扩大，在一定时期内，尚不需要严格控制；而那座 20 万人口以上，建成区面积在 22 平方千米以下的城市，在一定时期内则应当控制人口的增长，适当扩大建成区面积，使其城市建成区总面积同人口规模相适应。从城市人口的规模效益来看，聚集人口是现代城市的一大功能，但是如何比较大、中、小各类城市人口集聚效益的高低呢？这就要看空间规模的指标。人口密度过大，占地过少，导致集聚生活质量下降；人口密度过小，占地过多，导致土地利用率降低，两者都意味着损害城市的综合效益。据测算，50 万～100 万人口规模，人口密度在 1.2 万～1.3 万/平方千米水平上的城市，其城市效益最高，同时，表现出来的人口集聚效益也是比较高的。但从实际情况来看，我们认为凡是在有条件，也有需要形成一个大型城市的区域，不要限制中小城市向大城市发展，而应当有计划地创造条件让那些有能力扩展为大型城市的城市尽早达到最佳规模。我们还可以通过“人的生活质量”、“社会公用事业”水平等方面来分析城市空间规模与城市社会效益之间的关系。这是因为，建成区面积要达到一定规模，在这块土地上就必须建起一系列城市设施。“人的生活质量”高，公用设施好，说明城市建设的现代化程度高。在这个问题上同样是大城市优于中小城市。很显然，城市面积只有达到一定规模，才有可能发挥工业化的集聚效应和产业关联效应，提高生产的社会化程度，才有可能在提高工业产出水平的同时，降低工业占地比重，使生活居住面积及社会文化、教育、卫生设施的占地面积的比重相对提高，由此就会自然形成大城市社会效益较高的结果。与此同时，对那些已达到较好空间活动效益的城市，应转入注重城市内涵发展的轨道，利用城市边际效益来调控、约束人口规模的扩展。

（二）城市人口素质的优良化

作为现阶段我国城市人口市政管理的目标，不但要体现城市人口规模的合理化，而且还要体现城市人口素质的优良化。这是因为城市人口是城市大系统中最具活力的因素，可以说，各项市政管理功能的发挥都与城市人口相关。但就与我国控制人口数量相并行的人口管理目标而言，还有一个持续提高人口质量，即提高城市人口的综合素质问题。如上所述，虽然我国城市人口受教育的机会，特别是受高等教育的机会相对于农村，要多得多，而且城市更具有较好的文化教育、科学普及环境，因而从总体上讲，城市人口的素质较高。但我们也应该看到，我国现有城市人口的综合素质，与知识经济时代的要求，或与发达国家的城市人口的素质相比，差距仍然相当明显。从全面建设小康社会的需要来看，我国城市人口素质的差距主要表现为：城市人口素质水平普遍较低，高等教育仍相对落后，尤其是高层次人才短缺。虽然我国在为人民提供基本教育方面取得了较好成绩，但高等教育滞后的状况并没有从根本上得到解决，根据 20 世纪 90 年代中期的《人类发展报告》评估，我国属于中等发展中国家，但高等教育入学率不但与同类国家相差 3 倍多，而且还低于低发展中国家 2.5%的平均水平。

尽管我国自 1999 年以后扩大了高校招生的规模，但差距依然存在；城市人口素质结构的不合理性。从个人来看，由于现行教育体制的缺陷以及用人制度的不合理导向，不论是家庭教育还是城市学校和社会教育都是只重分数，忽略体能训练、品质的培养，出现了较大范围内的“缺德”教育以及高分低能的社会现象，即使是文化教育也是只注重语文、外语、数理等少数主课，而忽视音、体、美、劳动、生物等副课，这种应试教育的结果是把人的素质引向了片面发展的方向；教育投入不足是城市人口素质提高的基础性障碍。虽然近几年来用于城市教育的投入逐年增加，但由于社会事业发展较快和历史欠账较多，使得公用经费比例逐年下降，有些经费政策还没有用好，城市社区教育资金筹集不够规范，经费使用效益亟待提高。多年来我国公共教育开支占 GNP 的比重一直徘徊在 2.5%以下，而同期发展中国家平均是 3.9%。还有在高等教育的投入方面也同样。2004 年，我国高等教育的投入，不足 GDP 的 4%，才 3.28%，比发达国家 5.5%和发展中国家的 4%还低。城市教育、尤其是高等教育投入的低水平，必然导致人口受教育程度的低下。

中国的现实和全面建设小康社会的目标，要求我们必须以高度的时代紧迫感切实贯彻科教兴市的战略，加快发展城市教育事业。即要努力提高城市人口的思想道德素质，在加强艰苦奋斗、尊师重教、敬老爱幼等传统美德教育的同时，积极开展对城市人口的爱国主义、集体主义以及社会公德、职业道德教育，从而促使城市人口整体素质的有效提高。要大力发展职业教育和技术培训，尽可能满足各类城市人口继续提高自身素质的需要。要进一步加大职业学校的建设力度，提高职校老师队伍的素质，扩大职业学校的招生人数及招生专业，合理培养并安置职业学校的毕业生，甚至制定优惠政策鼓励职校人才流动就业，促进城市在业人口劳动技能和综合素质的提高。要正确认识眼前利益与长远利益的关系，继续加强基础教育，逐步实现各级城市区域教育的现代化。要以素质教育为中心，以超前的经济建设需要为目标，全面推进教育体制改革，不断增加高等教育的投入，多渠道增加扩大成人高校的培养规模，完善成人高等教育体系，加快城市高素质人才队伍的培养步伐。

（三）城市人口就业结构的多元化

我国城市人口的市政管理，仅仅实现城市人口规模的合理化以及城市人口素质的优良化是不够的，还应该在此基础上，进一步实现城市人口就业结构的多元化。人口的就业结构也就是人口的职业结构，是城市中各行各业劳动力人口数量的比例关系。根据帕森斯等社会学家的论述，职业的分类差异，在相当大的程度上也反映了该地区社会阶层的结构变化。同时，城市人口的职业结构也标志着城市的工业化程度和经济发展类型，可以由此判断整个城市的主要职能。和农村相比，城市由于社会化分工的要求和经济的发达，职业种类的丰富远远超过农村的简单格局，所谓“360 行”可以说大多数行业都是集中在城市。20 世纪 80 年代以来，我国在坚持全民所有制经济占主导地位的原则下，鼓励企业间的横向联合，并制定优惠政策，吸引外商投资。因此，城市间国内合营、中外合营、外商独资企业纷纷出现，这些新的经济类型单位开始吸纳城镇部分劳动力就业，就业渠道不断拓宽。

进入 20 世纪 90 年代，在建立社会主义市场经济体制的过程中，各级城市在坚持以国有经济为主导、公有制经济为主体的前提下，放手发展外资经济、个体私营经济，初步实现了多种经济成分并存的局面，基本实现了城镇就业渠道由传统的国有经济、集体经济为主向多种经济成分并存的转变，国有经济单位职工和城镇集体经济单位职工份额呈下降趋势，其他各种经济类型单位职工和城镇私营、个体、从业人员份额呈上升势头。目前，在城市国有和集体单位吸纳劳动力能力明显降低的情况下，其他股份制经济、港澳台经济、外商投资经济单位及私营、个体单位已成为促进城市人口就业的重要渠道，加快了城市人口就业结构的多元化格局。

尽管城市职工就业用工制度改革取得了明显的突破，但要看到在当前的城市人口市政管理中，做好就业和再就业工作仍是城市社会管理工作的重点和难点。这是因为，随着经济体制改革的进一步深入、产业结构调整的优化和现代企业制度的建立、完善，企业富余人员由隐性失业逐步显性化，城市下岗人员的数量也将逐渐增加，城镇劳动力就业形成了全国性的压力。随着政府职能的转变和办公自动化程度的提高，党政机关、事业单位不仅对社会就业的吸纳数量进一步降低，而且还要从现有岗位上分离出来一部分人员。随着乡镇企业对剩余劳动力容量的减小以及城市经济体制改革的深化和城乡分割就业结构的解体，农业劳动力主要流向以城市为载体的工业和第三产业，也进入了异地转移、跨区域流动的阶段，加大了城市人口就业竞争的难度。因此，城市人口就业不仅是突出的城市社会问题，更是一个重大的政治问题，直接关系到广大市民百姓切身利益和社会的安定团结。在未来城市劳动力总供给大于总需求格局不会发生根本变化的前提下，增加就业、减少失业、扩大劳动力总量需求始终是城市社会管理和劳动制度改革中一项长期而艰巨的任务。

就目前而言，城市政府可作以下几个方面的努力：积极培育新的经济增长点，将开发就业岗位和产业结构的调整结合起来，优先发展一些就业容量大的劳动密集型产业，以缓解就业和再就业的压力；大力发展非公有制经济。非公有制经济的大力发展，将为扩大就业开辟新的广阔渠道。对此，政府还应从政策导向上积极加以扶持和鼓励；加快第三产业的发展。国外经验表明，随着经济的发展，城市第三产业将是吸纳就业人口的重要渠道。第三产业每增长一个百分点，可吸纳 130 万左右的人就业。目前，我国城市的第三产业所占比重还很低，就业人口仅处于传统型阶段，因此，吸纳城市人口劳动力就业的潜力和空间还很大。应在发展第二产业的同时，大力加快发展第三产业，特别是发展面向生产、生活的各种城市服务业，以增加就业岗位。

三、中国目前城市人口市政管理的主要内容及其改革

（一）城市人口市政管理的主要内容

1. 城市人口的户证管理

管理机构为城市的公安局或公安分局的派出所，派出所管辖区即户口管辖区。辖区内机关、团体、学校、企业、事业单位内部和集体宿舍的居民户口由各单位指定专人协助户口登记机关办理户口登记；分散居住的居民户口，由户口登记机关直接办理户口登记。户口登记以户为单位，户主住处设一户，属散居户口。人户必须统一。城市户证管理机构对城市常住人口的户证管理主要有以下 4 个方面：户口登记。城市户口登记实行常住、暂住、出生、死亡、迁出、迁入、变更更正七项登记制度，由户口登记机关用其设立的户口登记本进行登记。人口卡片。在户口登记的基础上，户口登记机关应以人为单位建立具有户口登记项目的人口卡片，以便于管理和查找。这项工作目前已逐步被计算机管理所取代。居民身份证管理。我国于 1985 年 9 月正式公布的《中华人民共和国居民身份证条例》规

定，居民身份证由公安机关统一印刷、颁发和管理。人口统计。城市户口管理部门应在户口登记和资料调查的基础上，按公安部统一制发的人口统计表进行统计，逐级汇总上报，并向城市政府和有关部门提供人口统计资料。

2. 城市人口的普查与预测

就人口普查而言，它是一种多目标的调查，是一次性的、直接的、普遍的调查。目的在于了解一个时点某一个国家或整个地区内人口状况的静态资料。城市政府要在国家统一部署下，以公安、民政部门为主组织专门队伍，负责进行这项工作。人口普查时间性很强，人口流动性又大，为了准确，应一律以一个时点的常住人口为普查对象，普查项目必须严格、科学、明确，被调查人必须逐项填写，不允许遗漏。新中国成立以来，我国已于 1953 年、1964 年、1982 年、1990 年、2000 年进行了 5 次人口普查工作。就人口预测而言，它是城市发展规模的预测，就是根据城镇人口的现状和发展特点，通过运用科学的方法，推测若干年后城市人口的状况。人口预测包括人口数量预测和人口质量预测两个方面。人口规模决定城市规模，城市人口数量是城市规划的重要依据。因此，搞好城市人口预测对指定城市发展规划、预见未来城市经济和社会发展趋势有重要意义。它既是制订国民经济计划的依据，也是计划期内人口指标的重要内容。

3. 城市人口的计划生育管理

我国人口已超过 13 亿，控制人口数量，提高人口质量，是我国的一项基本国策。计划生育管理对我国经济和社会发展具有重大的战略意义。城市政府负责计划生育管理的常设机构是计划生育委员会。由于计划生育工作涉及千家万户、各行各业，加以受传统的多子多孙、重男轻女的封建意识影响，做好这一工作难度很大。为此，必须在城市政府的统一领导下，宣传部门、公安部门、民政部门、医药卫生部门通力协作，在共产党市委领导下，依靠各级党组织和工会、共青团、妇联等群众团体的力量，群策群力地进行。落实计划生育的政策是一项经常性的工作，目标是有效地控制城市人口的自然增长，提高城市人口质量，使城市人口增长与城市经济和社会发展状况相适应。

4. 城市流动人口的管理

流动人口是指非城市常住户口而暂住或暂时逗留于城市的人口。城市流动人口的存在是一种客观现象，是城乡经济和社会发展的必然结果。城市流动人口可分为正常流动人口和非正常流动人口两大类。前者包括探亲访友、旅游、求学、公务、劳务等类型的外地人；后者包括盲目流入城市的无业游民、乞丐、躲避计划生育进城生育的孕妇以及流窜作案的犯罪分子和逃避通缉的罪犯等。

5．城市人口的就业管理

城市劳动就业的管理机构是劳动就业管理局和人事局，在大城市的市辖区、街道办事处以及居委会也有相应的劳动就业机构。在这一方面，城市政府必须根据我国城市流动人口大大增加、农村剩余劳动力还在源源不断流向城市的状况，在城市的人口管理中要多方协调，在城市户籍体制、社会治安管理、交通管理综合改进等方面做好工作。当前要在促进经济结构调整、增强区域经济实力的基础上，必须重点做好以下三方面的人口管理工作：积极开展区域性劳务合作，提高进城务工者的有序性和组织程度。据调查，目前民工进城主要靠熟人、亲戚和同乡的介绍，而政府有组织的转移仅占 5%～10%，远远达不到要求。由此导致的结果是劳动力超量进入城市的状况难以得到控制，同时也使城市社会秩序的稳定受到影响。因此，城市与一些劳务输出大省建立劳务协作关系或劳务协调中心，就显得尤为必要。实行弹性化户籍管理制度。在城市建设中充分考虑半城半乡民工的归宿。对于民工带来的超生和社会治安问题，可对那些有半年或一年以上合同的农民工，允许其户口随人身一起流动，在就业所在地落户，并受当地城市的管理，享受社区的社会福利，在户口改革时，充分考虑那些有条件和已经长期在城市或发达地区谋生的外地民工，为他们提供可以生活和居住的商品房，或考虑专门为他们建一些“同乡村”。这样既可以减轻农民进入城市定居生活的成本，也可以使市政管理纳入相应的规范化、制度化轨道。搞好交通运输，确保安全。进城务工的农民在短期内不可能根本解决，只要有城乡差距、有中西部差距的存在，劳动力资源的流动就会永远存在。如何保证他们平时尤其是高峰期的出行安全，政府是必须加以考虑的。这就是说，无论是输入城市还是输出地政府的交通运输和公安等部门，均应大力做好疏导、运送工作，确保城市各类人口的安全和社会稳定。

（二）中国传统城市人口市政管理制度的建立过程及其弊端

新中国成立以后，我国城市逐渐形成了一套比较完整、统一的人口管理制度。1958 年 1 月，全国人大常务委员会公布实施了《中华人民共和国户口登记条例》，建立了城乡分割的户口制度。这种在计划经济体制时代形成的人口管理制度，其基本特点是努力控制大、中城市的人口增长，特别是严格户口管理，限制农村人口向城市的转移，限制中小城市人口向大城市转移，限制内地城市人口向沿海城市转移。应该说，从当时我国城市的实际情况出发，在城市流动人口管理上采取一定的限制措施是必要的，但问题在于，单纯的限制毕竟是一种消极防范的措施。

从城市化的规律来看，人口城市化是经济社会发展的必然产物，人为地抑制人口流动，实质上是限制了劳动力的流动，这样不仅不利于生产力的发展，而且还会由于“户籍崇拜”而助长人们留恋城市的惰性。农民流入城市基本上决定于经济因素，严格城市户口管理和限制人口流动不可能完全达到限制农村人口流入城市的基本目的，反而主要限制了城市间在职职工的流动和离退休人员的异地安置。

这种在计划经济体制下建立和发展起来的城市人口市政管理制度，带来了公民之间实际上的不平等；阻碍了劳动力的合理流动；延缓了人口城市化的进程以及城市人口管理工作出现一定程度的混乱等严重弊端。这就是在传统的人口管理制度下，由于人们所能得到的利益与他们的户籍性质（城市的或农村的）相关联，市民与农民相比可享受多种生活、工作待遇和各种保障，无形中造成了市民和农民的贵贱等级之分，而户籍性质又具有事实上的血缘继承性，从而使这种不平等得以延续。另外，在传统的人口管理制度下，农村劳动力因不具有城镇户口而不能进入城市，而城市居民也不愿意放弃城镇户口离开城市，这样不仅限制了农村劳动力向城市第二、第三产业的转移，也限制了城市之间劳动力的合理流动。还有，传统的人口管理制度担负着控制城市人口机械增长的重任。城市人口的机械变动是通过人口迁移来实现的，但传统的人口管理制度对人口流动的限制，决定了我国城市人口的机械增长在很长时期内对城市化的作用较弱，尤其是制约了中小城市的发展。这样，势必导致城市人口管理工作在一定程度上的混乱。表现为：人口统计按照是否吃商品粮划分农业与非农业户口，由此造成户口统计的失实；户籍法规滞后，政策与实际相脱节，造成城市流动人口管理严重失控；各种形式的优惠造成名目繁多的“地方性户口”，甚至引发公开买卖户口的现象。上述弊端的存在，严重地影响了我国城市化的进程和市场经济体制的建立。进入 20 世纪 80 年代以后，我国政治经济形势的发展变化，深刻地影响着传统的城乡分割的城市人口管理制度。在这样的社会背景下，国务院、公安部顺应我国社会发展的要求，多次发出通知，从而使许多传统的管理条例得到了松动或废止。到了 2002 年 2 月，公安部治安局宣布，我国户口登记将打破过去人为分割城市和农村户口的二元化管理模式，实现在居住地登记户口的原则。公安机关将调整城市、特别是大、中城市的户口管理制度。合法、有固定的住所、稳定的职业和生活来源，将成为公民在城市落户的基本条件。

（三）城市人口市政管理制度的改革

中国传统城市人口管理制度存在的上述弊端，说明了对其进行改革的必要性，这一改革，虽然涉及多方面的内容，但从城市人口管理的历史教训和现实的情况来看，其核心的内容还是户籍制度的改革。既然我国城市人口管理制度改革的核心内容是户籍制度，那么，在改革的具体实践中，我们就要牢牢立足于此，使改革后的我国城市人口管理制度，能适应市场经济体制的要求和城市化发展的需要。从这一立足点出发，具体而言，就是要实行全国城乡统一的中华人民共和国居民户口，取消农业、非农业等各种户口类型；废止所有关于“农转非”的政策规定；实行居住地登记原则，建立常住户口、暂住户口、寄住户口为基础的户口登记制度和以户口簿、身份证、出生证为主的管理办法；实行以公民住房、职业和收入来源等主要生活基础为落户标准与政策控制相结合的户籍迁移制度；实行社会待遇与户籍脱钩的政策，取消一切附加条件，恢复户籍本来面目；实行大城市严格控制、中小城市适当放宽、城镇全面放开的方针，保证人口的合理流动；建立以科学、合理的户籍登记内容为基础的户籍体系，逐步建立现代化的全国户籍管理信息网络。在这里我们可以看出，以户籍制度改革为核心内容的我国城市人口市政管理制度改革，并不是一项孤立的工作，而是一项庞大的系统工程。

那么，在我国城市户籍制度改革不断推进并已取得实质性进展的情况下，从城市政府人口市政管理的角度而言，重点应放在哪里呢？根据我国城市人口发展的现实状况，就应该放在城市移民的管理上，即如何防止大量的移民无序进入城市。这是当前乃至在今后的一定时期内城市人口市政管理所必须解决的重大问题。如果不从根本上解决城市移民的管理问题，那么我国城市户籍制度改革已经取得的成果就很难得到巩固和发展。而要解决这一重点问题，最主要的还是要建立科学的市政管理体制，即城市政府应建立和实行开放式的城市人口管理体制。然而，实行开放式的人口市政管理体制绝不是简单地打开城门让大量农村移民无序地进入城市，随意在城镇公共场地开店设摊、建屋搭棚，甚至在公共场所露宿。也不是城镇的企事业单位可以随意以低工资雇佣外来人口从事脏苦累差的工作，而不注意改善工作环境和生产安全。城市移民管理应在让城市移民有序进入的前提下，与城市的综合管理结合起来。其中的关键是对他们实行规范化管理。要制定切实可行的各种规范个人、企事业单位的法规、条例和制度，做到违法必究、执法必严，这样才能在开放式的人口管理体制下避免许多发展中国家常见的城市病，使城市有序、健康地发展。

所谓城市移民的规范化管理，是指：

（1）外来人口与城市原有居民在政府提供的教育、住房、卫生、交通基础设施和社会保障方面享有同等权利。大部分目前由政府提供的或补贴的社会服务应逐步改为市场化经营，各种服务以不亏本经营为准则，这样才能出现使用人口越多，服务数量与质量越好的良性循环，克服过去那种使用人口越多，政府补贴越多的现象，从而消除城市人口越多，政府和社会负担越重的怪现象。城镇居民目前享受的许多福利待遇与社会保障，有的应逐步取消，有的应逐步覆盖到全部人口，有些项目如社会养老保险与失业救济金等可以与在当地城市工作和生活的年限联系起来，居留时间越长，贡献越大，则获得的社会保障就越好。

（2）要对城市移民和当地居民从事各种经营活动进行强化管理，取缔乱占公共场地设摊经营的活动，对确有需要的菜市、集市划定专门地段，并实施收费制度。从而对经营规模过小、服务质量差、有碍城市有序发展的经营者的数量实行间接控制。国内外实践证明，小商小贩的小规模经营由于成本低、利润高，极易形成大量外来人口的生存空间，但对于现代化城市的发展则有许多消极影响。如“脏、乱、差”现象，影响环境卫生和公共交通。在香港及西方许多发达国家和地区的城市，法律严禁在公共马路设摊经营，违者会受到严厉处罚，商场和菜场需要的空间则在房地产发展过程中预留，并按市场竞争价格出租或出售给各经营者。由此形成有序、清洁的城市生活环境和商业环境，提高城市生活质量，最终有益于广大城市居民。

（3）对城市移民和当地居民的居住条件进行严格管理。如英国的法律规定了一个套房中最多可以居住的人口数目，出租房屋者有责任遵守这一规定，否则就会受到处罚。这样的规定有助于提高城市生活的相对成本，减少进入城市的外来人口数量。因为只有在城市里找到一定收入的职业的外来人口才能担负起基本的城市费用。中国许多城市的外来人口经常十多人居住一室，生活条件极差，生活成本很低，导致大量廉价劳动力的出现。由于城市移民与当地居民生活成本存在巨大差别，这些廉价劳动力有可能会抢走当地居民的工作。为了确保城市居民一定的生活水平，有必要对居民生活特别是住房条件作出控制。在实施上，这也将成为控制城市移民盲目增加的最有力措施，使城市人口增长同城市住房增长相适应。

（4）要严格落实城市规划，彻底消除外来人口与当地居民乱建、乱搭的状况。非法搭建住房在发展中国家的城市中是很常见的现象，这也是造成大量农村人口涌入城市并能在城市中勉强生存的根源之一。取缔这种乱建、乱搭现象，城市居民都居住在合法的住房中，也可以抑制过度城市化。

第二节　城市社会治安的市政管理

一、城市社会治安市政管理的重要性和必要性

所谓城市的社会治安市政管理，是指为了有效地建立和维护城市治安秩序，保障城市经济建设事业和城市社会成员工作、生活正常进行，城市政府及其公安

机关依法进行的对城市社会公共秩序的维护以及对各种违法犯罪活动的打击和处理。

维持社会秩序、稳定社会治安、保障人民安居乐业，是城市全面进入小康不可或缺的基础。社会治安稳定与否，显示着执法者的水平，代表了政府的形象，也彰显出居民的素质。城市社会治安市政管理的重要性和必要性，是由城市的政治、经济、文化中心的地位和作用决定的。一方面，在我国，城市都是各级党政领导机关的所在地，是全国或地区党和国家政权的指挥中心。它具有经济文化发达、人口稠密、社会成员构成复杂、人员流动性大、对周围农村地区有较强的辐射和影响作用等特点。因此，它历来是各种犯罪分子出没作案、寻欢作乐的主要活动场所。这就决定了在现代城市的社会管理中，必须要抓好城市的社会治安管理工作。另一方面，深入推进我国的经济体制和政治体制改革以及加快全面建设小康社会的步伐，需要对现实城市中有可能导致危害社会治安，破坏社会秩序的各种因素加以消除。

二、城市社会治安市政管理面临的挑战

众所周知，自从我国进入体制转轨、社会转型以来，随着国际和国内环境的变化，城市中的社会问题已越来越突出，而这些社会问题有的已成为直接诱发我国城市社会治安问题的重要因素。这些因素既包括物质的因素，同时也包括精神的因素。

（一）城镇就业矛盾突出，已成为影响城市社会治安的一个基本因素

在经济全球化的背景下，国际国内竞争进一步加剧，从出口竞争到进口替代，从国有、集体到非公有制经济，从制造业到服务业，都采取了减员增效的举措。大量隐蔽性失业更趋显性化，失业问题已集中于特定的领域或特定的群体；从劳动力自身的结构看，低素质劳动力大量过剩，可能被劳动力市场彻底排斥，形成长期固定失业；大量农村劳动力进入城镇与就业机会不足并存，也已造就了一个庞大的流动群体。从总量上看，目前城镇真实失业率仍在 10%左右，① 并且有进一步上升趋势，就业压力日益突出。所有这些，都已成为影响城市社会治安状况的一种潜在可能。社会学的研究表明，由失业引起的当事人的紧张程度指数，仅排在配偶死亡、被捕入狱之后，如果配偶死亡指数为 100，被捕入狱为 66，那么失业则为 49。在经济学家看来，失业造成资源浪费，收入减少，个体和家庭均受到极大影响，长期的失业更会导致生活贫困。如果缺乏完善的社会保障机制

① 葛延风，等．加入 WTO 对中国社会影响的前景分析．国务院发展研究中心调查研究报告，2002-9-18.

和进行正确引导，失业将造成弱势群体对社会制度的不满，这样，就必然成为影响城市社会治安的一个难以消除的基本因素。

（二）城镇居民收入分配差距的拉大，已成为影响城市社会治安的一个主要因素

根据王宁、周成 2002 年对薪酬调查的资料显示，我国城镇居民之间的收入差距近年来不断扩大，基尼系数由 1978 年的 0.16 上升至 2000 年的 0.32，占城镇居民 10%的最高收入户的户均年收入 13 311 元，占 10%的最低收入户年收入只有 2 653 元，最高收入户的户均年收入增幅是最低收入户增幅的 7.8 倍，差距已由 1992 年的 3.26 倍扩大为 2000 年的 5.02 倍。其实，就基尼系数的全国而言，在 2005 年，我国实际上已达 0.45 以上，超过了国际的警戒线。随着收入差距的逐步扩大，贫富阶层分化已相当明显。从城市居民内部的情况看，2002 年 1 季度的统计表明，20%的高收入者的收入占总收入的 46.2%，20%的低收入者的收入仅占 6%，户均金融资产最多的 20%家庭拥有城市居民家庭金融资产总值的比例约为 66.4%，在最低的 20%的家庭中，户均拥有的金融资产只有居民金融资产总额的 1.3%。[①] 这种带有两极分化性质的贫富差距，一旦突破一定的度，必然成为影响城市社会治安状况的一个主要因素。

（三）城市社会道德水准的滑坡，已成为影响城市社会治安的一个不可忽视的因素

注重追求效率的市场经济，要用适者生存的法则来衡量经济主体的存在价值。这在客观上助长了经济主体的趋利性价值取向。市场发育不完善，公平交易、诚实守信的企业文化和市场文化规范还没有占主导地位，企业信用缺失，对失信企业及个人的处罚不力，诱发了诸多只追求经济利益而忽视社会道德原则的违规、违法行为。传统的社会道德规范遭到破坏，奉献性的社会伦理观念在市场的冲击下尚未重塑，权力与金钱被当做竞相追逐的目标，人们（包括政府官员）的行为标准出现了盲区。城市社会道德水准的滑坡，必然引发各种社会治安及官员腐败问题，成为影响城市社会治安的一个不可忽视的因素。

（四）城市社会组织方式的调整与利益整合难度的加剧，已成为影响城市社会治安的一个重要因素

在计划经济体制下，以国有经济部门为主导的单位是中国城镇的基本社会组

① 贾康，白景明．我国居民收入分配状况与财税调节．经济日报：网络版，2003-6-16.

织形式。各种形式的单位包揽着对社会成员的组织、管理和服务职责。改革开放以后，传统的“企业办社会”职能逐步减弱，非公有制经济迅速成长，各种经济组织无力或不愿承担繁重的社会管理职能，而非营利组织的发展又十分缓慢，“单位人”逐渐成为“社会人”。这种状况必然导致政府要直接面对公众或分散的利益群体。由于公众意见高度分散并难以通过适当的渠道与政府沟通，社会内部的矛盾难以消化，这就将政府推向两难境地：直接处理各种社会问题并强化政府职能。这样不但提高了控制成本，而且在特定的情况下，还加剧了政府与公众的关系紧张；但政府如果放弃不管，势必造成下层混乱，从而诱发异端组织的发展，使城市的社会治安形势更趋严峻。因此，城市社会组织方式的调整与利益整合难度的加剧，也就必然成为影响城市社会治安的一个重要因素。

以上这些中国体制转轨、社会转型中所存在的、影响城市社会治安状况的物质和精神因素，直接导致了我国城市社会治安问题的产生。如城市中各种社会丑恶现象沉渣泛起，黄、赌、毒、黑现象屡屡出现。因赌博倾家荡产而诱发犯罪的案件不断上升；黄色书刊、影碟、光盘、黄色网站防不胜防；卖淫嫖娼屡见不鲜；黑社会团伙常常伺机抢劫钱物，市场恶霸强行收取保护费；贩卖毒品的高额利润也吸引着不法分子铤而走险，吸毒则又进一步诱发抢劫等刑事犯罪。再如刑事犯罪仍时有发生。在犯罪主体上，除“两劳”人员由于就业安置困难等问题引发重新犯罪率上升外，还有由于改革深化所致的下岗、失业增多、生活困难而诱发的犯罪案件也不断增加；渲染暴力、色情、赌博、恐怖等负面文化，以及家庭结构、社会影响所导致的教育威力弱化，使得青少年犯罪数量日趋增加；在作案方式上，抢劫、抢夺、暴力、凶杀、流氓恶势力暴力讨债、暴力干预经济纠纷、垄断各类行业市场等违法犯罪案件数量剧增；还有如我国部分的中、小城市因政法部门的经费不足，装备落后以及干警素质不高所引起的以罚代刑、乱收费、乱罚款、乱拉赞助等行为，既败坏了政法部门的形象，也引起了人民群众的不满，同样成为影响城市社会治安的因素之一。另外，有些犯罪分子作案日趋智能化，作案手段更为隐蔽，作案工具也日趋先进，而我国有些城市的政法部门，却在交通、通讯、信息以及其他物质装备等方面仍然比较落后，也成为影响打击城市严重刑事犯罪效果的又一因素。因此，能否加强对城市社会的治安管理，把这些因素和问题得以最大限度的控制，将直接关系到城市国家政权的巩固、城市社会的稳定和城市居民生活质量的高低。事实证明，在现代城市的社会管理中，城市治安管理工作始终是维护国家政权的一种重要手段。任何一个统治阶级要巩固国家政权，首先必须保持正常的社会秩序。而治安管理工作则正是创造良好社会秩序、维护国家安定、保持城市繁荣的重要前提。

三、城市社会治安市政管理的内容、机构及其职责

（一）城市社会治安市政管理的内容

1．打击刑事犯罪活动和制止一切扰乱公共秩序、违反治安法规的行为，这是城市社会治安管理的最主要内容

因为从一定的意义上讲，城市社会治安管理就是为了维护城市社会秩序、保证城市社会安全所开展的预防与打击违法犯罪活动的管理活动。刑事犯罪特别是严重的刑事犯罪活动，对城市社会治安秩序和人民生命财产危害极大。因此，自新中国成立、尤其是改革开放以来，各城市的社会治安市政管理机关始终坚持把对贪污盗窃、流氓诈骗、贩毒运毒、凶杀抢劫、投毒纵火、教唆犯罪的打击活动作为城市社会治安管理的主要内容。在经济全球化的背景和市场经济的条件下，我国的城市刑事犯罪活动，较之以往，发生了一些新的变化。这就是：以侵犯财产为目的的犯罪案件不断增多；一些带有国际性的犯罪在我国城市频频出现。如国外一些贩毒分子和国际贩毒集团，利用其特殊身份的方便条件，借道中国国境进行贩毒犯罪活动。一些国外和境外的犯罪集团、不法分子利用信用卡进入我国城市、尤其是大城市进行诈骗犯罪的案件也时有发生。此外，我国城市还不断发现国际不法分子使用假港币、假美元、假法郎的案件。所有这些，都严重地扰乱了我国的金融秩序；流窜犯罪分子作案增多；青少年犯罪成员在全部犯罪成员中的比重也日趋增加。根据部分大、中城市的调查，25 岁以下青少年犯罪成员在全部犯罪成员当中的比重已占到 76%，而且呈现低龄化的发展趋势。

打击刑事犯罪分子，要本着“依靠群众、抓住战机、积极侦破、及时破案”的方针，采取积极的措施：即坚持依法从重从快打击严重刑事犯罪活动。要求城市的各级公安机关对现行刑事犯罪，特别是对重大刑事犯罪的案件，采取抓紧战机、集中兵力、快侦快破的方法，加强侦查破案，及时打击刑事犯罪活动。为防止贻误战机，应昼夜 24 小时留有备勤的刑警力量，保证在接到报案后快速出动；城市公安机关要及时收集、研究社会治安动态和刑事犯罪信息，以求发现和掌握刑事犯罪者的特点及发展趋势，及时采取对策，争取打击刑事犯罪的主动权。对于有预谋的暴力型犯罪案件，通过及时掌握犯罪信息，力求将其制止在预谋阶段；充分发挥派出所、刑警队在打击刑事犯罪活动中的作用。派出所、刑警队是公安机关打击刑事犯罪活动的第一线力量，因此，城市公安机关应该把基层基础工作作为重点，精简上层充实基层，并落实岗位责任制，及时指导工作和加强基础技术装备建设，从而提高打击、预防刑事犯罪的能力；城市公安机关要加强与政府

有关部门和群众团体的横向联系，以动员全社会的力量打击刑事犯罪活动；发展与各国警察部门之间的交往，加强同国际刑警组织及其成员国的联系，共同打击国际性犯罪活动。另外，还要及时制止一切扰乱公共秩序和违反治安法规的行为。对那些不守秩序、不守纪律、损害人民利益、败坏社会公德的人以及违反治安管理条例而又不听从劝告的人，根据情节的不同，给以必要的处罚，也是城市社会治安管理工作的一项重要内容。在处理这些方面问题的过程中，应突出以教育为主，使他们能自觉地遵守国家的有关法律和社会的公共秩序，从而形成良好的社会道德风尚，有效地预防和减少犯罪。

2．及时处理治安灾害事故

治安灾害事故，主要是指火灾、车祸、爆炸、中毒等各种人为的事故。随着我国城市建设的迅速发展，交通运输繁忙，车辆拥挤；各种易燃易爆等化学物品也被广泛使用，工矿企业和城市居民生产和生活用气、用电日益增多。这就要求我们在城市社会治安管理的工作中，为保障城市社会的和谐和人民生命财产的安全，及时打击刑事犯罪分子的破坏活动，必须充分重视处理治安灾害事故。就目前而言，主要应抓好城市交通、消防和危险品的管理工作。城市交通管理主要包括：交通安全教育。即通过多种宣传形式，向广大市民特别是机动车驾驶员、非机动车人员开展经常性的交通安全教育，使市民自觉地遵守交通规则。交通秩序的管理。即通过提高指挥技能、整顿交通秩序、合理使用道路、完善交通安全设施，使城市有一个良好的交通秩序。为了保证城市交通的安全与畅通，严禁随意占用或挖掘道路。公路养护和市政管理部门为维修道路需要占用、挖掘道路时，要与公安机关协商后再行施工。其他任何单位和个人临时占用道路，都要经过公安机关批准。对车辆和驾驶人员的管理。无论机动车和非机动车，都要经过登记、检验合格、领取车辆号牌和行驶证后，才准许行驶。驾驶人员的管理主要是考核、审验和安全教育。对交通违章、事故的处理。对交通违章行为，由公安机关根据违章情节轻重程度和不同对象，采取提醒注意、批评纠正、违章登记、警告、罚款、扣分、吊扣或吊销驾驶证、行政拘留等方法进行处理。对未经批准在街道上摆摊堆物、违章建筑、作业、阻碍交通、不听劝阻的，给予处罚，并限期拆除。逾期不拆除的，可以强制拆除。对于交通事故，公安机关根据《城市交通规则》、《中华人民共和国治安管理处罚条例》、《中华人民共和国刑法》等法规，给予适当处理。

城市消防管理主要包括预防、扑救火灾和火灾事故的调查处理三个方面。消防管理要求贯彻“以防为主，以消为辅”的方针，要广泛进行防火宣传，普及消防知识，搞好防火分级管理。要抓好重点单位和重点部位的消防保卫工作以及冬防和重大节日的防火工作。要坚持安全防火检查制度，发现不安全的火险和隐患，要及时采取措施。工矿企业等单位，要建立健全逐级防火责任制和各项防火规章制度。城市建筑设计要考虑防火需要。消防专业队伍和义务消防队伍要严格训练，提高灭火战斗力。一旦发生火灾，公安消防部门要立即组织扑救，并保护火灾现场，划出警戒区，设置纠察线，禁止无关人员进入火场，努力减少火灾损失。火灾扑灭后，公安机关还要会同有关部门在当地党委、政府的领导下，采取调查访问、现场勘查、技术鉴定等方法，调查火灾事故的原因。火灾原因查明后，公安机关要根据《消防条例》的规定，对于违反消防法规，造成火灾的有关责任人员，给以治安管理处罚。城市中属于公安机关管理的危险物品主要是枪支、弹药、爆炸物品、剧毒物品、放射性物品以及管制刀具等。公安机关依法对危险物品实行管理，主要是做好危险物品的登记、审批、发证工作和审查生产、储存厂库的选址定点是否符合安全要求和设计是否规范；监督检查有关部门、单位和个人在生产、储存、销售、运输、使用危险物品过程中执行制度的情况；配合有关部门认真抓好事故的查处工作。

（二）城市社会治安市政管理的机构及其职责

城市社会的治安市政管理，必须要由相应的市政管理机构来承担。城市社会的治安市政管理机构，从广义上讲，是指在国家政权体系中依法行使城市社会治安管理职权的专门机关。这些机构包括城市区划内的各类公安机关、审判机关、检察机关、国家安全机关和司法行政机关。从狭义上讲，主要是指城市中的各级公安机关，它们是城市社会治安市政管理的主要机构，承担着城市社会治安管理的最主要的工作。具体而言：

（1）城市的公安局，是城市社会治安管理的领导和指挥机关。它受中共市委和市人民政府的领导，同时在业务上受上级公安部门的领导。市公安局下设处（科），主要负责部署、指挥全市性的治安管理行动，协调各区（县）、各系统、各部门治安管理组织的力量。此外，还担负着对性质、后果特别严重的刑事案件的侦破、预审工作，以及对治安事件的查处和交通管理、消防管理、处理群众来信来访等工作任务。

（2）区公安分局，是市公安局的分支机构，受所在区（县）中国共产党委员会、人民政府和市局的领导。区公安分局下设科，承担着负责对刑事犯罪案件的侦破、预审、查处治安案件以及管辖区内其他社会治安管理工作任务。

（3）公安派出所，是城区公安分局的派出机构，也是公安部门的最基层组织。一般地说，每个街道办事处设一个公安派出所。负责管辖区内公共场所和某些特殊行业的治安秩序，预防和防止犯罪活动；管理户口和居民身份证，掌握管辖区的社会治安情况；指导街道居民治安保卫委员会的工作，会同有关部门做好对有轻微违法犯罪行为的青少年的帮助教育工作；保护案发现场，就地侦破一般刑事案件并协助上级机关破案；依法查处治安案件；对判处剥夺政治权利、裁定假释和监外执行的罪犯进行监督、考察和教育改造等。

（4）治安保卫委员会，是以居民委员会为单位设立的。它接受基层党、政组织的领导和公安派出所的业务指导，是我国独创的维护城市社会治安的群众性自治组织。负责向居民进行保障公民合法权益，遵守社会主义法制的宣传教育；组织居民做好以防盗、防火、防治安灾害事故为中心的安全防范工作；组织居民制订、遵守治安公约和安全制度；协助公安保卫部门，搞好治安巡逻，维护公共秩序；提供刑事犯罪分子的动向，保护案发现场，并协助公安保卫部门就地侦破案件；会同有关组织，对有违法犯罪行为的人，特别是对违法青少年，进行帮助教育；劝阻和制止违反治安管理的行为；向公安部门反映居民对公安工作的意见和要求，并提出建议等。

（5）机关团体企事业单位的保卫消防组织，其既是各单位的职能部门，也是公安部门的基层组织。保卫组织根据需要，分别设立保卫处（科）等。主要是负责单位内部治安管理，协助公安机关查破各种刑事案件，严密各项防范措施，保卫要害部门的安全；负责追查破坏事故和破坏嫌疑事故；协助有关部门做好保密工作；领导本单位的消防队、护厂队等其他安全保卫组织。

城市社会治安的市政管理机构，主要是根据国家的有关政策和法律，履行维护城市社会治安秩序，预防和打击各类违法犯罪活动，保护社会主义公有财产和其他合法财产，保护公民的合法权益不受侵犯，保卫人民民主专政的国家政权和以公有制为基础的社会主义制度，确保社会主义现代化建设事业在安全、稳定的社会环境中顺利地发展之职责。就具体而言，有以下几个方面：

执行和实施国家有关预防和打击违法犯罪活动的法律法规和方针政策。国家为了预防和打击各类违法犯罪活动颁布实施的法律、法规以及党和政府为此制定的一系列方针以及政策性文件，是城市治安管理机构活动的依据，也是做好城市社会治安管理工作的保证。研究制定城市社会治安管理的政策和法规草案。一方面，城市社会治安市政管理机构肩负着研究制定适合本市特点的政策，使国家法律和政策具体化的责任；另一方面，一些大城市的人民代表大会和人民政府在制定有关城市社会治安市政管理的法规时，一般也需要城市社会治安管理机构负责或参与法规草案的起草工作。研究制定城市社会治安管理的规划及其实施措施。在城市社会治市政安管理的实际工作中，城市社会治安市政管理机构应研究制定科学、可行的规划、计划，并以其为指导采取周密的措施，力求使有限的人力、物力、财力实现最佳的结合与安排，实现城市社会治安市政管理的高效化。组织和开展城市社会治安的综合治理。城市违法犯罪现象是多种不健康因素综合作用的结果，其危害也涉及城市社会的各个领域和各个方面。作为城市社会治安市政管理的主导力量，城市社会治安市政管理机构应致力于动员社会各方面力量，运用多种手段来预防和打击违法犯罪活动、改造违法犯罪分子。

四、中国城市社会治安市政管理的措施

城市社会治安管理手段的选择，应该在加强对城市居民的思想道德教育的前提下，把着力点落在构建城市社会治安市政管理的防控体系上。

众所周知，违法犯罪是一个社会问题，从其产生的原因上来分析，有社会、历史、政治、经济、思想、道德、文化等的各个方面，其危害的结果也涉及社会生活的各个领域。这一特点决定了我们在对城市社会治安的管理过程中，首先必须要加强对城市居民的思想道德教育。这是因为，从一定的意义上来说，刑罚只能治标，唯其思想道德教育方能治本。但在进行思想道德教育的过程中，我们不能只停留在空洞的说教上，而是要与解决居民的实际生活困难紧密结合起来。如安置下岗职工再就业，保证最低生活保障金的发放到位等，这样就可以尽可能地防止或避免城市居民因生活困难而导致的犯罪。教育城市居民提高自身思想道德素质的重中之重是要加强城市中青少年的思想道德教育。为此，必须注重净化影响青少年健康成长的社会环境，严厉查禁具有色情、暴力、恐怖等内容的报刊、音像制品、网吧等，特别是对制黄、贩黄的犯罪分子，一经查实就要坚决打击，绝不心慈手软。法院的少年法庭和司法行政部门的少年犯管教所要切实发挥好教育、挽救失足青少年的作用。同时鼓励宣传、教育、文艺、影视工作者，多创作一些好的作品，尽可能地满足青少年精神文化生活的需要。

然而，城市社会治安市政管理的实践也告诉我们，仅有对城市居民的思想道德教育还是不够的，要使城市社会治安市政管理能取得预期的效果，还必须着力构建城市社会治安市政管理的防控体系。即通过完善治安工作机制、优化警力配置、落实警务保障、开展群防群治，在城市构建一个以公安民警、巡警为骨干，以群防群治力量为依托，以城市社会面、社区和内部单位防范为基础，以可能影响社会治安的特殊人群、行业场所、危险品管理为重点，警民结合，动静结合，点、线、面结合，人防、物防、技防结合，统一指挥、快速反应、打击有力、防范严密的城市社会治安管理防控体系。

（一）构建城市社会治安市政管理的防控网络体系

其重点是要在整合好各种社会治安资源上下工夫，在构建防控网上做文章。防控网络体系主要包括：街面巡逻网。以巡特警、交警、治安、派出所民警和武

警为主，以各种群防群治力量为辅助，加强城市社会面巡逻控制工作。加大对城市主要街道、繁华路段、重点部位和易发案地区的巡逻密度，优化网络化巡控机制，把各种违法犯罪行为消除在始发阶段，使其形不成气候。社区群防网。以派出所民警为主，以社区治保会、保安队、护厂队和义务护楼队员等各种群防群治力量为辅助，按照“谁受益、谁出资”的原则，落实群防群治队伍的工作报酬，充分动员和组织社区群众，开展社区治安防控工作。深入开展“无黄、无赌、无毒、无盗抢社区”创建工作。重点部位监控网。贯彻落实“内保条例”，推进“治安安全单位”创建活动，在公安机关治安、刑侦、消防等部门和派出所的监督下，充分发挥内部单位保卫组织的作用，以巡逻看护、安全检查为基本形式，加强内部单位治安防控工作。卡点堵截网。如设出租车进城、出城服务站，并规定卡点的运作模式。为使卡点发挥更大的作用，各部门要在统一行动中不断强化设卡检查意识和职能，巡特警、治安部门要加强工作指导力度，适时组织突发性事件应对模拟演练，以检验卡点堵截的实效。

（二）优化城市社会治安市政管理防控体系的具体系统

要按照我国关于建立现代警务机制的总要求，从城市防控长效建设出发，针对各城市治安实际，在已有的基础上，不断优化城市社会治安市政管理防控体系的具体系统，包括：快速高效统一的指挥系统。应充分发挥市委、市政府统揽全局、协调各方的优势，构建及时预报、预防、抵御、化解、消除治安风险的长效工作机制。在市委、市政府或综合治理办公室等领导机关设立“维稳办”、“处特中心”或“情报信息中心”，负责日常不稳定因素收集、汇总、研判及突发事件协调处置工作。以公安“110”指挥中心为龙头，整合公安、电力、卫生、环保等有关职能部门的资源，构建城市应急联动系统。重点人口管理系统。进一步明确公安、街道、司法等部门的职责，坚持现住地管理原则，把辖区实有人口全部纳入市政管理范围，重点管好可能影响社会治安的特殊人群。对流动人口、暂住人口，要加强其落脚点和活动场所特别是出租房屋、美容美发室、餐馆、建筑工地等场所和部位的治安检查，提高登记办证率，协查复函率，做到人户一致，切实掌握其动态。做好闲散青少年的教育、管理和服务工作；加强对有轻微违法行为或有违法犯罪倾向人员的教育和训诫，帮助转化；对社会归正人员、吸毒人员、刑事嫌疑人员和可能铤而走险的人员，要严格落实控制管理和帮教转化措施，防止他们实施各种违法犯罪活动。场所活动管理系统。即要强化对易于滋生犯罪、易于藏污纳垢的场所和行业，实行透明化、信息化和制度化管理，建立二手手机交易、旧货调剂等实名登记制度。抓紧培育和发展旅馆业、娱乐业、典当业、印刷业、刻字业、收旧业、机动车辆修理业等特殊行业和二手手机市场、网吧等新兴领域的行业协会的建设。同时还要建立和完善以枪支弹药、爆炸、剧毒等危险品管理为重点的治安管理防控机制。科学有力的保障系统。要有组织经费保障，即市委和市政府要进一步重视城市社会治安的防控体系建设，并确保治安经费投入，采用先进的科技手段和配足精良的装备，及时打击、震慑罪犯，预防和减少案件的发生；倡导奖励保障，即广泛发动社会各界，以政府为主导，积极倡导企事业单位参与，不断提高表彰见义勇为者力度，并设立见义勇为基金。

（三）建立城市社会治安市政管理的考评、监测评估体系

城市社会治安管理的考评，即围绕城市社会治安防控体系构建的工作目标，制定统一、具体的考评标准，把防控工作过程考核与结果考核相结合，以结果考核为主，保证考评工作客观、公正。在此基础上，还要建立城市社会治安市政管理的监测评估体系。在日益复杂严峻的城市社会治安形势下，建立城市社会治安市政管理的监测评估体系，可以增强治安工作的针对性和预见性。但这一监测评估体系的建立，需要有科学、合理的指标设定。这些指标主要包括三个方面：客观的量化标准，如发案率、破案率等；主观的感受标准，即由统计部门和社会中介组织通过不同渠道，对不同群体进行测评得出的群众安全感等；治安工作的效益标准，如由专家按照科学方法对治安工作进行的“成本—效益”评价等。评估体系建立后，应定期向社会公布监测评估结果，以进一步提高城市居民的防范意识，鼓励他们积极参与城市社会治安市政管理工作。

第三节　城市社区的市政管理

一、城市社区的内涵与中国城市的社区组织

（一）城市社区的内涵

要认识城市社区的内涵，有必要对“社区”这一概念的认识过程作些简单的介绍。就一般而言，社区是区域性社会或社会区域共同体的简称，属于社会学的范畴。1881 年，德国社会学家弗·滕尼斯（F. Tonnies）最先提出和使用了“社区”（Gemeinschaft）这一概念。他认为社区是指那些由具有共同价值取向的同质人口组成的、关系亲密、守望相助、疾病相扶、富有人情味的社会团体。而后的美国学者查尔斯·罗密斯把滕尼斯的“社区”从德文 Gemeinschaft 译成了英文 Community，是公社、团体、共同体的意思，并不强调地域性。随着美国经验社

会学研究的兴起，许多社会学家在研究社会共同体时发现，要具体研究各类居民共同体，必须以地域共同体着手，因而更多地注重关系、社会组织同地域的相关性，也赋予社区以更多的地域含义。

20 世纪 30 年代，以费孝通为首的一批燕京大学生，首先将英文 Community 一词译为中文“社区”。从那以后，这个译名在我国社会学界被一直沿用下来。关于社区的定义，据美国匹兹堡大学杨庆堃教授研究，大约有 140 多种，从其出发点来看，基本上可归为两大类：一类是功能主义的观点，认为社区是由共同目标和共同利害关系的人组成的社会团体；另一类是地域性观点，认为社区是一个地区内共同生活的有组织的人群。2000 年 11 月，《民政部关于在全国推进城市社区建设的意见》中指出：“社区是指聚居在一定地域范围内的人们所组成的社会生活共同体。”尽管对社区的定义众说纷纭，但大多数社会学家还是认为，社区有一定区域。根据前人的研究成果和我国社会生活的实际情况，社区可界定为：一定区域内有特定生活方式并且具有成员归属感的人群所组成的相对独立的社会共同体。社区作为一种区域性的社会系统，有其特定的构成要素：具有稳定的自然环境和社会居住地域；具有相对稳定的社会关系和生活方式的人群；具有相对稳定的生活环境和生活设施；具有本地特征的文化积淀；具有居住人群对居住地的情感沟通和心理认同。

从上述对“社区”这一概念内涵认识过程的简单介绍及构成要素的分析中，可以看出，我们现在所要探讨的“城市社区”及其城市社区市政管理的有关问题，应该说都直接根源于此。“城市社区”，在社会学领域，它是与农村社区和城镇社区相对应的一种社区类型，是指“在特定区域内，由从事各种非农业劳动的密集人口组成的社会”。[①] 20 世纪 80 年代以来，人们开始在现实生活中接触到“社区”这一概念，我国的街道办事处、居民委员会的辖区以及各种单位大院、居民小区等大都冠以“社区”的称呼。当然，在学术界也有人认为城市社区是“专指城市中的街道办事处所辖区域及其行政范围”；[②] 或“主要是指城市所属区政府所辖之街道”；[③] 也有人指出城市社区是指城市中被道路所环绕的居住地段。在这里，我们认为，城市社区是城市中的社区，是指城市中被道路环绕的居住地段上，由特定生活方式并且具有归属感的人群所组成的相对独立的社会共同体。城市社区与农村和城镇社区相比，具有以下几个明显的特征：城市中被道路所环绕的居住地段为其地域，这一地域边界较为确定，范围较小；社区的人群规模大、密度高、异质性较强；公共设施较齐全，能够承担相对完整的社会功能，满足社

[①] 郑杭生. 社会学概论新修. 北京：中国人民大学出版社，1991：386.

[②] 吴德隆，谷迎春. 中国城市社区建设. 北京：知识出版社，1996：1.

[③] 桑玉成，等. 从五里桥经验看城市社区管理的体制建设. 政治学研究，1999（2）.

区居民基本的物质、文化生活需要；社区内社会组织结构复杂，经济、文化发达，人们之间的联系较为密切，有较强的归属感。这样的城市社区，从其的地域特征和管理角度来考察，主要有三大类型：法定社区。这主要指具有法定地位，其界限可明确标示在地图上的社区，尤其是指街道办事处、居民委员会两级辖区。这两级辖区的划分分别以《城市街道办事处组织条例》和《城市居民委员会组织法》为依据。自然社区。这是指人们长期共同生活或按照自己的意愿选择而形成的聚集区，如各种住宅小区、居民小区和新村及城市化了的村落等。这种类型的社区或大或小，规模不定，界定也是或明确或模糊，划定标准不一。功能社区。这是指由于人们从事某些专门的活动而在一定地域上形成的聚集区。如大学、军营、单位大院都是属于功能社区。这种社区一般都具有自己独特的文化和生活方式，社区成员职业结构简单，同质性较高，对社区具有明显的归属感和认同感。

（二）中国城市社区组织的发展

城市社区组织，既是城市实施社会管理的主要载体和“抓手”，也是城市社区管理的主要内容之一。我国城市的社区组织，在新中国成立后逐步形成了以区、街道、居民委员会为主体的多层次社区组织网络。

20 世纪 50 年代初是我国新型城市组织的草创阶段。这一时期，各个城市的基层社区组织在上级政府的领导下，围绕巩固和建设新生政权，恢复、发展国民经济做了大量的工作，在城镇优抚、救济、防奸、肃反、禁赌、禁毒、禁妓等方面发挥了积极作用，同时也为以后城市社区组织体系的形成奠定了良好的基础。1950 年底，上海市的接管专员办事处易名为区人民政府联防办事处，后又改名为区政府派出人员办事处。1952 年，上海市政府明确了区政府办事处是区人民政府的派出机关，其任务是在区人民政府的领导下，以社区居民为主要工作对象，处理区政府下达的工作。伴随着联防办事处向区政府办事处的转变，群众性的冬防队组织也陆续发展成了居民委员会。天津市人民政府 1950 年初便决定各区在派出所辖区内设立居民委员会，居委会负责人由公安派出所及区公所派专职干部担任，其他委员在当地居民中聘请。当时，居委会的主要任务是负责传达政府法令、政策及各种工作的决定，收集、反映居民的建议和意见。但是，由于居民区范围较大，工作并不便利。

1952 年，天津市政府决定在全市开展群众性的民主建政运动，并且颁布了《建立街公所暂行办法》和《建立居民委员会试行办法》等文件。根据这些文件精神，各区公所再次改组为区人民政府，为一级政权组织。区政府下设街公所，为其派出的工作机关，各街公所在自己的辖区范围内通过组织居民民主选举，产生了若干个居民代表会议和居民委员会，把街道中无组织的居民以这种形式组织起来。1954 年初，天津市人民政府为了进一步加强基层社区组织的建设，又将各街公所改名为街道办事处，并要求全市各街道改选居民委员会、妇女代表委员会、治安保卫委员会，撤销了居民代表会议。至此，我国大部分城市的基层社区组织体系基本确立并成为我国社会主义政体的一个重要细胞。

20 世纪 50 年代中期是我国城市社区组织体系基本形成并步入法制化轨道的时期。1954 年 12 月，经过第一届全国人民代表大会常务委员会第四次会议通过，正式颁布了《城市街道办事处组织条例》和《城市居民委员会组织条例》，以法律的形式确定了城市街道办事处和居民委员会的性质、任务和作用。其中《城市街道办事处组织条例》规定：街道办事处是市辖区、不设区的市的人民委员会的派出机关，其主要职能是办理市、市辖区人民委员会有关居民工作的交办事项，指导居委会的工作，反映居民的意见和要求。街道办事处的干部由市辖区或不设区的市的人民委员会委派，办公费及工作人员的工资由省、直辖市的人民委员会统一拨发等。《城市居民委员会组织条例》规定：居民委员会是群众性的居民组织，应当按照居民的居住情况并参照公安户籍段的管辖区域设立，它的任务是办理有关居民的公共福利事项，向当地政府反映居民的意见和要求，动员居民响应政府号召遵守法律，领导群众性的治安保卫工作，调解居民间的纠纷等。按照上述规定，1955 年后全国各城市都普遍建立健全了一个包括区政府、街道办事处、居民委员会和居民小组的多层次的基层社区组织体系。这个组织体系在组织教育广大居民响应党和政府的号召，贯彻各项政府法令，举办居民公共福利事业等方面取得了显著的成绩；并且造就和涌现了一大批勤勤恳恳、任劳任怨、热心为居民群众服务的社区工作积极分子。

从 20 世纪 50 年代后期到 70 年代中后期，我国城市社区组织发展伴随着政治动荡的命运，也经历了一番较大的动荡、曲折和混乱调整时期。1958 年，全国掀起了“大跃进”和“人民公社化”运动。天津市鸿顺里街率先成立了全国第一个城市人民公社，接着，又把全市 103 个街道办事处合并成了 57 个人民公社，居民委员会也被改组成了人民公社的分社。其他一些大、中城市的街道也纷纷建立了人民公社。城市街道人民公社的辖区范围较大，辖区内的学校、商店也下放到了街道人民公社管理。当时，应该说城市公社在动员妇女参加街道生产、兴办生活服务事业方面是有一定的积极作用的，但也削弱了居民工作和社区社会工作的开展。鉴于城市社区兴办人民公社的弊端，1962 年和 1963 年，周恩来总理亲自主持召开了两次城市工作会议。在此之后，各地的城市人民公社先后恢复为街道办事处。为适应形势的发展和工作的需要，天津、上海等城市的一部分街道扩充了组织机构，建立了街道党委，居民委员会也开始重新独立出来。1966 年 5 月，“文革”全面发动，党和国家从此进入了长达 10 年的动乱岁月。在这期间，我国城市的社区组织遭受了严重挫折，经历了一个曲折变迁的过程。“文革”初期，许多城市的居委会组织被解散，区级机关和街道办事处处于瘫痪。60 年代末在市和市辖区建立了革命委员会之后，街道和居民区也相继成立了街道革命委员会和“革命居民委员会”。然而，由于极“左”思潮的影响，这些社区组织被当成专政工具，大搞阶级斗争，伤害了群众的感情和利益，丢掉了社区组织的优良传统和作风。

从 20 世纪 80 年代至今，我国城市社区组织经过拨乱反正，从此进入了健康、加速发展的时期。“文革”结束后，按照全国五届人大一次会议通过的新宪法，撤销了区、街道革命委员会和“革命居民委员会”，恢复了区人民政府、街道办事处和居民委员会。恢复后的市辖区政府是城市的基层政权组织，街道办事处仍然是其派出机构，居民委员会作为群众性自治组织在街道办事处的指导下开展工作。此后，我国城市社区组织的建设和发展进入了一个新的阶段，其主要表现：根据改革开放的新形势以及国家的法规、政策，制定、颁布了一系列有关城市社区组织，尤其是街道办事处和居民委员会工作的文件、决定与条例，城市社区工作走上了规范化道路。80 年代中后期，北京、上海、广州、哈尔滨、南京、杭州等大、中城市也先后提出了街道工作适应新时期发展以及走向现代化的指导思想和工作目标。特别是在 1989 年第七届全国人民代表大会常务委员会第十一次会议审议通过的《中华人民共和国居民委员会组织法》中，对现阶段居民委员会的性质、任务、构成原则、机构设置、经费来源等所作的明确规定，为新时期的居民委员会建设提供了法律依据，促进了城市基层群众性自治组织的发展；社区组织的数量有了显著增加，例如，1982—1992 年，我国的市辖区政府从 527 个增加到了 662 个。同期天津市的居民委员会从 1 452 个增加到了 2 697 个；社区组织摆脱了极“左”思潮的束缚，把工作重点转移到了为经济建设服务、为人民生活服务的轨道。改革开放以来，各地城市的社区组织认真落实了党的各项政策，密切了党和政府与居民群众的关系。尤其是最近几年，大力发展社区经济、社区文化和社区服务，赢得了广大居民的信任，促进了社会稳定和社区发展。[①] 90 年代以来，随着社会主义市场经济体制的确立以及农村城市化、城市现代化步伐的加快，城市社区组织又面临着新一轮的改革。这一改革的客观基础在于近年来城市人口结构的重大变化，它必将导致社区组织的相应调整。据民政部 90 年代中期的一项调查显示：中国城市人口结构已出现三个比较明显的变动趋势，即人口老龄化、“无单位归属人员”日益增多、外来人口大量增加。中国人口结构的这一变化，要求城市社区组织不断地向着微观化、服务化与自治化的

---

① 王辉，潘允康．城市社区研究．天津：天津人民出版社，1997：23-28.

方向发展。

中国城市社区管理的大部分职能和具体事务，是由以街道和居委会为主体的基层社区组织承担的。街道办事处从它的性质上讲，是城市和市辖区人民政府的派出机关，其管辖范围与公安派出所的管辖区域大致相同。在我国，街道办事处建置的标准是：10 万人口以上的市辖区和不设区的市，应当设立街道办事处，5 万人口以下的市辖区和不设区的市，一般不设街道办事处。街道办事处设主任一人，干事若干人，必要时可设副主任 1 人，专职干部一般不超过 7 人，其中必须包括 1 名专做妇女工作的干部。由于街道办事处不是一级政权，因而其组成人员不是选举产生，而是由区（或不设区的市）人民政府委派，办公费用以及工作人员的工资也由区（或不设区的市）人民政府统一拨发。街道办事处的主要任务有：办理市、市辖区人民政府交办的有关居民工作的事项；指导所属居民委员会的工作；反映居民的意见和要求。街道办事处自设立以来，在加强城市居民工作，密切政府和居民的联系等方面发挥了积极作用。

目前，我国城市人口增长迅速，街道办事处管辖的人口也大量增加。在这种情况下，有些人提出了把城市基层政权放在街道一级，将办事处改为街道人民政府的观点。因为目前街道办事处的业务工作实际上已起到一级政权的作用，改过来，有利于群众办事，也有利于政府办理街道内的行政事务。但也有些人不同意这样做，理由是城市需要高度集中统一的领导和管理，如果层次过多，势必降低行政效率。以上这些看法，应该说都有其一定的合理性。居民委员会从它的性质上讲，是在城市居民区、企事业单位和机关住宅区设立的基层群众性自治组织。它在基层政权的指导和帮助下，由城市居民自己组织起来管理本区域内的公共事务和兴办各种公益事业。居委会主要是按居民居住状况并参照公安户籍段的管理区域设立，一般有 100～600 户居民，也有超过 600 户的。居委会一般由 5～7 人组成，设主任、副主任和委员若干人，并设置治安保卫、人民调解、民政福利、公共卫生等工作委员会。居委会下设居民小组。居民小组由 15～40 户居民组成，设组长一人，居委会委员由居民直接选举产生。城市社区组织，尤其是居委会对城市社区管理有着十分重要的作用。

1. 协助党和政府工作，增强了政府与居民的联系

居委会积极组织动员居民贯彻执行党的路线、方针、政策和遵守国家的法律、法规，努力完成上级交办的各项工作，组织居民互相帮助，照顾孤老病残，优抚军烈属，协助搞好基层选举，如认真进行选民登记和选民投票等。居民通过居委会向政府反映自己的意见、要求和建议，而政府又通过居委会组织动员居民做好各项工作，因而居委会成为政府与居民联系的桥梁和纽带。

2. 加强治安保卫，调解民间纠纷

居委会及所属治安保卫委员会会经常对群众进行防火、防盗的宣传教育，组织动员群众协助有关部门检举、监督和管制各种刑事犯罪分子，协助公安机关侦破案件，追捕逃犯，帮助失足青少年等。全国各地居委会共有调解组织几十万个，调解人员几百万人，通过他们的工作，调解了大量的民间纠纷，及时有效地避免了矛盾激化而造成犯罪，以及因解决民间纠纷而造成当事人在人力、物力、精力等方面的不必要的耗损，维护了社会治安和社会秩序。

3. 办理各项公共事务和公益事业

居委会大力兴办服务网点，组建各种小型企业、商店，开展多种多样的社区服务，广开就业门路，安置了大批待业青年和下岗职工，并用生产获得的收入兴办社会福利事业，增设居民娱乐场所，美化居住环境。居委会还从事各种社会经济、人口普查、计划生育等服务工作，为居民解除了各种后顾之忧。由于居委会在城市社区管理中起着上述作用，因而它受到了居民的信任和拥护。然而，从增强社区管理，促进城市现代化的要求上来看，目前我国的城市街道和城市居委会也还存在着诸如人员构成年龄偏高、知识结构老化、工作方式落后等问题。尤其是在承担的社区工作上，经常不分轻重缓急地一齐压在街道和居委会的头上，导致城市社区组织超负荷运转。有些城市机关部门甚至将居委会看做是基层政权，随便布置工作任务，出现了婆婆多、任务多、开证明多、统计报表多、会议多的“五多”现象。一般居委会日常任务就有二三十项，多的达七八十项，有的还要限期完成。为了改变这种状况，各地应制定工作条例，特别是居委会的工作条例，严格规定居委会职责范围，从制度上保证居委会的自治性质。还有，街道组织机构日趋臃肿，而许多社区管理职能又存在着条块扯皮的矛盾，亟待在机构改革中加以解决。目前区属职能部门都在街道一级设有派出机构，如派出所、房管所、粮管所、工商所、环卫所等，这些机构在名义上不受街道管理，但街道办事处又不得不设专人负责辖区内的市容卫生、个体与私人经济、群众生活、社会治安等项工作，实际上是增加了社区内的管理人群，也往往因为互相扯皮而影响效率。与其如此，不如通过社区组织机构改革将街道辖区内的同类部门合并，将区属部门的人员、职责缩小。这样做，不仅有可能使区级机关“消肿”，甚至有可能减少街道社区的管理冗员。

二、城市社区市政管理的内容、意义与模式

（一）城市社区市政管理的内容

中国城市社区的市政管理，是指在市及市辖区人民政府的领导下，以街道为主导、居委会为协同，以社区组织和社区成员为依托，运用行政与法律、经济与教育、公德与情感等手段，合理调配和利用社区资源、发展社区事业，提高社区成员的生存质量，促进社区经济和社会协调发展的过程。它包含以下的含义：管理属性的多重性。社区既是政府行政管理的基层区域，又是人们生活聚集的区域性社会。因此，社区市政管理既具有行政管理的特征，又具有社会管理的属性，在某种意义上说它还是社区成员自我服务、自我管理的过程。管理主体的多元性。与管理属性的多样性相对应，管理主体呈现多元性的特点。管理主体既包括行政组织、社团性组织、企事业组织，还包括社区成员个体。管理内容的复杂性。随着市场化的深入及城市大规模的建设和发展，市政管理的部分职能重新下移，各类企事业组织在计划经济体制下承担的社会管理功能大量地向社区转移，这些都使得社区管理的内容日趋复杂。据不完全统计，目前街道办事处的经常性工作已超过了 150 项，其中大部分为社会管理、社会服务工作。管理实践的参与性。社区管理就其属性而言，还是一项自我管理活动。广大社区成员既是管理对象，又是参与主体，这体现了“自己的事情自己办”的原则。同时，社区成员在参与广泛的社区管理活动中增强了主体意识和自我意识，反过来又促进了社区管理的进一步发展。管理过程的系统性。社区是社会生产和社会生活高度社会化的地域，这一地域中多种要素交集，合为一体，在管理过程上必然形成决策、执行、监督、反馈等系统环节，管理各环节的整合使社区系统更具有开放性和动态性。城市社区市政管理的基本含义，决定了它的具体内容。

然而，城市社区市政管理虽然处在市政管理的第一线，管理的内容纷繁复杂，但在目前我国的市政管理体制下，如上所述，社区市政管理在内容范围上，还缺少比较规范的划定。如多数社区还承担着大量市、区人民政府职能部门职责范围内的工作，甚至连“三废”处理、设备改造、建设工程对环境影响的审核及区人大代表提名的落实与联络等工作，也需要社区协办，而在交办过程中责权利、人财物又相脱节。与此同时，社区市政管理还须完成大量的与社区居民生活密切相关的事务。这样，在整个社区市政管理中，职责不清、权限不明、条块关系不顺的情况仍然相当严重。因此，为健全和完善社区市政管理体制，贯彻“两级政府，三级管理”的要求，解决职能错位、关系不顺的问题，做到政社分开、职能清晰、责权利及人财物相一致，就必须把属于社区开展工作所必须拥有的责权利下放给

社区；属于区直属职能部门自己办理的业务不得随意委托社区承办。在此基础上，社区市政管理除完成交办的各项任务之外，还需完成必须由他们管理的与社区紧密相关的事务，这种相关事务的具体内容主要有：

1. 社区社会治安综合治理

这是指由社区内司法、警察、安全、消防等部门组成的社区治安综合治理委员会及由社区居民组成的从事治安保卫工作的自治性组织（如治保会、联防队、门栋关照小组等组织），为创造安全有序的良好社会环境，而对社区内的社会公共秩序、户口、特殊行业（如旅馆业、旧货业等）、道路交通、消防及法制和安全教育进行的管理。

2. 社区环境卫生管理

这是由街道环卫所及各条口上的房管所、园林所及社区内各单位组成的市政管理委员会以及群众自治性组织和全体社区成员，为谋求适合居民身心健康的和谐环境，而对生活垃圾、污水、粪便处理工作，道路清扫工作，植树种草等绿化工作以及环境宣传工作等进行的管理。

3. 社区卫生保健

这主要是指由街道卫生科、计划生育委员会以及地段医院和社区内企事业单位的卫生保健部门，组织发动社区成员，为保证社区居民的身心健康，而对卫生防疫、计划生育、老年人保健和少年儿童保健，以及心理咨询、社区康复等工作进行的管理。

4. 社区精神文明建设

这主要是指由社区自治组织和各专业性团体以及精神文明建设办公室发动全体社区成员，积极开展创建文明小区、文明里弄、文明楼和文明家庭等活动，进一步完善调解、帮困、服务网站。同时，做好教育、科学、文化、艺术、体育及传媒的发展规划，以生态—环境物质文明为基础，加强理想、道德、法制教育，提倡科学的生活方式，形成文明的社会风尚。

（二）城市社区市政管理的意义

1. 有利于通过社区规范来调解和整合社区中的矛盾冲突和利益纠葛

社区是一个复杂的动态发展系统，社区中各要素的互动过程必须有一定的社区规范来约束和调整，各种利益纠葛冲突也需有制度化的渠道予以疏解，否则就会造成社区内社会公共秩序的紊乱，由此影响社区居民的生产生活。而社区管理则能够运用社区的价值观念、社区规范和社区目标及各种参与渠道，规范社区内社会团体和成员的行为，顺畅其利益表达，化解其利益冲突，满足其利益需求，从而维持社区文明的社会秩序，使整个社区灵活运转。

2. 有利于培育社区成员民主自治的主体意识和能力，提高社区市政管理水平

社区市政管理是以人为本的管理，走向自治是其大发展的基本走向，社区成员从参与社区管理开始，分担管理责任，共享管理成果。这一方面加强了居民对政府的信心和信任，使公民能支持政府的政策；另一方面也加强了居民之间的联系，提高了社区的社会凝聚力。良好的社区管理还在提高居民民主自治意识和能力的同时，也提高了社区居民的整体素质，并能转化成良好的人际氛围和一定的人力资源，形成社区市政管理的和谐人文环境，从而进一步促进社区管理的良性发展。

3. 有利于维护社会稳定，促进社区发展

在社区市改管理工作中，凡关乎居民利益的大事，均由居民讨论决定，让居民参与管理，这不但满足了社区居民的物质文化生活需要，还调动了居民参与社区市改管理的积极性。如社区治安保卫和人民调解工作，既解决了社区中大量的民事纠纷，缓和了社会矛盾，直接稳定了社会秩序，也改善了社区居民生存发展的条件，保证了社会的良性运行和健康发展。

4. 有利于改革的深入推进

社区市政管理有助于减少或消解改革过程中由于社会结构和社会利益调整而不可避免地带来的社会生活方面的某些失调，提高社区成员对于改革的承受能力。就社区成员个体而言，进行社区管理，有助于解除后顾之忧，提高生活安全感，创造个人全面发展的条件，从而使其能全身心地投入到改革中去。就社区中的企业而言，进行社区管理，有助于摆脱企业办社会的沉重负担。就政府而言，进行社区市政管理，有助于减少改革过程中的摩擦和震荡，使各种改革措施能顺利实施。总之，无论从哪一方面看，进行社区市政管理都将促进各项改革的深入推进和生产力的长足发展。

（三）城市社区市政管理的模式

自 20 世纪 90 年代起，我国城市的社区建设先后在北京、上海、石家庄、青岛、天津、重庆、南京、杭州、大连、武汉等大、中城市逐渐展开，出现了全国性的社区建设新局面。尤其是2000年11月，《民政部关于在全国推进城市社区建设的意见》发布以后，更是进入了一个新的阶段，并且提出了社区管理的各种模式。纵观我国城市社区市政管理模式的发展与演变，主要有以下三种：

1. 行政型社区——政府主导型的市政管理模式

这是一种传统模式，在一定历史时期内发挥过积极的作用。但随着时代的进步和社会的发展，这一模式的缺陷日益凸显出来：社区市政管理的行政色彩过浓。作为城市政府派出机构的街道办事处和城市社区的基层组织居委会，有着浓厚的“行政化”倾向，履行了更多的政府职能，本应承担的社会职能反而弱化。这种把社区建设混同于政权建设的做法，造成街道体制与社区体制在性质和功能上的脱节；社区体制与社区市政管理的要求不相适应。政府主导型的社区市政管理，偏重对经济、市政等的硬件管理，忽视文化教育、社会服务、公共道德等以“人”为中心的软件管理。这就极易造成社区成员对社区市政管理主体缺乏认同感、缺乏参与社区活动的积极性，缺乏对社区的归属感；社区组织功能定位、组织力量较为薄弱，社区组织行政化倾向明显，社会职能萎缩，社区中混杂着各类辖区单位，社区内“诸侯割据”现象较为严重。

2. 合作型社区——政府推动与社区自治结合型的市政管理模式

在合作型的社区市政管理模式下，社区市政管理主体已由单纯的政府组织扩展到社区内的自治组织，建立在半自治半行政基础上的社区委员会成为社区组织的主体。社区吸收、管理、利用政府投入和多方面的社会资源的能力逐渐得到培养和提高，民主选举、自我管理、自我教育、自我服务等社区自治能力大大增强，社区公众利益得到了维护，社区居民的参与热情普遍提高，参与范围更加广泛。这种市政管理模式是政府和社区组织改革与体制创新的尝试。

3. 自治型社区——社区主导与政府支持型的市政管理模式

自治型社区市政管理模式的主要特点表现为：社区自治组织与社会组织真正成长为社区市政管理的主体，有效地承担着社区公共事务管理与决策任务；政府与社区良性互动，共同提供社区资源，为居民提供高质量的社区服务；法律保障下的直接民主选举、民主决策与民主管理，成为社区民主政治发展的基本特征，同时为农村基层社区的民主政治体制的创新提供了经验与社会基础；社区组织成为信息通畅、资源互补、高度灵活、生命力强的网络组织。在自治型社区管理模式下，城市政府管理层级减少，效率提高，强国家与强社会的关系模式逐渐确立。

当前，我国城市社区的市政管理主要处于由第一种管理模式向第二种管理模式的转化阶段，第三种管理模式在部分城市也还处于试点阶段。因此，在这一阶段，还存在着诸多问题。如社区组织在机构设置、人员配备、经费来源、基础设施等方面的力量还比较薄弱，制约着社区的长效管理；社区服务仍不很到位，缺少集职业教育、生活、娱乐、保障等为一体的社区服务中心和服务网点；社区建设资金严重短缺，融资渠道过于狭窄且不畅通，远不能满足社区建设的需要。这些都影响着以社区为主导的自治型管理模式作用的发挥。

三、中国城市社区市政管理的自治方向与城市社区建设的体制创新

（一）中国城市社区市政管理的自治方向

在中国城市大步走向现代化、法制化的进程中，社区市政管理体制也必须朝着民主化、社会化的群众自治方向转型。当依法治市大政方针既定、社会主义民主法制建设已深入社区之际，从农村村民自治试点推开到城市“居务公开”以及“新试验区”的全面启动，都显示出我国城市社区的市政管理法制化、民主化的进程正在迅速加快，社区市政管理公众参与和社区自治化已成为中国步入法制化时代的重要一步。

1999 年年初，民政部宣布在全国城市中选择北京西城区、南京鼓楼区、杭州下城区、青岛市南区和四方区、石家庄长安区、重庆江北区、海口振东区、沈阳沈和区 8 城市的 9 个区为试验区，探索城市社区建设的内容与形式及在实践中的运行机制和模式，以利于这项工作全面展开。这是民政部继在全国农村全面推进基层民主政治建设后，对城市社区市政管理进行社会化改革的重要举措。正如民政部的有关主管人士所说，社区建设的开展，将使目前城市中的许多政府行为逐步转化为群众自治行为。然而，根据中国国情，行政性社区的概念至今仍容易为人们所接受，也容易在实践中操作，因此，街道作为行政性社区，是社区建设的主体组织，但街道工作应社区化，社区工作应社会化。这一轮的社区市政管理方式改革，必将成为减少社区发展中过多国家权力干预，推进我国政治民主建设的重要动力。社区市政管理的民主化是以尊重个人价值和社区自治能力为基础的。约翰·密尔在讨论要限制政府的不恰当的权力干预时就曾经指出：“许多事情，虽然由一些人来办一般看来未必能像政府官吏办得那样好，但仍宜让个人来办而不要由政府来办；因为作为对于他们个人的精神教育的手段和方式来说，这样可以加强他们主动的才能，可以锻炼他们的判断力，还可以使他们在留给他们去对付的课题上获得熟悉的知识。”他还指出：“在政府现有职能之外的每一项增加，都是以更加扩大散布其对人们希望和恐惧心理的影响，都是以使得活跃而富

于进取的一部分公众愈来愈变成政府的依存者。”① 当前不论是从激发广大市民建设现代化的创造热情而论，还是从精简行政机构提高办事效率、推进市场经济体制完善而言，都需要引导广大社区成员参与社区发展，民主管理，自治自享。这种城市社区管理的自治化方向或趋势，是与我国居委会建制的自身功能特质相吻合的。这是因为：

1. 居委会历来是群众性的自治组织

所谓自治，就是居民在国家法律和法规所规定的范围内自己管理自己的事务。它既不是国家机构，也不是基层政权。因此，居委会没有行政强制权力，主要依靠说服教育方法开展工作。现在，不少居委会制定了街规民约，这些规约是发动群众、民主讨论后制定的，制定后大家共同遵守，也是居委会开展工作的一种重要方法。居委会的自治性质还表现在其成员由居民自己选举产生，而不需要上级任命或批准，但它需接受基层政权的领导。

2. 居委会是居民直接参加国家管理的一种组织形式

我国是社会主义国家，人民可以通过各种方法和途径管理国家事务和社会事务，居委会就是一种人民参加管理的组织形式。居民通过这种形式，可以对区域内的各项事务进行直接管理。②

3. 居委会是各种类型居民组成的社区管理组织，也是我国市政管理的细胞

进一步强化居民自治的作用是经济体制改革和城市现代化的客观要求。而要增强居民民主管理功能，就应该采取以下一些积极的措施：优化居委会干部群体的结构，适当从机关和其他行业的富余人员中，从居住在本社区的在职居民中选留部分人员充实居委会干部队伍，增强自我管理能力；强化居民委员会的作用，使单位承担的某些对职工的一般性社会管理工作逐步向居民委员会转移、使大量轻微的违法案件和民间纠纷，主要依靠居民委员会在法律和政策的范围内解决，使居民委员会真正拥有本辖区内有关社区性事务的协调能力；进一步发挥社区内各种类型的群众团体的积极作用，城市社区群众性团体的出现，尤其是社区服务志愿者协会的发展、壮大，对于解决社会问题，促进安定团结将会发挥巨大的作用。发展各种类型的社区性群众团体，如志愿者团体、妇女团体、各类学会协会等，有助于增强社区的凝聚力，有助于为政府分忧，因此，它是在我国经济、社会转型时期实现社区管理、发展和稳定的重要环节；扶持“居（居民委员会）办

---

① 约翰·密尔．论自由．北京：商务印书馆，1996：119-120.

② 许崇德．城市政治学．北京：光明日报出版社，1988：254.

经济”的发展，以此提高居委会干部的待遇和增强其兴办公益事业的活力，从而奠定社区管理自治化的基础。

（二）中国城市社区市政管理的体制创新

要坚持城市社区市政管理的自治方向与达到社区市政管理的预期目的，就必须加强社区建设，而要加强社区建设，就必须走社区管理的体制创新之路。这是因为经济的发展，带动了居民需求层次和需求多样化水平的日益提高；市场经济催生了多元的社区利益主体（如民营企业、非营利组织相继出现等）；信息化更促成了社区间纵横互动的网络化。在这样的现实背景下，要加强城市社区建设，必须在建设主体、规模建制、组织管理、法制化等方面，进行体制创新。

1. 城市社区建设的主体应该多元化

这就是城市政府逐渐从社区中退出主导地位以后，要组建新的建设主体（如社区建设委员会等专门管理机构），扶助建立社区服务志愿者协会、社区互助协会、社区科普协会等非政府、非营利性中介组织。在这一方面，我们可以借鉴上海、石家庄等城市提出的“二级政府、三级管理、四级网络”的市政管理模式，建立起由党委政府领导、民政部门牵头、街道居委会主办、社会各方支持、群众广泛参与的新体制，这样就可以大大拓宽社区建设主体的范围，并逐渐形成合理、完善、分工协作的社区新体制。

2. 社区建设的建制应该中型化

如上所述，目前街道办事处的“准政府”色彩较浓，体现不出社区建设的自治性，而居委会规模又过小，功能较弱。为此，我们应合理界定居委会的规模，使社区朝中型化方向发展。如石家庄市将全市 501 个居委会调整为 287 个，每个居委会管辖居民一般为 500～1 000 户；青岛市居委会由 786 个调整为 546 个；大连市居委会由 1 826 个降到 879 个；沈阳市将全市 2 753 个居委会合并成 1 277 个社区，每个居委会平均规模由 500 户扩大到 1 246 户。

3. 社区组织的管理应该系统化

在“街居”规模调整的基础上，理顺三大管理系统关系，即政府行政管理系统、社会自主管理系统和生活服务管理系统。政府行政管理系统在完成政社分离、严格执法的同时，应承担起制定社区规划、引导社区发展的职能；社会自主管理系统作为主体系统需要强化和发挥自身的基础性作用，通过发动社区成员参与社区活动，形成自我教育、自我约束的文化合力，培养居民的认同感和归属感；生活服务管理系统则要通过提供便民利民服务，营造舒适、便利、优美、安全的社区环境。此外，还需通过人才市场、招聘等途径，建立精干、高效、热心的社区建设管理队伍，并结合大量的群众性互助组织，增强社区组织的力量。

4．社区的建设应该法制化

城市社区要做到政企分开、政事分开、变直接干预为间接的依法管理，就要制定一系列符合国情的法律法规，使社区市政管理的自治方向与城市社区建设的体制创新管理走上有序的法制轨道。为此，《中华人民共和国城市居民委员会组织法》仍需进一步修订，使之更具有可操作性。许多城市都制定了《街道办事处工作条例》、《居委会工作条例》、《物业管理条例》等规章制度，可以成为社区建设管理工作的重要依据。同时还要加大立法力度，提高法规的权威，使社区建设走向法制化的轨道。

【复习思考题】

1．我国的城市人口有哪些特征？城市人口市政管理的主要内容与目标有哪些？如何实现这些目标？

2．我国城市人口市政管理制度改革的核心是什么？如何进行改革？

3．城市移民规范化市政管理的内涵是什么？

4．什么是城市社会治安市政管理？其包括哪些内容？影响我国城市社会治安的因素表现在哪些方面？

5．城市社会治安市政管理防控体系包括哪些内容？

6．什么是城市社区？它有哪些特征？城市社区组织对城市社区市政管理有哪些重要作用？

7．什么是城市社区的市政管理？它包括哪些含义？加强城市社区市政管理有何意义？

8．你认为目前我国城市社区市政管理应采用哪种模式。为什么？

9．你认为我国城市社区建设应从哪些方面进行体制创新。

第十一章

中国城市经济的市政管理

观点提示：

城市经济在国民经济中的核心地位，决定了加强城市经济市政管理的重要性和必要性。在传统的市政管理理念中，市政管理的任务就是城市经济的运行与调控，乃至于像有的专家认为的：“城市化、城市现代化，都是一种经济现象，也是一种经济过程。”[①] 随着社会经济一体化的加强以及国人可持续发展观的进一步确立，不少学者和市政管理者都已认识到市政管理是一个更为广泛的过程，而且基于市场经济的法则，政府也不应纠缠到城市经济运行调控的具体事务之中，而是应更为超脱、更为宏观地做好城市经济规划、立法、环境建设以及综合服务工作。但这一转变并不意味着城市经济不再重要，而是要求市政管理者站在更高的层面去间接地、综合地依法管理经济，并且将对经济的市政管理和对城市的社会、文化、政治、生态的市政管理有机地协调起来。

第一节　城市经济市政管理的理论阐述

一、城市经济市政管理的重要意义

城市经济市政管理，是指城市政府对城市经济活动的决策、计划、组织、调控和监督，是国民经济管理的重要组成部分。为了能对城市经济市政管理的性质有一个比较清晰的把握，有必要对它与国民经济管理的关系，作些简单的分析。从总体上来讲，两者既有联系又有区别。它们的联系在于：都是运用国家权力和国家掌握的各种调节手段，对有关经济活动进行控制、指导和调节；其性质上都是上层建筑对社会经济生活的反作用。它们的区别在于：两者的经济管理范围不同。国民经济管理是指中央政府对全国经济的管理，是中央政府对全国国民经济

[①] K. 巴登．城市经济学．北京：商务印书馆，1984：3.

体系的控制、指导和调控，城市经济市政管理只是城市政府对某个城市经济的控制、指导和调控，两者的管理范围和权力有很大区别。两者的经济决策要求不同。中央政府是以全国的基本国情为依据，以全国人民的共同利益为出发点和归宿。而城市经济的决策，既要服从中央政府的统一决策，服从中央政府对整个国民经济的统一规划、部署，执行其方针和政策，服从国家宪法和法律，维护全体人民的共同利益；同时，又要因地制宜，从本地区的实际情况出发，把国家的总体要求和总体利益同本地的要求和利益很好地结合起来。其中最重要的是，城市政府要把全国的国民经济发展规划与本市的经济发展正确地衔接起来、协调起来，使本市的经济发展与本市的城市性质相适合，以利于实现城市经济结构的合理化和城市功能的最优化，避免城市经济盲目畸形发展或超过城市本身的承受能力。

从城市经济市政管理与国民经济管理的区别中，我们可以清楚地看出，城市经济市政管理既具有区域性，又具有综合性，同时还具有双重性的特点。所谓区域性，即城市经济市政管理是城市政府及其所属机构对本城市区域范围内的经济体系和经济活动的管理，因此，它实质上是一种区域经济管理。所谓综合性，即城市经济市政管理既包括城市再生产过程的生产、分配、交换、消费的各个环节，又包括城市的各个经济部门、各类企业，是对城市经济各环节、各部门、各企业的平衡、协调和控制。城市政府要在城市经济各环节、各部门、各企业加强自身管理的基础上，进行全面的、系统的、综合的管理，以实现城市经济的协调发展。所谓双重性，即城市经济市政管理既要服从中央政府的统一规划、统一政策，服从国家的宪法和法律，维护国家的整体利益；又要从本市的实际情况出发，把国家的整体要求和总体利益与本市的实际需要、实际可能以及正当局部利益有机结合起来，使城市的经济发展与本市的城市性质相适应，以避免城市经济的盲目畸形发展，实现城市经济结构的合理化和城市经济功能的优化。在现代社会中，城市政府对城市经济进行决策、计划、组织、调控和监督，具有十分重要的意义。

（一）城市经济市政管理是社会化大生产的客观要求

当今的城市生产是建立在机器大生产基础上的社会化大生产，社会分工的发展使得生产者之间形成了一种相互依赖的关系，一个产品的生产往往是由许多工种的大批工人甚至由跨行业、跨地区、跨国家的几百家企业共同协作配合加工完成的。这种细致密切的分工协作构成了社会化大生产的最基本特征，并使城市经济成为一个有机的整体，城市的任何一个部门和企业的发展都必须以其他部门和企业的发展为前提。因此，社会化大生产客观上要求凌驾于城市各经济主体之上的城市政府来进行城市经济市政管理，以组织和协调城市生产、分配、交换、消费的各个环节和城市各部门、各企业之间的分工协作，以保持城市再生产的比例平衡，保证城市经济正常运行。

（二）城市经济市政管理是市场经济发展的内在要求

理论和实践都证明，城市经济都是市场经济，而市场经济不是完全自由放任的市场经济，而是由政府管理、调控的市场经济。这是因为市场在配置城市经济资源方面虽然有许多优点，但也有其自身的弱点，即市场调节有一定的盲目性、自发性和滞后性。市场机制是一种试错的机制，很容易引起城市经济的周期性波动，给城市的社会经济造成严重的冲击和巨大的浪费；市场不能解决社会公平问题。市场是以追求效率为首要目标，以优胜劣汰为准则，这就会导致收入分配的两极分化，损害社会公正，激化城市的社会矛盾；市场很难提供公共产品。市场是以微观利益主体为运行核心的，很难提供微观经济效益低、社会经济效益高的公共产品。总之，市场对城市经济的调节不是万能的，存在着市场失灵。城市政府必须加强对城市经济的调控，以弥补市场经济固有的缺陷和不足，纠正市场机制的偏差和失误，解决市场机制难以解决的问题，为市场机制正常发挥作用创造必要的环境和条件。

（三）城市经济市政管理是发挥城市经济中心作用的重要保证

城市经济管理是与城市政府的经济职能密切相关的。城市经济是中国经济的主体，对于实现国家经济发展的战略目标具有决定性意义。城市的经济中心作用发挥得越好，就越能有力地推动国家经济的发展。如果城市的经济中心作用发挥得不好，不仅会影响城市本身的经济发展，而且会贻误整个国家经济发展的进程。而要充分发挥城市的经济中心作用，城市政府必须加强对城市经济的市政管理。

（四）城市经济市政管理是提高城市经济效益的重要途径

城市经济效益的高低首先取决于城市各个经济单位微观经济效益的高低，提高微观经济效益是各个经济单位的中心任务。但城市经济效益的高低还取决于城市各个经济部门、各企业的协调发展。这就要求城市政府加强对城市经济的市政管理，以建立合理的城市经济结构，保持城市各个经济部门、各企业之间的综合平衡和协调发展。因此，城市经济市政管理是提高城市经济效益的重要一环。

二、城市经济市政管理的现实依据

城市经济市政管理不但具有如上所述的重要意义，而且还有它的现实依据，这就是现实城市经济问题的存在。从管理学的角度而言，城市经济市政管理是介于宏观经济管理和微观经济管理的中间管理层次。城市经济其实是一种“开放的小国经济”。但由于城市是在特定空间内人口和要素高度密集的“经济-社会”有机体，所以，城市经济又具有中观经济的独特性，城市的经济问题属于中观层次的经济问题。从城市的结构和功能角度考察，城市是一个有机的系统。城市经济运行中所有的问题都可以归结为城市经济系统中各要素之间的关系失调。作为城市经济管理主体的政府，如果看不到这一问题的存在并进行科学管理，那么，就会阻碍城市经济的协调发展。从实际情况来看，在城市经济的运行中，主要存在以下一些问题。

（一）城市产业的衰退

雅各布斯在描述城市成长机制时指出：“假如它是城市，那个城市就有输出产业。”[①] 最初的输出产业通过乘数效果促使与输出产业关联的物资和服务产业的产生，并且能够进一步带动这些新产业成为新的输出产业。雅各布斯把这一过程称为“反复体系”（re-ciprocating system），然而，“地方产业的某些自身的产品，若停止输出，其体系就会停止发生作用。旧地方产业在其产品输出时，若不出现新的地方产业，其体系也将停止发生作用。”[②] 产业衰退的具体原因因城市不同而不同。对于依赖于资源型产业的城市，随着不可再生资源日益枯竭、开采成本提高或者新型替代资源出现，城市中的资源型输出产业将趋于衰落。对于那些传统的主导产业，随着技术的变迁和时间的推移，它们逐渐由朝阳产业转变为夕阳产业。而昔日的产业繁荣往往会形成一种保守的惯性，使城市经济过分依赖于这类输出产业。这样也会导致输出产业的萎缩以及新产业的断层。如何防止城市产业的衰退，是城市政府经济市政管理中必须面对的一个问题。

（二）城市的市场无序

城市是人口和要素高度密集的社区。在这种生态环境中，人与人之间、组织与组织之间的竞争与冲突必然加剧，尤其是人或组织的经济活动之外部性大大强化。这必然要求城市的经济聚集必须与制度安排的扩展相适应，否则就会造成人或组织的行为失范和市场活动的无序。行为失范在某些情况下也许是属于常态，因为制度之网难免没有疏漏，而人和组织的机会主义行为往往又无孔不入。在这种情况下，对行为失范及市场无序必须要加以管理，而就我国而言，这种管理显得更为必要。因为我国的经济体制还处在由计划经济向市场经济的转轨时期，原有的体系已被打破，而新的制度框架还未完全构筑起来。经济转轨往往也意味着社会变革，新旧道德体系的转换也增加了市场活动的变数，人口在相对短期内的

---

① [日]山田浩之．城市经济学．魏浩光，等，译．大连：东北大学出版社，1991.

② [日]山田浩之．城市经济学．魏浩光，等，译．大连：东北大学出版社，1991.

高度流动和聚集也会使城市的制度建设和管理水平无法适应。特别是在蜂聚的人口具有不同的文化传统时，这种市场无序会更加严重；在经济衰退或者中心地区衰退时，人们从事合法的市场活动的机会成本降低或者人们迫于不利环境和激励竞争的压力，也会出现较为严重的行为失范和市场无序的现象。城市政府能否针对我国市场经济运行中存在的问题，采取强而有力的经济市政管理措施来保证城市经济的正常运行，将直接关系到城市经济的稳定。

（三）城市财政的困境

人口聚集和产业发展对公共事业的数量和质量要求日益增强。而地方财政的来源又相对有限。目前，我国城市的财政收入主要包括地方税收、地方预算外收入和非正规收入。与城市政府在经济发展中日益强化的经营管理功能相比、与城市经济发展本身对公共事业的要求相比，城市财政收入往往难以支持城市财政支出。特别是当城市经济处于衰退期或者城市经济边缘化、中心城区出现衰退现象时，财政收支不平衡会进一步加大，财政困境就会出现。虽然财政困境与财政支出结构不合理、财政支出低效率密切相关，但在城市财政相对紧缺的情况下，城市政府要摆脱城市财政困境的途径之一，就是要不断加强城市的经济管理。这样，才能更好地发挥城市财政的作用。

三、中国城市经济市政管理应遵循的基本原则

城市经济市政管理必须从城市的实际出发，按照城市发展的客观规律办事。为此，必须遵循以下原则：

（一）取得最佳经济效益

这既是城市经济市政管理的目的，又是城市经济管理必须遵循的一项重要原则。因为，它是实现生产目的的要求。按照社会主义生产目的的要求，在城市经济发展中，必须最大限度地满足城市居民的物质文化需要，只有不断提高城市经济效益，以最小的消耗创造更多的适应社会需要的产品，建设繁荣的、现代化的城市经济，才能满足城市居民的需要。同时也是保证城市再生产正常运转的要求。城市再生产本质上是扩大再生产，城市的生产规模必然要在外延和内涵两个方面不断扩大。只有不断提高经济效益，才能为城市提供更多的积累，才能为城市扩大再生产创造有利条件。现代城市经济管理要取得最佳的城市经济效益，必须在全面、系统、科学地分析影响城市经济效益的一切因素及其相互关系的基础上，制订提高城市经济效益的措施和方案，并付诸实施；必须在城市经济管理的每一个环节和每一个方面，采用科学合理的管理体制、管理制度和管理方法，并且使

各个环节、各方面的管理活动相互协调；必须调动各级城市经济管理组织和每个成员的积极性、主动性和创造性，充分发挥他们的作用；必须从城市经济管理的全局出发取得最佳的城市经济效益。

（二）政企分开

在社会主义市场经济条件下，城市经济市政管理必须坚持政企分开。城市政府机构和企业是两种性质完全不同的组织。城市政府机构属于上层建筑的范畴，是国家机器的重要组成部分；企业属于经济基础的范畴，是一种经济组织。传统城市经济市政管理政企不分，政府直接干预企业的生产经营活动，结果导致企业没有活力。政企分开，就是要使企业成为按照市场经济需要依法自主经营、自负盈亏、自我约束、自我发展的商品生产者和经营者，成为独立享有民事权利和承担民事义务的经济法人；而城市政府不再直接干预企业的经营管理，主要搞好经济调控、社会管理和公共服务。要实行政企分开，必须实行城市政府社会经济管理职能与国有资产所有者职能分开、国有资产管理和国有资产经营分开、政企职责分开。此外，要改革国有企业经营管理者的选拔、任免、管理方式，实行国有企业经营管理者的职业化、社会化、市场化。

（三）兼顾国家、企业、劳动者个人三者利益

国家、企业、劳动者个人三者关系的核心是责任、权力和利益的问题。在城市经济市政管理中，国家、企业、劳动者个人三者的责、权、利应当是一致的，但在复杂多变的城市经济体系中又经常产生新的矛盾，这就需要及时调整和解决。在城市经济市政管理中，国家、企业、劳动者个人三者之间的关系实际上是一种物质利益关系。在社会主义制度下，三者的根本利益是一致的，但在一些实际利益上，三者之间会产生一系列差别或矛盾。如果处理不当，就不利于调动三方面的积极性，就会产生动力不足的问题。因此，在城市经济管理中，必须兼顾三者利益，做到国家整体利益、企业局部利益和劳动者个人利益的有机结合，并使企业局部利益、劳动者个人利益服从国家整体利益。

（四）条块结合

城市经济市政管理既不是纯粹的块块管理，也不是纯粹的条条管理，而是要把块块管理和条条管理结合起来。这就要求按照经济规律的客观要求，依照经济活动的内在联系，打破部门所有制和地区所有制的界限，把行业分工和地区分工有机地结合起来。条块结合的实质是正确处理好部门分工原则和地区分工原则的关系，以促进地区专业化和部门专业化，发展跨地区、跨部门的协作，调动地区、

部门和企业的积极性。条块结合的核心是依托城市，把城市作为条条管理和块块管理的结合点。根据社会化大生产的客观要求，条条管理主要是实行行业管理，块块管理主要是搞好经济的规划、协调、指导、服务和监督工作。

第二节　城市经济市政管理的主要内容

一、运用各种手段进行宏观调控

所谓城市政府经济市政管理中的宏观调控，是指城市政府及其工作部门对城市经济活动进行计划、指导、组织、协调、监督等的一系列活动。它是市政管理体系和整个国民经济管理体系的有机组成部分，也是在市场经济条件下，城市政府管理城市经济的主要手段之一。在经济理论的发展史上，亚当·斯密认为，市场经济能够自发地进行市场调节，市场的运行完全是由“看不见的手”来控制的。事实证明，这种看法是片面的。因为市场经济本身存在着盲目性、滞后性等许多缺陷，由此导致市场秩序的混乱。城市作为社会经济有机体的核心，其综合性、集中性和相对独立的特点使得每一个城市经济总量巨大、结构复杂并具有相对的独立性，一旦出现市场失灵，城市政府进行适当的经济调控来干预经济活动就显得尤为重要，以“看得见的手”来弥补市场的缺陷，熨平市场经济的波动，从而为市场经济的正常运行提供一个合理有序的制度框架。

（一）城市政府在城市经济调控中的主要职能

1．提供公共产品

市场经济是建立在交换的等价原则之上的，只有那些具有排斥性质的可以交换的产品才能进行市场交易；与私人产品不同，公共产品具有“非排他性”和“非竞争性”，所以公共产品的交换行为难以产生，消费者与供给者之间的联系由此中断。因此，为了弥补市场的这个局限性，公共产品就要由城市政府来提供。从世界各国的情况来看，政府提供公共产品有两种基本方式：一种是政府直接生产，另一种是政府间接生产。一般来说，纯公共产品和自然垄断性很高的准公共产品应该采取由政府直接生产的方式来提供，如城市保健事业、医院、图书馆、中小学教育等。对于一些基础设施行业，如道路、邮电等则可以采取城市政府间接进行生产的方式来提供，如采取政府授权经营、政府参股、政府与私人企业签订合同、引进竞争等方式。这样就会进一步提高资源的利用效率。

2. 制订经济发展规划

一个城市经济发展的快慢，社会效益的好坏，关键之一在于是否有一个正确的经济社会发展规划。因此，城市政府应该根据国家对城市发展和建设的方针、经济技术政策、国民经济和社会发展长远规划、区域规划，以及城市所在地区的自然条件、历史状况、现状特点和建设条件，按照功能分区，合理布置城镇体系；合理确定城市在规划期内的经济和社会发展目标；确定城市的性质、发展方向、发展规模和建设布局；统一规划，合理地利用城市的土地；综合部署城市物质文明、政治文明和精神文明建设的各项事业，使整个城市的建设和发展，取得技术先进、经济合理、"骨肉"协调、环境优美的综合效果，为市民的经济社会活动创造良好条件。要保证规划的全面落实，城市政府还必须发挥领导的权威，充分运用经济的、法律的、行政的管理手段，加强指导，保障城市各项建设事业有秩序地、协调地发展，从而使城市的发展建设，获得良好的经济效益、社会效益和环境效益。

3. 综合管理

即一级城市政府在经济市政管理中，就是要遵循宏观管好、微观放开的原则，综合考虑环境、土地、资源、经济、人口、社会、文化等因素，围绕环境保护、资源开发、土地利用、交通通讯条件改善、工业布局、副食品生产、社会问题的解决、居民点分布等重点，加强城市计划管理、固定资产投资管理、财政金融管理、公用设施管理、工业管理、城郊农业管理、交通管理、房地产管理等，不断提高城市品位，增强城市的聚集效应和辐射作用。

4. 法律调控

市场经济是法治经济，城市经济作为国民经济的重要组成部分，在国民经济发展中起着举足轻重的作用。因此，城市在国家的法律法规框架下进行日常的经济活动时，城市政府也要因地制宜地制定符合本地区特色的经济规章制度，对经济活动和社会事务进行法律调控，为市场经济的发展提供有利的外部条件。可以说，这是在市场经济体制下城市政府最基本的职能。

（二）城市政府宏观调控经济的手段或方式

1. 财政政策

这是世界各国政府调控经济的主要手段。其中包括财政支出政策和财政收入政策。财政支出主要用于政府购买、公共工程建设和转移支付。财政收入主要源于税收。政府部门运用财政调控财政时，一般都是“逆经济风向行事”，即在经济高涨时期实行紧缩性财政，使经济不会过热而引起通货膨胀；在经济衰退时实行扩张性财政，使经济不会严重萧条而增加失业。这样做，有助于实现经济的稳定增长。目前，我国已实行在事权划分基础上的分税财政体制，使城市政府有了稳定的收入来源。这必将增强城市政府利用财政杠杆调控区域经济的能力。由此决定了管理全市财政并指导财会工作的市财政局，必须要认真贯彻执行有关财政方面的方针政策、法律法规，积极参与社会产品、国民收入的分配和再分配，并对全市经济活动实行财政监督，促进城市经济的发展。

2. 税收政策

税收是政府机器赖以存在并实现其职能的物质基础，是参与并调节国民收入分配的一种手段，是国家财政收入的主要形式。税种的多少、税率的高低、税收的减免均会影响到城市经济的运行。我国的税收制度统一了企业所得税，改革了个人所得税，完善了增值税，取消了一些与经济社会发展要求不相适应的税收，合并了某些重复设置的税种，开征了一些确有必要开征的税种，在税收的处理上基本上做到了尽量向国际惯例靠拢，初步实现了税制的简化与高效，基本适应了社会主义市场经济发展的要求，向着统一、规范和公平的目标迈出了实质性的一大步，税收的聚财和调节功能进一步增强。

3. 金融手段

金融主要是指货币资金的流通。作为商品货币关系的必然产物，金融是随着城市经济的发展而发展起来的，反过来，它又对城市经济的发展具有重要的调节作用。金融调节的显著特点，就在于能够把宏观经济决策要求传导到微观经济活动中去，又能把微观经济活动的信息反馈上来，从而使微观活动与宏观控制紧密结合起来，达到促进城市经济稳定、健康发展的目的。金融对城市经济的调节作用主要表现为：通过吸收存款和合理控制贷款，促进城市经济的稳定发展；通过对信贷资金流向的调剂，促进城市产业结构的协调；通过信贷利率杠杆的运用促进企业生产经营的最优化；通过金融机构的扩散和多种融资形式的发展，促进城乡之间、城市与城市之间的横向联系。随着我国整体改革的进一步推进，金融改革已取得了实质性的进展：人民银行的中央银行职能得到强化，宏观调控权威进一步增强；政策性金融与商业性金融走向分离，国有专业银行正向商业银行转变；在清理、整顿和规范城市信用社的基础上，根据《城市合作银行管理规定》的要求，组建了城市合作银行。新的金融体系形成之后，大大加强了对城市经济的调节作用。人民银行摆脱了一般银行业务，不再同企业直接发生关系。这就使它有可能集中精力，在搞好宏观金融决策、制定货币政策方面进一步发挥积极的作用；各级分行也得以把主要精力从过去分资金、分规模、批机构，逐步转移到执行中国人民银行货币政策、强化金融监管和对经济运行调研监测上来，政策性银行在国家明确界定的范围内开展业务活动，贯彻不与商业银行竞争的原则，成为执行国家产业政策的工具。

4. 价格手段

价格是商品价值的货币表现，在经济调节机制中，价格是影响范围最广的一种机制。哪里有经济活动，哪里就有价格存在。价格的变动，必然影响到经济活动的各个环节、各个层次、各个方面。价格对城市经济调节的作用主要体现在：调节城市生产结构，价格对于生产结构的调节，是通过影响企业的经济利益，从而刺激或抑制生产来实现的；调节城市居民的消费结构，平衡供求关系；调节城市生产力布局；影响企业生产经营活动。我国的价格体系和价格体制，经过多次改革，市场价格机制已基本形成。但这并不意味着市场价格管理部门将无所作为，这就是还要经常开展物价监督检查、严厉查处违反物价管理制度的行为，以维护正常的市场交易秩序和公正、平等的交易原则，同时还要平抑市场价格。城市政府在经济市政管理中所采用的上述宏观调控手段，是正确运用经济杠杆的结果，也是自觉依据和运用价值规律的具体形式。在现实的经济活动中，各种经济杠杆的调控作用是交织在一起的，共同作为一种合力对城市经济活动发生影响。因此，城市政府综合、配套地运用上述手段，对发挥宏观调控在城市经济市政管理中的作用，具有十分重要的意义。

只有综合运用各种经济杠杆，使其作用方向一致，才能保证城市宏观调控目标的实现。各种经济杠杆是从不同的方面调节经济活动的，在实践中，它们发生作用的方向可以是一致的，也可以是不一致的。如提高某种产品的价格和降低此种产品的税率，价格和税收这两种经济杠杆作用的方向是一致的，都是鼓励某种产品的生产。但若提高某种产品的价格同时又提高此种产品的税率，一方面是利用价格杠杆鼓励此种产品的生产，另一方面又利用税收杠杆限制此种产品的生产，两种调节作用的方向相反，它们的调节作用将相互抵消。

只有综合运用各种经济杠杆，才能掌握经济调节作用的量的界限。在调节作用方向一致的前提下，还有一个综合调节经济的“度”的问题。鼓励一种经济活动，如果超过适当的界限，就会助长此种经济活动的盲目性；限制一种经济活动，如果超过适当的限度，就会使一种经济活动窒息。在城市中，运用各种经济杠杆的主体是政府有关的经济部门。但由于各相关部门是“分兵把口”，因此在运用经济杠杆方面目标不容易完全一致，难以形成合力，有的甚至与国家的计划目标相脱节。在这种情况下，城市政府只有综合运用经济杠杆，才能对城市的经济活动进行全面的协调，并使之互相衔接和配套运行。

（三）城市政府宏观调控经济的部门与职责

1. 城市经济综合调控与管理部门

城市政府综合经济部门是代表城市政府对整体经济活动进行综合协调、全面安排的政府机构。我国城市政府综合经济部门有管理经济的经济发展改革委员会、管理城市日常经济活动的经济贸易委员会、负责全市经济体制改革的体制改革办公室等。综合管理部门管理的虽是城市经济中的某一些断面，但它的活动关系到城市经济的各个领域，它的管理能够产生整体效应，因而具有宏观管理的特征。

发展改革委员会。是城市政府全面统筹编制区域经济的中长期计划及年度计划的综合单位。随着我国改革的推进，城市特别是中心城市计划决策权扩大，发展改革委员会的职能将发生大的变化。其主要职责是研究制订经济、科技、社会发展的战略目标、战略重点、战略措施，根据国家和市场信号提供的社会需求和趋势进行预测，规划产业结构、行业结构、产品结构、统筹生产力布局、确定投资主体、投资结构和投资重点的项目。搞好收入与支出平衡、确定消费比例、财政的收支平衡、信贷平衡、外汇平衡和主要物资的平衡，并制订实现上述平衡和比例的经济杠杆的综合运用方案。

经济贸易委员会。是城市人民政府管理全市经济日常工作的综合职能部门。其主要职责是贯彻执行国家有关经济方面的方针政策、法律法规，并结合市情，制定全市经济方面的具体规定和实施细则；负责全市经济的规划协调、监督、服务工作，不断提高全市企业生产技术水平和管理水平，促进全市经济的发展。

体制改革办公室。是在市委、市政府领导下，推进体制改革的参谋和办事机构，负责推动全市经济体制的改革。并通过试点、总结、推广、信息反馈等环节，把经济体制改革推向前进。体改办作为一个综合统筹部门，其主要职责是充分调动各委办局抓改革的主动性和积极性，推行比较明确的责任制，并不越俎代庖直接抓，以免力量分散、顾此失彼，影响各级党政抓改革的积极性。

2. 城市专业经济管理部门

城市专业经济管理部门是在计划经济体制下，按照上下对口要求设置的，既是政府的职能部门，承担着行政管理职能、行业管理职能和行政执法职能；又是企业的主管部门，承担着企业生产经营的具体管理工作。改革开放以来，经过简政放权，扩大了企业生产经营自主权，减少了对企业的行政干预，但是，企业主管部门的身份和职能没有彻底转变，制约着企业经营机制的转换。因此，城市的政府机构，必须由部门的直接管理转向行业管理。由此决定了各个专业经济管理部门必须根据城市政府经济管理职能的总体要求，从总体上，把以中观协调作为基本职责，对下层企业主要实行行业管理，原则上不再直接参与企业的生产经营；对与之平行的其他部门，既要有工作上的横向交叉参与，又要在职责范围和决策权限上有明确的划分；对上则接受相应主管部门的指导。就具体而言，在市场经济条件下，城市政府的专业经济和管理部门主要应履行以下职责：

进行高效率的信息处理，即采用现代化的信息收集和处理手段，建立健全信息网络，并将各种信息分门别类，传递给政府和企业，对企业进行导向；进行广泛深入的调查研究，即通过调查研究发现各种问题，并提出解决办法，供政府和企业参考；进行总揽全局的统筹规划，即根据全国同行业及本经济区发展战略和规划的要求，结合本市本行业发展的历史、现状、未来趋向及各种相关与制约因素的影响，制订本行业中长期发展的规划与计划，作为指导城市行业发展的基本依据；进行积极调节手段的综合协调，即城市政府的经济调节手段是由相关的各个杠杆部门掌握和运用的，但在确定调节方向和力度时却要以政府制订的经济、技术政策为依据。各个专业经济管理部门既要积极参与本地区行业经济、技术政策的制订，又要通过信息交流和工作沟通对经济杠杆部门运用经济调节手段起到综合协调的作用；进行对微观经济活动的行业性监督，即城市政府对企业经济活动的监督，除了通过审计、工资、物价、标准、计量、环境、卫生等专门监督机构执行外，某些具有行业特性的行政监督，应由承担行业管理的各个专业经济管理部门执行，如企业生产技术条件和产品生产质量的检查监督等；进行公共事务的协调服务，即通过行业协会等方式，协调行业、企业间的关系，组织和指导资源、技术、市场、智力等方面的开发，开展各种咨询服务等。按行业组织城市的经济活动，有利于实现产业结构合理化，有利于专业化与集约化的发展，促进科学技术进步，提高管理水平。同时，可以针对不同行业的特点进行管理，使管理具有灵活性。总之，城市政府的各个专业经济管理部门要真正实现向行业管理的转变，并能确实尽到自己的职责，必须按照社会主义市场经济的要求，紧紧抓住转变职能这一关键，把机构改革与深化经济体制改革、建立现代企业制度紧密结合起来，积极稳妥地推进专业经济管理部门的转体改制工作。

3. 城市政府的经济监督部门

城市经济监督，是指城市政府依据国家的法律、计划、指令、政策及制度中规定的各项标准和限额，对社会再生产过程的各个环节进行的全面监察和督导，它是城市经济市政管理的极其重要的方面，也是保证城市经济正常运转的必不可少的管理环节。具体包括审计监督、工商行政管理监督、物价监督、质量监督、计量监督以及财政和银行实施的监督等。审计监督指城市审计机关依据法律规定，对被审计单位的财政和财务活动进行的审核和稽查，它作为预算、会计、决算、审计这一完整的财政行政系统的最后一个环节，是宏观经济监督的重要组成部分，也是对企业经济活动监督的有机组成部分。

工商行政管理监督，指城市政府工商行政管理部门，它是市场管理监督与行政执法的重要部门，承担着繁重的城市市场管理职责，包括广告业管理，企业执照、开业管理，尤其是市场的管理监督。物价管理和监督，主要指对企业的监督和行政事业单位收费的监督，其主要职责是：严格执行物价法规所确定的定价权限；严格遵守国家定价商品价格规定，不得擅自涨价或变相涨价等。质量监督，指国家授权的质量监督检察机关和企业质量监督机构，依照质量管理的有关法规，主要针对工业产品质量所实行的监督。计量监督，指城市政府计量监督部门，对各种计量器具及对商品数量实行的监督。财政管理和监督，指国家财政机关依照财政法律程序对经济活动所实行的管理和监督，主要包括预算的编制、执行和监督，税务监督、财务监督、会计监督、统计监督等。银行监督，指银行依照银行法规，运用金融手段对其事业经济活动所实行的监督，主要包括信贷监督、结算监督和现金监督。

二、进行产业结构的调整与优化

城市产业结构是城市产业部门间量的比例关系及其特定的结合形式。城市的动力在于经济，经济的动力在于产业。因此，城市经济市政管理的首要任务便是选择合理科学的产业结构，并通过不断优化、升级城市产业来带动区域经济的现代化。在我国，城市产业结构的变化，经历了一个曲折的历程。

新中国成立前，我国的城市主要是服务型和消费型的，其中低层次的第三产业比重较大，第二产业比重较小。在第二产业中，轻工业比重大，重工业比重小。新中国成立以后，我国提出了“变消费城市为生产城市”的口号，将资金、物资和人力大量投入工业即第二产业中，这样，第二产业的比重迅速上升，第三产业则日益萎缩。1958 年，中国曾掀起“大跃进”高潮，搞“以钢为纲”。于是全国各个城市都发展钢铁、冶金工业和机械制造工业，城市经济结构一下子变得又“粗”又“重”，就像上海这样的特大型城市也难免其害。20 世纪 70 年代末，党的十一届三中全会倡导思想解放、体制改革、对外开放、战略转变和经济调整，国有大型企业改革的启动，城市土地资源的日益市场化，使我国城市的产业结构和空间布局发生了重大的变化，出现了从生产型城市向生活型城市转变的现象。这一变化从我国最发达的大城市开始，逐步向其他城市蔓延。由此，中国城市经济的发展进入了一个新的时期。

（一）我国城市产业结构变化趋向现代化变迁的特征

1. 第一、二产业稳定增长，第三产业超前发展

城市产业布局的变化主要体现在第二产业的外迁和郊区化。第三产业成为城市的主导产业。如北京 1997 年，第三产业对全市经济增长的贡献率竟达 63.9%，特别是邮电、金融保险等产业的商品化进程加快，成为带动第三产业增长的主要力量。在产业外迁和郊区化方面，深圳市也十分明显，即在工业区的企业绝大部分已外迁，大部分厂房已被改成商业或办公用房，并已成为深圳市的商业区之一。

2. 在工业中，轻工业的比重上升，重工业的比重下降

各城市开始从自己的实际出发，建立有特色的主导产业，使城市之间的专业化分工有了发展。城市工业结构日趋现代化。表现为工业部门构成完整，能源工业、原材料工业和加工工业能够均衡发展；传统城市工业的比重下降，新兴工业部门如石油、化工、电子计算机、宇航等技术密集型或知识密集型工业比重提高。我们逐步建立并完善了我国的工业结构体系，轻重工业发展趋于均衡，新兴工业部门大量涌现，有的已成为世界先进技术或产品，我国的城市企业规模布局正趋向合理化，大中小型企业协调发展，企业集团崛起，使中国企业在现代化进程中竞争力不断增强。

3. 产业组织管理的现代化

现代产业是广泛应用现代科学技术成果的高度社会化大生产，各部门之间的联系密切，管理十分复杂，要求有一套与之相适应的现代化管理，否则再先进的技术装备也难以发挥效能。管理现代化的内容主要包括：管理人员知识化、专业化水平较高；管理体制和生产组织的合理化；管理方法的综合化、科学化；管理手段的计算机化和高效等。20 世纪 80 年代以来，我国城市企业管理中民主化、科学化的进程加快，这是当代中国城市产业向现代化迈进的一个重要的因素和标志。

4. 城市产业劳动者素质的现代化

城市现代化和劳动社会化的发展，要求城市产业劳动者必须具备较高的文化

科学知识；同时也要求各企业内部各类人员的素质构成相应变化，城市产业中从事脑力劳动的比例上升，从事体力劳动的比例下升；技术人员的比重增加，直接从事机器操作的生产工人减少。由于专业化协作的发展以及生活服务和社会化，还要求城市中从事职工生活服务人员日益减少，要求社会上从事服务性就业的人员增加。近几十年来我国职工队伍的文化素质构成有了明显的提高，尤其是 20 世纪 90 年代以来城市职工业余时间学技术、补文化课一时成为热潮，加快了劳动力素质的更新和提高。

5. 城市生产资料的现代化

劳动资料的数量、质量和结构是工业现代化的首要标志，正如马克思所说：“各种经济时代的区别，不在于生产什么，而在于怎样生产，用什么劳动资料生产。劳动资料不仅是人类劳动力发展的测量器，而且是劳动借以进行的社会关系的指示器。”[①] 城市生产资料的现代化引起了现代生产组织方式的变革，极大地提高了劳动生产率，从而加快了城市经济现代化的整体进程。城市产业素质的优化和产业结构的现代化、合理化，进一步增强了城市经济的聚集功能，提高了城市的经济效益，更加突出了城市在国民经济发展中的中心作用。

（二）我国城市产业结构上存在的问题

1. 城市各产业间和各产业内部各行业之间比例不协调，困扰多年的“瓶颈”问题仍然没有很好解决

从三种产业来看，虽然第三产业所占的比重有较大的提高、第一产业也稳步发展，但它们仍然不能为第二产业的发展提供坚实的基础和良好的服务。从第二产业内部的情况来看，产业技术发展仍相对滞后，不能满足其他产业发展的要求。

2. 城市产业封闭式发展，产业同构化现象严重

主要表现在许多城市互不联系、相互封闭、自我循环，各城市都是多头并举，都倾向于从局部利益出发，盲目追求短、平、快的高附加值产品，且大多集中在第二产业，这与国家调整和优化产业结构的政策不相吻合。大城市、特大城市的产业结构较为先进，但存在着较高层次上的多元平均发展问题。中小城市更是如此，产业零散，包罗万象，各产业的经济能量都很小，整个产业的规模经济效益极差。如最近几年较为突出的就是许多城市都把汽车、电子、化工、旅游作为自

[①]《马克思恩格斯全集》第 23 卷第 204 页。

己的主导产业来抓。据调查，我国东中西部地区的工业结构相似率达 93.5%以上，造成千层一面，城市产业也缺乏竞争力。[①]

3. 城市产业结构存在低度化现象

目前我国的高新技术产值在国民生产总值中所占的比重仍然很低（约为 5%），仅相当于美国的 1/50，日本的 1/20。从世界产业结构升级的经验来看，以信息产业为主的第三产业所占比重的上升是产业结构高度化的一个重要标志。目前，中国信息产业的增加值占 GDP 的比重已由 1995 年的 2%增加到 2002 年的 5.7%，但还不及美国 1997 年 8.7%的水平。我国城市产业结构中存在的上述问题，已严重地影响着城市经济的协调发展。因此，如何使城市产业结构的合理化，便成为城市政府经济管理中不能不考虑的一个重要问题。所谓城市产业结构的合理化，是指依据产业发展规律，产业部门的建立与发展适合于城市生产要素的配置状况，充分发挥出资源配置效率的过程。而要完成或实现这一过程，就必须遵循合理化的协调原则。

（三）城市产业结构合理化必须遵循的原则

1. 城市产业与所属经济区内整体产业结构的协调发展

中心城市和它所在的区域产业结构在分工的基础上是否合理，无疑是衡量城市产业结构合理化的一个标志。从生产力的布局来看，城市与区域本身就是一个相互联系的整体。城市虽然处于领导地位，但是与区域经济的发展不能相脱离，实际是一种一荣俱荣、一损俱损的关系。城市产业结构受城市自身和城市经济依存的区域条件的限制，具备什么样的条件，有可能发展哪些产业，能发展到多大规模，都要遵循客观规律的要求。因此，城市产业结构的配置要与区域产业结构的配置合理分工，不能只从城市本身考虑，而是要考虑城市与区域共同协调发展，只有这样，才能有区域生产力布局和城市产业结构的合理化。为此要加快建设城市经济区的产业关联机制，城市其辐射区域作为经济区的系统整体，要在生产要素的流通中重组主导产业和辅助产业，不断地调整城市产业和周边区域产业的结构及其关联形式。要从发展各种生产要素市场入手，通过市场的联结和传递，以区域范围内要素的流动重组代替经济主体单纯依靠“内源”外延扩大发展产业；还要按专业分工原则，形成中心城市结构和外围城镇区域的产业能级差异，造成流通“落差”。通过流通中的重组，打破区域间的分割和封闭，建立有组织能力

---

① 郭鸿懋，踪家峰．世纪中国城市发展．北京：红旗出版社，2000.

的开放的区域性产业运行机制。

2．城市产业升级与科技进步的协调发展

在城市产业结构合理化的过程中，要牢牢抓住技术进步这个关键性的动力要素。城市产业结构是否合理，还要看这种产业结构是否有利于促进技术进步，促进劳动生产率不断提高。即合理的产业结构，会促使城市不断采用新技术，发展新的产业部门，改造旧的产业部门。与此相反，不合理的产业结构，往往阻碍技术进步，不利于提高劳动生产率。同时在调整城市产业结构中，也必须主动地不断地提高技术进步率和在城市经济增长中技术进步所占的比重。在城市的各次产业增长过程中，不仅要通过追加劳动力和资金的投入来完成，而且更主要的是要通过技术进步来完成。由于技术不断进步，资金与劳动力投入的结构将发生变化，而产出的变化则更大，能生产出更多的附加值高的产品。技术水平的提高还表现在各产业部门的技术储备的提高，这是增强城市各产业部门和整个城市产业结构具有更大升级动力的基础。

3．城市产业进步与区域资源有效利用的综合协调

城市产业结构必须适合城市的性质和发展趋势，使城市的人力、物力、财力和自然资源得到充分的利用，城市的经济优势得到最大限度地发挥。城市的经济实力得到迅速增长，同时还有利于发展城市之间的技术经济合作。因为，合理的产业结构总是开放型的结构。在这样的结构下，最便于同外界进行物资、商品、技术、信息的交流，最便于吸收其他地区的先进技术文化，做到对各种内在和外部资源的充分利用。

4．城市产品结构内部各种产品结构的协调

城市产品结构的状况是城市产业结构是否实现合理化的重要标志。城市的最终产品结构应接近城市的社会需求结构；初级产品和中级产品的结构，应满足最终产品生产的需要，加工产品的结构应与城市的技术结构相适应。城市产业结构必须满足这些要求，才能实现产品结构的合理化。

5．城市产业之间的协调发展

城市经济各部门之间合理组合、协调发展，取得最大的聚集经济效益，是评价城市产业结构是否合理的重要标准。城市产业结构取决于各产业的供给优势和市场规模。如果供给基础或市场需求发生了变化或将要发生变化，那么城市的产业结构必须及时地做出调整，否则，城市将陷入衰退甚至灭亡的困境。如矿业城

市的主导产业以自然资源为基础，如果该种自然资源行将枯竭，那么就需要适时地进行主导产业的转换，建立起城市经济发展的新龙头。又假如某个城市开发了一种前景广阔的新技术，改变了城市的优势结构，那么就有可能运用这种新技术发展新产业，从而改变城市的经济结构。城市经济决策部门的管理，其任务就是要准确地把握城市相对优势的变化，及时地采取措施，调整城市的产业结构。在确立城市主导产业和支柱产业的同时，也要注意协调发挥城市各行各业的相互关联和促进作用，每个城市内部的工业部门、建设部门、交通部门之间，第二产业内部，原材料、燃料动力工业和加工工业之间，建设部门内部，生产建设和民用建设之间等，均在不同方面、不同层次存在着相互依存、相互制约的关系。各种产业、行业结构部门之间都需合理配套、有序组合，从而促进其协调发展。

（四）城市产业结构的优化与调整

1. 城市产业结构的优化、调整与城市产业管理政策

城市产业结构的优化与调整是一项系统工程，需要城市产业管理政策——包括城市产业结构政策、城市产业组织政策、城市产业技术政策等政策工具的综合运用才能达到最佳效果。城市产业管理政策的实质，是本着“导顺制逆”的原则，通过调节城市产业间的资源配置、产业组织的优化组合、产业技术的更新换代，推动城市产业结构高度化、产业组织高效化、产业技术高级化。它通过财税、金融、技术等方面的政策协调，调整城市产业结构的失调，理顺城市内和城市间的产业关系，推动产业组织的改制重组和产业技术的新旧更迭。

从城市产业结构管理的角度而言，城市产业结构政策是城市产业政策的核心，即根据城市建设发展的实际情况和城市产业结构的演变规律，规定城市各产业部门在城市经济发展中的地位和作用，并提出城市各产业部门协调发展的措施。城市产业结构的管理应该要放弃城市产业“大而全”的思想，要树立积极参与区域分工的观念。对于困扰城市发展的“瓶颈”产业，城市政府除了考虑通过区域分工来加以解决之外，要对本地企业予以资金、技术、政策方面的扶持。如在资金方面，城市政府在必要时可以提供信用担保，或者在政策上允许“瓶颈”产业更加市场化、运用价格杠杆来调节供求，获得后续发展资金，还可以通过引入外资来解决。对于主导产业或支柱产业，城市政府当然要大力扶持。但对与主导产业或支柱产业前向关联和后向关联的产业，政府也要加大管理力度，即要防止关联产业出现长期高度垄断格局，力求保持其垄断竞争的态势；可以通过引入外资或区域合作来加强关联产业；要在城市或区域中形成优势产业群。此外，城市政府要密切关注世界城市产业发展的最新趋势，通过有力的政策促使更具生命

力和竞争力新产业成长。如组建创业投资基金来对新产业进行资金支持等。对于城市中的夕阳产业，城市政府可以考虑将其资源逐步释放出来，用于新兴产业的发展，也可以以直接投资的方式转移到不发达地区或不发达国家去。

从城市产业组织管理的角度而言，城市产业组织管理政策是顺利实现经济体制转轨的现实需要。目前，我国的市场经济体制还不是十分完善。在这一阶段，市场机制还不健全，中小企业之间的无序竞争和恶性竞争依然存在，企业的规模经济效益无法得到充分的发挥。同时在这一阶段中，还有一个明显的特点，就是政府对企业终极所有权的控制，使企业无法及时退出，更有竞争力的企业也往往无法进入。城市产业组织管理，就是要通过产权交易使政府完全退出竞争性行业或产业，从而实现产业所有制结构的调整与优化；政府要通过信息服务、政策引导、协调关系等方式鼓励城市内部的企业之间、城市与区域的企业之间的兼并收购；城市政府还要通过有效的制度建设和市场监控防止企业无序竞争和恶性竞争，同时又要用有力的规制措施管理垄断行业或产业，如城市引入价格听证制度来协调公共事业企业与居民和厂商的利益关系等。从城市产业技术管理的角度而言，城市产业技术政策是新形势下城市参与国际竞争的客观要求。我国“入世”以后，城市竞争将日趋全球化。面对激励的国际市场竞争，城市产业将面临着不进则退的考验。在这种国际形势下，城市政府通过技术管理政策推动产业高度化更是一种明智的选择。同时，随着知识经济时代的到来，高新技术产业的崛起也是大势所趋。城市产业管理首先要求政府确定城市各个产业的技术标准，通过淘汰旧技术和不适应新形势的企业来保持城市产业的活力和竞争力。同时，城市政府还可以通过税收优惠或补贴等方式促使传统产业经常进行技术更新和改造，这就是产业结构的调整与优化。此外，城市政府还要根据当地的比较优势和竞争优势，确定技术和知识密集型产业的发展方向，通过硬环境和软环境的改善鼓励城市内部、区域或国际的企业家投资创业，如兴建高新技术园区或者海外留学生创业园区等，这是吸引资金、技术、人才，发展当地高新技术产业的一种有效途径。

2. 制订、实施城市产业结构调整优化管理政策应注意的问题

从我国城市产业结构调整优化管理政策的内涵分析中，我们可以看出，制定和实施这一政策，对城市产业结构的高度化、产业组织的高效化和产业技术的高级化，都具有十分重要的意义。那么，在制定和实施这一政策的过程中，应注意哪些问题呢？

（1）城市产业管理政策应建立在市场机制充分发挥作用的基础上。产业结构的转换、产业组织的重组和产业技术的升级实际上是生产要素在市场机制的作用下所进行的自组织过程，政府制定产业管理政策只是为了弥补市场机制在调节城

市产业演进时的不足。因此，城市产业管理政策应顺应市场机制的要求和规律，不能用强制手段来实现产业结构的调整、产业组织的重组和产业技术的升级。否则就会扼杀市场机制的作用，也实现不了最初的目标。

（2）在制订和实施这一政策的过程中，要注意各项相关产业政策的默契配合。在确定了城市产业结构转变的总体方针以后，需要相关的产业政策如产业组织政策、产业投资政策、产业技术政策、进口政策等来进行配合。实质上后者也从不同角度间接地调整产业结构，如城市产业组织政策有助于调整城市产业组织的所有制结构和规模结构，城市产业技术政策有助于调整城市产业的技术结构等。因此，只有综合运用各项政策，才能保证城市产业结构管理政策得到有效实施。

（3）在制订和实施这一政策的过程中，要注意微观的和中观的、经济的和行政的多种机制和手段的综合运用。如城市产业结构的转型主要有两种：产业更替和技术更替。但不管采取哪种形式，都要有完备的要素市场、科学的微观管理机制、有效的中观调控政策以及必要的行政手段等因素的相互配合，这样才能保证产业结构的顺利转换。

（4）在制订和实施这一政策的过程中，必须充分反映城市产业发展的内在运行规律。城市产业是一个有机的统一体，其各个组成部分应相互协调、密切配合，任何一个环节出现问题，都会影响到整个产业体系的发展。因此，在制订城市产业管理政策时，要统筹规划、全局考虑，不能顾此失彼。

3. 当前我国城市产业结构优化管理应该选择的路径

城市产业结构管理的基本任务和目的就是要通过有效地利用城市及周边地区的人力、物力、自然资源，使城市生产的各个环节、城市产业的各个部门能够协调发展，实现城市经济活动的良性循环；在合理优化的城市产业结构中，实现城市区域经济持续稳定增长，城市发展效益不断提高。为此，必须不断地协调劳动、资金、技术以及各种产业要素间的比例关系，改善城市经济结构，促进城市经济的现代化。城市产业结构管理的基本任务和目的，决定了当前我国城市产业结构优化管理应该选择的路径：

（1）从区域生产力布局和城市市情出发，研制科学的产业政策和产业规划。城市产业结构的发展一定要有科学的指导和长远规划，不能被动地盲目进行，更不能照搬别的城市的模式，一定要从自己的实际情况出发，产业政策一定要符合宏观的国情和微观的市情。符合区域经济需要的产业政策可以促进城市长期稳定增长，带来经济的繁荣；反之，则会阻碍城市经济的发展，带来巨大的损失。城市产业政策的落实，要依赖正确的产业结构规划，要对未来产业结构进行设计与优化，这可以有多种不同的方法来设计和计算。当然，产业规划的制订，各城市也不是选择一种方案和路径，而是应根据不同阶段的产业成长需求特征，来建立多元的、有针对性的、动态的城市发展战略。

（2）以城市化为宏观背景，以有利于区域城镇体系建立为宏观目标，确立中心城市的辐射型产业结构。当前要依据产业区位规律、比较利益原则、各城市的基础和优势等，综合考虑社会、经济与环境效益，进行城区的产业合理调整布局。要规划好区域产业带，逐步形成以中心城市为产业基地，以周边城镇为产业协作群体的城镇体系，要综合考虑城镇空间布局，根据资源、产业、交通、环境等，对各城镇主体产业和支柱产业的作用、发展方向、企业群体框架进行定位，实施有序发展。

（3）按照城市经济发展规律协调城市三次产业的关系。城市经济是以外向型为特征，以输出产业产品为主体的。这就形成了城市经济循环的一个特点，即以第三产业，特别是其中的商业服务业为牵引，带动全部城市产业的发展。第三产业的牵引反映了市场的引导作用，紧密围绕市场需求不断调整产业结构，就会促使各种生产要素存量的合理利用与周转，有利于经济的迅速增长。[①] 因此，城市产业结构的优化管理，必须具有强烈的市场观念和竞争意识，从搞活产品的流通入手，不断调整原有的产品结构与产业结构。为了实现这一点，必须加速发展商业、信息、金融等流通产业，实现三次产业之间的相互投资、融合发展。

（4）大力开发新技术，通过技术进步推进城市产业结构优化升级。城市产业结构合理化的重要途径就是在改造、发展原有产业结构的基础上，大力发展新技术，建立新的产业优势城市。现在我国多数城市企业设备陈旧，技术落后，目前有近 80%的生产技术相当于国际上 20 世纪 60 年代的水平；有 20%左右是近几年引进国外技术为主的生产技术，相当于国际上 70—80 年代的水平，技术水平大面积落后，严重影响产业结构变化的要求。[②] 因此，必须通过引进国外的技术与我国原有的技术“嫁接”，有重点地发展城市新兴产业，带动我国生产技术跨出原有的落后水平，促进城市产业结构的不断优化。

（5）在确立符合市情的城市主导产业的同时，要根据外向化趋势和城市综合发展要求，实现城市产业结构的外向化和多元化。要从区域开放，迎接外来竞争、挑战的形势出发，发展具有比较优势的产业部门，在国际竞争中培育有竞争力的城市企业集团和拳头产品，在生产经营国际化上发展独特的城市产业优势。要根据区域内的经济实力差距，实行多样化外向发展。劳动密集型、知识密集型与高新技术型产业的国际化同时并举，中心城市金融贸易国际化与广大区域生产经营国际化同时并举，逐步实现城市产业结构的现代化。

---

① 蔡孝箴．社会主义城市经济学．天津：南开大学出版社，1993：134.

② 朱铁臻．城市发展研究．北京：中国统计出版社，1996：486.

三、强化与规范城市财政

（一）城市财政的职能

城市财政属于地方财政，作为国家财政的重要组成部分，是城市政府凭借国家给予的权限，利用价值形式参与国民收入分配和再分配的工具，是城市政府实现其职能的经济基础和财力保证。城市政府没有独立的金融决策权，其中观调控的基本工具就是本级财政。在社会主义市场经济条件下，城市财政与国家财政一样，具有资源配置、收入分配和经济稳定与增长的职能。

所谓资源配置，是指在社会主义市场经济条件下，市场在资源配置中起基础性作用。但市场对资源的配置，如上所述，也存在着其固有的缺陷，如市场不能提供纯粹无盈利的社会公共产品或服务，不能有效解决基础产业和基础设施的“瓶颈”制约，会导致经济的频繁波动等。当市场配置资源失效或低效时，城市财政就可以通过预算、税收、财政投资等政策手段进行调节，以优化资源配置。

所谓收入分配，是指市场经济是按效率优先的原则组织收入分配的，这从微观上看是必要的和合理的，但从宏观上看不一定是公平的。因为人与人之间的竞争机会是不均等的，个人的经济背景与家庭负担状况往往存在较大的差距，企业之间也会因客观因素的影响而导致盈利水平的高低悬殊和苦乐不均。当出现上述分配不公的问题时，城市财政就可以通过其掌握的税收、转移支付、社会保障等政策手段，校正原有的分配格局，实现收入的公平分配。

所谓经济稳定与增长，是指在一般的情况下单靠市场机制的自发作用难以实现总供求的均衡和城市经济的稳定发展。当城市经济出现波动时，城市财政一方面可以借助税收的自动稳定器功能，消除或减轻城市的经济波动；另一方面可以通过有意识运用紧缩性、扩张性或中性的财政政策手段进行调节，以促进城市经济的持续增长。城市财政的上述职能，决定了它的主要目标是调节城市总需求，促进城市总供求的相对均衡；形成合理的经济规模和适度的经济增长速度，实现城市经济增长；调节城市经济结构，促使其合理化。

（二）城市财政的作用

从城市财政的职能和目标中，我们可以看出，它对于促进城市经济和各项社会事业的发展起着非常重要的作用：它能促进城市的建设和维护，实现城市规划。由于城市公共设施的建设水平与维护状况是城市各项生产和生活活动的基础，因此，城市财政的首要任务是进行城市的建设和维护。同时，城市规划的具体实施和科学化、合理化，需要城市财政的支持、调节、控制和监督。离开城市财政的支持，城市规划职能只能是纸上谈兵；它能支援国家经济建设。城市是中国的经济中心，也是筹集建设资金的中心，是社会主义经济发展的财力基础。所以，城市财政担负着为国家建设筹集资金的重要任务。此外，城市财政资金的合理分配和有效使用，也会影响城市经济的发展速度、经济结构和经济效益，从而使它成为城市经济发展和城市经济结构合理化的调节器；它能促进城市社会事业的发展。城市教育、科技、文化、卫生、体育、社会管理、社会福利等事业的发展，需要大量的资金投入，需要城市财政的大力支持。如果没有城市财政的支持，城市各项社会事业就会因资金不足而发展缓慢，从而就会严重影响城市精神文明的建设与发展；它能保障和提高城市居民的生活水平。城市政府用于发展生产的财政资金，能创造更多的社会财富，从而为改善城市居民生活奠定坚实的基础。此外，城市政府还能通过财政补贴、抚恤救济等手段，来保障城市居民的正常生活。目前，我国实行的是分级分税的财政预算管理体制，在这种体制中，各级城市政府都有自己的预算，这就决定了城市政府对城市财政的管理也就是对财政预算的管理，其内容主要表现为以下三个方面。

（三）城市财政管理的内容

1. 对预算内收支的管理

预算内支出和预算内收入是城市财政管理的最主要部分。前者主要有城市行政管理、文化、卫生、教育事业、城市公共物品建设等方面的支出。后者主要就是指城市的税收收入。如营业税、企业和个人所得税、城市企业上缴利润、城市土地使用税、土地增值税、国有土地有偿使用收入、城市维护建设税、房产税、印花税、契税等。还有增值税、资源税、证券交易税以及中央财政对城市财政的转移支付。另外，社会保险基金收入近年来在城市预算内收入中占有越来越大的比重。目前城市政府自身的融资权限很小，城市财政出现赤字时，一般是通过向省及中央财政借款、向本市及其他金融机构借款、调入预算外资金以及和上级政府谈判减少上缴收入等途径来进行弥补。

2. 对预算外收支的管理

预算外资金是指在国家预算之外，由城市各级财政部门和行政、事业、企业单位，按照国家财政制度的规定，自收自支、自行管理的各项财政性资金。其特点是同属国家所有，但又是自行管理的自有资金；在资金运用上，一般都有相应的规定，但又有一定的灵活性；它不是由国家预算集中分配，因此有一定的分散性。其实，它是中央政府不愿意放弃对财政资金进行集中统一管理的旧体制，但又想调动地方政府的积极性，并满足它们特殊支出需要的一种非规范性安排。城市预算外收入主要由城市财政预算外资金（包括各种税收附加、城市政府统管的企业收入和事业单位收入等）、城市政府行政事业单位预算外资金（包括城市政府设立并管辖的预算外单位如招待所、事务所等创造的收入和城市行政事业单位的各种收费等）以及国有企业和主管部门的预算外收入（包括企业税后留利、更新改造基金和大修理基金等）构成。预算外资金是城市政府自主掌握使用的一部分资金，大多数城市政府都把它当做自己的“蓄水池”，采取种种违规手段变相增加预算外收入。目前，我国正对预算外资金的管理进行改革，而改革的方向则是力争将它纳入预算内的管理。

3. 对城市政府非正规收支活动的管理

城市政府的非正规收支是以城市政府的权力为依托，由城市政府及其所属部门和机构执行，以提供城市公共产品和服务为名义所组织的各种收支安排。它包括城市政府借款、额外课征（如摊派、集资等）、收费、福利性摊派和捐赠等形式。这是一种非规范的财政收支活动，中央政府正欲通过“费改税”等形式的财政体制改革将其纳入预算内管理。

（四）目前我国财政收支管理和运作上存在的问题

1. 财政收入中的乱收费问题甚为严重

表现为：基金、收费占政府预算的比重过高。在许多城市，基金、收费等预算外收入大大超过了地方税收收入，甚至超过了地方预算内财政收入。从部门来看，工业、交通、教育、卫生、城建、工商、公安等诸多部门都收取大量的基金和收费，有些甚至超过了其自身向国家上缴的税收或者国家给予的行政事业经费；收费部门和收费项目过多。据不完全统计，到 1997 年初，国家批准的行政事业收费项目有 371 项。其中涉及企业的有 217 项，涉及 57 个部门和单位。虽然以后逐年有所减少，但还没有从根本上解决这一问题。地方收费项目各地情况也不一，少则几十项，多则几百项甚至上千项，且名目不一，级次不一；滥收支、乱罚款、自收自支、管理不严的现象普遍存在。如超过规定标准收费，超过规定范围收费，同一部门重复收费，不同部门多头收费，巧立名目收费，“搭车”收费，甚至强行摊派等。

2. 城市建设资金来源有限、数量不足

乱收费并未从根本上解决城市建设资金的不足问题。因为城市建设项目往往

需要集中的、大量的资金支持，而乱收费的资金大部分则又多用于日常行政开支。目前，城市建设公债等大规模募集资金的金融工具在我国还未被广泛运用。城市建设主要靠相关城市建设资金来支持。而随着城市化的推进和城市发展的加速，相关基金收入的规模已越来越不能满足城市建设和发展的需要。

3. 城市政府财政支出运用不合理，存在暗箱操作、浪费等问题

目前，城市政府的财政支出中日常的行政开支占很大部分。这往往被称为“吃饭财政”。结果，有限的财政收入大部分都用于维持臃肿的官僚机构，而城市建设资金却捉襟见肘、入不敷出。此外，城市财政支出管理，也还未完全地、有效地实现制度化，如有些城市的政府采购，在一定程度上还存在着暗箱操作的问题。另外，城市建设资金的使用效率不高，在使用中又缺乏科学的规划和充分的调查研究，因此，部分建设资金并没有使用到城市建设和发展最需要的地方，有的甚至还存在着一定程度的浪费和滥用问题。

（五）加强我国财政收支管理和运作的措施

1. 建立公共财政框架，完善分税制

城市公共财政体系要求在收入上依法治税，建立公平税收环境，与国际税收制度接轨；在支出上统一编制政府预算，通过部门预算管理来调度政府资金，推行政府采购制度，以单一国库账户统一支付政府预算资金。我国在 1994 年就开始实施分税制的改革，目前，在各级政府间的税权和税源的划分上已取得了很大的成就，但在增值税类型、消费税、个人所得税、税收公平以及税权划分上仍需要进一步改革。

2. 加强费改税进程，规范预算外资金的管理

税费改革要根据城市政府职能和建立公共财政的要求，在全面清理整顿现行收费的基础上，坚决取消不合理和不合法的收费项目。经营性收费项目不再纳入行政收费范围，而是依法征税；对具有税收特征的收费改为税收，保留少数符合国际惯例和国际条约的收费。与农村“费改税”一样，城市也有一些收费项目需要改革，如社会保障费就应转化成税收。对于那些不宜改成税收的收费项目，政府一定要加强管理，促进预算外资金的制度化、规范化和法制化，使预算外资金管理实现“国家所有、财政管理、政府调控”的“三权归位”，增强政府调控能力。

3. 加强税收征管，提高征税效率

依法纳税是税收法制化的最本质要求。这需要从以下两方面强化改革，一是税收稽核，特别是一些主体税种如增值税、关税的稽核工作；二是协调国税局和地税局的关系。国税和地税分离在税源管理及税收分流上具有一定的效果，但增加了税收成本。发达地区由于税源点多面广，国税、地税分开有利于加强税收征管。但经济欠发达地区由于税源相对较少，国税、地税分开不可避免地要产生一些矛盾，这就要求它们必须很好地进行协调，以提高征税效率，避免交叉扯皮。

4. 开拓新的融资渠道，弥补城建资金不足

城市政府首先要积极利用信贷资金推动城市建设和发展。利用信贷资金的方式包括：利用政府信用担保的商业银行贷款和外汇贷款；发行市政建设债券。通过创建产业投资基金的方式来推动城市建设和发展。运用其他融资方式，如BOT、ABS、TOT等，也是城市政府可以用于弥补建设资金不足的有效途径。

5. 改革财政支出管理制度

就是要按照公共财政体制的要求，对城市财政支出体制进行相应的改革，目前主要是要积极推行部门预算制度、国库集中收付制度和政府采购制度的改革。为此，应做好以下工作：各预算部门要调整定员定额、规范项目管理、建立项目库，逐步实现项目的滚动管理，变基数预算为零基预算，并对现有政府预算科目进行改革，建立新的政府收支分类；要把所有财政性资金逐渐纳入各级政府预算统一管理，财政收入直接上缴国库和财政指定的商业银行开设的单一账户，所有财政性支出均从这些账户上列支。同时要建立相应的支付管理机构、管理信息系统和监督检查机制；要将政府采购活动纳入预算，政府采购资金实行国库集中支付，扩大政府采购的规模和范围，建立包括信息窗、采购服务库和电子商务在内的政府采购网络系统，提高采购效率、节约采购资金。坚持公开、公正和公平的原则，规范政府采购信息统计和信息公告制度。

四、规范城市建设资金的运作

（一）城市建设资金的含义与特征

城市建设资金有广义与狭义之分，广义的城市建设资金包括了城市区域内物质文明和精神文明建设各项所需的费用；而狭义的主要是指城市发展项目中的市政设施、公用事业以及房地产开发建设的资金，是和城市直接的物质生产性（如

工业、商贸流通）建设资金相对应的一部分基本建设资金，它是城市政府专门用来城市建设和维护的专项资金。在当前城市建设资金严重不足，很难拿出更多的钱投入基础设施的情况下，对城市建设资金实施科学有效的运作和管理，以弥补硬件建设的短缺，改善城市的面貌，同样成为城市经济市政管理的又一内容。城市建设资金的来源渠道包含两层含义：最终来源与就形式看或就具体城市建设项目而言的来源。就一座城市而言，最终来源一般有四个方面：国家财政拨款，包括基本建设安排的投资、中央财政拨给的专款以及地方财政给城市建设的拨款；税收、附加和国家规定的收费，主要包括城市维护建设税、城市公用事业附加费、排污费、水资源费；城建系统预算外收入，主要有城市房管部门收入、园林收入、卫生环境收入以及其他收入；资金市场融资和民间投资，一些城市已经开始发行城市建设债券，由城市建设项目本身的收益归还，外资也逐步投入我国城市建设领域。就具体的城市建设项目而言，构成一座城市建设项目资金来源的项目很多，比如可以从政府、银行借款，也可以发行债券集资，但它们最终都必须从上述四项，主要是从前三项获得偿还资金。

城市建设资金相对于其他生产建设资金，有以下特征：是一种投资庞大的经济活动，城市建设作为国民经济和社会发展的基本建设事业的重要部分，要求建设资金的一次性投入量比较大；由于城市建设项目一般工期较长，而且许多城市建设产品的收费，受国家宏观调控，价格较低，导致建设资金的回收周期比较长；不论哪个国家和地区，城市建设资金都不能实现直接回收。这是因为很多城市建设项目具有公共物品的性质，其自身收益将不能抵偿其成本，但可以通过外部效益甚至以显著社会效益的形式在整个城市社区经济系统循环中实现回流。

西方发达国家历来注重对城市建设的投入，虽然它们的资金运作较为灵活，资金投入也多元化，但政府财政支出却始终占据重要的地位。西方国家之所以将城市财政称为城市公共财政，其原因也在于它们的城市财政支出结构。构成西方城市财政支出的主要项目有教育支出、卫生保健支出、社会福利支出、政府行政管理支出、公共事业支出和城市基础设施建设投资等。而不同国家不同城市，虽然上述各项支出在总支出中所占的比重不尽相同，但用于城市建设的支出却始终处于首要的地位。如英国财政支出的特点是资本支出所占份额较大，约为16%。其中大约有50%用于房屋建设，其余用来发展城市交通和修建给水、排水工程等城市基础设施。法国也给予城市建设大量拨款，如在给水、排水设施的建设方面，由国家和水流域委员会给予补助拨款，一般占总投资的20%～25%。在联邦德国，1978年，联邦和州政府的补助，占了地方政府收入的22%，这些补助的1/3是投资补助，主要用于城市建设。荷兰的城市建设资金也主要来自于中央和地方的两级政府，中央政府还针对各个城市的特殊建设，提供专门用途的补贴。在日本，国家也给地方的城市建设大量补助。据统计，1981 年地方进行道路、桥梁、学校、住宅等建设，其资金的 62.4%均来自国库补助金。西方发达国家对城市建设资金的投入，对我国城市建设资金的筹集与运作不无启发。

（二）城市建设资金的构成

我国目前的城市建设资金，主要由三部分构成：国家财政拨款；税收、附加和国家规定的收费；城市建设系统预算外收入。在这三部分构成中，第三部分由于价格偏低，房地产业发展的相对滞后，用于城市日常维护尚嫌不足，不能对城市建设形成资金支持。第二部分中的水资源费存在相似的问题；排污费等其他收费实行还不是太广，且收费标准还有许多值得研究的地方。城市建设税收入的增长并未能排除城市建设拨款在我国的重要地位。现行的城市建设税，是以企业应缴纳的产品税、增值税、营业税为计税依据的，因此，以工业生产为主，而且工业门类比较齐全，或以高税行业为主的城市，城市建设税增长幅度就比较大。而其他类型城市以及工业门类单一、行业税率较低的工业城市，征收的城市建设税就比较少，有的甚至比未征税前的城市建设资金还少。因此，我国的城市建设拨款一直是城市建设资金的重要来源。1978 年开始虽然对一些城市试行从工商利润中提取 5%作为城市建设资金的办法，但该方法又明确规定，对国有企业、零售商业和城市公用事业利润的提取，采取列入国家预算支出，有国家财政拨款的办法，城市每年不得从企业利润中坐支。每年由省、自治区根据提取范围，按上年企业预计实现利润（盈亏相抵后的净额）计提 5%，列入省、自治区支出预算，经财政部门再编制详细结算报告，经省、自治区财政部门审核后，随同年度财政总决算报财政部审查决算，多退少补，调整当年支出预算。只是对城市区以上集体工商企业的税后积累，由城市财税部门按 5%的比例直接向企业提取，不列入国家预算支出。因此，按公商利润提取 5%的办法拨款的痕迹仍然是很明显的，或者说，这只是拨款的变种而已。根据“受益负担”和“成本补偿”原则，对城市建设中的给水、排水、道路、煤气、电力、住房、公共交通等，根据受益大小，向消费者收取相应费用。这是与市场化方向相适应的收入来源。

我国目前也开始适当扩大公用事业的收费范围，但要分清合理收费和强行摊派的界限。在拓宽城建资金渠道过程中必须发展对社会有益的城建事业，同时收费一定要与消费者受益大小挂钩。随着对外开放进程的加快，我国城市建设中的外资投入也逐渐加大了份额。比如我国上海市的地铁建设，黄浦江过江隧道建设，都有外国私人资本参与投资。又如广州市和一家名叫里昂地区装备公司的合资公司签订了合同，准备改造广州市的一个区。该改造工程占地 126 公顷，主要是修建一个国际城，总投资估计为 35 亿法郎。依据合同，里昂地区装备公司要对修建地铁进行可行性研究，并与广州市政府合作，整治场地、处理垃圾和打扫垃圾场。外国私人资本流入我国城市建设领域，对改善我国的投资环境有比较大的作用。因为城市建设领域投资和一般的投资不同，其投资数量庞大，而其产品又往往是公共产品，外资在这方面投资，对投资环境有更高的要求，这样可以促进投资环境的改善。总之，在不断深化经济体制改革的进程中，我国城市建设资金的构成必将更加趋向多元化，资金运作也会更趋于市场化。在这种情况下，要真正发挥它在城市建设中的作用，必须加强对它的管理，而认识和把握城市建设资金管理的价值、原则和方法则又是做好这一工作的前提。

（三）城市建设资金管理的价值、原则和方法

1. 城市建设资金管理的价值定位

我国目前的城市基本建设中，除去经济性建设支出外的部分，主要用于城市基础设施和公用事业的建设，包括文教卫生设施、住宅建设、城市动力供应设施、城市公共交通设施、邮电通讯设施、环境保护设施等。商业、服务业和园林建设比重较小，但也是一项基本的支出。除了基本建设拨款外，再加上每年的城市维护建设税和公用事业附加以及一些收费收入，城市建设和维护费近年来全国总计有数百亿元。如何管好、用好这笔资金，已成为城市经济管理中的重要课题。应该承认的是，在目前各地城市建设资金严重短缺的同时，我们的资金管理工作也存在着诸多问题。这表现为：建设资金经常被挤占、挪用或被任意扩大使用范围；城建项目管理不严，财会制度和体系不健全、不完善，有的还缺乏严格的预决算制度，由此造成资金浪费乃至大量流失；还较普遍地存在城建资金少收、漏收、欠交、少拨等现象。为此，必须要在充分认识管理好、用好基础设施和公用事业建设资金对城市经济和社会发展具有重大价值的基础上，制定科学的管理方法，并对城市建设资金进行统筹安排。集中力量，保证重点，在支出结构作出合理调整的前提下，不断提高城市建设资金的使用效益。

2. 城市建设资金管理的具体原则

在加强城市建设资金的管理工作中，应确立并遵循以下原则：即统筹兼顾，确保重点，协调处理好多种资金渠道关系的原则。要正确处理好各项财政支出的关系，正确处理城市重点建设和一般建设的关系，要优先保证重点建设的需要。由于城市各个时期的重点和一般不可能总是一样，所以城建资金在掌握“统筹兼顾，全面安排”这一原则时，就要根据不同时期党和国家的方针政策和工作重心，从本地的实际情况出发，以生产力为标准，突出重点，恰当地安排建设资金。同

时，城市财政支出的比例，也不能单纯追求和满足静态平衡，而必须能够适应和有利于市场经济的发展，充分反映地方经济和市政建设的优势和特点；厉行节约，讲求城建效益的综合化和最大化原则。节约和效益，并不是要求单纯收缩开支，也不是要求都能体现经济效果，而是要求充分发扬勤俭节约的优良传统，认真执行增产节约、增收节支的方针，在提高城建资金使用效益上狠下工夫。城市建设支出的效益，既包括经济效益，也包括社会效益，还包括生态效益，要努力使绝大多数城市项目达到投资效益综合化，重点项目投资效益的最优化；各级政府在决定城建资金投入时应尽可能遵循量入为出与量出为入相结合的原则。量入为出就是以收定支，按地方财政收入的多少来安排城建支出的规模；量出为入就是以支定收，按城建项目费用的多少来确定资金筹集的规模。近几年来，国家财政一方面挤出了一些资金支持地方建设，另一方面又恢复或开征了一些新税，扩大城建资金的来源就是要遵循这个“结合”的原则。从城市财政来看，量入为出的主动权在于自己，而量出为入则受着事权上的局限。但后者也不是毫无余地，例如取得上级政府批准因地制宜征收某些费用，通过财政信用等手段筹集某些资金，则都是可能的。

3. 城市建设资金管理的科学方法

城市建设资金的管理必须做到开源与节流并重。开源，一方面要促进城建资金多元化、多渠道体制的尽快形成，另一方面还应明确在城市政府职能转换中，仍需不断增加政府对城市建设的投入。首先应明确城市每年都要有一笔固定资金用于城市建设，并列入财政预算。各省政府主要从增强对全省城市建设的调控手段出发，按照财政部有关文件规定，参照省的做法，从各市集中一定数额的城市维护建设税，主要用于区域性市政公用设施项目、省级建设项目以及贫困地区城镇市政公用设施维护建设的调剂补助和受灾地区市政公用设施的维护和建设。在此我们建议征收城市基本建设税，如暂不能开辟新税种的，可将目前城市维护建设税的比例作适当调整。另外，对城市规划区范围内的土地出（转）让金、城市土地使用税、房地产增值收益、车辆养路费及车辆购置附加等各项费用，都应明确比例，足额用于城市的建设发展之中。

加快建设现代文明城市关键要加大资金投入的力度，按照市场经济的要求、改革开放的思路，不断在拓宽筹、融资渠道，形成新的筹、融资机制上取得新的突破。财政增加城建投入。财政要积极筹措城建资金，在预算内和预算外两个方面逐年增加对城市建设的投入。要发挥各级政府的积极性，城市建设要按照责权利相统一，谁投资、谁得益的原则放手去搞。积极扩大利用外资。大力吸引外资投向城市基础设施，采取合资合作、出让经营权等多种形式扩大利用外资，加大招商引资力度，及时把一批项目推出去，努力在道路桥梁建设、港口开发、市政公用设施建设中，在利用外资上有新的突破。银行加强信贷支持。金融部门要按照国家的有关政策积极支持城市建设，加大信贷资金投入的力度。基础设施项目受益面广，收益稳定，投资风险小。金融业积极增加贷款，建设单位要积极使用贷款，加快建设步伐。严格征收各种规费。按照“直接受益，合理负担”的原则向社会筹资的城市基础设施建设资金、各类城建税收和政策性规费要严格征收，管好用活；加快价格体系改革。理顺水电气供应、污水处理、公共交通、环卫保洁等公共事业价格体系，逐步实现市场化，减少财政补贴，实现良性循环。增加土地批租收益。土地是政府最大的资产，要积极扩大土地批租，提高土地批租效益，盘活地产存量，使地产收益成为城市建设资金的主要来源之一。探索资本经营路子。探索发行股票、债券等直接融资手段的路子，力争使资本市场成为筹措城建资金的“新钱庄”。

（四）加大城市建设资金的监管力度

1. 要实现城市建设资金使用范围和方法的规范化、效益化

对每一项城市建设资金的使用，都要建立严格的预决算制度。城市建设主管部门要定期审核汇编，并报市财政部门，以纳入国家决算。要全面开放市政建设市场，对市政工程建设项目，从设计到施工实行招标，完善各种形式的经济责任制，建立健全有形市场，消除腐败行为产生的制度基础。与此同时，还要实行城市建设资金按部门包干、节余留用、超支不补的制度。

2. 要建立健全城市建设资金的计划财务管理制度

各城市的城市建设主管部门应当设立计划财务机构，负责城市建设资金的计划编制、扩建设计的审批、财务拨款、财务预决算及检查计划执行情况；城市的计划、财政部门应有专人管理城市建设资金项目，并与城市建设部门共同审查项目建设计划。对城市建设项目，尤其是大中型项目，要按基本建设程序进行严格管理。

3. 要加强城市建设资金的财务监管

城市的财政、税务、计划、城建、审计部门要密切配合，搞好城市建设资金的财务监督。税务部门应建立编制城市建设资金征收报表，及时向财政、计划和城市建设部门通报资金征收数额的制度；城市建设部门应建立按财政制度编制年、季度预算的制度；财政部门应建立按批准计划拨款、由城市建设部门专户管

理的制度。城市建设部门还要建立按用款进度给用款单位拨款，并定期检查计划执行情况，向计划、财政、审计等部门编制财政预决算和统计报表的制度等。

4. 要改进预算管理方式，尽快解决价格补贴问题

目前，我国城市财政的投资支出与经常支出混在一起，都是无偿占有，由此造成的浪费现象十分严重，主要表现在争项目、争投资、先上马后加鞭，不计使用效果，不做可行性分析等方面。因此，实行复式预算，加强对投资支出的管理，改变城市建设资金只出不进的状态，已是当务之急。价格补贴一直是中国城市财政的沉重负担。在城市财政资金有限的情况下，严重影响了城市各项事业的支出水平。随着价格改革的进一步深化，应尽快解决价格补贴这一支出项目的社会负担，以便能有更多的财力投入城市基础设施和公用事业的重点建设。

第三节　市场经济条件下的中国城市公共经济的市政管理

一、城市公共经济的实质及其作用

城市公共经济作为城市经济的重要组成部分，在城市经济发展过程中发挥着巨大的作用。一般来说，城市公共经济实质上是一种产生于竞争性分散经济基础之上的，又反过来对分散经济起扶助、制衡、服务和推动作用的经济系列。它一般由政府主持，提供的范围通常涉及公共设施、公共服务、公共工程和公共投资等领域。作为城市经济重要部分的城市公共经济，是城市政府应该直接管理的部分。就具体内容而言，城市公共经济必须符合以下标准：经济服务的目的和内容，必须是属于为社会公众提供商品和劳务，而且这种商品和劳务必须具有非排他性、非竞争性；公共物品和服务一般是私人和分散经济所不能（如投资额过大）、所不愿（如微利甚至无利）、所不宜（如涉及国防、治安、司法等）的；这种经济发展的资金来源和筹资方式，一般来说是来自于无偿性的税收收入，同时国家对这种经济发展具有直接的监督和控制职能。一般情况下，城市公共经济的发展，从产品的质量、定价、销售和服务等都必须受到国家的严格控制。由此可见，城市公共经济实际上是以国家财政收入为资金来源，对与政府活动有关的公共主体以及一切非直接进行生产活动的主体进行投资，为满足社会一般共同需要所进行的一种服务性活动。正是在此基础上，建立起了公共经济与公共财政的紧密联系。公共财政通常必须保证公共经济发展所必需的资金，并实施对于公共经济的管理；而公共经济的发展，又可以带动整个城市经济的发展，从而将增加公共财政收入。可以说，两者是紧密联系、互相作用的。城市公共经济对一个城市来说是不可缺少的。它的发展，能够为社会扩大再生产创造协作条件，保护和保障公私各类经济、分散经济的发展，并推动和制约公私各类经济、分散经济的发展，城市公共经济的质量与数量对城市经济的发展不仅起着现实的作用，而且起着长远的和根本的影响作用，城市公共经济的水平代表着市政管理的水平和城市的形象，是城市居民和城市外部对城市满意度的重要形成因素。因此，城市公共经济的完善与否，对于整个城市经济的发展具有重要意义，也关系到文明城市的建设和发展。

二、目前中国城市公共经济运作中存在的问题与原因

（一）目前城市公共经济运作中存在的问题

1. 投资渠道单一，实行公共产品的指令价格

受长期计划经济体制的影响，城市水、电、气、热、公交等公共产品和服务的商品属性被忽视，它们基本上被看成是无偿的福利性分配和分享，被低收费和严格的价格强制所束缚，政府以财政补贴方式来维持其低效运营。价格的强制，一方面使市场经济条件下应有的价格调节机制失灵；另一方面对经营公共产品和服务的企业无吸引力，加之管理部门缺乏资产经营意识，不能将现有的存量资产盘活，使得依靠政府实现扩大再生产成为不得已的选择。公共物品的投资长期以来基本依靠政府进行，而政府财力又难以全部满足投资需要，这使得其供给严重滞后于加工工业发展，成为经济起飞的瓶颈障碍。

2. 条块分割的经营模式

中国城市公共经济实行条块分割的行政管理模式，水、电、气、热、通讯、道路分属不同的行政管理部门，邮电、通讯、电力等几乎没有任何管理权；水、气、热、道路等以地方的块块管理为主，立项、计划权等集中在城市建设行政主管部门。政府（中央政府+地方政府）作为垄断经营者，把公共产品的生产任务和公共服务的提供任务，指令性地分配给其行政附属性——公营企业（指定的自来水公司、独家环保队等），政府赋予公营企业特别垄断权，缺乏竞争又必然导致公营企业整体运行成本高、质量水平低、经营管理效率低。

3. 规模效益低下

这主要表现在公共经济规模效益差，形不成整体合力。城市公共经济建设资

金除由城市财政筹集和世行贷款外，还以各种“收”来筹集，由各个部门分散管理。政府用于公共物品投资的资金分散，预算软约束、预算外资金不能最大限度地发挥作用。

4. 公共经济的技术水平低

公共经济的物质技术设备水平较低，特别是邮电通讯和科学技术研究与国外相比落后几十年，这严重阻碍了公共经济劳动生产率的提高，使得有限的资金难以在更大程度上满足社会对公共经济的需求。

5. 城市财政支出结构不合理

1994 年我国开始实行分税制，城市财政的独立性大为增强，城市财政作为一级地方财政日益得到确立，但分税制的实施仍然不规范，旧体制的惯性影响仍然很大。目前，经济建设支出仍占很大比重，城市维护与建设支出比重偏低，城市财政支出还较混乱，非正规性收支广泛存在，税收分担与所享政府服务利益不匹配，这说明传统体制使得城市政府的职能尚未完全摆脱直接管理经济的模式。

（二）目前城市公共经济运作中存在问题的原因

1. 缺乏一定的竞争性和监督机制

公共产品和服务存在特定的“市场”需求与供给，它通常难以有真正的“市场”供求关系来决定价格，也难以由“价格”联系生产者与消费者。没有市场的价格信号，政府就难以把供给与需求真正联系起来，在供给时也就将其价值与生产它的成本割裂开来，这使得公共资源错误配置的程度将大大增强。一方面，公共产品和服务的短期成本与效益容易被夸大，而未来的成本与收益却易被忽视；另一方面，在受益与支出分别有不同主体承担的情况下，由受益者进行游说而导致的政治上有效而经济上低效的情况经常发生。这两方面情况将引起对公共产品和服务的“虚假”需求。在公共经济的“成本”与“产出”难以精确衡量情况下，政府为满足“需求”就必然使用较多的资源，并为此付出更多的成本（额外费用）。这样，政府支持的低效率得以产生。

2. 管理体制制约

目前中国公营企业已在一定程度上扩大了自主权，但并没有从根本上摆脱附属地位，企业没有真正的投资经营自主权，也不能直接享有投资收益，因此缺乏投资的积极性。由此导致：公共经济投资的绝对量主要依靠政府（国家、地方），这样就将许多提高企业投资效率的经营手段排除在外；投资主体相对单一，市场机制很难引入投资过程，使公共经济运营很难摆脱高投入、低产出的恶性循环；城市中相当数量的经济建设由国家投资完成；公共产品和服务，尤其是政府经营的自然垄断产品和服务的长期提供，使公营企业设备陈旧、更新慢、折旧偏低。所以，公共物品管理体制方面的问题，首先是投资管理体制不合理和政府直接经营带来的经营效率低下造成的。

3. 权力失控

政府机构垄断了公共产品和服务的供给以及经济政策的实施，使得政府行为某种程度上类似于“市场”行为；政府的某些决策者同经济人一样是理性的，其在政务活动中追求某些特殊利益（并非完全追求公共利益）；同时它又与经济人不完全一样，它的目标不是利润和效率的最大化，而是规模的最大化。由于缺乏对政府某些官员的有效监督，不能有力地限制政府与某些特殊利益集团的“合谋”（权权交易或权钱交易等活动），所以少数人通常可以通过合谋而获得额外利益（利益集团游说政府官员取得对他们有利的公共产品和服务供给政策、生产者游说政府官员希望得到生产订单、经营企业游说政府官员而获得垄断经营权等）。权力滥用伴随着政府的管理活动而出现，阻碍公共经济运营效率的提高。[①]

三、市场经济条件下中国城市公共经济市政管理体制的改革

我国城市公共经济运作中存在的问题及原因告诉我们，要真正发挥城市公共经济在城市建设中的作用，就必须进行管理体制的改革：

（一）引进竞争机制

无论公共企业还是私营企业，提高效率的普遍原则是激励机制和竞争机制。公共经济经营企业之间的竞争是提高其运营效率的先决条件。公共产品和服务生产具有一定程度的垄断性，被政府赋予特权的公共企业经常垄断生产。所以，增强激励机制，吸引政府以外的各种企业从事生产活动，使他们与政府公共企业一起在竞争中生存，这是公共经济体制改革的第一步。

（二）改革公共经济和公共财政的投资体制

稳定、多渠道的投资资金供给，是公共经济发展的根本保障，要获得稳定的资金来源，就应介入多元投资主体，开辟多种投资渠道：中央和地方（城市）政

---

① 高培勇，崔军．公共部门经济学．北京：中国人民大学出版社，2001．

府的财政投资。城市公共经济的产出中有相当一部分是纯“公共物品”，具有完全的非竞争性和非排他性，它们必须由政府来投资，这是市场经济中政府职能的一个重要方面。随着金融制度的创新和资本市场的发展，政府可以加以利用的财政融资手段逐步增加；公共产品和服务的经营企业，将经营收入再投资。城市公共物品中有很大比例的准“公共物品”，它们应该实行企业化经营，通过对这些物品的经营，企业不仅可以为社会创造外部效应，也可以为自身带来经济效益，从而保证其企业的自我积累、自我发展。政府和银行的低息贷款及发行债券筹资。政府财政贷款及争取世界银行、亚洲开发银行等的低息贷款，对于推动公共企业经营和管理，具有一定的积极意义。1980 年，在日本的公共基础建设投资来源中，财政投资贷款占 24%、市场发行债券占 18%；中国曾经发行过的电力建设和自来水建设债券，都有力地支持了公共企业的投资建设。大力引进外资。引进外资建设城市，应该是目前中国公共物品建设重要的投资来源渠道。近年来，国外流入的私人资本已急剧增加，尤其是外资开始进入公共经济投资领域，而且作用不断增大。

（三）改革城市公共经济经营体制

将政府直接生产与经营公共产品和服务的传统方式，改变为以补贴和管制方式来干预公共产品和服务的经营。对企业进行某些补贴，不是承担其生产经营的低效率，而是为了弥补其巨大的固定成本。采用管制方式，确实监督、审查公共部门的实际成本和价格状况，保证公共资源的优化配置。进行市场化改革。随着科技进步，一些公共产品和服务的经营部门已丧失其自然垄断性，顺应这一变化，应将不具备自然垄断性的公共部门果断地推向市场。美国的 AT&T 公司进行的改革，结束了国际、国内长途电讯业务的垄断局面，代之以多家竞争的格局。中国在这一方面的改革已经开始，并已取得了实质性的进展，联通公司早已在移动电话领域参与了邮电通讯部门的竞争，应将这种改革推向整个公共产品和服务的运营领域，将适宜市场化经营的业务推向市场。明确划分公共物品经营职能。政府可以将城市道路、桥梁、港口等基础设施的专门经营权拍卖给私人、法人团体，由他们来经营，也可以将一部分垄断性行业的现有国有企业资产或将要建成投入使用的资产出售，还可以实行股份制改造，由私人企业或股份制企业来经营。对于不能出售和股份化的企业，政府可以采取租赁、托管和公司化等方法实行商业化经营，从而缩小政府直接经营的范围。

（四）改革价格体制

价格体制改革的宗旨是：确定以社会边际成本定价准则，使城市公共产品和服务经营在总体上保持一定的“收益”水平；通过价格调整存量结构以减轻公共产品和服务的运营压力，实现“以城养城”。为此，应总体上调公共产品和服务的定价水平。中国城市公共产品和服务供给不足是一种常态，为缓解供求矛盾、保障社会整体福利最大化，应该按照有偿使用的原则，提高自来水费、电费、电话费、煤气费、公共交通费、养路费等。基础价格体现公共福利性特点。公共产品和服务价格与城市居民生活密切相关，保持合理的基础价格对保障居民生活的“必需性”具有重要意义。在制定公共物品价格的过程中，必须体现公共福利性和城市经济发展的可持续性特点。只有这样，才有可能对城市公共物品制定出科学合理的价格。依靠其他价格形式实现公共物品生产企业的“自我积累、自我发展”。对超额享受公共产品和服务的人，根据产品价值、服务质量等因素的差别制定浮动价格，拉开价格差别。如可以制定水、电等使用标准，对超额使用部分实行高价。以实现公共物品生产企业的自我积累和自我发展；实行浮动价格，加大浮动幅度。在不同阶段，公共产品和服务价格高低应有所差别。例如，城市高速公路运输即要体现公共性和企业性两重属性。在春运期间，乘客构成和运输货物量就与平时有很大不同，其需求弹性很小，如果把过往车辆的收费定得过高，就会违背社会福利原则。相反，对其他节假日和旅游季节，制定相对较高的价格较为合理。①

【复习思考题】

1．什么是城市经济市政管理？它有哪些重要意义？
2．城市经济市政管理必须遵循哪些原则？
3．城市政府在城市经济调控中有哪些主要职能？
4．发挥宏观调控在城市经济市政管理中作用的意义何在？它有哪些手段？
5．我国城市产业结构的变化表现出哪些趋向现代化变迁的特征？
6．我国目前城市产业结构上存在哪些问题？
7．城市产业结构的合理化必须遵循哪些协调原则？
8．制定实施城市产业结构调整优化管理政策应注意哪些问题？
9．当前我国城市产业结构优化管理应该选择什么样的路径？
10．以建立公共财政框架为目的的财政体制改革应采取哪些措施？
11．我国为什么要加大对城市建设资金市政管理的监管力度？
12．我国城市公共经济运作存在哪些问题？原因何在？如何改革？

① 王茂林．新中国城市经济50年．北京：经济管理出版社，2000.

第十二章

中国城市政府市政管理职能的转变

观点提示：

在中国的市政管理中，城市政府作为市政管理的重要主体，承担着领导、组织和管理、协调城市政治、经济和其他社会事务的重大职责。因此，在城市化水平日趋提高和社会主义市场经济的条件下，科学合理地界定城市政府市政管理的职责和功能即职能，并在城市的发展过程中，根据经济和社会发展的实际需要，及时有效地调整城市政府市政管理职能的范围和内在结构以及不断实现自身的转变，既是充分发挥城市功能的前提和基础，也是我国当前市政管理体制改革的重要内容，它对发挥城市政府在市政管理中的主导作用，具有十分重要的意义。

第一节　中国城市政府市政管理职能的理论解析

一、城市政府与市政管理职能

（一）政府

要理解和把握城市政府市政管理职能，首先必须理解和把握政府的含义。政府，作为一个政治学的概念，历来有广义与狭义之分。广义的政府，包括一个国家的立法机关、司法机关和行政机关。狭义的政府，仅是指城市的人民政府或城市的行政机关。城市政府中的“政府”，通常是指狭义上的政府。作为一个城市的“人民政府”，它具有双重的职能：它作为一级地方政府，城市人民政府是中央人民政府的执行机关，承担着一定的“国家职能”；它作为城市人民代表大会的执行机关，又具有一定的“地方职能”，所以，无论是从法理上还是从具体的市政管理过程来看，城市政府职能同样有广义和狭义之分。

（二）政府市政管理职能的内涵

广义的城市政府市政管理职能包括国家在该行政区域内的政治、经济、文化和社会管理方面的事务，是城市政府市政管理的重要职责和功能，在市政管理过程中体现为法律、法规和上级政府决定的执行；而狭义的城市政府市政管理职能主要是指城市政府在城市环境、城市规划、城市建设、城市服务等方面的职责和功能，同时也包括组织本辖区的政治、经济、文化和社会活动，管理地方公共事务，为城市居民提供优质高效的公共服务。由此可见，我国城市政府市政管理职能的内容十分广泛，但其核心内容不外是执行国家的法律、法规、政策和上级政府的决定，执行同级人民代表大会的决定，管理城市政府辖区内的地方公共事务。因此，所谓城市政府市政管理职能，是指城市政府在市政管理过程中依法履行的各项职责和功能的总称，是城市政府市政管理活动的基本方向。这一概念包括以下内涵：

（1）城市政府市政管理职能的状况取决于一个国家的性质和城市政府在国家政权体系中的地位，不同国家的城市有着不同的城市政府市政管理职能。我国是单一制国家，城市政府是一级地方政府，服从国务院和上级政府的领导，执行国务院和上级政府的决定，履行国家法律、法规和政策规定的各项职能，受中央政府和上级政府的委托，代理完成固有和上级政府在本辖区的一些行政事务。

（2）城市政府市政管理职能是历史的产物，不同历史时期的城市政府有着不同的城市政府市政管理职能。因此，城市政府市政管理职能将随着城市的发展而不断发展变化。同时，城市政府市政管理职能作为国家职能社会化的缩影，在不同国家和同一个国家的不同历史时期，具有不同的内涵和特征。

（3）城市政府市政管理职能的主体是城市人民政府。一个城市的行政管理往往是该城市党的机关、立法机关、行政机关的复合行为，但在法理上和具体的管理分工中，城市人民政府无疑是确定、调整和实现管理活动的主体。在这一过程中，党的机关负有政治指导职能，人民代表大会负有审查、议决和监督职能等，但这丝毫也不能影响城市政府的管理主体地位。

（4）城市政府市政管理职能的客体是城市的公共事务。在我国，城市公共事务是地方公共事务的重要组成部分。由于人口聚居所产生的公共服务需求，造成了公共机构、公共设施、公共产品和公共服务的高度集中，从而，与其他地方行政事务相比，城市行政事务更加具有公共性质。

（5）实现城市政府市政管理职能的主要途径和方式是法制化、科学化、现代化的市政管理。城市政府市政管理职能的实现必须做到依法循制，按照既定的规则来进行。这就要求现代城市的行政法规和制度必须进行科学合理的规范，反映现代化的需要。

二、城市政府市政管理职能的特点与作用

（一）城市政府市政管理职能的特点

1. 职能的动态性

城市政府的市政管理职能，随着城市的产生而产生，随着城市的发展而发展，同时，也随着城市环境的变化而变化。就世界范围内的市政管理职能而言，在前工业化阶段，城市政府市政管理的主要职能是对户籍、治安、消防、道路、路灯、水道、卫生等方面的管理，城市公共事务方面的管理比较简单，管理手段单一，管理方式也比较原始，有些事务和服务由于社会需求尚未形成规模，还没有从社会中分离出来，具有私人性质和宗教性质。进入工业化阶段以后，随着工业化的发展所带来的城市化进程的加速，城市人口的不断集中，城市规模的不断扩大，一些新的城市事务不断涌现，对市政管理提出了新的要求，在这种情况下，城市政府市政管理职能的范围和内涵也不断扩大。即城市公共服务业规模的扩大；城市政府管理权限和公共服务范围的扩大；城市政府自治权限以及公共财政规模的扩大。在这个阶段，城市政府新增的市政管理职能主要有能源、供水、照明、医疗、保健、福利、住宅、环境、教育等职能。同时，一些前工业化时期的城市政府市政管理职能的技术含量也得到了提高，以适应工业化高速发展的需要。人类社会发展到后工业化阶段以后，随着发达国家城市产业结构的调整和改革，以信息和服务业为主体的第三产业、以高新技术产业为主体的第二产业开始在不少城市崛起，从而使城市政府市政管理的职能发生了划时代的转变。在城市人口开始向近、远郊区疏散，教育的集约化发展，市民素质的提高、参政热情高涨，政府权力下放和职能分化，城市公共管理和公共服务开始出现分散化和民营化趋势的现实条件下，城市政府的规模和市政管理职能范围不断缩小，但城市公共设施、公共管理和公共服务的技术含量却日益提高。在这个阶段，城市政府的大部分市政管理职能都有明显的萎缩，原因是政府有计划地把一些市政管理职能下放给社会，把一些公共机构转化为企业或中介机构，如保安、污水与垃圾处理、能源、交通、电信、片区开发、住宅、医疗卫生、文化教育等，而另一些职能则得到强化和改善，如外向经济职能、治安、防灾、环保、福利保健、救济和公共服务等。因此，从市政管理职能发展的历史来看，动态性始终是其最基本的特点。

2. 职能的广泛性

城市公共事务复杂多样，分工细致。就拿我国的城市来说，社会自治组织和社区组织尚在发育之中，所以，从邻里关系、社区卫生、居民福利、商业网点、公共设施到整个城市的规划和建设事务，都要纳入城市政府的管辖范围，从而使现代城市政府市政管理的职能比其他地方政府更加广泛多样。

3. 职能的服务性

在乡村社会，农民具有很强的自主生活能力，他们的生活多数都能自给自足，而且他们的公共服务也带有较高程度的自助性，在一般情况下，基本上不需要政府过多的援助和广泛的干预；而在城市社会则完全不同，市民的衣、食、住、行等，样样都离不开政府所提供的支持及帮助，离不开政府或公营机构所提供的公共服务。因此，与农村地方政府职能相比，现代城市政府的公共服务性职能地位突出。

4. 职能的规范性

法治政府起源于近代以来的城市，随着城市化的迅速发展，城市政府市政管理现代化的主要标志就是法制化和科学化，而法制化的首要任务就是将城市政府的市政管理职能范围、权责关系和政府市政管理职能实现方式纳入法制的轨道，保证各种城市事务间的相互协调和整合，做到依法循制来确定、调整和发展各项政府职能，从而确保现代城市政府市政管理职能的规范性和稳定性。

5. 职能的自主性

在现代社会，城市是国家或区域社会经济、政治和文化生活的中心，在国家行政体制中发挥着独特的作用。因此，城市政府作为一级地方政府，在其职权范围内还享有较大的自治权，其职能的实现也具有相对的独立性；同时，城市社会自成一体，城市社会关系和城市事务也有其特殊性，无论从时间上、经济上，还是从效果上看，城市事务中的环境、能源、规划、建设、住宅、交通、福利、卫生、治安、消费等都自成体系，具有较大的独立性，适合现代城市政府自主地实施管理。

6. 职能实现方式的多样性

城市政府市政管理的职能范围广、跨度大，城市公共事务结构复杂、功能多样，加上行政环境的剧烈变动和行政技术的飞速发展，决定了城市政府在管理这些公共事务、实现其各项职能时，不得不采取多种手段、途径和方式，以适应不断变化的新情况，保证现代城市政府的各项职能和管理决策得到顺利实施。

（二）城市政府市政管理职能的作用

1．促进城市各项公共事务及其管理活动的组织化

这是因为它代表了城市政府活动的基本方向，反映了城市政府行为的基本目的和宗旨。从理论上说，城市政府市政管理职能的范围、内容、分工、程序和目的，都从不同侧面反映着市民的愿望、要求，代表了市民的共同意志和根本利益，体现了城市政治与社会制度的根本性质。

2．决定城市政府的管理范围和组织规模

从逻辑上说，城市公共事务的数量和管理质量要求，决定着城市政府市政管理的职能及其范围，而城市政府市政管理职能又是确立政府管理范围的基本依据，进而，政府的组织规模又取决于政府的市政管理范围、管理质量和管理的现代化水平。

3．影响和改变城市各级政府上下左右的行政关系

城市政府市政管理职能既取决于国家和地方的行政体制，又在不断地影响和改变着城市各级政府上下左右的行政关系，是中央、省和城市政府权责分工和事务分割的重要依据。在我国的城市中，集合着国家事务、地方事务、城市事务、区街事务和市民自治事务，它们之间的事务范围与合理界限，直接取决于城市政府市政管理的职能范围。因此，城市政府市政管理职能，也同样影响着市政管理体制和国家行政体制。

4．保障在改革中“三定方案”的落实

就一般而言，事权关系到职能，而职能与机构又是相互对应的，每一项职能都要求有相应机构和人员来承担。职能范围越广，职责划分越细，组织机构也越庞大；反之，职能范围越小，职责关系越简单，其组织机构就越少，政府规模也就越小。同时，政府市政管理职能关系着城市政府机构改革的基本方向。我国过去所进行的多次机构改革，由于在职能转变上未有大的突破，往往只是机械地进行机构撤并、人员精简，结果常常陷入“精简—膨胀—再精简—再膨胀”和“一收即死，一放即乱”的恶性循环之中。城市政府市政管理职能的明确，就能有效地避免这一现象的出现，为城市政府机构的改革和“三定方案”的落实提供保障。

另外科学、合理的城市政府市政管理职能能提高政府市政管理的水平和效果，从而推动城市的协调发展。

三、中国城市政府市政管理职能的定位

我国的城市，作为特殊类型的地方行政建制，其政府市政管理职能的具体内容由城市的特点和市政管理的实际需要所决定。城市所具有的聚集性、综合性、整体性和开放性等的特点必然要求城市政府要把为城市、为市民、为城市社会提供科学高效的管理作为基本职责。这就需要城市政府担负起直接为城市社会经济发展和人民生活提供良好的外部环境和各种社会服务的重任，即要加强对城市规划、基础设施建设、环境保护、科学文化教育、社会治安、社会保障、卫生保健、公用事业等的管理。我国城市政府市政管理的职能定位也只能紧紧围绕上述内容而展开。否则，必然会出现职能定位上的缺位、错位和越位。

但由于历史的原因，长期以来，我国在城市政府的职能定位上，并没有把重点落实在以上这些方面，而是承担了大量的繁重的城市经济管理任务，并用经济管理职能来取而代之。因此，在城市政府市政管理的职能体系中，经济管理职能始终处于至高无上的地位，而城市社会管理和公共服务职能则弱之又弱。之所以会出现这种状况，就是因为我国在一个很长的时期内一直实行高度集中的计划经济管理体制，政府不得不从宏观到微观，对经济活动进行全方位的直接管理和控制；加之城市又是经济中心和工商业聚集地，经济管理任务就更为繁重和具体。城市政府往往要把主要精力用于应付企业的计划安排、资金调拨、人员配备、物资供应、产品销售等，从而忽视了对城市经济、社会发展的社会环境和物质条件的创造和管理。这种经济主导型的市政管理模式是高度集中的计划经济体制的产物，它已无法适应社会主义市场经济条件下市政管理的要求。因此，需要我们对我国现代城市政府市政管理的职能定位作重新的思考。即要根据市场经济的宏观环境和城市的特点与管理的实际需要，来定位城市政府的职责和功能。而从理论上正确认识政府与社会的关系以及城市政府和其他各级政府的权限划分问题，则又是达到这种思考目的的基本前提。

众所周知，“政府”和“社会”是两个既相互关联又相互区别的范畴。这种相互的关联和相互的区别，主要表现在：

社会是政府存在的基础。政府不是从来就有的，是伴随着社会出现了公共事务，分裂为统治者和被统治者而产生的。它产生于社会，离不开社会，并且必须服务于社会。一旦离开社会，政府就会因失去存在的基础而消亡。

社会是一个普遍性领域，政府是一个特殊性领域。政府只是社会大系统中的一个子系统，是社会的一个具有权力和权威的子系统。它是国家权威的表现形式，

其职能就是国家职能的具体化。

社会是按其自身所固有的不以人的主观意志为转移的客观规律发展变化的，社会的自我发展有强大的内在动力。因此，政府的管理活动必须以尊重社会发展规律性为前提，不得盲目干预社会活动，更不能取而代之。

由于政府所具有的特性，在社会大系统中，政府的统制功能和社会的自治功能的比重，由政府在社会大系统中承担的职能大小决定，两者成反比，即政府的统治功能越强，社会的自治功能就越弱，反之亦然。在一个社会中，政府统治功能与社会自治功能之比必须适应社会发展对社会管理的实际需要，过弱或过强都会给社会稳定和发展带来不良的后果：过弱会造成社会管理的真空和混乱；过强则会导致社会功能萎缩，失去活力，造成社会发展的迟缓甚至停滞。因此，政府对社会的干预必须限定在一定的度之内，以便充分发挥社会自我管理、自我调节的能力，促进社会健康、有序、高效的发展。

我国传统的市政管理的一大弊端就是政府的统制功能过强，而社会的自治功能过弱。城市政府被认为是全能的、无所不知的和无所不能干的。而城市政府自身也认为，只有把所有的社会事务包揽起来，才算是一个负责任的政府。这种政府全能的观念必然导致城市政府职能的严重错位，管了许多“不该管，管不好，管不了的事”，在市政管理中城市政府不是重服务，而是重控制，城市政府成了整个城市的权力中心，给城市经济和社会发展造成了不良的后果。因此，要正确定位城市政府的职能，首先必须对政府与社会的关系，政府的能力及在社会中的作用有一个清醒、正确的认识。把城市政府市政管理职能定位的立足点从行政系统转向广阔的市场和社会，并切实实行政企分开、政社分开，把原来在传统体制下城市政府包揽的大量的经济和社会事务，尽可能地交还给市场和社会，城市政府只管市场和社会管不了、而且必须只能由城市政府管理的少数事务。总之，城市政府只有对自己的角色有一个正确的把握，才能对市政管理职能作出科学合理的定位。从上面的分析中可以看出，科学地认识政府与社会的关系，尤其是城市政府在社会生活中的角色和作用这一问题，是重新定位城市政府市政管理职能的核心和基础。

然而，对于城市政府市政管理职能的正确定位而论，除此以外，还必须对城市政府与其他各级政府之间的权限关系也必须有一个全面的理解和把握，这是重新定位城市政府市政管理职能的必然要求。合理划分城市政府与其他各级政府之间的权限，就是要根据城市在国家行政管理体系中的地位和作用及其特点，来认识和确定城市政府的核心任务领域，进而配备相应的职权。在配备职权时应遵循业务同类和职责相称原则，尽可能将职权作整体划分，即各级政府之间的职权应尽可能地整体加以区分，改变过去那种对等分配、总量分割的划分方式，尽可能地将城市政府的专有管辖领域交给城市政府，并使其在专有管辖领域内拥有完全的权力。具体地说，就是要把那些影响限于城市管辖范围内的、与城市建设和管理密切相关的、与市民直接相关的事务交由城市政府全权管理，以增强城市在一定区域内经济社会、科学技术、文化教育方面的吸纳力和辐射力。目前，我国城市政府总的职责是为市民的生产和社会发展创造良好的社会环境和物质条件，为辖区内居民提供各种快捷、高效的公共服务，以满足他们的需要，使他们的生活更加安全、方便、舒适，改善他们的生活质量。这就是说，目前乃至今后城市政府市政管理的职能重心将由经济管理转向城市社会管理与服务，城市政府“应该集中力量做好城市的规划、建设和管理”。①

第二节 中国城市政府市政管理的主要职能

纵观世界各国城市政府市政管理的职能，虽然由于它们的政治制度、经济发展水平、文化传统、价值观念等不同，它们所承担的职能的具体内容也有一定的差异，但却存在以下几个方面的共同职能：城市规划，即对城市建设和综合开发进行规划；公共工程，主要包括道路、下水道等的建造和保养，码头、公共汽车站的营建等；卫生和环境保护，即维护生存环境，防止公害污染，主要包括维护市民的保健卫生、防病治病、防止空气污染、噪声污染、流水污染、清理垃圾等；公共教育，包括中小学教育、职业培训、成人教育及教育性设施的建造和维护等；文化娱乐，主要包括图书馆、博物馆、科学馆、文化馆、体育馆、美术馆等的建造、维修和管理，名胜古迹、历史文物的保护和管理等；社会福利，主要包括建立养老院、孤儿院、残疾康复中心等各种慈善机构，对生活困难者、老年人、残疾人、精神病患者、孤儿、儿童等提供法律、生活等方面的援助、保护和救济；公共安全，即维护治安，保护市民的生命财产安全，主要包括警察和消防两个方面；公用事业，主要涉及供电、供暖、供水、供气、住宅供应和交通运输等，包括自来水厂、电力厂、煤气厂的建造、经营和管理，清洁水的供应，参与住房建造，安排整治住宅等；经济振兴，主要包括制订经济社会发展计划，提供技术援助、信息和咨询服务，扶持中小企业的发展，引导私人企业的投资方向，开发和促进旅游事业等。从以上市政管理职能的内容可以看出，在世界各国的城市中，城市政府市政管理的职能大都以社会服务职能为主，经济管理职能较少，其目的在于通过提供各种公共设施和服务，对公共秩序和安全进行必要的管理和控制，

① 十二大以来的重要文献选编. 北京：人民出版社，1986：574.

满足市民日常生活需要，为城市健康协调的发展创造良好的社会环境和物质条件。应该说，以上世界各国建立的城市政府市政管理的职能，对正处于社会主义市场经济体制完善过程中的我国城市政府市政管理职能的确立，是具有一定的借鉴意义的。

一、市场经济条件下中国城市政府市政管理的角色定位

任何的政府职能，作为政府在国家政治、经济和社会生活中的功能、任务和所负的责任，都是由国体、政体和经济社会发展的状况所决定的。因此，社会制度和经济体制的不同，必然也表现为政府职能的不同，城市政府市政管理的职能也同样如此。在市场经济的体制下，城市政府市政管理职能主要体现着市场的要求与特征。我国的市场经济具有两个最鲜明的特点：即它是社会主义的，而我国当前又处于社会主义的初级阶段，它所构建的政治、经济、文化和社会的基础必须坚持社会主义方向，符合初级阶段的国情和要达到的目标，这是其一；它又是市场经济，一般市场经济所具有的共性特征，社会主义市场经济也都具备，这是其二。社会主义与市场经济的这两个方面，决定了我国现阶段城市政府市政管理职能的定位必须坚持市场的趋向。而要真正做到这一点，根据我国历史的经验和教训，首先必须要解决市场经济条件下城市政府本身的角色定位问题。

（一）城市政府应该是一个有限政府，这是正确定位城市政府市政管理职能的首要前提

经济自由是市场经济的灵魂，市场主要由市场这只“无形的手”的调节，政府仅仅是市场规则的制定者和市场秩序的维护者。企业和个人是经济活动中最活跃、最有活力和创造力的力量，企业自主经营，自负盈亏；个人自主决策，参与竞争；市场配置资源，优胜劣汰。市场经济中自由选择和自由发展的广阔空间属于各类经济主体和生产要素主体，政府更多地担当为它们提供合适环境和优良服务的角色。在充满活力的市场经济下，尤其是在市场经济更为发达的城市，没有城市政府是不行的，但城市政府又不是万能的；城市政府不履行市政管理职能是不行的，但城市政府的市政管理职能又是有限的。这种有限性主要体现在，进行宏观调控，弥补市场缺陷，纠正市场失灵，提供市场服务。具体包括：合法规制，维护公平竞争，防止垄断；保护环境，保护资源，防止公害；提供公共产品，兴办公共事业，开展公共服务，维护城市社会稳定；加强城市税收征管，健全城市社会保障，实行公平分配；实施财政、货币和产业政策，保持总量平衡，促进城市经济结构优化，实现经济增长和充分就业。在市场经济体制下，城市政府远离直接配置资源，远离企业的微观经营，远离市场的自我运行。城市政府不是社会

资源的分配者；不是企业的“婆婆加老板”，而是企业的服务者；不是市场的参与者，而是市场的监管者。一句话，城市政府不是“全能政府”，而是“有限政府”。

（二）城市政府应该是一个责任政府，这是正确定位城市政府市政管理职能的主要前提

责任和权力历来应该是一致的，履权必负责，滥权必问责，有多大的权力负多大的责任，这是市场经济对城市政府权力的要求。城市政府必须坚持权力与责任的挂钩，权力与利益脱钩，在用权时想到责任，对用权负责；用权中履行责任，权责统一；用权后检查责任，对后果负责，真正做到有权必有责，用权受监督，侵权须赔偿，违法要追究。合格的城市责任政府主要体现在：政府严格履责，为市民负责，做负责任的城市政府；权力与责任挂钩，有多大权力负多大责任，并对权力的行使实行“问责制”；履责过程接受监督，包括自觉接受人大的监督、政协的民主监督、司法监督、新闻舆论监督、公众监督以及城市政府系统的内部监督。

（三）城市政府应该是一个法治政府，这是正确定位城市政府市政管理职能的重要前提

城市法治政府包含两层意思：城市政府职权法定，依法行政，按法履职，公正执法；城市政府受法约束，违法同样追究，既依法“治”市场，又依法“治”政府。市场经济是法治经济，在市场经济中对各种经济社会关系真正起作用和进行调节的是对市场具有约束力的法律体系，城市政府职权要有限化，责任要明确化，干预要透明化，行政要法制化。法治政府的主要标志是：重视立法，使城市经济社会生活的方方面面有法可依；按法履职，把城市政府的职权严格限定在法律的规范之内，不能失职不作为，也不能越权乱作为；依法行政，严格按照法定权限和程序行使职权；公正执法，执法主体明确，权限清楚，程序公开，公平文明，有良好的执法作风；违法必究，实行责任追究制，对违法的城市政府及其官员追究行政或法律责任。打造城市法制政府，要靠制度，靠法律，也要靠城市政府的自我控制和约束的自觉性。城市政府首先要严格遵守法律，因为它是最大的公权力机关，最有可能用公权力对抗法律。其次城市政府对自身的违法行为，要引咎自纠：错误行政要纠正，违法行为要追究，侵犯权力要赔偿。

（四）城市政府应该是一个效能政府，这是正确定位城市政府市政管理职能的基本前提

市场经济要求城市政府高效能、高效率，为社会提供低成本、快节奏的服务。

城市政府的效能体现在两个方面：卓有成效的效率，越来越低的成本。城市政府的行政效率取决于多方面的因素，但其中最重要的是城市政府的行政体制和运行机制。体制在于改革，机制在于优化。随着市场经济的发展，不断地对城市政府的行政体制进行改革和创新，消除阻碍和影响经济社会发展的体制弊端，是建立城市效能政府的关键之举。优化城市政府运行机制的重点是完善办事制度，简化办事环节，减少行政审批，改进工作方式，降低行政成本。健全重大问题集体决策和专家咨询制度，建立城市政府自上而下和内部密切联系的工作体系，改善城市政府管理结构和方式，重塑城市政府业务流程，形成“低成本、快速度、高效率”的工作途径。坚持政务公开，实行“阳光”操作，建设“阳光”城市政府。提高城市政府自身反应的灵敏性，实行良好的信息反馈机制和协调机制。

二、市场经济条件下中国城市政府市政管理的主要职能

自党的十四大提出建立社会主义市场经济体制以来，党和国家一直在探索如何完善我国社会主义市场经济体制下的政府职能定位问题。到党的十六大，再一次把政府的职能确定为“经济调节、市场监管、社会管理、公共服务”。这十六个字，是对我国社会主义市场经济条件下政府职能的科学总结和高度概括，也为我们今天更好地定位城市政府市政管理的职能指明了方向。根据我国现代城市的基本特征以及社会主义市场经济体制对城市政府角色的定位要求，城市政府应履行以下几个方面的市政管理职能：

（一）经济管理职能

是指城市政府通过规划、政策指导、信息发布以及规范市场准入等途径，运用财政、税收、价格、货币、收入分配等经济手段和法律手段，引导和调控城市经济运行，从而促进经济结构的调整和优化，使城市经济能够持续、快速、协调、健康地发展。这种含义上的城市政府经济管理职能，从总的方面来讲，主要体现在对城市固定资产投资规模的调控，能源与重要原材料和运输的供求关系的调控以及投资与消费关系的调控上。但就具体而言，主要表现为：

1. 对工业交通业的管理

即城市政府的有关职能部门对电子、煤炭、纺织、机电、冶金、石油化学、轻工业、交通运输业等的管理。其具体管理的职责是贯彻执行国家在公交方面的法律、法规、政策，并制定具体规定和实施细则，编制并组织实施公交发展和技术改造规划，确定技术改造项目，组织开发新产品，吸收、引进、推广新技术。管理与监督产品质量，组织发放产品生产许可证；组织与指导生产专业化和调整

产业、产品结构，组织行业内部和跨行业的联合联营和经济技术协作；开发经济信息资源，负责搜集、整理、分析、发布经济信息；组织智力引进和编制实施人才开发计划；组织指导企业现代化管理；负责全市公路客运和货物运输及公路、道路、桥梁建设，管理运输市场，发展交通运输能力；承担所属企业的部分微观经济管理职能。

2. 对商业、饮食服务业的管理

其具体管理的职责是贯彻执行国家有关商业、饮食服务业的法律、法规和方针政策，研究和制订全市商业、饮食服务业、商办食品工业的战略目标，管理和协调全市各种经济形式、各个部门的商业和商办工业，繁荣市场，活跃经济；掌握市场动态，组织市场预测，运用经济的、法律的、行政的手段，指导商业购销和商办工业生产经营；制定商业行政规章和管理办法，组织服务质量检查，促进文明经商，指导城市食品工业协会和商业企业联合会工作；指导企业改善管理、组织人才培训。与此同时，尤其要采取坚决措施，管理和监督好关系市民生命安全和身体健康的食品、药品，建立安全的“食品链”，净化菜篮子，让市民吃上放心食品和药品。

3. 对农村经济的指导管理

这一职能由我国“市管县”的管理体制所决定。城市政府的主要职责是对所领导的郊区和县的农业经济进行宏观的规划、指导。在我国的现阶段，城市政府的这种规划和指导，主要体现在贯彻以农业为基础的方针，形成各行各业都重视农业、支援农业的环境氛围，并从资金、物资和技术力量等方面给予大力支持，实现农业的稳定发展，促进工农联盟和城乡关系的新发展。

4. 对外经济贸易的管理

其具体管理的职责为：领导全市对外经贸出口创汇，制订利用外资计划，审批发放中外合资企业批准书和进出口商品许可证，并对各外贸企业的经营活动进行监督、检查和指导。

5. 对综合经济的管理

就是城市政府的计划、财政、税务、工商行政管理、审计、标准、计量、物资、物价等部门，在市政府的统一协调下，充分运用经济杠杆和法律手段，对全市的经济发展进行宏观的管理和控制。

（二）规划、建设管理与环境保护职能

1．规划职能

是指城市政府依法制定的土地开发、资源优化、建设布局以及经济与社会发展为主要内容的中长期发展计划，目的在于预测城市经济和社会发展的趋势，为城市建设和管理提供思想、政策和制度依据。城市规划职能的内容为：组织编制本城市的总体规划；制订分区规划和年度建设规划；审查详细规划、小区规划；审批城市规划区范围内的建筑物、构筑物和市政公用设施工程的建设；按规定监督检查规划的实施，检查处理各类违章建筑和设施。

2．城市建设职能

是指城市政府在城市规划的基础上，组织规划项目的建设和实施，进而落实城市规划和国民经济与社会发展的中长期计划。城市建设职能的内容为：编制城市建设中长期发展规划；综合环境保护规划和建筑业、建材业中长期发展规划；负责全市的综合开发和各项基本建设，确定工程项目，对全市道路、桥梁、排水、堤防、市容、园林绿化、江河整治、环境卫生、风景区等进行建设和管理；住宅管理，房地产管理；负责全市的供水、供气、供热、市内客运等项公用事业的建设和管理；管理建筑工程施工企业和建材工业。

3．环境保护职能

是指城市政府的环保职能部门，贯彻国家有关环境保护法律、政策，制定全市环境质量标准、污染物排放标准及其相应的基础方法标准，组织制订全市环境保护和城市环境综合整治中长期发展规划和年度计划中的大气、水质、区域、流域等专项环境规划；负责编制全市环保事业的发展规划，编制环境科研规划和计划，组织环保课题攻关和环境科研的审查、鉴定和推广工作；组织环境质量的检测、调查、评价，掌握污染和生态变化情况，开展环境质量管理；组织建立城市、河流和大中型企业的检测网点。管理有污染工业品和有毒化学品的生产、进口和使用；指导市环保工业的生产和发展，监督环保设备的质量和标准；查处污染案件、处理纠纷。

（三）科教文卫管理、社会管理与公共服务职能

1．科教文卫管理职能

城市政府的教育局、科学技术局、文化局和卫生局，作为具体的职能部门，

主要是贯彻执行国家有关的科技、教育、文化、卫生的方针政策、法律法规，并结合本市的实际情况制定实施细则；制订市科技、教育、文化、卫生的发展规划，综合指导并组织协调全市科技、文化艺术、卫生事业；管理市属科技、教育、文化、卫生事业单位，促进科技教育发展，繁荣文艺创作，活跃文化娱乐活动，开展卫生教育和防病治病的规划、监督与管理工作。

2. 社会管理职能

就是城市政府对城市公共事务管理的职能。城市政府通过制定社会政策和法规，依法管理和规范城市社会组织、社会事务，协调社会矛盾，调节收入分配，保证社会公正，维护社会秩序和社会稳定。社会管理职能主要体现为：城市治安管理。主要的职能是预防和打击城市犯罪，与厂矿企事业单位的保卫部门，共同维持正常的工作、科研、教育秩序，维护城市治安；进行户籍管理；维护交通秩序，保证交通安全，做好安全防火工作，预防火灾，消除火灾，保护公共财产和人民生命财产的安全。司法行政管理。其职能主要是培养司法人才，加强司法行政队伍建设，领导和管理法制宣传教育工作，普及法律常识，努力使城市的各项工作纳入法制化、民主化的轨道；做好劳改、劳教工作，贯彻以改造为主的方针，参与决定对劳动教养的审批，负责对劳改犯人重新犯罪的侦查、预审和向法院提请减刑、加刑及假释；领导管理公正、律师工作。民政管理。其主要职能为：贯彻执行党和国家有关民政工作的路线、方针、政策，做好全市基层政权建设、优抚安置、救灾救济、社会福利、殡葬管理、婚姻登记、行政区划、收容遣送等工作。计划生育管理。其主要职能为：宣传贯彻计划生育政策，探索人口结构的调整，控制人口数量、提高人口素质；编制并组织实施人口计划和长远人口规划，制订和实施培训计划生育管理和技术服务人员的计划；指导计划生育人口学会、协会的工作，搞好理论研究和群众工作。

3. 公共服务职能

是指城市政府为市民提供公共产品和公共服务。其主要职能为：进行城乡公共设施建设，发展社会就业、社会保障服务和教育、科技、文化、卫生体育等公共事业，发布公共信息等，为市民生活和参与城市经济、政治、文化活动提供保障和创造条件。完善就业服务体系和社会保障体系，是城市政府公共服务的两项尤为重要的职能。在履行这两项重要职能的过程中，政府的主要职责，一方面是会同有关的职能部门，对城市劳动力进行教育、协调、平衡，监督检查劳动就业，负责用工、工资制度、保险福利制度的制定。另一方面，是制定完善的就业政策，确定从上到下层层的就业再就业目标责任制。建立统一、规范的劳动力市场，还要统筹城乡就业。拓宽就业的门路和渠道，完善就业再就业工作机制，强化城市政府再就业的服务手段，并积极开展再就业培训、创业培训、高技能人才培训工作。在此基础上，建立与本城市经济发展水平相适应的社会保障体系。完善城市职工基本养老保险制度和基本医疗保险制度，健全失业保险制度和城市居民最低生活保障制度，多渠道筹集和积累社会保险基金。另外，城市政府在公共服务方面，还要通过财政、金融、产业政策等城市政府行为和公共政策手段支持或补贴公共项目建设，尤其是对以实现城市公共利益为目的的项目城市政府应责无旁贷地参与。

第三节　中国城市政府市政管理的职能转变与城市政府建设

城市政府市政管理职能，是由城市政府的阶级属性和具体的社会历史条件所决定的。任何国家的城市政府市政管理职能都要随着历史条件的变化而变化。处在体制转轨、社会转型期的我国城市政府，必须立足社会主义市场经济的现实背景，并根据社会主义市场经济体制对城市政府市政管理职能的基本要求，实现自身职能整体的系统性的转变。

一、城市政府市政管理职能的转变及其重要性

（一）城市政府市政管理职能转变的含义

所谓市政管理职能转变，就是指城市政府的职责和功能的变化、转换与发展。它包括以下几个方面的含义：

1. 城市政府市政管理职能不是一成不变的，而是发展变化的

即不同国家的城市政府，其职能是不尽相同的；同一国家的不同时期的城市政府，其职能是有区别的；就是在同一时期，城市政府的各种不同职能的比重也是逐步倾斜、互为消长的。如奴隶社会和封建社会中的城市政府职能，由于当时生产力低下，城市中的统治阶级主要是依靠阶级统治职能即政治职能来维持社会生活，涉及城市社会管理职能所占的比重极其微弱。虽然在某一相对升平的时期，城市政府的主要精力也用在城市社会的管理上，着力发展城市的经济文化事业，但这丝毫改变不了阶级统治职能仍占主导地位的这一事实。社会发展到资本主义阶段后，生产力有了很大的发展，近现代科学技术水平也大为提高，城市在社会发展中的地位与作用日益突出，这时城市政府的阶级统治职能虽然仍被强调，但

城市政府的社会管理职能却越来越受到重视，这是城市本身发展的客观要求。在社会主义社会，随着生产力的不断提高、市场经济体制的建立和逐步完善、城市范围的不断扩大、人口的日益增多、城市化进程的不断推进，城市经济文化的发展速度加快。在这种情况下，城市的公共事务肯定会日趋复杂，这就决定了城市政府的阶级统治职能即政治职能虽然还不能马上削弱，在特定的时期恐怕还要加强，但城市政府的经济管理职能、规划建设管理职能、环境保护职能、科教文卫管理职能、社会管理职能、公共服务职能必然成为城市政府市政管理的主要职能。否则，城市在社会发展中的地位与作用就很难得到体现。城市政府市政管理职能发展和演变的进程，是不以任何人的主观意志为转移的客观规律，这就是城市政府市政管理职能转变的理论内涵。

2. 城市政府市政管理职能的转变，意味着城市政府管理权限的改变

政府职能是执行行政权力的过程和效能。因此，城市政府市政管理职能的强弱状况取决于行政权力的大小，而行政权力的大小又取决于国家权力的分配。在我国，各级政府的行政权力一般都比较大，即“万能政府”。改革开放前的我国政府体制，有两个重要的特征：高度集权和计划管理。这种特征，也同样存在于城市政府的体制之中。集权，既表现在城市政府与城市企业的关系上，也表现在城市政府与社会的关系上。前者就是政府直接掌握企业的所有权和经营权，企业成为城市政府的附属物；后者就是政府包揽了一切，社会无权，也无事可做。结果是政府机构臃肿，效率低下，官僚主义严重，甚至滥用职权。改革开放后，我国通过多次的政府机构改革，虽然这种状况得到了改变，但离改革的最终目标，还是存在着较大的差距。城市政府市政管理职能的转变，首先要求改变城市政府的管理权限，实现由“无限政府”向“有限政府”的转变。就城市政府与企业的关系而言，就是城市政府要将经营权还给企业，让企业自主经营，在市场经济中求生存与发展。就城市政府与社会的关系而言，城市政府要还权于社会，培养社会的自治能力，逐步让社会承担起自己管理自己的职责。只有这样，才有可能实现城市政府市政管理职能的转变。

3. 城市政府市政管理职能的转变，意味着城市政府管理方式的转变

这种转变，要求城市政府在市政管理的过程中，要以法律、经济、行政等手段相结合的综合管理取代单一的行政管理；以间接管理为主取代直接管理为主；以宏观控制为主取代微观管理为主；以横向协调为主取代纵向管理为主；以调节服务为主取代指挥命令为主。这些变化，是城市政府市政管理职能运行中的管理方式和途径的改变，这种改变，对转变城市政府市政管理职能至关重要。城市政

府市政管理职能转变的含义，决定了转变城市政府市政管理职能的重要性，而对这种重要性的认识，又是建立在对我国传统城市政府市政管理职能中存在不足的分析以及市场经济发展对城市政府提出的客观要求这一基础之上的。

（二）我国传统城市政府市政管理职能存在的问题

众所周知，我国自20世纪50年代中期至70年代末期推行的计划经济体制，不仅导致了高度集中的城市政府管理体制，而且还片面地把城市政府的经济职能等同于城市政府直接管理企业的微观经营活动，从而形成了“以政代企”、“政企不分”的城市经济管理体制，城市政府通过多层行政系统的条块和指令性计划来控制城市企业的生产经营活动，对企业的生产经营活动统得过死、包得过多、管得过细，迫使企业成为政府的附属物。

（1）在社会管理职能方面，长期以来，我国城市中普遍存在着政府办社会和公共服务匮乏等现象，严重影响了城市社区管理的活力和基层民主政治的发展，社会的自治能力受到严重制约，同时，也加重了城市政府的负担，限制了城市政府公共服务能力的提升。

（2）由于经济管理职能在我国城市政府的职能体系中占有重要位置，因此，城市政府管理经济的机构庞大，而且部门林立，既有综合的经济管理部门，又有专业的经济管理部门；不仅进行宏观控制，还进行微观指挥，并且贯穿于国民经济的一切过程，由此导致职能的交叉以及效率的低下。

（3）对城市政府负责的事务管理，采用严格的控制手段，而且控制的范围极大，控制的程度极高。城市的工业、商业、教育、科技、文化、卫生、体育事业、城市公用事业等，几乎都由城市政府直接管理；不仅企业事业单位，而且更为具体的领域，包括居民的衣、食、住、行等，也都由城市政府负责管理，并都是运用强制性的行政手段。城市政府这种严格的管理控制，在一定的程度上，使城市丧失了应有的活力。

（4）城市综合性的社会保障服务职能微弱。城市社会保障是城市政府为了保证城市居民最低生活水平以及抵御各种风险，参与国民收入再分配的一项措施，其实是城市政府的一种责任，理应由城市政府承担。但由于我国城市经济力量的不足以及对此认识的不够，城市政府承担社会保障的范围十分有限。许多社会保障、社会福利均有企业承担，城市政府的民政部门负担保障责任仅限于退伍军人、残废军人、革命烈士、残疾人、军烈属、孤寡老人等。这样，广大的城镇集体经济、个体经济、合营企业、外资企业的职工和市郊农民，均不在当时国有企业职工的保障范围之内，他们的医疗、养老得不到应有的保障，天灾人祸等各种风险给他们带来的经济损失也难以得到应有的补偿。这种城市综合性的社会保障服务职能微弱的状况，无疑会威胁城市社会的稳定。

（5）城市政府独立性的职权较少，表现为中央集权过大，地方城市政府的权力无法律保障，上级可随意解释或随时上收与下放权力，使城市政府的有些职能难以履行。这样，就无法调动城市政府履行市政管理职能的积极性和主动性。

（6）城市政府的职权与职责相脱节。表现为城市政府中的个别有权者不负责任或负责任者无权力。如在层层审批的制度下，城市建设的责任在城市，而决策的权力却在上级。又如，权力下放后，城市政府自身不负有相应的经济责任，以致出现争投资、争项目的情况。再如，许多本应有城市政府负责的社会管理职能推给企业，企业因有责无利而置之不管，最终导致某些社会管理领域的真空。

（三）城市政府市政管理职能转变的重要性

1. 促进城市自身发展的需要

事实证明，城市政府市政管理职能是在城市环境需要和人们对这种需要的认识的基础上产生的。当城市发展、城市环境变化、新的需要产生和原有的需要消失时，如果作为城市国家权力机关的执行机关的城市政府，其认识跟不上城市的发展变化，未能适时、正确地转变自身职能，就会阻碍城市的进一步发展。这是因为，从理论上讲，城市政府市政管理职能适应城市政治、经济的发展和变化，是社会基本矛盾运动对城市政府行政机关的客观要求。我国正处在重大的、历史性的社会转型期，社会主义市场经济体制的建立和完善，强有力地冲击和和改变着计划经济条件下所形成的城市经济结构、城市社会结构、城市生产方式、城市生活方式以及上层建筑和思想观念，冲击着传统的市政管理理念和模式。在这样的现实条件下，城市政府只有自觉、积极地转变管理职能，才能促进城市的协调发展。

2. 进一步完善社会主义市场经济体制的需要

随着社会主义市场经济的不断发展，城市经济体制改革的逐步深化，城市政府管理城市公共事务尤其是管理城市企业经济的职能受到了猛烈的冲击，暴露出严重的弊端。虽然从20世纪80年代以后，我国在造就城市市场主体的过程中，扩大了企业的自主权，并实行了一定的利益驱动机制，但由于城市政府市政管理职能转变滞后，传统计划经济的痕迹依然存在。在政府与企业的关系上，有些城市的政府，还直接管理着某些企业的经营，处于放又放不下，管又管不好的尴尬局面。这种局面使得我国少数的国有企业至今尚未真正成为市场的主体，也不具备作为市场主体的“四自能力”。因此，只有加快转变城市政府市政管理的职能，使企业完全独立于城市政府，企业才能成为合格的市场竞争主体，才能对市场信号作出积极反应，才能形成有效的市场竞争，也才能使社会主义市场经济的体制进一步得到完善。

3. 培育和发展城市市场体系，形成统一、开放、竞争、有序的大市场，发挥市场机制在资源配置中的基础性作用的需要

完整的市场体系不仅包括商品市场，而且包括要素市场。而城市政府如不转变职能或转变职能滞后，则会从以下两个方面影响完整的市场体系的建立。即从影响市场体系的发育来看，它的发育固然需要城市政府的力量去组织、管理和协调，但更需要依靠市场主体——企业的推动和发展。否则，就不可能有一个健康的市场发育。同样，必须转变城市政府的市政管理职能，理顺政府与企业的产权关系，使城市企业真正成为自主经营、自负盈亏、自我发展、自我约束的独立法人实体和市场竞争主体，从而促进资产和其他生产要素的流动。从影响市场体系的形成来看，城市政府的行政权力一旦渗入生产资料市场和资金市场，必然导致这两大要素市场的发育不正常，由此造成重要生产资料以及绝大部分资金游离于市场之外，这样，其配置权就会掌握在城市政府部门及少数政府官员的手中，从而违背市场配置资源这一市场经济的基本要求。这些问题产生的主要原因，归根结底也还是在于城市政府市政管理职能转变的滞后。因此，只有转变城市政府的市政管理职能，充分发挥市场机制在资源配置中的基础性作用，企业的生产经营活动才能从依靠城市政府转向依靠市场。

4. 构建现代化城市行政体系的需要

城市行政体系，是为实现城市政府市政管理的职能服务的，由众多复杂的子系统相互联结、彼此配合而成的。它一般包括决策、信息、控制、执行、监督等若干个子系统。当代市政管理的实践证明，只有根据城市经济发展、社会管理以及公共服务的需要，确定城市政府市政管理的职能，然后根据实现职能的需要，对城市政府机构进行重新整合与改革，才能建立合理、科学、灵活、高效的城市行政体系。但这一目标的实现，归根结底有赖于城市政府市政管理职能的转变。

二、城市政府市政管理职能转变的目标与实现途径

（一）城市政府市政管理职能转变的目标

中国城市政府市政管理职能转变的基本目标，是按照社会主义市场经济体制的要求，建立功能齐全、结构合理、运行协调、灵活高效的政府职能体系。我国

城市政府市政管理职能转变的根本任务，是彻底转变城市政府的经济与社会职能，整合城市规划、建设管理和服务职能。我国城市政府市政管理职能转变的总体要求，是按照政企分开的原则，转变政府职能，重点是政府经济与社会职能的转变。而城市政府市政管理的职能转变，要真正实现这一基本目标、完成这一根本任务、达到这一总体要求，从而使之完全与社会主义市场经济相适应，从职能上必须完成从职权自定到职权法定，从部门管理到公共管理，从人治行政到依法行政，从包办一切到一切权力"归位"的整体系统性转变。这种"转变"是多层次、全方位的实实在在的行动。

（二）城市政府市政管理职能转变的实现途径

城市政府要将资源基础配置权交给市场，使之完全退出竞争性经济领域和城市社会的自治领域，并撤销其企业经营管理职能，将属于资源配置、生产经营和社会自治的职能转移到市场、企业、社会中介和自治组织中去，由这些社会组织来承担。市场经济坚持市场选择优先的原则，凡是市场能做的事一律由市场去做，城市政府要果断地从这些领域中退出，实现城市政府市政管理职能的"归位"。城市政府转变市政管理职能首先是"退"，从"无限政府"退到"有限政府"，放弃政府不该管的事情；从"大政府"退到"小政府"，使城市政府机构与城市政府市政管理职能相协调；从事无巨细退到宏观管理，弱化微观干预；从什么都管退到有管有放，让市场规律起支配作用；从"主人"退到"公仆"，实现城市政府的服务宗旨。退要从市场自身能够发挥作用的领域退出，还权于市场，更大程度地发挥市场在资源配置中的基础性作用；要从对企业的具体管理中退出，还权于企业，使企业真正成为自担风险、自负盈亏的市场主体；要从对社会的过多包办中退出，还权于社会及其单位。退出要果断，坚决退，毫不含糊；退出又要分步走、逐步来，循序渐进。某些领域、某些方面的事务一下子还不可能交给市场或社会的，城市政府要通过积极创造条件逐步交出，一步一步淡出。

城市政府的各部门要根据政府的分工，分别负责各自职权范围的事情。社会主义市场经济条件下的城市政府市政管理职能，要靠城市政府各部门的齐心协力，共同履行，其中政府的任何一个部门履职中的"越位"、"缺位"、"错位"和"不到位"，都会影响到整个城市政府市政管理职能的履行和效果。应该看到，在市场经济条件下，中央政府与地方城市政府，在履职方面的侧重点是不同的，城市政府各部门根据城市政府的分工分别负责各自职权范围的事情，这就是分权。分清事权，做到职责明确、边界清晰、相互衔接、运转通畅。各部门服从城市政府的统一领导和指挥，按城市政府的分工履行职责，管理自己的事情，不越"雷池"一步；同时，部门之间又紧密配合，形成合力，协调一致地完成政府赋予的职责。现实生活中出现的新情况涉及诸多方面、诸多部门，有必要坚持“一件事情由一个部门负责或牵头负责”的原则，将相同或相近的职能交由一个部门承担，相关部门协助；需要几个部门办理的，也要明确主、协办责任，这样，既便于主管或牵头部门负责，也便于监督检查。同时，还要努力解决决策、执行、监督不相协调的问题，使履行这三方面职能的主体既相对分开、相互制约，又相互衔接、相互配合，使决策者没执行权，执行者没决策权，并受制于监督，以建立结构合理、配置科学、制约有效的权力运行机制。中央和地方城市政府的事权划分，总的原则是：属于全国性和跨省区市的事务，由中央管理，以保证国家法制统一、政令统一和市场统一；属于面向本城市行政区域的地方性事务，由地方城市政府管理，以提高市政管理效率，降低管理成本；属于中央和地方城市政府共同管理的事务，要区别不同情况，明确各自的管理范围，并分清主次责任。

城市政府要解决履行职责“不到位”、“缺位”的问题，进行市政管理职能的“到位”与“补位”。即在减少对微观主体干预的同时，要进入宏观经济调控领域，也就是要进一步强化城市政府的宏观调控职能，健全经济运行监察体系，协调与指导城市区域经济发展，实现经济增长与人口、资源、环境相协调。加强决策、咨询、信息和综合服务、调节、仲裁、监督等宏观调控部门，以逐步形成强有力的城市宏观调控机制和良好的市场环境，尤其要加强行政执法和监督部门的责任，建立依法行政责任体系，真正做到有法可依、有法必依、违法必究，不断提高城市政府的行政执行和行政监督能力；在减少行政审批事项的同时，城市政府职能要放在弥补市场失灵和市场缺陷上。市场失灵和市场缺陷主要表现在：垄断导致资源调配不公和降低商品服务质量，公共产品无法按定价收费或交易成本过高，经济活动的外部性使等价交换原则不能贯彻，市场机制和不公平竞争产生收入上的不公平，市场机制难以全面实现社会的共同利益等。对这些失灵和缺陷，城市政府要迅速跟进，加强对重要经济领域的监管，规范市场主体行为，维护公平竞争的市场秩序；在正确行使城市政府经济调节职能的同时，要把职能重心转向社会管理和公共服务。

在社会管理方面，要进一步健全新形势下处理人民内部矛盾和各种社会矛盾的长效机制、城市治安综合治理机制、城乡社区管理机制等，加强社会事务管理，维护社会公正、社会秩序和社会稳定。在公共服务方面，城市政府要不断完善公共政策，加快城市公共基础设施建设，健全公共服务大系统，大力推进教育、科技、文化、卫生和体育等各项社会事业的发展，并制订各项社会援助、社会福利、社会保险、公害治理、生态环保等方面的法则和条例，健全社区管理体制，培育市场服务和社区服务体系，使市民有一个良好的生存与发展的社会和生态环境。城市政府职能的转变是一项系统的工程。一方面，必须通过城市行政管理体制和机构改革的不断深化来进行、来落实。另一方面，在深化城市行政管理体制和机构的改革中，也必须始终抓住转变职能这个关键环节，进一步优化城市政府组织结构，不断改进城市政府管理方式。只有这样，才能形成行为规范、运转协调、公正透明、廉洁高效的行政管理体制，从而为现代市政管理的科学化提供体制保障。

三、城市政府市政管理职能转变对城市政府领导成员的要求

所谓城市政府的领导成员，是指在城市的各级行政机关中，具有组织、管理、决策、指挥职能的行政人员。其中又可以分为两类：一类是城市各级政府的领导人员；另一类是城市各级行政机关各职能部门的领导人员。虽然他们的职权范围不同、地位不同，但却都担负着市政管理的行政领导职务，是市政管理的组织者和管理者。他们在市政管理的活动中担负着重任，起着重要的作用。如上所述，城市政府市政管理职能的转变，意味着城市政府管理权限的改变和管理方式的转变，这种改变与转变，其实质也就是城市政府领导成员管理权限与管理方式的改变与转变。因此，在社会主义市场经济条件下要真正实现城市政府市政管理职能的根本转变，除了需要通过以上三种现实途径以外，还必须加强城市政府的自身建设，尤其是城市政府领导成员的自身建设，即城市政府的领导成员在各个方面要能够体现与适应城市政府市政管理职能转变的要求。

（一）城市政府市政管理职能转变对政府领导成员素质与修养的要求

适应城市政府市政管理职能转变的要求，政府领导成员应该具备的素质主要有：道德素质、政治素质、理论修养、为人处世、敬业精神等。其中政治素质与理论修养是政府领导成员素质的灵魂。智力素质，表现为城市政府领导成员掌握知识与技能的能力和工作中的洞察力、创造力，是城市政府领导成员素质的主体内容。知识素质，即知识面的宽窄和其掌握能力的高低，这是城市政府领导成员素质的基本内容。创造力素质，它决定管理的效能、发展活力和竞争水平，是考核城市政府领导成员能力的重要内容；组织力素质，是整合各种资源的能力，几乎所有的城市政府领导成员都应该具备一定的组织力，它反映其系统思维能力的高低，是判断城市政府领导成员能否将单体知识力与创造力组织成整体优势的方面。城市政府领导成员具备了上述素质，就能在市政管理职能的转变中，发挥其应起的积极作用。

为此，政府领导成员必须在现有素质的基础上，进一步加强理论修养、业务修养和道德修养，为更好地担负起现代城市的管理工作奠定素质基础。理论素养，市政管理作为城市经济目标的运作过程，是在一定的理论指导下完成的。即市政

管理要处理和完成的各种复杂的经济任务，都处于各种经济规律的相互制约、作用过程中，市政管理只有以揭示经济运动规律和作用机制的科学理论为指导，才能认识社会经济进程中的各种因素及其相互作用。另外，市政管理的对象不是单纯的工艺流程，只有掌握了具体经济过程的变化规律，才能采用科学的方法去实施管理。因此，城市政府领导成员必须具备一定的政治理论素养和业务理论素养。

政治理论素养主要指马克思主义的理论素养、哲学和系统论等思想方法论素养。业务理论素养主要指经济学、管理学等理论素养。指导市政管理的经济学理论有：马克思主义的经济学理论。马克思从社会总资本的角度考察了社会再生产过程，阐明了社会产品在价值上如何补偿、实物上如何替换、社会资金如何循环和周转以及关于社会资金的形成和用途等原理，都是指导搞好城市供求管理、要素流动管理以及城市公共管理的重要理论基础。现代经济学理论。现代经济学理论是从经济运行的表现特征上对经济规律的描述，对于搞好市政管理具有现实性意义。如规模经济理论、要素流动和要素报酬理论、地租地价理论、创新和竞争理论、市场结构理论、国民收入理论、消费和投资（储蓄）理论、经济增长理论等，都是现代市政管理的理论基础。业务修养。城市政府领导成员不但要有较深的理论素养，还要有娴熟的业务素养。由于城市政府领导成员的管理活动面对的是城市系统的运行，这样，他就必须熟悉其运行的规律。即城市化规律。

城市化是一个自然历史过程，城市在哪儿发展、发展多大、发展多少、怎样发展都有其内在规律。城市规模结构与规模效益规律。根据规模经济原理，城市在一定发展阶段上，增加极少的空间可增加很大的产出效益。城市空间结构规律。城市密度、城市布局、城市形态存在着相邻效益、截留效益和网络效益，是城市土地规划、经济规划、建筑规划必须注意的问题；城市社会、经济、环境协调发展规律。社会、经济和环境协调发展之间有一定的内在联系形式，需要市政管理者予以掌握，才能产生正确的决策。城市系统的运行规律还包括：城市基础产业和配套产业发展规律；城市专业化到城市综合化的发展规律；城市历史与文化价值规律；城市区域发展规律等。每一位城市政府的领导成员都应掌握这些规律，按客观规律办事，并正确决策各项发展目标和制定实施政策。道德修养。对城市政府领导成员来说，是指具有融民事于自心的服务精神与谦诚、仁爱的公仆意识。强烈的“公仆意识”表现在一切行为从造福人民、服务人民的目的出发，人民的利益高于一切，克服一切短期行为，实现对上级负责与对人民负责的一致性。另外，还表现为城市政府领导成员所具有的原则观念、民主思想、实事求是、正大光明、灵活策略、廉洁奉公、谦恭敬业的优良品质。这些都要求城市政府领导成员有一种高度的政治责任感，忠实地从事自己的职业。并在组织观念、工作作风、为人处世的准则方面，做到开诚布公、团结合作、遵纪守法、与时俱进。

（二）城市政府市政管理职能转变中政府领导成员的角色定位与能力培养

在城市政府领导成员具备了良好的个人修养与素质的基础上，还需要对市政管理中自己的角色有一个明确的定位，并根据这种角色定位的要求，来培养相应的能力。只有这样，才能进一步加快市场经济条件下城市政府市政管理职能转变的进程。从我国城市政府市政管理职能转变的目标和要求来看，政府领导成员的角色应该成为：

1. 城市建设与发展的指挥员

城市政府的领导成员，是城市之舟的舵手，其主要的职能是识别方向和导航，并带领全班“水手”（所有政府机关的成员）劈波斩浪，安全、快速地驶向目的地。马克思曾经说过，产业革命后的社会生产活动是分工协作的整体活动，要保证协调的社会效益必须有指挥。指挥是现代社会管理的自然功能。城市系统要保证社会、经济、环境整体的协调运行，必须要有总指挥；每一个具体环节的市政管理，要有具体的指挥。因此，城市政府领导成员都要善于做一名指挥者。城市政府市政管理职能转变中的城市建设与发展的指挥员职能，表现在运用战略思维和全局观念，根据城市经济社会的发展规律，对未来时期的发展作出判断，制订城市的发展战略、经济社会发展计划和城市建设规划以及城市工作计划和城市建筑设计等。落实这些规划与计划，要靠城市政府的统一指挥，这是保证现代城市协调发展的关键。市场经济越发展，国家层次的、地区层次的、企业层次的和城市层次的管理及其计划就越要加强。如果城市政府对城市建设和发展缺乏统一的指挥，就容易造成多头领导，各行其是，形成混乱局面。这样，就会拖市政管理职能转变的后腿，现代城市政府的领导成员对此应有充分的认识。

2. 市场经济活动的裁判员

这由城市政府在市场经济中应起的作用所决定。退出市场竞争领域，是城市政府市政管理职能转变的重要内容。在市场经济条件下，城市政府领导成员的一项重要职能是娴熟地运用法规和新建法规，指导每个市场主体恪守这些规则参与市场竞争；对违反规则的市场主体进行及时、有效和公正的裁判。这里所说的城市法规，泛指城市产权制度、经济制度、社会制度以及法律、法令、条令等对组织和行为有约束力的规定和规则，它构成城市的治理结构。一个“裁判公正”的政府，根据市政管理职能转变的要求，在运行机制上应该政企分开，不干预企业经营，企业是市场竞争中的运动员，而城市政府不能简单地做运动员。也就是说，无论是东部发达地区，还是西部欠发达地区的城市政府及其领导成员，主要应该履行两大职能：制定市场经济的游戏规则；进行公开、公正的裁判，并不断提高城市政府与领导成员的决策水平和裁判能力。这既是提高现代市政管理水平的重要表现，也是市场经济条件下市政管理职能转变对政府领导成员的基本要求。

3. 维护市场秩序的监管员

城市政府领导成员的这一职能，突出表现在制定和执行法规，保护公平交易与公平竞争，监督商品和服务的质量与合同信用，禁止和惩罚不正当经营行为上，这是市政管理职能转变的应有之义。为此，城市政府领导成员必须组织制定各种法律和各项规章制度，包括用于一切经济主体行为的各种经济法规和维护社会正常秩序的法规，通过建立严密的法律体系，为实现社会管理职能和规范经济运行提供法律依据。同时，要建立独立的执法体系，实现使社会经济系统正常运行的监督者、仲裁者、维护者的职能，保证社会的稳定与经济的发展。城市政府领导成员作为维护市场秩序的监管员，应多管齐下，要对企业经营环境加以完善以保护合法经营，打击违法行为，确保市场经济主体地位的平等性；加强对市场主体的监控；整顿市场竞争秩序，打击不正当竞争。对我国目前存在的某些市场无序运行问题，城市政府领导成员也要按照市场经济规律的客观要求，不断加大监管力度，这样才能卓有成效地使其转向有序化，从而为市政管理职能的转变营造良好的市场环境。

4. 城市公益事业的服务员

提供城市公益设施和公益服务，既是市场经济条件下城市政府及其领导成员的重要职能，又是市政管理职能转变的重要内容。城市系统的正常运作，必须靠城市基础设施和公益服务的完善，这些功能的强弱直接关系到城市现代化的进程。为此，城市政府及其领导成员必须要当好城市公益事业的服务员。公益服务职能大致包括：提供城市基础设施及其服务，如供水、供电、供热、道路、交通、通讯、环保等公共设施及其服务应与城市发展规模相适应；提供发展性公益服务，如基础教育、公共医疗、公共住宅、公共信息和技术咨询、就业培训、商业网点等应与城市的现代化发展目标相适应；提供社会活动的安全性保障，如消防防灾、交通安全，反恐防盗、产品质量、电器使用、工作场所和环境安全、生活保障、失业救济、卫生保健防疫等保证城市社会生活安全的政府服务应与城市更高层次的发展目标相适应。对经济发展的公益性服务还表现在其他许多方面，它们始终贯穿于城市系统运行的全过程。城市政府领导成员如果不强化这一角色意识，那么，市政管理职能的转变就不可能到位。

5. 城市公共财产的经理员

它的内涵就是理财，而在市场经济条件下，城市理财则是城市政府的又一重要职能。城市公共财产的总经理是市长，各部门经理就是城市政府的各级领导成员。城市理财职能包括三个方面：管好用好市场经济条件下城市的公共资产或国有资产，经营好市政企业；强化城市公共财政职能，运用财政手段搞好城市公益服务和创造城市运行的良好经济环境；发挥城市政策性金融的调节作用，稳定城市金融市场，发挥城市资金的辐射作用。城市理财包含生财、聚财和用财之道。狭义地说，城市生财主要靠发展城市直属地方企业和城市对国有资产的重组与运营；通过公共产品对分散经济的服务，提高后者的年平均增长纳税效益；通过部分公共产品的有偿服务获得一定的收费。城市聚财主要是对企业依法收取各种税费。城市用财主要是城市自主投资和事业开支。三者通过城市财政和金融的操作形成一个连续的整体。城市政府中的领导成员，作为城市的经理员，要善于理财，随时瞄准市场，应对进退，不断提高驾驭市场经济的能力。

【复习思考题】

1. 什么是市政管理职能？它包括哪些内涵？
2. 市政管理职能有哪些特点？
3. 市政管理职能具有哪些重要的作用？
4. 市场经济条件下的城市政府应如何进行角色定位？
5. 市场经济条件下城市政府市政管理的主要职能是什么？
6. 什么是市政管理职能转变？它包括哪些含义？
7. 根据市场经济发展的要求转变市政管理职能的意义何在？
8. 市场经济条件下政府实现市政管理职能的现实途径有哪些？
9. 市政管理职能转变对城市政府领导成员提出了哪些要求？

参考文献

[1] 马克思恩格斯全集，马克思恩格斯选集．

[2] 列宁全集，列宁选集．

[3] [美]L. 芒福德．城市发展史．北京：中国建筑工业出版社，1989.

[4] 王建国．现代城市设计理论和方法．南京：东南大学出版社，1997.

[5] [美]D. A 雷恩．管理思想的演变．北京：中国社会科学出版社，1988.

[6] 陈一筠，等．城市化与城市社会学．北京：光明日报出版社，1986.

[7] 十二大以来的重要文献选编．北京：人民出版社，1986.

[8] 张永桃．市政学．北京：高等教育出版社，2000.

[9] [日]岩佐茂．环境的思想．北京：中央编译出版社，1997.

[10] 世界环境与发展委员会．我们共同的未来．长春：吉林人民出版社，1997.

[11] 王茂林．新中国城市经济 50 年．北京：经济管理出版社，2001.

[12] 吴锦良．政府改革与第三部门发展．北京：中国社会科学出版社，2001.

[13] 丁健．现代城市经济．上海：同济大学出版社，2001.

[14] 蔡孝箴，郭鸿懋．城市经济学．天津：南开大学出版社，1998.

[15] 殷体扬．市政管理学．太原：山西经济出版社，1990.

[16] 沈进．现代市政管理与调控．南京：南京大学出版社，1991.

[17] 仇保兴．当前经营城市的基本矛盾及对策研究．天津：天津科学技术出版社，2002.

[18] 谢文惠，等．城市经济学．北京：清华大学出版社，1990.

[19] 夏书章．市政学．北京：高等教育出版社，1991.

[20] 世界环境与发展委员会．我们共同的未来．长春：吉林人民出版社，1997.

[21] 仇宝兴．城市经营．天津：天津科学技术出版社，2002.

[22] 许崇德．城市政治学．北京：光明日报出版社，1988.

[23] 毕宝德．土地经济学．北京：中国人民大学出版社，2001.

[24] 汪承杰．城市土地管理．南京：南京大学出版社，1994.

[25] 马彦琳，刘建平．现代市政管理学．北京：科学出版社，2003.

[26] 叶南客，李芸．战略与目标——市政管理系统与操作新论．南京：东南大学出版社，2000.

[27] 郑杭生．社会学概论新修．北京：中国人民大学出版社，1991.

[28] 吴德隆，谷迎春．中国城市社区建设．北京：知识出版社，1996.

[29] 王辉，潘允康．城市社区研究．天津：天津人民出版社，1997.
[30] 约翰·密尔．论自由．北京：商务印书馆，1996.
[31] 杨冠群．政府治理体系创新．北京：经济管理出版社，2000.
[32] [日]山田浩之．城市经济学．魏浩光，等，译．大连：东北大学出版社，1991.
[33] 郭鸿懋，踪家峰．世纪中国城市发展．北京：红旗出版社，2000.
[34] 朱铁臻．城市发展研究．北京：中国统计出版社，1996.
[35] 蔡孝箴．社会主义城市经济学．天津：南开大学出版社，1993.
[36] 高培勇，崔军．公共部门经济学．北京：中国人民大学出版社，2001.
[37] 金经元．社会、人和城市规划的理性思维．北京：中国城市出版社，1996.
[38] 肖林森．体制转轨期城市改革战略及操作．北京：经济科学出版社，1992.
[39] 潘树藩．都市管理概论．台北：台湾商务印书馆，1987.
[40] 诸大建．探讨可持续发展的市政管理模式．上海：同济大学出版社，2004.

编 后 语

城市，作为一种复杂的社会历史现象和社会存在，它既是创造社会公共财富的最大载体，又是环境污染、交通堵塞的主要场所。处于体制转轨、社会转型、全面贯彻落实科学发展观、统筹城乡发展、构建和谐社会阶段的中国社会，一方面，生产要素流动速度不断加快，农村人口流向城市的数量不断增多，使中国城市化的水平得到了前所未有的提高；另一方面，伴随着中国城市人口的增多以及城市建设规模的日益扩大，西方发达国家城市化过程中曾经出现过的一系列严重的社会、经济和环境问题也相继在我国出现。有关的研究资料表明，中国现在大、中、小城市中存在的不少经济、社会、环境问题，都与市政管理不善紧密相关。因此，在城市化水平已经达到 47%，市政管理问题也已经成为制约我国经济社会发展重要因素的情况下，加强对具有中国特色的市政管理的教学与研究，已是一项十分紧迫的任务。正是基于这种认识，进入 21 世纪以后，笔者结合长期以来在宁波大学法学院的行政管理、行政学与政治学、公共事业管理等专业中讲授《市政学》的教学实践，开始酝酿、构思该书的提纲和收集所需的资料，并在借鉴前人研究成果的过程中着手编写此书，于去年顺利完成书稿。在此，谨向所有参考文献的作者表示诚挚的敬意！

虽然完成了《市政学》的编写，但任务远未完成。因为市政管理是一个交叉性很强的领域，它涉及多门学科的内容，这就决定了对它的教学与研究更具相当的复杂性。同时也决定了书中的欠缺在所难免，敬请读者给予中肯的批评和指教。

本书之所以能顺利付印，与中国环境出版社图书编辑中心沈建副总编的悉心指导密不可分。在此谨向他表示衷心的感谢！

作 者

2010 年 5 月于宁波大学

教师反馈卡

尊敬的老师：您好！

谢谢您购买本书。为了进一步加强我们与老师之间的联系与沟通，请您协助填妥下表，以便定期向您寄送最新的出版信息，您还有机会获得我们免费寄送的样书及相关的教辅材料；同时我们还会为您的教学工作以及论著或译著的出版提供尽可能的帮助。欢迎您对我们的产品和服务提出宝贵意见，非常感谢您的大力支持与帮助。

姓名：__________ 年龄：________ 职务：__________ 职称：__________

系别：__________ 学院：________ 学校：____________________

通信地址：____________________________ 邮编：__________

电话：（办）__________ （家）__________ E-mail：__________

学历：____________ 毕业学校：____________________

国外进修或讲学经历：____________________________

	教授课程	学生水平	学生人数/年	开课时间
1.				
2.				
3.				

您的研究领域：____________________________

您现在授课使用的教材名称：____________________

您使用的教材的出版社：________________________

您是否已经采用本书作为教材：□是；□没有。

采用人数：__________

您使用的教材的购买渠道：□教材科；□出版社；□书店；□其他。

您需要以下教辅：□教师手册；□学生手册；□PPT；□习题集；□其他________________

（我们将为选择本教材的老师提供现有教辅产品）

您对本书的意见：____________________________

您是否有翻译意向：□有；□没有。

您的翻译方向：____________________________

您是否计划或正在编著专著：□是；□没有。

您编著专著的方向：____________________________

您还希望获得的服务：____________________________

填妥后请选择以下任何一种方式将此表返回（如方便请赐名片）：

地址：北京市东城区广渠门内大街16号 中国环境出版社教材图书出版中心

邮编：100062 电话（传真）：（010）67113412

E-mail：shenjian1960@126.com 网址：http://www.cesp.com.cn